编委会成员

柴菊　陈洁雯　谌知翼　何瑛　胡翼青　黄佩映
孔舒越　李璟　李耘耕　林鑫　马新瑶　戎青
唐利　滕金达　吴越　解佳　杨馨　姚文苑
张金凯　张婧妍　张晓星　赵婷婷　宗益祥

西方传播
学术史手册
第二版

主　编　胡翼青
副主编　杨　馨　李耘耕

图书在版编目(CIP)数据

西方传播学术史手册/胡翼青主编. —2 版. —北京:北京大学出版社,2023.1
ISBN 978-7-301-33389-1

Ⅰ. ①西… Ⅱ. ①胡… Ⅲ. ①传播学—历史—西方国家 Ⅳ. ①G206-091

中国版本图书馆 CIP 数据核字(2022)第 176844 号

书　　　　名	西方传播学术史手册(第二版) XIFANG CHUANBO XUESHUSHI SHOUCE(DI-ER BAN)
著作责任者	胡翼青　主编
责任编辑	周丽锦
标准书号	ISBN 978-7-301-33389-1
出版发行	北京大学出版社
地　　　　址	北京市海淀区成府路 205 号　100871
网　　　　址	http://www.pup.cn　新浪微博:@北京大学出版社
电子信箱	ss@pup.pku.edu.cn
电　　　　话	邮购部 010-62752015　发行部 010-62750672　编辑部 010-62765016
印　刷　者	北京市科星印刷有限责任公司
经　销　者	新华书店
	730 毫米×980 毫米　16 开本　29.5 印张　515 千字 2015 年 5 月第 1 版 2023 年 1 月第 2 版　2023 年 1 月第 1 次印刷
定　　　　价	128.00 元

未经许可,不得以任何方式复制或抄袭本书之部分或全部内容。
版权所有,侵权必究
举报电话: 010-62752024　电子信箱: fd@pup.pku.edu.cn
图书如有印装质量问题,请与出版部联系,电话: 010-62756370

本 书 资 源

短视频讲座：传播学领域的代表性学者

主讲人：胡翼青

资源获取方法：

第一步，关注"博雅学与练"微信公众号。

第二步，扫描右侧二维码标签，获取上述资源。

一书一码，相关资源仅供一人使用。

读者在使用过程中如遇到技术问题，可发邮件至 zhoulijin@163.com。

目录
CONTENTS

导读　传播研究的星空 / 1

阿尔伯特·H. 坎特里尔(Albert H. Cantril, 1906—1969) / 18

阿尔吉达斯·朱利安·格雷马斯(Algirdas Julien Greimas, 1917—1992) / 23

安东尼·吉登斯(Anthony Giddens, 1938—　) / 30

安东尼奥·葛兰西(Antonio Gramsci, 1891—1937) / 37

阿芒·马特拉(Armand Mattelart, 1936—　) / 43

伯纳德·贝雷尔森(Bernard Berelson, 1912—1979) / 49

贝尔纳·斯蒂格勒(Bernard Stiegler, 1952—2020) / 54

布鲁诺·拉图尔(Bruno Latour, 1947—2022) / 61

卡尔·I. 霍夫兰(Carl I. Hovland, 1912—1961) / 68

查尔斯·H. 库利(Charles H. Cooley, 1864—1929) / 73

查尔斯·S. 皮尔斯(Charles S. Peirce, 1839—1914) / 79

克里斯蒂安·福克斯(Christian Fuchs, 1976—　) / 85

达拉斯·W. 斯迈思(Dallas W. Smythe, 1907—1992) / 90

丹·席勒(Dan Schiller, 1950—　) / 95

丹尼尔·勒纳(Daniel Lerner, 1917—1980) / 100

戴维·莫利(David Morley, 1949—) / 105

埃德加·莫兰(Edgar Morin, 1921—) / 111

爱德华·T. 霍尔(Edward T. Hall, Jr., 1914—2009) / 117

伊莱休·卡茨(Elihu Katz, 1926—2021) / 122

伊丽莎白·诺埃勒-诺依曼(Elisabeth Noelle-Neumann, 1916—2010) / 129

欧文·戈夫曼(Erving Goffman, 1922—1982) / 134

埃弗雷特·M. 罗杰斯(Everett M. Rogers, 1931—2004) / 141

费尔迪南·德·索绪尔(Ferdinand de Saussure, 1857—1913) / 146

弗里德里希·基特勒(Friedrich A. Kittler, 1943—2011) / 152

乔治·格伯纳(George Gerbner, 1919—2005) / 159

乔治·H. 米德(George H. Mead, 1863—1931) / 165

格雷厄姆·默多克(Graham Murdock, 1946—) / 171

居伊·德波(Guy Debord, 1931—1994) / 177

哈罗德·D. 拉斯韦尔(Harold D. Lasswell, 1902—1978) / 183

哈罗德·英尼斯(Harold Innis, 1894—1952) / 189

赫伯特·布鲁默(Herbert Blumer, 1900—1987) / 194

赫伯特·I. 席勒(Herbert I. Schiller, 1919—2000) / 200

赫伯特·马尔库塞(Herbert Marcuse, 1898—1979) / 204

詹姆斯·吉布森(James J. Gibson, 1904—1979) / 210

詹姆斯·W. 凯瑞(James W. Carey, 1934—2006) / 217

让·鲍德里亚(Jean Baudrillard, 1929—2007) / 224

约翰·杜威(John Dewey, 1859—1952) / 231

约翰·杜海姆·彼得斯(John Durham Peters, 1958—) / 238

约翰·费斯克(John Fiske, 1939—2021) / 244

约书亚·梅罗维茨(Joshua Meyrowitz, 1949—) / 249

尤尔根·哈贝马斯(Jürgen Habermas, 1929—) / 253

库尔特·勒温(Kurt Lewin, 1890—1947) / 260

列奥·洛文塔尔（Leo Lowenthal, 1900—1993）/ 266

刘易斯·芒福德（Lewis Mumford, 1895—1990）/ 272

路易·阿尔都塞（Louis Althusser, 1918—1990）/ 278

曼纽尔·卡斯特（Manuel Castells, 1942—   ）/ 285

马歇尔·麦克卢汉（Marshall McLuhan, 1911—1980）/ 291

马克斯·霍克海默（Max Horkheimer, 1895—1973）/ 297

麦克斯韦尔·E. 麦库姆斯（Maxwell E. McCombs, 1938—   ）/ 303

迈克尔·舒德森（Michael Schudson, 1946—   ）/ 308

米歇尔·福柯（Michel Foucault, 1926—1984）/ 313

尼尔·波兹曼（Neil Postman, 1931—2003）/ 319

保罗·F. 拉扎斯菲尔德（Paul F. Lazarsfeld, 1901—1976）/ 324

保罗·莱文森（Paul Levinson, 1947—   ）/ 332

保罗·维利里奥（Paul Virilio, 1932—2018）/ 337

菲利普·J. 蒂奇诺（Phillip J. Tichenor, 1931—   ）/ 344

皮埃尔·布尔迪厄（Pierre Bourdieu, 1930—2002）/ 349

雷蒙·威廉斯（Raymond Williams, 1921—1988）/ 355

雷吉斯·德布雷（Régis Debray, 1940—   ）/ 362

罗伯特·E. 帕克（Robert E. Park, 1864—1944）/ 369

罗伯特·K. 默顿（Robert K. Merton, 1910—2003）/ 376

罗伯特·W. 麦克切斯尼（Robert W. McChesney, 1952—   ）/ 383

罗兰·巴尔特（Roland Barthes, 1915—1980）/ 387

斯拉沃热·齐泽克（Slavoj Žižek, 1949—   ）/ 393

斯图尔特·霍尔（Stuart Hall, 1932—2014）/ 399

西奥多·W. 阿多诺（Theodor W. Adorno, 1903—1969）/ 404

托德·吉特林（Todd Gitlin, 1943—2022）/ 412

安伯托·艾柯（Umberto Eco, 1932—2016）/ 418

文森特·莫斯可（Vincent Mosco, 1948—   ）/ 424

瓦尔特·本雅明（Walter Benjamin，1892—1940）／429

沃尔特·李普曼（Walter Lippmann，1889—1974）／436

沃尔特·P. 戴维森（Walter P. Davison，1918—　）／442

威尔伯·施拉姆（Wilbur Schramm，1907—1987）／447

威廉·斯蒂芬森（William Stephenson，1902—1989）／454

传播学谱系图／460

第一版后记／461

第二版后记／464

导读　传播研究的星空

　　书写一本与传播研究有关的手册（handbook），就意味着两件事情同时悄然发生：其一是以我们的眼光去划定传播研究领域的边界；其二是表达我们的学科认同和专业立场。我们不能也不打算否认这一点。

　　有人会奇怪为什么我们不干脆用更为直白的方式来规定传播研究的边界，比如书写一本体系化的传播学教材。自1949年以来，施拉姆及其弟子一直都在做这件事，而且他们确实用自己的方式直接划定了他们所认为的传播学的边界。然而，我们并不认为这些教材完成了他们的使命。相反，他们关闭了传播学的学科边界，将传播学的理论探索变成了一种规范性的理论教条。施拉姆曾经强调："我们有时忘记了传播研究是一个领域，而不是一门学科。"① 然而，这一真理性的判断与他一生所做的主要工作相矛盾。写一本关于这一学科的教材来规训学科未来的知识生产者，这是一件多么困难和多么需要三思而后行的事，然而在传播学这个领域中，似乎这是件人人都能干的事情。思忖良久，我们觉得没有能力把这本手册写成一本体系完备的教材。

---

① 参见施拉姆对贝雷尔森的回应：Wilbur Schramm, "Comments on Berelson," *Public Opinion Quarterly*, 1959, 23(1):6-9。

如果我们认定传播研究只是个领域,一个十字路口,那么要划定传播学的边界,采用的方法就绝不可能是圈地,而是开放和探索,是对原有边界的挑战。在我们看来,如果想看到传播研究的边界,那么最省力的办法就是呈现传播研究大家们的思想边界。这就是我们的方法,为传播研究画一张星空图。不过这个方法并不完美,除了它所固有的模糊性以外,它面对的最主要的问题是谁是传播研究的大家,标准是什么。然而它有着无可比拟的优点,因为它保持了一种开放和探索的姿态,可以不断地被补充。

在《美国传播研究的开端》中,施拉姆把拉斯韦尔、拉扎斯菲尔德、勒温、霍夫兰认定为传播学的四大奠基人。他认为,这四个人的贡献为传播研究开辟了疆土,从而使得传播研究成为一个具有合法性基础的学科领域。然而,这种辉格史的写作方法,既没有看到传播研究领域已经存在了近一个世纪的各位思想先驱,又没有看到和他同时代的各种伟大传播思想,这些思想有许多来自其他学科。与施拉姆故步自封、罢黜百家的传播学科观不同的是,我们认为,传播研究是一座多元思想交相辉映的学术富矿。① 所以,本手册的宗旨以质疑施拉姆的标准作为起点并呈现我们认为对交流哲学有所创见的学者,这些学者起码对一种传播理论的提出与发展做出过积极的、具有开创性的贡献。但它因此就必然是不完善的,是内涵模糊的,是挂一漏万的,是需要不断补充和拓展的。我们要声明的是,这本手册是目前我们关于传播思想边界的看法,需要被补充和批评,而且本书必然是一个开放性的文本,会随着传播思想史研究的深入而不断完善。

怎么呈现是另一个重要的问题。在这方面,戴元光主编的《影响传播学发展的西方学人》是一种厚重的方式。然而,厚重的论述常常会损伤相对的全面与信息的清晰度,这并不是手册的呈现方式。为了更为清晰和相对全面,我们采用了更为简单的呈现方式。在本书的正文中,当代经典传播学学者(19 世纪的思想先驱不在我们的描绘范围之内)将以词条的方式被详细描绘,每一词条都会向读者介绍这位学者的学术生平、主要理论(方法)贡献以及对传播学学科建制的贡献(有部分学者在这方面确实没有什么贡献,就不

---

① 具体参见以下文章:胡翼青:《传播学四大奠基人神话的背后》,《国际新闻界》2007 年第 4 期;黄旦:《美国早期的传播思想及其流变——从芝加哥学派到大众传播研究的确立》,《新闻与传播研究》2005 年第 1 期;等等。

存在这部分内容),同时还有扩展阅读部分(多以原著为主)。这样既可以帮助读者了解词条所叙述的人物大致有一些什么样的成长经历、传播思想以及处于何种学术语境,也可以此作为起点,引导读者进行更为深入的阅读。①

当然,这种叙事方法带来的问题也不少,比如说一个最主要的问题就是点与面的分离。因为任何描绘星空的人不能只描绘星星,而不去描绘星星背后的夜空。补偿的办法就是这篇导读以及书后的那张传播学谱系图,尽管这些补偿是远远不够的。在导读中,我们不仅要提及词条没有涉及的一些19世纪的思想先驱,而且要将学者之间的系谱关系和理论所属范式做一个简单的梳理。尽管我们无意再去讨论20世纪之前的伟大思想家和传播思想,但如果在导读中不对这些先在的研究做一些回顾,那么我们就是在以历史书写的方式消灭历史。

传播思想的先驱

批判传统的奠基者——从黑格尔到卢卡奇

批判理论作为传播学学科话语建构过程中一个与传统学派相对立的理论范式,在20世纪80年代以后的传播研究中取得了日益重要的地位。汉诺·哈特在《传播学批判研究:美国的传播、历史和理论》一书中,把对批判思想的忽视理解为20世纪70年代美国传播学发生危机的原因之一,在他看来:传播学"未能理解并克服自身思想史的局限,不仅未能解决已然站稳脚跟的传播学科的理论问题和方法论问题,而且未能认识到激进思想的潜力"②。暂不论汉诺·哈特的看法是否失之偏颇,但他至少对批判理论对于传播学的意义做出了侧面的肯定。

当我们追溯批判理论的源头时,马克思和卢卡奇是不可不提的人物,然而当把他们视为新哲学的开创者加以书写的时候,我们不能忽视那个为新哲学提供了最多思想养料的先驱——黑格尔。黑格尔把他的全部哲学看作一

---

① 需要特别说明的是,由于本书具有一定的工具书色彩,所以在词条中我们并没有注明引语的出处。引语均来自词条后的扩展阅读,由此带来的麻烦请各位读者谅解。
② 〔美〕汉诺·哈特:《传播学批判研究:美国的传播、历史和理论》,何道宽译,北京:北京大学出版社2008年版,第196页。

个抽象的绝对精神自我异化和自我扬弃并复归自身的逻辑过程。黑格尔的哲学建立了一个无所不包的大全体系,他把人类历史、精神的自我生成和演进统统纳入了他的体系,而统摄这个体系的便是那个神秘的"绝对精神"。马克思抛弃了黑格尔客观唯心主义的预设,把自己的哲学建立在对黑格尔的扬弃之上,他从黑格尔的哲学中发现了"绝对精神运动"的辩证法和历史性的概念并加以重新阐释,构建了历史唯物主义的大厦。在马克思那里,黑格尔为他提供了辩证法和历史性的概念,列宁曾说:"不钻研和不理解黑格尔的全部逻辑学,就不能完全理解马克思的《资本论》。"① 马克思的《资本论》也正是建立在对辩证法的理解和运用之上的作品。在黑格尔那里,辩证法都是服务于"绝对观念"的自我运动的,而传播或沟通问题既是精神辩证运动过程中的主体问题,又是客体问题。"黑格尔要我们接受这样的观点:主体与客体纠缠,自我与他者纠缠,意义是公开的而不是心理的。"② 而在马克思那里,交往形式的问题是一个历史性概念③,它是建立在当代资本主义生产实践的基础之上的,这就为黑格尔的辩证法找到了一个唯物主义或客观现实的基础,正如马克思所说,"德国哲学从天国降到人间;和它完全相反,这里我们是从人间升到天国。……我们的出发点是从事实际活动的人,而且从他们的现实生活过程中还可以描绘出这一生活过程在意识形态上的反射和反响的发展"④。

然而,马克思的批判忽视了黑格尔辩证法中意识的主体向度,他把无产阶级的主体意识的觉醒当作不需要论证的历史过程。这一点被匈牙利共产主义理论家卢卡奇敏感地发现,他重新唤醒了马克思主义中被遮蔽的主体环节,把历史重新建立在人本主义的立场上,提出了社会存在的本体论。卢卡奇对马克思的阐释对后来的批判理论至关重要。卢卡奇认为:"总体范畴,整体对各个部分的全面的、决定性的统治地位,是马克思取自黑格尔并独创性地改造成为一门全新科学的基础的方法的本质。"⑤ 这在某种意义上退回到了黑格尔的立场,而从这个角度出发,卢卡奇借助韦伯的合理化观念和黑格尔、

---

① 《列宁全集》第55卷,北京:人民出版社1990年版,第151页。
② 〔美〕彼得斯:《交流的无奈:传播思想史》,何道宽译,北京:华夏出版社2003年版,第111页。
③ "交往形式"是马克思在《德意志意识形态》中使用的概念,在其后期著作中,这个概念演变为"生产关系"。
④ 《马克思恩格斯文集》第1卷,北京:人民出版社2009年版,第525页。
⑤ 〔匈〕卢卡奇:《历史与阶级意识》,杜章智等译,北京:商务印书馆2009年版,第79页。

马克思的异化理论展开了对资本主义"物化"现象的分析和批判。这条道路被后来的法兰克福学派所继承,在他们那里,对资本主义生产方式和人的异化的批判深化为对整个启蒙理性和科学技术的拒斥。批判传统开启了后世传播学许多重要的批判母题,比如文化工业、媒介的意识形态化,以及传播的政治经济学批判。而黑格尔、马克思和卢卡奇正是这个传统的思想奠基者。

实证主义传统的开创者——孔德

孔德的思想与英国经验主义类似,他们都排斥传统形而上学的先验观念,即认为不存在超越经验的天赋观念。这种思想来源于昌盛于19世纪的自然科学。孔德在当时欧洲自然科学最为发达的国家之一——法国学到了实证和科学的精神,他同时受到启蒙的感召,认为要建立不同于以往哲学的新的"社会科学":"孔德旨在创建一种自然主义的关于社会的科学,这种社会科学既可以解释人类的历史发展,又可以预见其未来的进程。除了要建立一种能够解释人类运动规律的科学之外,孔德还企图阐明在具体历史时期影响社会稳定的条件。他的学说的两大支柱是社会动力学和社会静力学,即关于社会进步和社会秩序、社会变化和社会稳定问题的探讨。"[①]

孔德的思想催生了以经验为研究对象的社会科学。在欧洲,孔德的思想被逻辑实证主义者所接受,"他们明确把这样的科学的世界观规定为两个基本点:'第一,它是经验主义的和实证主义的,只有来自经验的知识,这种知识是建立在直接所予的基础之上的。第二,科学的世界概念是以一定的方法即逻辑分析的运用为标志的。'"[②]涂尔干在孔德思想的指引下,在《自杀论》中率先采用了量化研究的经验方法,并奠定了实证社会科学的基础。而在美国,实证主义成为早期实用主义哲学的思想之源。学者们综合了实证和实践的概念,皮尔斯就把认识看作一个在实践中探究的过程。孔德的影响使得逻辑实证主义和美国的实用主义之间产生了千丝万缕的联系。1882年,逻辑实证主义先驱马赫曾在布拉格会晤实用主义创始人詹姆斯。自此以后,两人彼此倾慕,相互砥砺。而当20世纪30年代,拉扎斯菲尔德——这个20世纪最

---

① 〔美〕刘易斯·A.科塞:《社会思想名家》,石人译,上海:上海人民出版社2007年版,第2页。
② 江怡主编:《西方哲学史·第八卷·现代英美分析哲学(上)》,南京:江苏人民出版社2005年版,第176—177页。

重要的实证主义工具制造者——从奥地利逃亡到美国以后,实用主义与实证主义在传播研究上的合流便水到渠成。

即使在今天,实证主义的传统依然把持着传播学科的主流话语,基于这一话语体系形成的效果研究、受众研究造就了一批专家式的传播学学者,并且形成了一个建制性的学科,推行专业性的高等教育。就这一点而言,孔德及逻辑实证主义对美国传播学的学科建制可以说是功不可没。

弥散的影响——达尔文主义和精神分析

在追溯传播学源头之时,有两个思想因素是最难被归类和解释的,几乎在每个传播思想的流派中都能看到它们的影子,这就是达尔文主义和弗洛伊德主义。

达尔文主义是生物学家达尔文和社会学家斯宾塞的思想的统称,但两者的观点其实略有不同。在社会科学领域,斯宾塞的影响更大一些。斯宾塞所倡导的达尔文主义意味着一种对"进化"近乎偏执的信念,"在如何看待进化的问题上,斯宾塞和达尔文有着根本的区别。在斯宾塞看来,进化意味着进步……人类获得完美只是个时间问题。他进一步认为,进化原理不但适用于个体,而且适用于社会。斯宾塞将其适者生存的观念用于社会,这被称作社会达尔文主义"[①]。

达尔文的进化论挑战了19世纪正统的思维方式,他所提倡的历史进化观念给了马克思重要启示,"马克思和恩格斯都推崇达尔文的著作,并认为他们自己的历史科学最终是建立于达尔文的观念之上。但从我们的观点看来,最重要的是,他们也将社会历史划分成了一系列进化'阶段'"[②]。虽然马克思的历史决定论并没有成为日后西方马克思主义的分析主线,但毫无疑问,社会进化中连续性和方向性的因素被多数批判理论保留了下来。与马克思类似,德国社会学家齐美尔也是达尔文和斯宾塞的重要追随者,"西美尔虽然并不完全信奉进化发展学说,然而他早期的许多想法却与斯宾塞的思想非常接

[①] 〔美〕B. R. 赫根汉:《心理学史导论(第四版)》上册,郭本禹等译,上海:华东师范大学出版社2004年版,第435页。

[②] 〔英〕彼得·狄肯斯:《社会达尔文主义——将进化思想和社会理论联系起来》,涂骏译,长春:吉林人民出版社2005年版,第27页。

近,他相信人类从原始的群体生活逐渐演变到现代社会的个人自主发展"①。齐美尔从微观的角度探讨了个人与他人、个人与社会团体、社会团体与社会团体之间的行为互动对社会的建构作用,而这些社会互动又反过来形塑个人。齐美尔坚持认为互动推动社会进步,因此进化论是理解齐美尔时不可或缺的一环,而这也是承继了齐美尔思想遗产的社会学芝加哥学派在探讨传播问题时,始终对个人互动对社会的形塑作用保持乐观的原因。从社会学芝加哥学派这一脉伸展出的英尼斯及其后的媒介环境学,似乎也无法完全摆脱进化论史观的影响。

同样地,社会达尔文主义对于适者生存的强调和对个体自我完善能力的笃信同新兴的资本主义美国是相容的。在这个强调自由主义和个人主义的国度,社会达尔文主义产生了巨大的影响。这种影响在美国早期实用主义者杜威或帕森斯身上都有所显现。尽管帕克和库利反对简单的优胜劣汰说,但他们站在不同的角度对美国社会必然通过各种方式进化为完备的社会形态做出了论证,而进化论也自然成为整个美国传播研究的乐观主义来源。达尔文主义的影响不仅仅体现在传播研究的社会学取向上,也体现在传播研究的另一个支持性学科心理学上。进化论第一次把人类看作一般生物进化的一个特殊阶段,这就意味着对于人类和意识的研究将不必带有先验的色彩,而可以把心理活动放在生物本能和行为的层面进行经验性考察。正如波林所说:"进化论对于心理学发展的影响极为巨大。这个学说不仅向物种特创说的'创世纪'的权威挑战,以为人的身体得之于动物祖先的遗传,而且提出动物和人之间是否有连续性的问题。"②在这里,特别需要强调的是进化论对美国心理学研究的影响,"达尔文的思想最终催生了一种美国特有的心理学——强调个别差异及其测量、强调思想和行为的适应价值、强调研究动物行为的心理学"③。行为主义心理学为后来的传播效果和受众研究提供了科学主义的研究范式。有趣的是,这一研究范式的开创者华生也来自芝加哥大学哲学系。

---

① 〔美〕刘易斯·A.科塞:《社会思想名家》,石人译,上海:上海人民出版社2007年版,第177页。
② 〔美〕E.G.波林:《实验心理学史》,高觉敷译,北京:商务印书馆1981年版,第534页。
③ 〔美〕B.R.赫根汉:《心理学史导论(第四版)》上册,郭本禹等译,上海:华东师范大学出版社2004年版,第443页。

在行为主义心理学的对立面——人文主义心理学阵营,弗洛伊德的精神分析心理学是一面旗帜。当华生主义在各个心理学实验室高歌猛进之时,弗洛伊德的精神分析则在各种思潮中扮演着关键的角色。

弗洛伊德的精神分析理论是非理性主义哲学的重要基石,却以匪夷所思的方式影响了实证研究。由于强调公众是非理性和集体无意识的乌合之众,弗洛伊德受到了开创美国实证主义传播学的李普曼和拉斯韦尔等学者的高度推崇。这种理论被用来说明民众不能成为民主的真正主体,只有用精确测量作为武器的社会科学专家才能保障民主。尽管以拉扎斯菲尔德为代表的传播效果研究者短暂放弃了弗洛伊德的理论而得出了有限效果论的结论,但此后兴起的一些后实证主义强效果理论都在强调弗洛伊德理论的重要性,比如格伯纳的涵化理论、诺埃勒-诺依曼的"沉默的螺旋"等,催眠、移情、从众等精神分析的概念被用来解释传播的长期效果。

精神分析学说对于批判学派的影响更为复杂。在法兰克福学派发展的早期,弗洛伊德被看作一种重要的思想资源,以弗洛姆和马尔库塞为代表的学派成员将其思想作为研究权威主义人格的起点。这种影响一直延续到学派在美国的活动,甚至在人生的后半段,马尔库塞仍然在为完善弗洛伊德的理论而著书立说,将爱欲看作人类自我救赎的终极手段。对此,罗杰斯的评价是:"法兰克福学派在20世纪30年代和40年代将弗洛伊德精神分析理论和马克思主义结合起来,从而为我们提供了今天的批判的传播理论。批判学派对于偏见的颇有影响的研究在阿多诺等人(1950)的《权威人格》中有记载,它代表了一种以量化心理学的方法来研究人格问题的精神分析理论。"[①] 不过,罗杰斯完全没有看到的是,弗洛伊德真正吸引法兰克福学派的东西是他的反启蒙思想,他的著名论断"人性是文明之敌"如此深刻地影响到霍克海默、阿多诺和马尔库塞,以至于哈贝马斯在阿多诺六十大寿时一针见血地指出:"《启蒙辩证法》在那些最隐晦的段落中向没有压抑就没有文明的这种反启蒙立场做出了让步。"[②]

[①] 〔美〕E. M. 罗杰斯:《传播学史——一种传记式的方法》,殷晓蓉译,上海:上海译文出版社2002年版,第91页。

[②] 转引自〔德〕罗尔夫·魏格豪斯:《法兰克福学派:历史、理论及政治影响》下册,孟登迎等译,上海:上海人民出版社2010年版,第759页。

20 世纪经典传播研究的两大路径

欧洲思想：从批判理论到文化研究

两次世界大战彻底改变了欧美国家的精神生态与知识生态。长期作为西方思想发源地的西欧渐渐倾颓，直到第二次世界大战之后好多年才恢复思想的活力，而在托克维尔眼里没有文化的新大陆反而成为西方社会科学的中心。在战后的十多年中，欧洲传播研究领域一度沦为美国传播学的"殖民地"。一些重要的欧洲思想家如勒温、拉扎斯菲尔德在战争中逃往美国，在那里建立起了实证主义的传播学思想体系；另一些批判传统的学者虽然也逃往美国，但他们的思想并不为新大陆所接受，最后还是在战后尤其是新左派运动时期的欧洲开花结果。

卢卡奇之后的西方马克思主义为传播研究打开了新视野，这其中影响最大、最深远的莫过于法兰克福学派。法兰克福学派以成立于1923年的法兰克福大学社会研究所为阵地，以霍克海默、阿多诺、马尔库塞、哈贝马斯等学者为代表，在20世纪30年代到80年代推出了一批重要的作品，其中有不少对传播研究产生了深远的影响。这一学派基本上可以被看作黑格尔和弗洛伊德两种理论传统在当代的延续。

1933年后，法兰克福学派的主要学者为了躲避纳粹，相继流亡美国。在那里，弗洛姆、阿多诺等人参与了一系列有关传播和权威人格的重要研究，这些研究与马尔库塞对发达工业社会对人的爱欲的压抑的分析一起构成了批判理论在微观维度上的研究话语，即对媒介宰制下人的心理脆弱性的批判。这之后，阿多诺与霍克海默合作，于1947年发表了《启蒙辩证法》。这部著作开启了西方马克思主义批判的宏观新视野，把批判的矛头指向整个启蒙理性，在思想上拒斥资本主义工业文明的整个观念体系。此后，法兰克福学派的学者如马尔库塞延续了这一批判主题，把发达工业社会的社会形态和文化形态描绘为"遗失了否定维度"的单向度的社会。这一批判主题为传播研究打开了一个非经验性的新视域，也是后来传播学研究中二元对立框架的思想源起，正如罗杰斯所说，"批判学派和经验学派对于大众传播在社会中的作用的看法极其不同。批判学者认为,大众传播被现存的制度用来控制社会,而经验主义学者认为媒体能够帮助改进社会中的社会问题"①。由于法兰克福学派在美国期间坚持以德文写作,其理论不仅不为美国学者所了解,即使是英国与法国的批判学者,也都是到了20世纪70年代才看到这些文献。对于许多欧美学者来说,他们是先看到了马尔库塞在20世纪60年代出版的《单向度的人:发达工业社会意识形态研究》,才看到了《启蒙辩证法》,因此几乎可以这么说,是新左派运动让人们重新发掘了法兰克福学派。

对法兰克福学派的重新发现极大地推动了欧洲独特的传播研究。第一代法兰克福学派学者为传播研究提供了迥异于传统社会学的研究母题,其中,最重要的就是对文化工业的批判和对传播媒介的意识形态的批判。这个批判传统来自欧洲的理性主义,这一点被后来的文化研究和传播政治经济学部分继承和发扬。以伯明翰学派作为起点的文化研究综合了来自欧洲大陆的多元思想养料,除了法兰克福学派的批判理论,还汲取了沿自索绪尔的符号学和结构主义思想、英国新批评理论、话语理论以及西方马克思主义的意识形态和霸权理论。文化研究关注在各种文化形式和文本中意义是如何通过表征系统运作并发挥作用的。② 与文化研究不同,同时在英国和北美兴起的传播政治经济学反对只针对文本的表征分析,而强调回归对文化的政治经济基础的关注,"加拿大研究者达拉斯·斯迈思在1977年发表了一篇措辞严厉的文章,他认为欧洲批判研究的盲点是没有注意到电视的经济逻辑"③。传播政治经济学学者把法兰克福学派对文化工业的意识形态的批判转化为对文化产业的批判,提出了诸如文化帝国主义、文化侵略等问题,把马克思主义与传播研究进行了有益的结合。

但相比于法兰克福学派的激进,文化研究和传播政治经济学都退回一步,它们或是把对传播的批判建立在文本之上,或是建立在政治经济制度之上,这极大地削弱了它们对传播与社会现实的阐释力。

---

① 〔美〕E. M. 罗杰斯:《传播学史——一种传记式的方法》,殷晓蓉译,上海:上海译文出版社2002年版,第129页。
② 参见〔英〕斯图尔特·霍尔编:《表征——文化表征与意指实践》,徐亮、陆兴华译,北京:商务印书馆2003年版。
③ 〔法〕阿芒·马特拉、米歇尔·马特拉:《传播学简史》,孙五三译,北京:中国人民大学出版社2008年版,第80页。

时至今日,文化研究和传播政治经济学的影响日渐全球化,并反过来影响到了美国的传播研究。尤其是文化研究,已经成为席卷全球的学术思潮。可惜的是,它的发源地伯明翰大学当代文化研究中心,已在2003年被校方关闭,人去楼空。

美国路径:多元研究视野与其合流

谁也不会想到,当20世纪初来自欧洲的思想与新大陆上发达资本主义的新锐交汇后,会绽放出异样璀璨的花朵。在德国纳粹的间接"帮助"下,美国社会科学研究在30年代吸收了大量来自欧陆的养料,终于结出了丰硕的果实。时至今日,美国依然凭借强大的国家实力,把持着世界学术界的话语权,在传播研究领域也不例外。

如果追溯美国社会科学思想的源头,实用主义和芝加哥学派是绕不开的环节。实用主义综合了实证主义、达尔文主义和黑格尔主义等思想,在20世纪二三十年代几乎成为美国的国家哲学,其对美国社会科学的影响直到今天还清晰可辨。实用主义以皮尔斯、詹姆斯、杜威三人为代表。美国早期的实用主义深受实证主义和欧陆理性主义的双重影响,其中詹姆斯的思想又为后来的机能主义心理学奠定了基础。实用主义的哲学经由杜威,获得了最为广泛的关注。杜威把实用主义与美国的民主理念相结合,提出了有机民主论,这个观念深受达尔文的影响,"我们和其他有机体一样,是这个世界之中的成员。与此相关,我们和世界不是割裂的,而是有机统一的,我们在世界之中,世界也在我们之中"①。这样一个双向互动的有机观念不仅影响了杜威对于民主的判断,还直接赋予杜威的传播思想双重的话语建构意义。杜威认为:"社会,不只是通过传递、交流而得以持续存在;说它存在于传递、交流之中,也不为过。'共同的'、'共同体'和'交流'这些词不只是在字面上有关联。人们基于共同的事务而生活在一个共同体中,而交流则是他们拥有这些共同事务的方式。"②这种传播观对后来的芝加哥学派产生了极其重要的影响。一方面,杜威关于沟通是建构共同体途径的观念被米德所吸收,并被发展成为

---

① 江怡主编:《西方哲学史·第八卷·现代英美分析哲学(上)》,南京:江苏人民出版社2005年版,第368页。
② 《杜威全集·中期著作(1899—1924)(第9卷)(1916)》,俞吾金、孔慧译,上海:华东师范大学出版社2012年版,第6—7页。

符号互动论。符号互动论的代表学者米德就认为"自我"的建构是在借由符号实现的社会互动中完成的。另一方面,杜威关于传播是传递信息的观念又被帕克继承,成为传播控制观的思想源泉。①

与杜威相比,政论家李普曼对传播显得更为悲观。受到弗洛伊德的影响,李普曼把公众看作媒介的靶子,认为他们被由片面舆论塑造的拟态环境所引导。他不相信所有人都能清清楚楚地看明白整个无形的环境,从而在全部政府事务上自发形成明确的舆论。所以,他反对杜威这样的民治主义者,认为政府需要"坚持将所有这些行为记录在案并客观衡量其结果,从而稳步加强我们的实际控制"②。他的静态的公众观以及社会控制的观念直接影响了拉斯韦尔,正如黄旦所言:"翻阅拉斯韦尔的《世界大战中的宣传技巧》,让人最为吃惊的是,在这位芝加哥大学博士的身上,几乎看不到杜威、库利、帕克们的一丁点影子,整个儿仿佛就是李普曼《公众舆论》主要观点的具体展开甚或解释。显露政治权力在宣传中的运用,展示'民主全能的思想似乎越来越荒谬','科学的、以大众说服为基础的政治比19世纪以公众为中心的政治更加现实'。拉斯韦尔的这一思路,俨然就是李普曼路数的翻版。难怪有人把李普曼与拉斯韦尔放在一起,共同作为早期传播研究与政治议题一脉的代表人物。"③当然,仅仅把拉斯韦尔的思想看作李普曼思想的延续未免偏颇,拉斯韦尔事实上也受到了芝加哥学派、行为主义心理学和精神分析的多重影响,学术兴趣极为广泛、学术视野极为开阔的他关于宣传是一种"通过操纵有意义的符号控制集体的态度"的定义就带有符号互动论和行为主义的影子。

芝加哥学派也好,李普曼等专家型学者也罢,他们的共同努力不断向美国传播学研究注入实证和经验的气质。当然,在经验传播学领域,哥伦比亚学派率先取得了辉煌的成就,学派的领路人拉扎斯菲尔德堪称传播实证研究的集大成者。在拉扎斯菲尔德的领导下,哥伦比亚大学的应用社会研究局成为20世纪30年代以后传播研究的中心。拉扎斯菲尔德有着在维也纳大学求

---

① 针对这一段思想史的详细论述可以参见胡翼青:《再度发言:论社会学芝加哥学派传播思想》,北京:中国大百科全书出版社2007年版,第108—127页。
② 〔美〕沃尔特·李普曼:《公众舆论》,阎克文、江红译,上海:上海人民出版社2006年版,第225页。
③ 黄旦:《美国早期的传播思想及其流变——从芝加哥学派到大众传播研究的确立》,《新闻与传播研究》2005年第1期。

学的背景。在维也纳,他受到逻辑实证主义的影响,在继承了实证主义的思想特质之后,大大推进了定量研究技术的发展,其对传播学的贡献在于最早将完整的定量分析技术引入大众传播研究。① 除此之外,拉扎斯菲尔德在哥伦比亚大学创立的应用社会研究局,确立了在大学里以研究中心的方式从事大规模研究的规范。②

拉扎斯菲尔德在研究生涯中和许多著名学者有过合作。其中,最为人称道的是和默顿持久的友谊。默顿是结构功能主义代表学者帕森斯的学生。帕森斯深受达尔文主义和韦伯的影响,尽管他对达尔文主义的态度总是处在变化之中,然而他始终认为社会系统是处在一定的进化过程中的。在《社会行动的结构》一书中,帕森斯感兴趣的是通过对一群欧洲思想家的分析,勾勒出单——套系统性的社会理论论证的发展。③ 默顿在某种意义上继承了老师的思想立场,却反对无所不包的统一社会理论,他追求的是一种介于"日常研究中广泛涉及的微观但必要的工作假设"与"尽一切系统化努力而发展出来的用以解释所能观察到的社会行为、社会组织和社会变迁的一致性的统一理论"之间的理论。④。默顿的观念与拉扎斯菲尔德的方法的结合使得应用社会研究局在20世纪50年代取得了令人瞩目的研究成果,他们在效果研究、人际传播等领域的贡献至今仍被津津乐道。

除了社会学与传播研究的结合,理性主义取向的心理学在美国也成功地参与了早期传播研究的话语建构,其中给予传播研究最多灵感的是行为主义和格式塔心理学。格式塔心理学吸收了现象学和整体论的思想,强调从心理显现之物的整体的角度去考察心理活动。受到这些早期心理学思潮的影响,勒温和卡尔·霍夫兰为今天的传播效果和受众分析研究提供了最重要的思

---

① 拉扎斯菲尔德在1940年的"伊里调查"中采用了精心设计的方法和程序,是经验性研究的一个典范。不仅如此,该调查还提出了"政治既有倾向和作用""选择性接触""意见领袖与二级传播",对后来的传播效果研究产生了极为重要的影响。他在1940年和1948年对投票行为进行了两次大规模研究,并出版了《人民的选择》和《投票》。他在那两个研究中所用的方法,被后来对投票行为的研究广泛采纳。

② 参见 Robert K. Merton and Matilda White Riley 编:《美国社会学传统》,陈耀祖译,台北:巨流图书公司1987年版,第211页。

③ 参见〔德〕乌塔·格哈特:《帕森斯学术思想评传》,李康译,北京:北京大学出版社2009年版,第41页。

④ 〔美〕罗伯特·K.默顿:《社会理论和社会结构》,唐少杰、齐心译,南京:译林出版社2006年版,第59页。

想。勒温的群体动力学研究从群体互动的角度考察个体行为,发现了传播过程中的把关人现象;霍夫兰基于行为主义实验心理学的说服研究说明了在美国士兵中引起态度变化的诸多因素。

直到20世纪40年代,美国的传播研究还是分散在各个学科之中。施拉姆的出现为传播学学科的建立奠定了基础。尽管对于施拉姆的学科规划,学者们至今仍然充满异议,但不可否认,施拉姆对传播研究的界定使得传播研究有了较为清晰的学科边界。施拉姆第一个把拉斯韦尔、拉扎斯菲尔德、勒温和霍夫兰的研究工作整合在一起,把他们认定为传播研究的奠基人。在此基础上,施拉姆积极推进美国大学和研究机构对于传播学的接受,并于1947年仿效拉扎斯菲尔德的应用社会研究局在艾奥瓦大学建立了传播研究所,大大推进了传播学学科的创立过程,使这个学科有了足够多的人才储备以推进知识的再生产。然而,施拉姆对于传播研究的界定也给后来的传播研究带来了不少历史负资产,他对诸多不符合经验主义范式的传播思想都视若无睹,这间接导致传播学在20世纪70年代以后面临合法性危机。然而正如罗杰斯恰如其分的评价:"如果他(施拉姆)对于这个领域的贡献能够以某种方式被取消的话,那么就不会有传播学这样一个领域了。"[1]

今天的传播学:多元话语竞争的平台

在传播学拥有了自身的学科建制之后,美国传播学获得了越来越强大的话语权,但这种主流的声音由于屏蔽了其他声音而渐渐故步自封,被认为是一种封闭的美国精神的体现。然而,研究领域的发展从来都不可能彻底停止,话语霸权的建立与重构成为20世纪70年代以来传播研究领域最热闹的文化现象。

20世纪60年代以后,施拉姆的传播学建制渐渐成为一种统治性的学科意识形态。维护这种经院哲学的不仅有施拉姆背后的各种权力,还有散落在世界各地的他培养的衣钵弟子。然而,一旦主导性话语显现,不同话语的斗争便不可避免:哪里有话语霸权,哪里就会生成反抗性的话语。新左派运动

---

[1] 〔美〕E. M. 罗杰斯:《传播学史———一种传记式的方法》,殷晓蓉译,上海:上海译文出版社2002年版,第501页。

为多元话语登上历史舞台提供了最佳契机。在这场席卷欧美的社会运动中,社会的权力转移和权力结构重组导致了一场传播研究的话语革命。当时针指向20世纪末时,以互联网为代表的数字媒体及其推动形成的社会力量,再次冲击着社会的权力结构与话语结构。社会权力力量对比的变化,时刻重构着传播理论的格局。

在新左派运动前后,新的传播思想在原有传统的基础上得以继续深化,思想的交流与碰撞变得更加频繁,新的理论与概念层出不穷,欧美传播思想名家也因此成批出现。在欧洲,哈贝马斯提出了"公共领域"和"交往行为理论",他在继承了法兰克福学派第一代学者的衣钵之后,踏上了重建当代社会交往及传播系统的征途。洛文塔尔在沉寂多年后于20世纪80年代初抛出了法兰克福学派第一部以批判传播研究为核心内容的论文集,引起了欧美学界的高度关注并就此引发了对传播学学科发展的一轮又一轮的深入探讨。[①] 而以吉特林、凯瑞、詹明信和凯尔纳为代表的美国文化研究,继承了英国文化研究的方法,转而从更为乐观的角度审视大众文化对民主和自由的贡献。另一个批判传统——传播政治经济学则在"文化帝国主义""媒介经济与社会民主"等议题领域展开了对传播业的批判研究。这两派在20世纪90年代曾经发生过关于"如何对待文化意识形态与政治经济基础的关系"的论辩。尽管存在诸多分歧,但不少学者认为,今天的传播政治经济学和文化研究存在整合和相互弥补的趋势和可能。[②] 事实上,今天的批判理论愈来愈像一个话语建构的领域。在这个领域中,女权主义、精神分析、符号学、政治经济学、话语理论交相辉映,它们秉持着对这个时代的传播现象或审慎或乐观的态度,对各种文化现象、传播现象、媒介现象展开了多角度的批判分析。相比于法兰克福学派的第一代学者,他们大都否定了对文明的"大拒绝"之路,转而探讨一种借由媒介获得解放的可能。这种趋势使得他们的姿态不再像前辈那样激进,这也为批判理论可能的整合埋下了伏笔。当然,由于批判理论的转向和发展,其与后实证主义的关系也不再那么势如水火,尽管它们之间的兼容仍然遥遥无期。当代批判理论确实在美国也有相当的影响,至少再没有学者

---

① 单是这些学科的反思就导致欧美出现了一批因书写传播学术史而成名的学者,比如约翰·杜海姆·彼得斯、詹姆斯·凯瑞、埃弗雷特·M. 罗杰斯、迈克尔·舒德森、阿芒·马特拉等。

② 参见黄典林:《传播政治经济学与文化研究的分歧与整合》,《国际新闻界》2009年第8期;秦贻:《批判的联合:文化研究与传播政治经济学之关系演变》,《湖北社会科学》2009年第11期;等等。

可以对其置之不理,嗤之以鼻。

20世纪50年代,经验主义和定量方法结合的经典范式遭遇了理论匮乏的危机。在传统效果研究走向绝路的时候,卡茨等学者适时地提出:大部分的传播研究皆致力于调查这样的问题,即"媒介对人们做了什么",而如果将研究的问题换成"人们用媒介做了什么",整个传播研究的面貌就会改观。①在此基础上,卡茨提出了"使用与满足"假说,把受众提到了与媒介平行的研究位置。这一效果研究的转向,的确给实证主义带来了新的活力。在这一努力的启发下,新的关于宏观效果的"议程设置"理论、关注受众与媒介互动的心理行为的"沉默的螺旋"理论相继出现,这些理论假说为今天的实证研究带来了新的理论可能。一大批传播学科班出身的博士如"议程设置"理论的提出者麦库姆斯和肖、"涵化理论"的提出者格伯纳、"知沟理论"的提出者蒂奇诺和"沉默的螺旋"理论的提出者诺埃勒-诺依曼等就此登上历史舞台,跻身名家之列。卡茨认为,"平衡媒介力量和受众力量的倾向内在于传播研究的传统,这一倾向导致了某种程度上被歪曲的有限效果论。这些又反过来导致使用—满足研究和创新扩散理论的勃兴"②。事实上,在后期的实证主义对传播效果和受众的研究中,强弱两种效果的研究取向一直并存,它们在各自的领域都有颇具价值的理论创新,因而为传播学在美国的进一步繁荣奠定了基础。

传播技术本身也正在成为一种强大的社会权力,因此一种技术自反性的研究在社会学芝加哥学派传统的基础上登上了历史舞台,这便是声名日隆的媒介环境学。在芝加哥学派早期学者如库利那里,对传播技术的乐观极为彻底,他认为:"传播媒介可能使社会越来越根据人类较高尚的情操而结合在一起,像智慧与同情,不是根据权威、阶级、琐务。现代传播媒介意味着自由、前途、无限可能。"③这种技术乐观主义被帕克继承,他把传媒技术的发展看作推动社会变迁的强力,这一思想被他的一个加拿大学生英尼斯所继承并发展为后来的传播技术主义范式。英尼斯本人是个相当不错的传播政治经济学学

---

① 转引自周葆华:《大众传播效果研究的历史考察》,复旦大学博士学位论文,2005年,第87页。
② Elihu Katz, "Communications Research since Lazarsfeld," *Public Opinion Quarterly*, 1987, 51: 25-45.
③ 转引自胡翼青:《再度发言:论社会学芝加哥学派传播思想》,北京:中国大百科全书出版社2007年版,第138页。

者,但他对媒介技术的敏锐感知使其超越了他的时代。媒介技术的议题经由马歇尔·麦克卢汉、约书亚·梅罗维茨、尼尔·波兹曼甚至是风华正茂的保罗·莱文森之手,在多伦多学派与纽约学派的共同努力之下,逐渐成熟,自成体系。这些反思传播技术形塑人类观念的思想在今天的传播研究领域中,已经成为不可忽视的重要力量。随着新媒体社会力量的出现,媒介环境学在早年做出的一些预言部分实现,因而在传播研究的话语竞争中取得了独特的优势。

在互联网基础设施日渐完善的今天,在媒介环境学基础之上,媒介化社会理论、媒介生态学、媒介考古学、媒介地理学等以媒介入射角作为认识论的学科纷纷出现,成为传播理论研究领域最活跃的板块。

值得一提的是,尽管世界范围内传播研究的主流声音仍然是后实证主义的范式,但批判的传统和技术主义范式始终扮演着传播研究领域中重要异见分子的角色,它们的声音在被不断放大的同时,也在推动实证主义范式的自我反思和完善。

在一个争夺话语权的时代,混乱与希望同在。关闭学科边界的人,可能消除了他心中的混乱,但也就此失去了创造的希望;打开学科的边界,则让我们得以在混乱中拥抱希望。闪耀在我们头顶的星空,将最大限度地拓展我们的视野。

是为导读。

李耘耕、胡翼青
于南京大学费彝民新闻研究院
2013 年 6 月 30 日

阿尔伯特·H.坎特里尔
(Albert H. Cantril, 1906—1969)

 学术生平

阿尔伯特·H.坎特里尔于1906年6月16日生于美国犹他州希鲁姆市。1928年,他在达特茅斯大学获得心理学学士学位。在达特茅斯,他结识了当时洛克菲勒集团的掌门人小约翰·D.洛克菲勒的孙子N.洛克菲勒,后者是他同寝室的同学。从此以后,他便与洛克菲勒家族保持着密切的关系。1929—1930年,坎特里尔赴慕尼黑和柏林短期访学,1931年在哈佛大学获得心理学博士学位。1931—1932年,坎特里尔在达特茅斯大学获得教职,教授社会学。1932—1936年,他先后在哈佛大学和哥伦比亚大学短暂任教,其间他出于对广播的兴趣,围绕广播进行了一系列实验研究,并于1935年与著名的实验社会心理学家G.奥尔波特一起出版了《广播心理学》一书。1936年他被聘为普林斯顿大学心理学系教授,并一直工作到1969年去世。在普林斯顿大学,坎特里尔获得了充分展示其才华的平台。他创办了重要的传播学学术期刊《舆论季刊》,该刊在美国

社会科学界是一份举足轻重的刊物。他与盖洛普一起创办了普林斯顿"舆论研究办公室",该机构为罗斯福政府提供了大量的舆论研究报告。一直到坎特里尔去世,他一直保持着与盖洛普公司的良好合作关系。他发明的很多测量技术直到今天仍为盖洛普公司广泛采用。他还与当时哥伦比亚广播公司的研究主任 F. 斯坦顿一起向洛克菲勒基金会申请开展"普林斯顿广播研究项目"。由于各自的工作太忙,坎特里尔和斯坦顿都没有精力全职管理这一项目,只能担任项目的副主任。在林德的推荐下,坎特里尔致电拉扎斯菲尔德,希望后者出任全职的项目主任,并为其第二任妻子赫佐格在项目中提供了一个研究人员的位置。这一举措成就了青史留名的广播研究项目。坎特里尔在广播研究项目中所做的最重要的研究,是他所领导的 1938 年关于广播剧《星球大战》的受众研究,也就是对"火星人入侵事件"的研究。这项研究的参与者还包括高德特与赫佐格。这也被德弗勒看作美国传播学研究的 13 个里程碑之一。1939 年,坎特里尔和拉扎斯菲尔德发生了冲突,坎特里尔退出了这一研究项目,这个项目转移到了哥伦比亚大学。在 1939 年至 1940 年间,坎特里尔作为 12 名成员之一,参加了洛克菲勒传播研讨班。此后,他便与传播学渐行渐远。他开始逐渐成为各种政府机构的高级舆论专家。1949 年,他获得华盛顿与李大学法学博士学位。此后,他还担任了艾森豪威尔总统的顾问,为外交政策提供心理学咨询。在肯尼迪政府时期,他还重组过美国新闻局。他逐渐成为冷战期间美国心理战的重要参与者和策划者。在 20 世纪五六十年代,他一直与国际社会研究所、联合国教科文组织以及中情局保持密切的联系。在联合国教科文组织和中情局的双重赞助下,坎特里尔曾通过问卷形式对不同国家的人的态度进行过大规模的调查。例如,英国人、澳大利亚人、法国人、德国人和意大利人对苏联人的态度,苏联人对美国人的态度,等等。他发现,一国人民对他国人民的态度,在很大程度上取决于该国的社会舆论导向及其民族优越感,取决于该国民族文化的历史悠久程度、在历史上所占有的地位,以及现今的精神和物质实力。这些所谓的社会科学研究也对美国搜集苏联等国的情报起到了重要的作用。

主要理论（方法）贡献

坎特里尔对传播学理论与方法的贡献主要体现为他 1938 年对广播剧《星球大战》所引发的社会恐慌的研究。这次社会恐慌始于哥伦比亚广播公司的"太空剧场"播出的由威尔斯制作的广播剧《星球大战》。由于该剧采用了新闻现场报道的方式，因此一些中途介入的听众（根据坎特里尔的调查，估计人数约为 100 万人，占所有听众的 1/6）误以为火星人真的在入侵地球，并产生了恐慌心理。

表面上看，坎特里尔的研究证明了传媒对受众具有很大的影响，但实际上，这项研究呈现得更多的是传播的有限效果。研究发现，以下一些因素决定了传播的效果：其一是受众。那些具有不安全感、缺乏自信、容易从众、有强烈的宗教信仰、独立进行信息评估和验证的能力（我们今天所说的媒介素养）弱的受众更容易受到媒体的影响。尤其有意思的发现是，最恐慌的人不是那些根本没有去验证信息的人，而是那些验证信息失败者。其二是传播的手法。那些有现场感、有权威消息来源的信息更容易影响受众。其三是传受环境。经济危机的发生、第二次世界大战在即、对广播媒体的信赖都会加强传播的效果。其四是接受媒介的方式。比如，伴随性收听、中途介入收听以及收到通知而进行的收听都是导致恐慌的原因。由此可见，影响传播效果的因素是多样的，传播产生的效果是因人而异的。对此，德弗勒等学者评价说：虽然不是很明显，但该研究的确是第一个向魔弹论发起挑战的研究。它开启了日后研究选择性影响的方向。

在研究方法上，该研究对问卷调查和质性量化相结合的研究方法都作出了自己的贡献。研究主要采取的方法是深度访谈与问卷调查相结合。前者基于对 135 位受众进行访谈的资料，后者则基于节目播出一周后的电话调查和六个星期后在盖洛普的帮助下对美国民意协会固定样本的调查。研究还分析了大量报纸的报道以及寄给联邦通信委员会和哥伦比亚广播公司的信件。所以，研究不仅能够测量出一些基本的频数并进行一些交叉分析，还可以通过深度访谈获得大量质性材料以增强研究的效度。这预示着广播研究项目和未来经验研究的一个方向。当然，这一项目的研究方法并非无懈可击。调查手段和经费的局限,导致抽样环节有许多被诟病之处,比如样本多来自新泽西州。尽管没有真正做到随机抽样,但这项研究可以被看作问卷调查和定量研究发展过程中的一个里程碑。坎特里尔对定量研究的另一重要贡献是他设计的量表,他设计的许多量表尤其是测量幸福感的坎特里尔阶梯,直到今天仍被广泛使用。

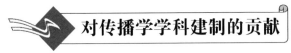

对传播学学科建制的贡献

坎特里尔对传播学学科建制的贡献主要体现为对于传播学现有科研模式的启发。尽管我们将传播学"一院一所"的研究模式归功于拉扎斯菲尔德的创立和施拉姆的确认,但实际上这种方式的开创者是坎特里尔。根据现有的文献,对于社会科学的赞助始于基金会,但其赞助的对象是一批联系松散的学者,学界并没有一个结构相对紧密的研究机构来对应基金会的课题资助。部分出于偶然,坎特里尔是最早推行产学研一体化的社会科学研究者。凭借与洛克菲勒家族以及盖洛普的私交,坎特里尔将业界的技术和资源、基金会的资金与自己的研究结合在一起,并成立了人员联系紧密的研究所,开创了项目制的科研方式,这一切都为传播学后来的主要研究方式奠定了基础。这些成绩部分归功于坎特里尔的社交能力,海曼就曾评价说:坎特里尔善于征服有钱人,并有能力使研究获得资助;部分则是由于当时有客观的社会需求,当时的政界与业界渐渐意识到学界的价值,于是产学研相结合便成为一种可能。学界在这种结合中也受益匪浅——不仅能够获得资金和地位,还能获得其他支持,比如来自盖洛普的民意测验资料,对学者们意义重大。罗杰斯评价说:坎特里尔与盖洛普关系密切,他帮助拉扎斯菲尔德获得有关广播听众及其对不同类型的广播节目的反映的民意测验资料;拉扎斯菲尔德及其项目组成员对这些民意测验资料重新进行分析,其成就远远超出了洛克菲勒基金会对项目的期待。尽管坎特里尔在广播研究项目上最终与拉扎斯菲尔德闹翻,但他倡导的路线和模式一直被坚持了下去。对坎特里尔广播研究项目运作方式的发展是拉扎斯菲尔德进一步完善这一模式的表征,而不是什么新的创造。

原作

Hadley Cantril, *The Invasion from Mars: A Study in the Psychology of Panic*, Princeton, NJ: Princeton University Press, 1940.

Hadley Cantril and Gordon W. Allport, *The Psychology of Radio*, New York, NY: Harper, 1935.

相关思想史或评传

〔美〕E. M. 罗杰斯:《传播学史———一种传记式的方法》,殷晓蓉译,上海:上海译文出版社 2002 年版。

〔美〕希伦·A. 洛厄里、梅尔文·L. 德弗勒:《大众传播效果研究的里程碑(第三版)》,刘海龙等译,北京:中国人民大学出版社 2009 年版。

〔美〕辛普森:《胁迫之术:心理战与美国传播研究的兴起(1945—1960)》,王维佳等译,上海:华东师范大学出版社 2017 年版。

(胡翼青)

阿尔吉达斯·朱利安·格雷马斯
（Algirdas Julien Greimas，1917—1992）

 学术生平

1917年，立陶宛裔学者格雷马斯出生于苏联图拉，1936年进入法国格勒诺布尔大学修习语言学，自此踏入研究符号与意义的领域。1963年至1964年间，格雷马斯在巴黎科学院庞加莱研究所开设了语义学研讨班。该校的语言学研究与逻辑学、数学研究关系紧密，而这一学术传统也在格雷马斯的思想中留下了鲜明的印记。当时，列维-斯特劳斯、雅克·拉康等法国结构主义运动巨擘，均在积极推动人文社会学科通过在研究方法上向自然科学靠拢而加深自身的"科学化"程度。受到这一潮流感召的格雷马斯，也开始尝试从数学、物理学研究中援引概念和术语，借助代数方程阐发自己的语言学思考。1966年问世的格雷马斯的成名作《结构语义学》即脱胎于他在这一时期的探索。同年，格雷马斯在法国高等研究实验学校组建起结构主义符号学的研究团队。这支队伍汇集了热拉尔·热奈特、茨维坦·托多罗夫、朱莉娅·克里斯蒂娃、让-克洛德·高凯等在当时已小有名气的青年学者。此后，法国的结构主义符号学研究

在格雷马斯的引领下羽翼渐丰,逐渐成为高等教育体系中建制化的学科,获得了更多的制度性支持。

在1970年出版的《论意义》第一卷中,格雷马斯着重介绍了其最具代表性的研究方法之一"语义方阵"。这一研究方法糅合了弗拉基米尔·普罗普关于俄国民间故事的"形态学"研究,索绪尔和叶姆斯列夫的语言学思想,以及列维-斯特劳斯围绕原始部族神话、禁忌、亲缘关系等展开的结构人类学分析。格雷马斯这一高度结构化的语义分析方法,上承20世纪初流行于欧陆的形式主义文学批评,下启20世纪60年代后以法国为中心向外扩散的结构主义话语和符号分析,深刻影响了一代西方学者。例如,1960年至1964年间师从格雷马斯的罗兰·巴尔特,在《符号学原理》和《流行体系》两部早期著作中,就对格雷马斯的观点和研究框架多有借鉴。

格雷马斯构想中的"符号学"不局限于对口语和书面语的研究,而是致力于囊括人类社会中存在的一切符指系统,从而为所有人文社会学科提供一套"通用"的基础认识论和研究方法。进入20世纪60年代后,随着格雷马斯在法国学界声名日隆,这一学术主张不仅让关于各色"符码"的研究渐成显学,也为彼时如火如荼的法国结构主义运动添了一把柴火。在1976年出版的论文集《符号学与社会科学》中,格雷马斯较为详尽地阐发了关于通用符指系统的基础认识论。

1982年,高凯在提出符号学"巴黎学派"这一沿用至今的称号时,将格雷马斯视为该系谱中"第一代符号学"或"客体符号学"的执牛耳者。不过,这里所说的"学派"更像是由若干志趣相投的学者自发组成的"小圈子"。它直接或间接地与一些教育机构联系在一起,以特定的人物、著作或论题为中心,总体上反映出一时的思想风气。依托这种松散的学术共同体,格雷马斯同安德烈·马丁内、埃米尔·本维尼斯特等语言学家,以及列维-斯特劳斯、乔治·杜梅齐尔等人类学家和历史学家展开了广泛的对话,其观点同时影响着"巴黎学派"圈子内外。他的译介和推广工作对于俄国形式主义文学理论在法国开枝散叶同样功不可没。这些工作在今天的文学评论、话语分析和"叙事学"(narratology)研究中亦有回响。

主要理论（方法）贡献

要把握20世纪席卷欧洲的形式主义和结构主义思潮，应首先厘清它们共享的两个基本观点，而这也有助于理解格雷马斯的语义学思想：

其一，形式主义或结构主义的文学批评，强调叙述不仅是对既定事实的简单复述，同时也积极建构了意义，并且指引和框定了人们认识意义的路径。因此，叙述者无论以何种方式"说出事实"，都不可避免地要"讲故事"，即通过言语重构乃至再造某种"现实"及其意涵。基于这种判断，通常被划归文学范畴的神话传说和民间故事，抑或法律制度、宗教教义等社会契约，甚至是人们在日常交际中使用的话语，在格雷马斯的理论视域下，均属于叙述行为。

其二，形式主义文学批评和列维-斯特劳斯的结构人类学研究，均反对将叙事文本单纯视为作者个人化的表达，而是强调任何类型的语料都体现甚至复制了叙述者浸润其中的集体文化和社会秩序的内在"结构"。在这一意义上说，任何想要让自身获得理解的叙事文本，都无法做到天马行空，而必须依赖既有文化与观念结构中某些约定俗成的套路或定式。据此，格雷马斯同列维-斯特劳斯、拉康等人一样，也把"结构"看作开启人类精神世界"黑箱"的钥匙，相信在各种叙事文本貌似千差万别的表层内容之下，必定隐藏着一定数量的"普适常数"。它们在不同个体、不同文明的意识活动与表述行为中反复浮现，具有超越时间与空间限定的稳定性与普遍性。

格雷马斯归纳的六种"角色模式"就彰显了上述观念，与此同时，这六种"角色模式"也发展了普罗普在研究俄国民间文学时提出的"（叙事）功能"概念。这一术语在形式主义的叙事分析中，指的是角色在故事中的行动，以及将行动置于由全部情节构成的整体背景下所显现的意义。"角色"与"人物"不同。举例来说，《智取威虎山》中的杨子荣和《哈姆雷特》中复仇的王子，都是在特定故事文本中登场的具体"人物"。他们个性鲜明，命运迥异。但是，若将两个故事并置，从结构的层面入手加以比照，会发现不同的人物对于推动各自所在故事文本的情节向前发展，发挥着相似的作用。在普罗普和格雷马斯形式主义的叙事分析中，这些在文本的结构层面发挥相似功能的人物，可被视为同一类"角色"（actants）。角色是抽象的，它指明了出场人物之间的关系，因此形式主义的文学分析也将"角色"理解为推动情节发展的各种"行动要素"。在此基础上，格雷马斯认为叙事文本中普遍存在"主角"(Subject)和"对象"(Object)(也译为"主体"和"客体")、"支使者"(Sender)和"承受者"(Receiver)(也译为"发出者"和"接收者")、"助手"(Helper)和"对头"(Opponent)(也译为"辅助者"和"反对者")这样三对共六种角色模式。这一规律不受具体叙述者的意志及其所处时空语境的影响。

格雷马斯归纳角色模式的思路以"二元对立"的图式为基础。受到列维-斯特劳斯阐发的结构主义纲领的影响，格雷马斯也将二元对立视为认知事物、理解意义的基本条件，抛开这一框架，人们眼中的世界将陷入混沌。他在"角色模式"之后提出的"语义方阵"模型，进一步确立了二元对立结构在方法论层面的应用。

格雷马斯将"意义"的最小单位称作"义素"(seme)，并由此入手，析出作为语料"骨架"的语义结构。在他看来，意义源于结构，而人们对结构的基本感知，来自对义素间差异的体认。当意识捕捉到差异时，含有这些差异的事物才呈现在意识面前，并为意识活动的目的而存在。感知差异必然要求对同时显现的两个义素之间既有的关系进行描述，或者通过意识活动为二者建立关系。因此在感知差异的过程中，意识能够锁定一对"同位素"(isotopic)，例如"真"与"假"。表面上看，"真""假"水火不容，但它们同为有关事实的判断，出自同一维度或观察视点，因此格雷马斯将诸如"真"与"假"这样既相悖又相关的对立义素，称为位于同一"语义轴"两端的一对"关系项"，可以用代数符号记作：

$$S_1 \longleftrightarrow S_2$$

除了对立面，每个义素还有自身的"负面"，例如"非真"与"非假"，它们与"真""假"一样，也是处在同一语义轴上的一对同位素，用代数符号可记为：

$$\overline{S}_1 \longleftrightarrow \overline{S}_2$$

这样的两组同位素就组成了格雷马斯所说的"语义方阵"。按照他的界说，语义方阵中存在三种基本关系："真"与"假"之间表现为"反义关系"，"真"与"非真"、"假"与"非假"之间表现为"矛盾关系"，而"真"与"非假"、"假"与"非真"之间则是"蕴含关系"。如下图所示：

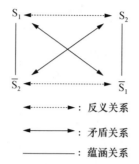

在格雷马斯看来,所有叙事文本和社会行为都隐含这种建立在二元对立基础上的矩阵,而这反过来也说明看似神秘莫测的人类思维其实在因循二元对立图式运作。因此,人类社会中的文学作品、习俗禁忌、制度典章等含有具体价值观念的文本、事物、现象,均可被代入这个抽象模型,并被加以剖析,以呈现其内在逻辑。他期待这种高度抽象化的研究方法,可以让人文社会学科获得一场"科学化洗礼",从而超越个体研究者主观认识的局限性,成为像自然科学一样致力于探索恒常规律的学问。

对传播学学科建制的贡献

1966年,格雷马斯因《结构语义学》的出版在法国声名鹊起。同年,在巴黎的结构主义者"小圈子"中颇有影响的学术刊物《交流》的第8期刊登了格雷马斯的《建立一种阐释神话叙事的理论》和罗兰·巴尔特的《叙事作品结构分析导论》两篇重磅文章。这期聚焦"叙事"的专号被后世看作结构主义叙事学初试啼声。此后,在格雷马斯、热奈特、托多罗夫、布雷蒙等人的推动下,叙事学很快成为文艺理论大家族中冉冉升起的新星。

20世纪八九十年代,叙事学被介绍到国内,新闻传播研究开始尝试以叙事学的方法分析新闻文本与影像叙事。2000年以后,范戴克的《作为话语的新闻》和费尔克拉夫的《话语与社会变迁》两部作品的译介,进一步激发了国内新闻传播学学者对叙事理论的兴趣。曾庆香、何纯等国内研究者先后出版了专论新闻叙事学的著作,格雷马斯提出的"角色模式""语义方阵"等分析框架,开始为更多本土学人所知,逐渐成为中国新闻传播研究中常见的研究方法。

借助格雷马斯的叙事分析,传播研究者发现新闻看似是对事实的客观描述,实则与一般的文学作品一样,也是带有叙事者主观色彩的文本。记者的工作其实是以自己的叙述为受众重建新闻事件的内在逻辑。新闻事件可读解的意义,就源自作为叙事者的记者在散乱的要素中自行梳理出的逻辑闭环。

此外,当研究者面对庞杂的语料时,格雷马斯的类型学式分析方法是一种有效的工具。"语义方阵"模型可以将长篇语料化繁为简,以一到两对基础二元对立作为基点,迅速剥去新闻事件中繁复的细节和翔实的描写,直观呈现记者在组织新闻文本时的一系列基本判断。例如,新闻报道的事件,其基本属性是体现"善""恶"对比的故事,还是展现主人公面对任务或目标时实现从"未完成"到"完成"、从"缺失"到"获得"的"自我成长型"传记?基于这种二元对立图示,特别是"善/恶""允许/禁止"等常见的二元对立,记者也能通过对事件中诸多细节的分类,隐蔽地传达自身的立场和价值判断。

格雷马斯的思想引导传播研究者不再将新闻看作一种特殊的文体,而是将其放置到更广阔的文化世界中,和其他文学体裁加以比对。新闻不是事实本身,而是对事实的再加工。无论作者还是读者,都无法全然摆脱自身意识中各种潜在框架的约束。20世纪结构主义思潮最重要的理论遗产之一,即在于点明人的思想不可能无限自由地流动,或者将事实的全貌尽收眼底,相反,认识事物和理解意义,靠的正是将复杂的经验现实处理成一系列建立在二元范畴基础上的抽象模型。这些模型并非事实本身,而是叙事者对于事实的表征性再现。

对新闻研究而言,格雷马斯的"语义方阵"模型的真正用途并不在于验证一个新闻文本在结构上是否"规范",而是将它当作一面反思性的"镜子"。这种理论的价值在于帮助研究者发现作者和读者理解经验世界时难以摆脱的各种"路径依赖"以及其中隐藏的盲点。这些通过叙事结构被悄然植入叙事文本的意识形态,能够对事实本身进行筛选、裁剪和重组。这个过程建构了一种可理解的事实,而"可理解"在格雷马斯看来,恰恰意味着最终呈现的叙事文本,在结构上依然重复着作者和读者身处的社会一直以来向他们反复灌输的思维定式。

原作

〔法〕A.J.格雷马斯:《结构语义学:方法研究》,吴泓缈译,北京:生活·读书·新知三联书店1999年版。

〔法〕A.J.格雷马斯:《符号学与社会科学》,徐伟民译,天津:百花文艺出版社2009年版。

〔法〕A.J.格雷马斯:《论意义:符号学论文集》上册,吴泓缈、冯学俊译,天津:百花文艺出版社2011年版。

相关思想史或评传

〔法〕弗朗索瓦·多斯:《结构主义史》,季广茂译,北京:金城出版社2012年版。

〔比〕J.M.布洛克曼:《结构主义:莫斯科—布拉格—巴黎》,李幼蒸译,北京:中国人民大学出版社2003年版。

罗钢:《叙事学导论》,昆明:云南人民出版社1994年版。

（张婧妍）

安东尼·吉登斯
(Anthony Giddens, 1938—　)

 **学术生平**

安东尼·吉登斯1938年1月8日出生于伦敦北部的埃德蒙顿,其父是伦敦运输公司的一名普通职员。1956年,吉登斯进入赫尔大学学习心理学和社会学,是家中第一位获得大学文凭的成员。1959年,吉登斯在伦敦政治经济学院攻读硕士,以论文《当代英国的体育运动与社会》获得社会学硕士学位。随后他在莱斯特大学任讲师,讲授社会心理学。莱斯特大学本来只是一所声名不显的地方大学,但它聘用了流亡学者伊利亚·诺伊斯塔特和诺伯特·埃利亚斯,两人一起将该校社会学系建为全英最大、最有影响的社会学系之一,而吉登斯的教席就是他们任命的。吉登斯曾经在1961—1962年上过埃利亚斯的课,但是吉登斯只承认他的地位,而不承认他对自己的影响。对此,有些学者从文本解读的角度出发,指出吉登斯的理论受到埃利亚斯的启发,甚至认为"吉登斯欠埃利亚斯的多于他承认的"。1966年至1968年间,吉登斯在加拿大西蒙菲莎大学、美国加利福尼亚大学洛杉矶分校短期任教。1969年,他受聘于

剑桥大学国王学院，并同时开始攻读博士学位。1974年获得剑桥大学博士学位后吉登斯留校任教，并于1987年获得正教授职位。1985年，他与戴维·赫尔德和约翰·汤普森一同创办了世界知名的政体出版社。1997—2003年，吉登斯出任伦敦政治经济学院院长并成为公共政策研究所咨询委员会成员。吉登斯也是英国前首相托尼·布莱尔的顾问，其"第三条道路"学说成为布莱尔的政治指导理念，并且影响了20世纪末全球政治的发展方向。2004年，吉登斯被授予"终身贵族"的称号，以男爵身份成为英国上议院议员。

吉登斯的自我规划能力相当惊人，从一开始就目标明确、稳扎稳打地进行学术研究，而且他笔耕不辍，写有至少34本著作，速度高达平均一年一本以上，这些作品以至少29种语言在全球发行。2009年，71岁的吉登斯不仅修订出版了《社会学》这部经典教材，还推出新作《气候变化的政治》，再次引起学界和政治界的广泛关注。必须肯定的是，吉登斯是与布尔迪厄、哈贝马斯齐名的当代欧洲社会学思想大师。他论著甚丰，在社会学、心理学、政治学、哲学等领域都有相当的影响力。对于他的成就，学者马丁·奥布赖恩曾在《现代性——吉登斯访谈录》的导论中这样评价：安东尼·吉登斯是战后英国主要的社会学家之一。他的著作囊括了三十多年的社会和政治变革，并且一直处于80年代和90年代社会理论与实践发展的前沿。他对社会学传统的诠释二十年来一直是（而且仍然是）社会学理论专业的本科生和研究生教学内容的中流砥柱；对社会学所关心的核心问题，他那富于想象力的重新论述和对于学术辩论、知识争论的促进作用同样重要。他是一位划时代的社会学理论家、出版界的独行侠和影响越来越大的政治哲学家。

具体而言，吉登斯对社会理论与方法的贡献集中在三方面：对西方社会理论各流派尤其是三大传统（马克思、韦伯和涂尔干）进行评述；建构了"结构化理论"；提出反思性现代性理论。事实上，吉登斯在这三个范畴的建树亦将他的研究生涯划分成三个阶段：对经典思想家作品的解读贯穿他整个20世纪70年代的工作，这个时期他的代表作有《资本主义与现代社会理论》(1971)和《社会学方法的新规则》(1976)，这些反思性研究为他后来对现代性社会的创造性论述做了关键的铺垫。到了80年代，吉登斯的研究进入过渡时期。一方面，他将70年代的学术旨趣进一步延伸至当代社会理论领域，如1982年出版的《社会学：批判的导论》；另一方面，经过一次次整合现有的理论框架，他终于在1984年的《社会的构成》中宣示了自己的社会学研究方法论——结构化理论。此后,他结合新型的社会观察,进一步阐述结构化理论,进入了最具原创性的时期,出版了一系列表述"现代性社会"的论著,如《民族—国家与暴力》(1985)、《现代性的后果》(1990)、《现代性与自我认同》(1991)、《超越左与右》(1994)等。

主要理论(方法)贡献

虽然吉登斯没有专门关注传播研究,他对传播理论的影响亦是间接的,但是这也无妨他在传播学界,尤其是在传播与社会这个交叉领域声名显赫。他从对马克思、涂尔干和韦伯的著作的分析中提炼出"现代性社会理论"的基本特征,在集大成的基础上扩展了现代性理论,进而为探讨现代性视野中的传播学提供了分析框架。

要理解吉登斯的现代性思想,必须回到他的方法论。吉登斯通过重述与批判结构主义、功能主义和解释社会学等研究思路,提出了著名的"结构化理论"。他试图以此消除社会结构与个人能动性之间的对立,使以功能主义和结构主义为代表的"客体主义"与以解释学为代表的"主体主义"实现沟通。尽管这种"中间派"思路早已存在,但是吉登斯没有停留在抽象的可能性之上。他用"结构"指称被持续反复地组织起来的一系列规则或资源,其中的规则是社会互动中的"方法性程序"。"结构"既是约束性要素,又是表意符码,行动主体正是通过利用规则和资源,在时空中维持并再生产了结构。更重要的是,吉登斯借助戈夫曼的日常接触理论和加芬克尔的常人方法学看到了社会与个人的交汇点,即"日常生活"的形成过程。吉登斯从互动论出发,搭建了宏观社会学与微观社会学之间的桥梁,揭示了社会与人的同构关系,赋予了"结构"这一概念可转化性与灵活性。吉登斯在《社会的构成》中表示:以结构二重性观点来看,社会系统的结构性特征对于它们反复组织起来的实践来说,既是后者的中介,又是它的结果。相对个人而言,结构并不是什么"外在之物":从某种特定意义的角度来说,结构作为记忆痕迹,具体体现在各种社会实践中,"内在于"人的活动,而不像涂尔干所说的是"外在"的。不应将结构等同于制约。相反,结构总是同时具有制约性与使动性。吉登斯这一调和式的结构化理论为传播研究提供了具有较强解释力的方法论工具。他在阐释结构化理论时经常使用的"惯例"概念亦常常被应用于新闻生产研究,以探究媒体组织内部在进行信息生产时反复出现却未必被反思的实践意识。

吉登斯的现代性社会理论正是基于结构化理论而展开的,要么侧重于社会结构概念阐述现代性的制度化,要么倾向于从个人能动性概念出发,讨论结构与个体的关系。而在这一论述过程中,吉登斯发现了现代性的三种动力品质,即时空分离、抽离化机制和反思性,并借此建立起宏观层面与微观层面相结合的现代性思想体系:现代性通过资本主义、工业主义、监督、军事力量四个维度的全球化延伸,使得时空分离,形成抽离化机制,形成由缺席主导在场的远距离交往方式,并导致信任危机和后传统秩序的产生。这一结构特征的变化也影响了人的日常生活,不仅怀疑意识盛行,而且随着抽象系统的发展和知识的专业化,个体乃至集体日益依赖不在场的专家系统的知识进行反思性监控,加快了传统的消亡和全球化的进一步扩展。未来被持续不断地卷入现实,变得难以预料,现代社会也成了风险社会。最后,这些变动也反映在现代性条件下亲密关系、自我认同与自我规划的变化中。吉登斯强调,时空重组加上抽离化机制,导致现代性所固有的制度特质变得极端化和全球化,也使得日常社会生活的内容和本质发生了转变。

通过建立现代性理论框架,吉登斯为传播学理论与社会学理论的对话搭建了重要的沟通桥梁。虽然吉登斯并没有形成较为系统的传播思想,只是在其著作中偶有涉及大众传播媒介与现代性社会的作用,但是这些零散的观点都契合了他的结构化理论,具有很强的启发性。吉登斯还创造了一些颇具阐释力的概念,影响了后来的媒介与社会研究、全球传播学与发展传播学研究。如他意识到制度的传播大多依赖大众媒体,而这些媒体机构使国家更容易渗透到社会中,强化了结构对人的监视。他也指出了媒体对于制度的影响,指出了媒体在现代性社会的全球化过程中所具有的不可小觑的力量。他在《现代性的后果》中直言:如果没有铺天盖地的由"新闻"所传达的共享知识的话,现代性制度的全球性扩张本来是不可能的。到了《现代性与自我认同》,他进一步从自我认同的角度解释了媒体的作用,认为由大众媒体传递的经验,长久地影响着自我认同和社会关系的基本组织,而伴随大众媒体尤其是电子媒体的发展,自我发展和社会体系间的相互渗透不仅日益明显,而且走向全球化。他指出:在现代性的后传统秩序中,以及在新型媒体所传递的经验背景下,自我认同成了一种反思性地组织起来的活动。在"自我认同"的基础上,吉登斯延伸出了"纯粹关系"这一概念,意指一种外在标准已经被消解的关系,其存在也仅是为了这种关系所能给予的某种奖赏。这一论述为新媒体研究尤其是近年来备受关注的社会化媒体研究提供了有用的概念和新颖的观察视野。此外,吉登斯所提出的高度现代性或晚期现代性条件下"自我的四个困境"(联合相对于分裂、无力感相对于占有、权威相对于不确定性、个人化相对于商品化)思想,对于当代受众研究也具有一定的参考价值。

对传播学学科建制的贡献

作为现代社会理论领域的大家,吉登斯虽然并未涉足传播学领域,也没有正式将传媒这一对象纳入他的现代性理论体系,但是他为传播研究的社会学取向研究作出了不可取代的贡献。他不仅沟通了传播学与社会学这两个领域,而且加强了两者的联系,丰富了传播学的研究图景。同时,吉登斯已经推开了媒体现代性研究的大门,后来的学者要想探讨传媒与现代社会的关系几乎都绕不开他,不是引用他的概念就是批判和发展他的思想。这一点明显体现在吉登斯所培养的学生——享有相当声誉的媒介社会学家约翰·汤普森身上。汤普森通过《媒介与现代性:媒介的社会学理论》这一著作正式确定了媒介与现代性社会的关系,并且进一步扩展了吉登斯的思想,引进了"意识形态"这一关键词,使得媒介社会学研究更具批判性。

另外,吉登斯也为政治传播作出了创新性的贡献,带来了更多学科想象力。吉登斯后期的研究兴趣转向了政治学,提出了著名的"第三条道路"学说以及"生活政治"的概念。这不仅对政治传播有一定的影响,其学说本身也已经成为政治传播的研究对象之一。吉登斯的观点也与齐格蒙特·鲍曼的共和政治观形成了西方政治理论史上备受关注的"对话",对于政治传播学有重要的启发意义。此外,吉登斯虽然不是率先提出"风险社会"这一概念的学者,但是他的风险思想和反思性的现代性思想为政治传播和策略传播打开了新的研究视域,例如在探究公共突发事件的媒介应对机制时,吉登斯把这些事件面临的风险分为"外部风险"与"人造风险"。而且,他也启发人们可以从媒介作为制度化的反思性组织这一角度出发寻找这些问题的症结所在。

原作

〔英〕安东尼·吉登斯:《民族—国家与暴力》,胡宗泽、赵力涛译,北京:生活·读书·新知三联书店1998年版。

〔英〕安东尼·吉登斯:《亲密关系的变革——现代社会中的性、爱和爱欲》,陈永国、汪民安等译,北京:社会科学文献出版社2001年版。

〔英〕安东尼·吉登斯:《社会学方法的新规则——一种对解释社会学的建设性批判》,田佑中、刘江涛译,北京:社会科学文献出版社2003年版。

〔英〕安东尼·吉登斯:《超越左与右:激进政治的未来》,李惠斌、杨雪冬译,北京:社会科学文献出版社2009年版。

〔英〕安东尼·吉登斯:《气候变化的政治》,曹荣湘译,北京:社会科学文献出版社2009年版。

〔英〕安东尼·吉登斯:《历史唯物主义的当代批判——权力、财产与国家》,郭忠华译,上海:上海译文出版社2010年版。

〔英〕安东尼·吉登斯:《社会学:批判的导论》,郭忠华译,上海:上海译文出版社2013年版。

〔英〕安东尼·吉登斯:《社会的构成:结构化理论纲要》,李康、李猛译,北京:中国人民大学出版社2016年版。

〔英〕安东尼·吉登斯:《现代性与自我认同:晚期现代中的自我与社会》,夏璐译,北京:中国人民大学出版社2016年版。

〔英〕安东尼·吉登斯:《资本主义与现代社会理论:对马克思、涂尔干和韦伯著作的分析》,郭忠华、潘华凌译,上海:上海译文出版社2018年版。

〔英〕安东尼·吉登斯:《现代性的后果(修订版)》,田禾译,南京:译林出版社2022年版。

〔英〕安东尼·吉登斯、菲利普·萨顿:《社会学(第八版)》,李康译,北京:北京大学出版社2021年版。

相关思想史或评传

〔英〕安东尼·吉登斯、克里斯多弗·皮尔森:《现代性——吉登斯访谈录》,尹宏毅译,北京:新华出版社2001年版。

马杰伟、张潇潇:《媒体现代:传播学与社会学的对话》,上海:复旦大学出版社2011年版。

Christopher G. A. Bryant and David Jary (eds.), *The Contemporary Giddens: Social Theory in a Globalizing Age*, New York, NY: Palgrave, 2001.

David Held and John B. Thompson (eds.) , *Social Theory of Modern Societies: Anthony Giddens and His Critics*, Cambridge: Cambridge University Press, 1989.

Lars Bo Kaspersen, *Anthony Giddens: An Introduction to a Social Theorist*, Oxford & Massachusetts: Blackwell, 2000.

（黄佩映）

安东尼奥·葛兰西
(Antonio Gramsci, 1891—1937)

学术生平

安东尼奥·葛兰西1891年1月22日生于意大利撒丁岛一个移民家庭,家境贫寒。葛兰西在卡利亚里完成中学学业,并于1911年前往都灵大学攻读语言学专业。他通过勤工俭学和争取奖学金读完了大学。1913年他加入意大利社会党,并开始受到列宁思想的影响。第一次世界大战爆发后,葛兰西响应列宁"变帝国主义战争为国内战争"的号召,发动都灵工人举行反战武装起义,在工人中赢得威望,被选为社会党都灵支部书记。1919年他创办了《新秩序》周刊,领导工人苏维埃运动。1921年1月21日,葛兰西带领陶里亚蒂、路易吉·隆哥等人,与以阿梅迪奥·波迪加为首的社会党左派联合组建了意大利共产党。1922年5月,葛兰西作为意共代表在莫斯科当选为共产国际执委会书记处书记。1922年10月墨索里尼上台后,葛兰西被共产国际任命为意共总书记,并受共产国际委派回国领导意共开展反法西斯斗争。葛兰西取道维也纳回国途中,组织召开里昂会议,在罗马创办《团结报》,回国后更是采用各种方法反对墨索里尼的国家法西斯党。1926年10月墨索里尼宣布取缔意共,并于11月非法逮捕了具有国会议员身份的葛兰西,判处其20年又8个月的徒刑。墨索里尼在决定监禁葛兰西时宣称:要使他的头脑停止运作二十年。葛兰西被判刑之后健康状况严重恶化,被送往意大利南部一所专为病囚开设的医院疗养。自1929年起,葛兰西获准在狱中写作,他受朋友的援助获得了不少书籍,开始思考无产阶级革命为何持续挫败,并就此写就《狱中札记》。这部著作在亲友的保管下,尘封于苏联档案馆,1948年首先在意大利出版。这部作品在西方当代思想史上产生了巨大的影响,几乎对社会科学各个学科都有启发。1934年葛兰西得到有条件的释放,但健康状况已经极度恶化。1937年4月27日,葛兰西因脑出血与世长辞。葛兰西长期担任意大利共产党总书记,是一位社会主义革命家,因而他的理论建构是以对资产阶级统治秩序和推翻这种统治秩序的分析为基点的,他的视角与同时代其他西方马克思主义者(如卢卡奇以及法兰克福学派第一代成员)的视角都有所不同。也正因为如此,他为世界的学术界,也为传播学提供了一种全新的理论框架。

主要理论(方法)贡献

葛兰西的理论是他对自身革命实践反思的结果,他要回答的两个问题是:无产阶级革命为什么会失败?无产阶级革命者该怎么做?他给出的回答是对两个极其重要的概念的分析与阐释:文化霸权与有机知识分子。而这两个概念对传播研究,尤其是当代批判的传播研究有着极为重要的意义。

葛兰西并没有否认经典马克思主义关于经济基础决定上层建筑的论述,但他认为上层建筑比想象中复杂,并指出上层建筑有两个层面,一个是市民社会,另一个则是政治社会或国家,两者相互交织、相互渗透。统治集团不但通过国家机器在政治社会中实行直接统治,而且通过对文化的掌控对市民社会进行管控,而后者是隐蔽的统治方式,也是日常生活中最主要的统治方式。在葛兰西那里,市民社会有多种形式,既可能是一些实体组织机构,又可能是一些社会群体,当然也可以是复杂的社会关系与身份认同。市民社会是一个权力场,各种社会利益集团通过竞争在这个权力场中寻求认同并试图树立权威,而一旦某一社会集团在这一权力场中,在文化、思想、道德、意识形态等方面确立了权威,它就确立了所谓"文化霸权"。然而,文化霸权并不是通过强制和压迫的手段获得的,也就是不能用国家机器那套强制手段来推行。霸权的形成需要以被统治者自愿的接受和赞同作为前提,依赖权力场中的各种力量达成某种一致的舆论、世界观和社会准则。整个进程中充满着斗争、冲突、平衡和妥协。当然,统治集团比其他社会利益集团更容易取得文化霸权,因为它可以调动的文化资源、可以支配的权力都是别的社会集团所不能比拟的。但是,其他社会集团在文化霸权的争夺上也并非完全没有机会。同时,在斗争的过程中,统治集团的妥协和让步是必需的,文化霸权的确立并不是要剪除对立面,而是要将对立面的利益包容到自身利益中。在这种分析中,葛兰西解释了为什么意大利的无产阶级反而会站在墨索里尼的法西斯政党那一边。葛兰西还意识到,经济危机并不足以彻底撼动资本主义的统治,除非彻底颠覆其文化霸权。

葛兰西通过建构"文化霸权"这一概念,向我们展示了关于大众文化研究的与众不同的视角:一方面,大众文化领域或者说传媒领域是一个充满竞争的多元文化场域,各种意识形态在其间相互斗争,争夺话语权;另一方面,文化与社会不是静止的结构性场域,而是在不停的运动中重新建构动态平衡的结构性场域。这两个视角既不同于法兰克福学派的大众文化观,又不同于结构功能主义的传播观,这就为传播研究的第三条道路提供了理论基石。

葛兰西继而讨论了如何消解资产阶级的文化霸权,在这里,他建构了"有机知识分子"这一概念。与李普曼一样,葛兰西将推翻资产阶级文化霸权的历史重任放在了知识分子身上。在他看来,知识分子并非如他们标榜的那样单纯地作为知识或思想的生产者,独立于社会各阶层。每一个社会集团内都会产生依附这个集团的知识分子阶层,这一阶层与其所属的阶级保持着紧密的联系,有着鲜明的阶级性和社会干预性。他突出强调了知识分子在市民社会,以及在文化霸权的实现过程中的重要作用。也就是说,知识分子往往承担着这样的历史任务:通过提供一种特定的意识形态和信仰体系,确保本集团在市民社会实现文化霸权。这就是所谓"有机知识分子"的职能。在葛兰西看来,无产阶级需要培养自己的有机知识分子,借助创造和传播科学、哲学和艺术等文化产品和价值观念,提高无产阶级的思想意识水平,为无产阶级获取文化霸权服务。他指出:无产阶级的有机知识分子要积极地参与实际生活,不仅仅是做一个雄辩者,而且要做建设者、组织者和"坚持不懈的劝说者"

(同时超越抽象的数理精神);我们的观念从作为工作的技术提升到作为科学的技术,又上升到人道主义的历史观,没有这种历史观,我们就只是停留在"专家"的水平上,而不会成为"领导者"。这种对知识分子功能的看法是葛兰西为推翻资产阶级统治开出的药方,葛兰西认为当时意大利的知识分子太过远离民族和人民。这一药方并没有真正起过什么历史作用,但它毫无疑问影响了包括萨义德在内的左翼知识分子的认同,并直接为公共知识分子登上历史舞台提供了合法性。这种理论为研究新闻知识生产、媒介知识分子等传播领域的课题提供了重要的理论支持,同时为文化帝国主义批判等传播政治经济学的理论提供了基础。

对传播学学科建制的贡献

葛兰西的理论对于传播研究的影响主要集中于各种批判的传播理论。受到他影响的学派主要包括英美文化研究、传播政治经济学。这些学派在葛兰西文化霸权理论基础之上的发挥,进一步丰富了传播理论的基因库,使这一学科的话语竞争(或者说文化霸权争夺)日趋白热化。

葛兰西对于英国文化研究的影响主要是通过阿尔都塞实现的,阿尔都塞还将葛兰西的影响扩散至整个法国的学术圈,福柯等学者身上都有葛兰西的影子。阿尔都塞对葛兰西的理论高度认同。葛兰西对马克思主义意识形态理论的发展深得阿尔都塞的赏识。受到葛兰西的启发,阿尔都塞并不将意识形态视为虚假意识,而是将其视为社会结构的一个重要方面,并充分肯定了它所发挥的重大作用。和葛兰西一样,阿尔都塞也意识到颠覆意识形态国家机器的重要性,从而将马克思主义政治经济批判转向了文化批判(参见本书路易·阿尔都塞词条)。当然,阿尔都塞对意识形态的进一步发挥,强调意识形态的绝对宰制力,可能是葛兰西所不能认同的。通过阿尔都塞的结构主义,葛兰西的文化霸权理论对以霍尔为代表的第二代文化研究者也就是伯明翰学派产生了深远的影响。在霍尔之前,文化研究的主要范式是"文化主义",但在霍尔之后,随着对阿尔都塞结构主义思想的吸收与修正,"结构主义"范式开始成为主导。由于葛兰西的理论比阿尔都塞的更为灵活,因此霍尔又从阿尔都塞到达了葛兰西。"编码/解码"的提出本身就是葛兰西式的，而后来费斯克的民粹主义论调更是葛兰西式的。应当说，伯明翰学派的传播研究从某种意义上讲就是葛兰西主义。

随着葛兰西理论对英国文化研究的"入侵"，美国的一系列文化研究者都开始关注葛兰西的文化霸权理论。凯尔纳的多部作品均建立在葛兰西理论的基础之上，尤其是他对美国大众文化奇观的分析，他试图以此对法兰克福学派和后现代理论中的文化观进行修正。而吉特林的《新左派运动的媒介镜像》一书完全将文化霸权理论作为理论框架来分析媒体的新闻知识生产以及学生运动中对话语权的争夺（参见本书托德·吉特林词条）。加上费斯克在美国的教学与科研活动，当代美国文化研究和传媒文化理论几乎可以说就是葛兰西主义的。

葛兰西理论的另一重要应用范畴是传播政治经济学，尤其是具有后殖民主义理论色彩的传播政治经济学。首先受到影响的是文化帝国主义研究，其中萨义德的东方主义可以被看作葛兰西文化霸权理论最为典型的应用，西方话语通过东方自身的认同与依附而获得文化霸权。以赫伯特·席勒、诺姆·乔姆斯基等为代表的传播政治经济学学者则运用这一理论来批判美帝国主义如何在全球范围内形成其文化霸权。在新闻知识生产的层面，葛兰西的文化霸权理论和有机知识分子论同样得到广泛运用，成为这一领域与布尔迪厄的理论同样重要的理论来源。

原作

〔意〕安东尼奥·葛兰西：《现代君主论》，陈越译，上海：上海人民出版社2006年版。

〔意〕安东尼奥·葛兰西：《狱中札记》，曹雷雨等译，郑州：河南大学出版社2016年版。

〔意〕葛兰西：《论文学》，吕同六译，北京：人民文学出版社1983年版。

〔意〕葛兰西：《实践哲学》，徐崇温译，重庆：重庆出版社1990年版。

相关思想史或评传

郭赫男、刘亚斌：《葛兰西的"文化霸权"理论溯源及其对它的误读》，《社会科学家》2008年第6期。

孙晶:《文化霸权理论研究》,北京:社会科学文献出版社2004年版。

仰海峰:《葛兰西研究七十年:回顾与反思》,《河北学刊》2009年第3期。

周兴杰:《批判的位移:葛兰西与文化研究转向》,北京:中国社会科学出版社2011年版。

(胡翼青)

阿芒·马特拉
(Armand Mattelart, 1936—)

学术生平

阿芒·马特拉1936年1月8日生于比利时,在第二次世界大战的战火中成长,曾经是教会学校的寄宿学生。本科毕业后,马特拉参加了英国一个僧俗团体,一年后返回比利时,在天主教鲁汶大学学习法律和政治科学,而后又到了法国索邦大学,在阿尔弗雷德·索维创建的人口研究所学习人口学。毕业后,马特拉被任命为梵蒂冈人口政策专家,并在1962年到智利首都圣地亚哥的天主教大学出任传播社会学教授,研究人口政策和妇女解放等问题,同时成为智利社会党总统萨尔瓦多·阿连德的国际事务顾问。在这里,他不仅邂逅了未来的妻子米歇尔·马特拉(她也是他多部著作的合作者),而且遇到了旨在帮助拉丁美洲经济起飞的"进步联盟"中的美国社会科学家和传播研究专家,其中一位就是提出了传播四功能说的查尔斯·赖特。一方面,马特拉对美国为实现智利现代化而输入的"扩散理论"和"说服策略"产生了怀疑;另一方面,在进行人种志研究的过程中,他认识到媒体对智利农村发展的影响,开始反思美国的功能主义传播学。1967年智利学生运动的爆发,使马特拉决定转向媒介研究。这时他主要采用在法语学界流行的罗兰·巴尔特的结构主义符号学进行媒介内容的分析研究。随着政治形势的变动,面对美国文化产品大量涌入拉美国家,马特拉也开始采用话语分析与政治经济学相结合的方法进行传播国际化的研究。1971年,马特拉与阿里尔·多尔夫曼合作出版了《如何解读唐老鸭》。美国对此书下达的禁令反让它成为70年代风靡拉丁美洲、印数过百万册的畅销书。可以说,马特拉在智利十年间的研究与实践活动,不仅使其自身的传播思想得以成熟,而且巩固了其在法语和西班牙语地区尤其是拉丁美洲传播学界的学术地位。1973年智利政变后,马特拉被皮诺切特军政府驱逐出境。回到法国的最初两年,马特拉和法国电影大师克里斯·马克、雅克林·梅皮耶等人一起导演了一部关于智利政治与社会变革的电影《螺旋》。1975—1997年,他相继任教于巴黎第七大学、雷恩第二大学,主要讲授传播理论。1997—2004年,他转到巴黎第八大学担任信息传播学教授。在法国教学期间,他在米歇尔·福柯、米歇尔·德塞托、费尔南·布罗代尔等人思想的影响下,转向了世界传播、传播历史与文化多元性研究。与此同时,马特拉也主持过多项国际机构如联合国委托的关于非洲、亚洲、欧洲和拉丁美洲传播政策方面的研究课题。2002年,马特拉筹建了法国媒介观察研究所并担任所长。其代表性著作有《如何解读唐老鸭》(合著,1971)、《大众媒介、意识形态和革命运动:智利,1970—1973》(1974)、《跨国公司和传播体系》(1976)、《传播与阶级斗争》(编著,1979,1984)、《思考媒介》(合著,1986)、《世界传播与文化霸权》(1992)、《传播的起源》(1994)、《传播学简史》(合著,1995)、《传播的世界化》(1996)、《文化多元性与世界化》(2005)、《监视的全球化》(2007)等。

主要理论(方法)贡献

相比于本书中的其他传播学学者,马特拉的思想深受风云变幻的国际局势影响,而在历经政治浪潮的洗礼后,他也从早期的激进左派转变为推崇理性与共和的公共知识分子。综观马特拉的著作,撇开早期在20世纪60年代的智利所进行的短暂的媒介符号学研究,他总体上以传播政治经济学路径进行传播研究。他对传播理论与方法的贡献主要集中在以下两个方面：

其一，从马克思主义政治经济学视角出发，以文化帝国主义为关键词进行传播阶级分析。原本就将自己定位为左派的马特拉来到局势动荡的拉丁美洲，很快就发现了处于世界体系边缘位置的拉美国家的尴尬处境：一方面，美国通过所谓"技术支援"和跨国公司渗透其自身的意识形态，企图维持自身在拉美的支配地位，所谓的人口政策、农业改革不过是美国社会科学尤其是打着"发展"旗号的创新扩散理论和现代化理论的试验之作。埃弗雷特·M.罗杰斯的《创新的扩散》和《农民中的现代化》，以及施拉姆的《大众传播媒介与社会发展》等著作已然被美国和联合国钦点为拉美国家20世纪60年代的指导性读物，美国更是试图通过成立"拉丁美洲新闻高级研究中心"使拉美传播学在美国功能主义的土壤中发育起来。另一方面，抵抗运动依然存在，拉美的批判社会学家为此提出了"依附理论"，批判不平等的国际秩序。意识到帝国主义意识形态通过传播机制进行扩张的马特拉与他的美国同事产生了意见分歧，他开始运用马克思主义政治经济学与罗兰·巴尔特的结构主义符号学批判文化帝国主义。马特拉指出，来自美国的发展意识形态创造了一个只从它自身出发的理想的社会模型，让不同的社会现实和文化整齐划一，剥夺了每个第三世界国家自己的历史。而他之所以将矛头指向媒介，除了受自身政治参与经历的启发，也是由于他相信媒介在这场所谓的现代化运动中占据着中心位置。用他自己的话来说，在官方话语体系中，媒介是帮助传统的个体迈入"进步"之河的"帮助偷渡边境的人"。在他看来，美国输出的信息传播技术不仅不是通向民主的途径，反而像是剥削的同谋，因为在新型的文化传播中也蕴藏着新的权力结构，这将最终导致自由理性的丧失和民主国家概念的消失。为此，从1971年的《如何解读唐老鸭》开始直至80年代初，学习人口学出身的马特拉转向了传播研究，将阶级斗争的观念贯穿其作品，论战对象包括国际政治秩序、经济全球化、广告、大众文化与话语霸权、科学技术、外交策略、发展传播学理论和功能主义传播学等。他试图通过这些论战，把表面产品和使其得以生产的整体系统联系起来，揭露大众文化背后的意识形态。

其二，提出"传播世界"的概念，矛头指向商业逻辑，借助启蒙的共和思想，倡导文化多元性。20世纪80年代以来，伴随着世界范围内的管制放松以及私有化的迅速铺展，经济自由主义席卷全球。回到法国的马特拉适逢法国五月风暴后，西方马克思主义思想日渐式微，左派锋芒消退，学术界的焦点再也不是反资本主义或反帝国主义,而是新自由主义。带有拉美红色印记的马特拉要想在法国立足,就不得不压下他的阶级分析热情,重新定位自己的学术立场。这时他在法国年鉴学派的费尔南·布罗代尔的"经济世界"思想中找到了新的灵感,认为同样存在一个有着等级体系的"传播世界",媒介和文化辐射也有中心和边缘地区之分。而且他强调要区分全球化(Globalisation)与世界化(Mondialisation)这两个概念,认为前者代表着一种商业自由、整合经济的意识形态,是需要质疑甚至抵抗的,后者则是拉丁语系语言中一个局限于地理维度的概念,承认等级体系与差异性的存在。为了摆脱全球化意识形态,始终坚信人的理性的马特拉向欧洲传统的共和思想求助,他在《世界传播与文化霸权》中指出:大众媒介是公共物品,要减少其商业逻辑。要把公共辩论建立在大众媒介之上,因为存在着不同的声音。我们应当生产由公共服务引导的媒介,要有立法存在,这涉及行业伦理。促进文化多元性是马特拉提出的解决这一难题、建立世界传播新秩序的可能方案。在这一点上,他从米歇尔·德塞托的复数文化思想中找到了理论依据。不过,也正是"传播世界"的概念与"文化多元性"的主张自证了马特拉思想的"欧洲中心主义"与"乌托邦主义"。

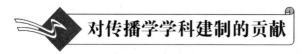

对传播学学科建制的贡献

埃弗雷特·M.罗杰斯在《传播学史———一种传记式的方法》中将马特拉简单划归为欧洲批判学派,而格雷厄姆·默多克等学者又将之归为政治经济学传统中突出阶级斗争的流派,他们都忽视了马特拉传播思想的变化与多元性。在很大程度上,马特拉对传播学学科建制的贡献主要体现为:他一方面推动着有别于美国主流范式的传播学在非英语世界的发展,另一方面则反思当下的传播学发展状况。

其一,马特拉促进了拉美国家和法国的传播学科发展。在拉美学界,谈传播学几乎都离不开马特拉。对于其成就,墨西哥学者哈维尔·马德里在《阿芒·马特拉思想在墨西哥传播学界的影响》中评价道:他提出的新颖的概念工具激发着拉美学界的传播意识;他提出的问题和政治思考催生了传播学认识的革命。因此在几十年中,几代传播学工作者采用了马特拉分析墨西哥和拉美传播过程的方法来工作。而在法国,直到20世纪70年代传播学这一学科才正式建立,此前的传播研究几乎集中于60年代由乔治·弗里德曼倡议建立的大众传播研究中心,而且法国虽然与德国毗邻,但马特拉惊讶于它竟然是工业化国家中最后一个引进和评介霍克海默"文化工业"概念的国家。马特拉的传播研究与实践改善了这一局面,尽管他不是第一位阐述文化工业概念的学者,但是他对此理论进行了深入探讨与发展,进一步使法国传播学界将目光投向法兰克福学派。马特拉也意识到法国学术界对英国文化研究的忽视,在2003年著有《文化研究导论》,为法国的研究者量身打造了一部文化研究指南。此外,他早在1982年就与伊夫·斯图泽为法国研究科技部部长让-皮埃尔·舍韦内芒撰写了一份有关文化工业状况的报告,即《技术、文化和传播》,不仅描述与分析了法国的传播研究发展状况,也为传播学提出了新的研究方向与研究政策。

其二,马特拉基于福柯的考古—系谱学,重新考察了传播学史。换言之,福柯的系谱学对偶然性、特殊性与隐性认知结构的关注在马特拉的思想中得到了延续。这在《传播理论史》《传播的起源》《信息社会的历史》《乌托邦的历史》《监视的全球化》等思想史著作中表现得尤为明显。他一反学界的普遍认识,追溯传播的起源至19世纪末到20世纪30年代,而且在这段历史中,马特拉并没有垂直勾勒出一条连续的发展脉络,而更多地采用横断面式的研究阐述各个时期的学科条件,尤其突出了知识与权力如何构建出特定的传播话语。在马特拉的传播系谱中,主要有四个维度:流动性、普遍联系、可测量的个体、地缘政治或地缘经济。由于马特拉的思想史提供了一种有别于主流的视角,如今其传播学史著作也成了反思学科诞生与发展的重要参照之一。

 扩展阅读

原作

〔法〕阿芒·马特拉:《世界传播与文化霸权:思想与战略的历史》,陈卫星译,北京:中央编译出版社2001年版。

〔法〕阿芒·马特拉:《传播的世界化》,朱振明译,北京:中国传媒大学出版社2007年版。

〔法〕阿芒·马特拉:《全球传播的起源》,朱振明译,北京:清华大学出版社2015年版。

〔法〕阿芒·马特拉、米歇尔·马特拉:《传播学简史》,孙五三译,北京:中国人民大学出版社2008年版。

Ariel Dorfman and Armand Mattelart, *How to Read Donald Duck: Imperialist Ideology in the Disney Comic*, trans. by David Kunzle, New York, NY: International General, 1991.

Armand Mattelart, *Multinationales et Système de Communication*, Paris: Anthropos, 1976.

Armand Mattelart and Michèle Mattelart, *Penser les Médias*, Paris: La Découverte, 1986.

Armand Mattelart and Érik Neveu, *Introduction aux Cultural Studies*, Paris: La Découverte, 2003.

Armand Mattelart, *Diversité Culturelle et Mondialisation*, Paris: La Découverte, 2005.

Armand Mattelart, *La Globalisation de la Surveillance*, Paris: La Découverte, 2007.

相关思想史或评传

〔法〕贝尔纳·米耶热:《传播思想》,陈蕴敏译,南京:江苏人民出版社2008年版。

朱振明:《传播世界观的思想者——阿芒·马特拉传播思想研究》,上海:上海交通大学出版社2011年版。

(黄佩映)

伯纳德·贝雷尔森
(Bernard Berelson, 1912—1979)

学术生平

　　伯纳德·贝雷尔森1912年生于美国华盛顿州斯波坎县，1941年获得芝加哥大学图书馆学博士学位。其导师韦尔普斯是1939年开创了大众传播研究传统的洛克菲勒传播研讨班的12名成员之一，是当时美国研究印刷传播及阅读行为的顶尖学者。贝雷尔森早期从事的也是对书籍读者的研究，但其博士学位论文论述了传播对舆论的影响，逐渐成为传播效果研究的重要鼓吹者。1941年，他前往联邦通信委员会对外广播情报部分析德国舆论，在那里由于与拉斯韦尔共事而学会了内容分析法。1944年他转投哥伦比亚大学应用社会研究局，在那里负责帮助拉扎斯菲尔德分析伊里研究的数据，并成为《人民的选择》一书的合作者。1946年，他回到芝加哥大学任图书馆学院院长，1951年起担任美国福特基金会行为科学部主任。1951—1952年，他担任美国舆论研究协会主席。1957年，他回到芝加哥大学再次担任图书馆学院院长。1960—1961年，贝雷尔森接替拉扎斯菲尔德成为哥伦比亚大学应用社会研究局主任。1962

年起,他开始担任美国人口委员会传播研究项目主任,并于1968年起成为该委员会主席直到1974年退休。对他的一生,学者普利在2006年的一篇论文中评价道:贝雷尔森,图书馆学专业的学生,继而成为拉扎斯菲尔德的同事,再转而成为福特基金会社会科学领域的呼风唤雨之人,在社会科学研究史上是一个迷人而遭忽视的人物。他的代表性学术著作有与拉扎斯菲尔德合著的《人民的选择》(1944)、《选举:总统大选中的舆论形成研究》(1954)、《传播研究中的内容分析》(1952)。

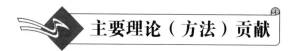

主要理论(方法)贡献

贝雷尔森是美国传播学效果理论的重要奠基人,政治传播学的代表人物。相比于本书中的其他美国学者,他对传播理论与方法的贡献比较有限,主要集中在二级传播理论、使用与满足理论和内容分析法等三个领域。

与拉扎斯菲尔德一样,贝雷尔森是二级传播理论的重要奠基人。他与拉扎斯菲尔德在1940年的伊里研究中重新发现了在大众传播情境下人际传播所发挥的重要功能。该理论的主要内容及其意义请参见本书的保罗·F.拉扎斯菲尔德词条。

在1949年对报纸投递员罢工的研究中,贝雷尔森发现读者对报纸有强烈的依赖性,当他们因报纸投递员罢工而无法获取当天的报纸时,常常有一种无所事事的感觉,被迫寻找其他新闻来源。许多人读报是为了了解天下大事,但也有人认为读报可以用来逃避现实、放松自己、娱乐休闲和增强自己的威望。因此他们阅读的内容也不尽相同,有的在报纸上寻找谈资,有的则希望获得时尚、美食、天气预报等方面的有用信息,作为其日常生活的指导。这一研究与赫佐格的美国家庭妇女收听日间广播肥皂剧的研究一样被看作使用与满足理论的初始研究,极大地启发了像卡茨这样的后辈学者的研究。有意思的是,为了回应贝雷尔森所提出的传播研究正在枯萎的论断,卡茨建议传播研究不要把目光放在"媒介对人们做了什么"上,而应当讨论"人们用媒介做了什么"。所以他用贝雷尔森的《没有报纸意味着什么》一文来说明,我们可以通过将研究的焦点从传播者转移到受众上来,化解传播学面临的危机(参见本书伊莱休·卡茨词条)。

贝雷尔森之所以擅长内容分析,与他的图书馆学学科背景有关。大家普遍认为,内容分析法的出现受到图书馆藏书主题分类方式的启发。在1952年的《传播研究中的内容分析》一书中,贝雷尔森提出了关于内容分析法的最权威的定义:内容分析是一种对显在的传播内容进行客观、系统的定量描述的研究方法。在这个定义中,内容分析成为一种独立的定量研究方法,并体现了与话语分析诸方法如修辞学、语义学等的不同:前者强调定量和客观,主张分析字面的内容;而后者强调理解,并不排斥分析符号背后的含义。贝雷尔森还在该书中讨论了抽样、编码和统计等研究方法的最重要的步骤。自该书问世,传播的内容分析法开始逐渐成熟,并成为社会科学领域重要的测量手段之一。贝雷尔森与拉斯韦尔一道,被看作内容分析法的开创者。

对传播学学科建制的贡献

贝雷尔森可能是美国传播学建制史上最重要的人物之一,这是他能够跻身传播学重要思想家行列的最重要的原因之一。他在以下五个方面对美国传播学的建制作出了重要的贡献:

其一是传播学学科点的创建。1942年至1945年,韦尔普斯和贝雷尔森在芝加哥大学图书馆学院创立了世界上第一个传播学教学点。该教学点设在一个由社会学和图书馆学专业合作建立的名为"跨学科委员会"的机构之下,向学生授予传播学博士学位,但由于缺乏学科建制上的保障和合法性,很快夭折。

其二是对传播研究与传播学科发展的扶持。由于在福特基金会长期担任行为科学部的负责人,贝雷尔森为传播领域的研究提供了大量的资源。1951年,霍夫兰、拉扎斯菲尔德、拉斯韦尔等学者都被时任福特基金会行为科学部主任的贝雷尔森邀请担任福特基金会顾问,就在当年基金会立项资助了费斯汀格的"传播及其社会影响"项目;1952年,贝雷尔森出资87.5万美元在麻省理工学院设立了一个国际传播研究项目;1953年又出资40万美元帮助斯坦福大学提升人文社会科学研究水平,其中的7.5万美元用来聘请传播学教授施拉姆,该校的传播学系也因此于1956年成立。

其三是对传播学科布局的贡献。贝雷尔森是第一个提出传播学四大奠基人这一说法的学者。在1954年"社会科学研究委员会"召集的一次公共传播研究会议上,身为福特基金会行为科学部主任的他作为牵头人认为以下四条路径是传播学未来发展最重要的路径:(1) 拉斯韦尔政治学取向的宣传研究传统;(2) 拉扎斯菲尔德社会学取向的经验性实地调查研究传统;(3) 以勒温、费斯汀格为代表的社会心理学取向的群体动力学传统;(4) 霍夫兰的实验心理学传统。另有两条路径,即英尼斯的历史研究传统和哈钦斯委员会的研究传统也被提及,但贝雷尔森指出后两种研究路径不是行为科学的研究路径,因此不能算是科学的传播学研究。通过这种划分,贝雷尔森为搭建传播学实证研究范式的内部结构奠定了基础。在1959年的论文中,贝雷尔森又将路径扩展为10种,施拉姆的"新闻学"路径、香农和韦弗的数学视角、贝特森等人的精神分析视角等也在其中。后来,施拉姆又通过更为明确的表述方式将四大奠基人的说法变成了美国传播学史中的常识(参见本书威尔伯·施拉姆词条)。

其四是撰写了具有开创性的传播学教材。1950年,贝雷尔森与美国社会心理学家莫里斯·雅诺维茨合编了传播学领域较早的一部代表性教材《公共舆论与传播读本》。该教材选择了社会学、心理学、政治学、历史学、人类学、图书馆学等学科领域中有代表性的传播研究文献,来体现"活跃在传播领域的主要兴趣和思维方式"。入选的作者包括早期芝加哥学派的库利、米德和帕克,也包括法兰克福学派的阿多诺和洛文塔尔,视野非常开阔,但影响不如同时代施拉姆所编写的系列传播学教材。

其五是对传播学科面临的危机的反思。贝雷尔森是第一个在传播学建制中看到传播学发展面临的危机的学者。早在1959年,他就在《传播研究现状》一文中提出传播研究正在枯萎,因为传播研究领域有代表性的研究者正在离开这个领域,而他们得出的几乎不可推翻的定论——大众传媒对受众的影响有限——似乎昭示了大众传播研究前途黯淡。这篇文章在传播研究领域引起了巨大的反响,施拉姆、大卫·里斯曼和鲍尔均对贝雷尔森的文章进行了回应。包括卡茨在内的新一代传播学学者,也正是在回应贝雷尔森的这一论调时才提出了使用与满足、议程设置等新理论。不管这场争论的胜利者是谁,该争论本身就对传播学科的发展意义重大,它不断提醒传播学应当在学科反思的基础上向前发展。

原作

〔美〕保罗·F.拉扎斯菲尔德、伯纳德·贝雷尔森、黑兹尔·高德特:《人民的选择:选民如何在总统选战中做决定(第三版)》,唐茜译,北京:中国人民大学出版社2012年版。

Bernard Berelson, "What 'Missing the Newspaper' Means," Paul F. Lazarsfeld and Frank N. Stanton (eds.), *Communication Research 1948—1949*, New York, NY: Harper, 1949.

Bernard Berelson, *Content Analysis in Communication Research*, Glencoe, IL: Free Press, 1952.

Bernard Berelson, "The State of Communication Research," *Public Opinion Quarterly*, 1959, 23(1).

相关思想史或评传

〔美〕辛普森:《胁迫之术:心理战与美国传播研究的兴起(1945—1960)》,王维佳等译,上海:华东师范大学出版社2017年版。

伍静:《中美传播学早期的建制史与反思》,济南:山东人民出版社2011年版。

(胡翼青)

贝尔纳·斯蒂格勒
(Bernard Stiegler, 1952—2020)

贝尔纳·斯蒂格勒1952年4月1日生于法国维勒邦。他的父亲是一名电子工程师。在父亲的熏陶下,他从小就对电子仪器有着浓厚的兴趣。1969年高中毕业后,斯蒂格勒在法国电影自由学院学习导演。求学期间,他在农场、餐馆、酒吧等地打工,并开始经营自己的酒吧。时值五月风暴发生后不久,多有思想激进的青年人来酒吧喝酒,警方希望斯蒂格勒为他们做污点证人。斯蒂格勒拒绝了这一要求,随后警察查封了他的酒吧以及他的银行账户。斯蒂格勒一气之下抢劫了四家自己存钱的银行并因此入狱。在狱中,经一位研究哲学的狱友介绍,他开始自学马克思、胡塞尔、海德格尔以及法共哲学家的思想,并引起了德里达的关注。出狱后,他拜德里达为师,并结合自己这些年所做的关于技术、记忆、创新和个体化等方面的研究和工作,写作了五卷本的《技术与时间》。凭借这一作品,他获得了法国社会科学高等研究院哲学博士学位。此后,他先后在贡比涅技术大学、法国国家视听研究院等机构任职,并创办了"工业化政治与精神技术学国际研究协会"和巴黎蓬皮杜艺术中心研究与创新学院,致力于在资本主义技术形态之外寻找新的技术—社会可能性。斯蒂格勒的主要著作除了20世纪90年代完成的《技术与时间》(五卷本,其中两卷没有出版),还有《象征的贫困》(二卷,2004—2005)、《怀疑和失信》(三卷,2004—2006)、《构成欧洲》(二卷,2005)、《新政治经济学批判》(2009)、《休克状态》(2015)、《自动化社会》(第一卷,2015)、《在断裂中:怎么才能不发疯》(2020)等三十余部著作。《技术与时间》的中译本出版后,斯蒂格勒受到国内学界的高度关注。他多次应邀前来中国交流访问,并担任南京大学人文社会科学高级研究院、中国美术学院客座教授,在两校举办了一系列讲座和研讨班,讲稿结集为《人类纪里的艺术:斯蒂格勒中国美院讲座》(2016)和《南京课程:在人类纪时代阅读马克思和恩格斯——从〈德意志意识形态〉到〈自然辩证法〉》(2019)出版。2020年8月6日,据说是因为受到精神疾病的严重困扰,68岁的斯蒂格勒选择以自杀的方式结束了自己的生命。

主要理论(方法)贡献

斯蒂格勒是继德里达之后最重要的法国哲学家之一,在技术哲学领域做出了特别突出的贡献。他融合了柏拉图、康德、马克思、胡塞尔、海德格尔、弗洛伊德、西蒙栋、勒鲁瓦-古兰、拉康、德里达等哲学家的思想,又将这些思想引入其关于技术、时间、记忆、个体化、药学、欲望、义肢、后种系生成、数字媒体、资本主义社会等问题的思考,并形成了原创性的技术哲学思想。他的代表作《技术与时间》既是他与康德、胡塞尔、海德格尔、弗洛伊德、西蒙栋、法兰克福学派第一代学者、德里达、布尔迪厄等人的对话与论战,也是最为集中地呈现他的原创思想的沃土,其后出版的《象征的贫困》《新政治经济学批判》《自动化社会》等著作,均可被视为他的理论和经验延续的成果。

斯蒂格勒最为人熟知的理论贡献是他关于第三持存(rétentions tertiaires,也称第三记忆)的创见。在胡塞尔第一、第二持存和康德"纯粹知性概念的图型法"的基础上,他发展出第三持存,以突出技术在记忆中的作用,并为他的记忆分层结构理论做铺垫。斯蒂格勒借助胡塞尔的内时间意识现象学中的前摄、想象、持存等概念,将时间意识融入记忆结构,同时发展了康德在《纯粹理性批判》中的"三重综合",提出了记忆的第三持存。简单地说,第一持存指当下的体验,是对时间流逝过程中每一个"此刻"的感知,例如我们在旅途中观赏景色时的即时感受。第二持存指我们对此前的感受的回忆和想象,这种回忆和想象能够带来一种因时间流逝而产生的历史感和自我反思,如我们对旅途中景物的追忆。第三持存基于人对技术的使用,即记忆在技术上的附着和再现。例如,我们在观赏风景时拿出手机拍照,照片便成为我们的记忆的技术载体,一种"物"的凭证。这样,斯蒂格勒就将时间、记忆与技术结合在了一起。借助普罗米修斯和爱比米修斯的神话隐喻,斯蒂格勒指出人的本质指向一种技术性,由此将记忆与人的本质结合在一起,并达及他的理论目标,即提示当代强大的第三持存对人的影响。

在斯蒂格勒看来,传统哲学将技术与逻各斯对立起来,承笛卡儿一脉的逻辑把技术视作外在于人的物质客体。这种将人和技术分开的二元论方法无法指引我们认清人与技术的关系的本质。斯蒂格勒认为,不能将技术视作简单的自然物体或生命物体,作为有机化的无机物,技术在人成为人之时就构成人的一部分。相对于人的内在器官,技术实质上构成了人的外在器官,即技术义肢(prothèse)。比如,眼镜就是最常见的技术义肢,人们无法离开的外在器官。当人们对眼镜这样的技术习以为常时,技术便已内化入身体,与内在器官融为一体。因此,斯蒂格勒指出,技术作为海德格尔所说的上手之物,是人存在的基本条件。

在技术的工业化发展过程中,工业技术义肢逐渐侵占人的内在器官,斯蒂格勒借用地质学术语"人类纪"来指称这样一种发展状态。他认为,在从工业技术到数字技术的发展过程中,技术义肢延伸到日常生活的方方面面,包括身体的最细微之处,甚至影响到人的本能需求,而技术义肢对本能需求的复刻和再生产,就是现代广告所做的事情。

技术义肢构成人的特殊生存进化状态,即后种系生成(épiphylogénéyigue)。举例来说,我们在科幻片中常见人与机器的结合,这种半人半机器的状态就是人的后种系生成。后种系生成一方面强调人和技术的融合不是一种个人选择,而是一个种系的历史命运,另一方面强调这种生成状态是一个过程,一个有所指向但是看不到明确终点的过程。斯蒂格勒提出,后种系生成的内在意义在于,对技术的认识从人类学意义上的认识或工具性的认识走向一种存在论意义上的认识,技术不再是一种中性的、无机的、被随意处置的可控制之物,不再是与主体二元对立的外在客体,而是与人的存在本质关联的重要部分。这种关联在现代数字技术发展的背景下,呈现为人的主体直接在场被虚拟的IP在场所取代的状态,并指向当下人类纪的生存危机。

解释社会不是斯蒂格勒的理论终点,在社会底层挣扎的他,深刻认识到了改造社会的重要性。斯蒂格勒发展了马克思、恩格斯关于无产阶级的思想,以无产阶级化(proletarietization)来解释资本主义发展和机器技术变革导致的后果。斯蒂格勒认为,19世纪的无产阶级化指向技能知识的丧失,20世纪的消费资本主义指向生存知识的丧失,而21世纪数字技术的工业化指向理论知识的丧失。人们将自身的知识外化至技术义肢时,看似知识通过技术持存在更大程度上得以留存,但实际上这种知识状态只表明了技术义肢的增殖,人本身拥有的知识不仅没有增加,反而变得更少。这种知识的无产阶级化使得每个进入数字工业的人成为精神休克的劳作者,成为数字工业的一个光标,没有反思的可能性。斯蒂格勒指出,由数字技术驱动的超级工业社会已经进入一个系统性愚昧的时代,这个时代的矛盾不再是早期的资产阶级与无产阶级之间的斗争,而是被普遍无产阶级化的人与技术工业体系之间的斗争。这就引出了他对当下技术工业体系的政治经济学批判。

在斯蒂格勒看来,当下的技术工业体系以数字技术为主导,每个人既为数字工业工作、服务,又受惠于数字化生活。这是一种不仅出卖劳动力,而且出卖知识与心灵劳动的过程,在此过程中人的本能需求被彻底掏空。这是斯蒂格勒对弗洛伊德的再阐释。在他看来,除了基本的生存需求,人的本能需求还包括很多方面。如果说19世纪的工业化生产对标的是生存需求,那么21世纪的超级工业社会便是将本能需求的方方面面放入数字工业的可操作对象的序列,人的个性展现受限于网络的生存规则,人类的出路不明。受德里达的直接启发,斯蒂格勒提出的解决之道是利用技术的两面性,即技术本身是一种药,兼具毒性和药性,既会毒化人的生存状态,又内含了解救之道,单纯地反对和逃避技术不仅不现实,也是对人的本质的弃离。斯蒂格勒致力于借助技术的药性来解毒,力求发展出资本控制之外的贡献性数字技术。他希望在看重负熵的经济的辅助下,设计新的万维网结构。

对传播学学科建制的贡献

斯蒂格勒受到传播学学者的关注主要是因为新媒体技术在当下的发展及其产生的社会影响。他本人时刻关注这一社会动向,从技术现象学的视角审视新媒体技术及其社会效应,并形成了一系列原创的概念体系和媒介思想。可以说,他是当下技术哲学领域最为重要的思想家之一,为媒介技术哲学、传播政治经济学等领域做出了重要贡献。

尽管英尼斯、麦克卢汉、鲍德里亚、德布雷、基特勒等学者从不同面向为媒介技术哲学提供了丰富的思想资源,但是斯蒂格勒的独特之处在于将媒介、技术与记忆、人的存在等范畴勾连在一起,并且通过与西蒙栋、海德格尔、德里达等先驱的对话与论战,重新审视了数字时代的新技术,特别是媒介技术所承载的历史意义及其折射出来的人类存在状态。斯蒂格勒并不关注某一特定类型的媒介技术,也不从媒介内容出发来审视其导致的后果,而是从整个媒介技术构建的信息系统的角度,将电报、电话、摄影、录音、电影、广播、电视等综合起来,指出这些外化的记忆装置共同导致了一种加速工业化的状态,世界记忆屈从于这种将心理和群体同一化与标准化的工业化。斯蒂格勒的技术理论不是一种形而上的分析,而是将政治经济学批判与技术批判结合起来,从"改造世界"的动机出发来审视媒介技术。这是他的媒介研究的一大特点。

斯蒂格勒深受法兰克福学派的影响并继承了其社会批判的逻辑。在阿多诺、霍克海默等提出的文化工业和意识工业的基础上,他结合记忆的工业化,提出随着工业时间不断复杂化,技术的聚合在使物流产业(信息技术)、传输工业(远程通信)、象征符号产业(视听节目)相融合的同时,还会促使记忆的技术体系与生产物质资料的技术体系在科技、工业、资本等层面实现功能的融合,使工业社会发展到超级工业化阶段,甚至整个文化界、知识界、思想界以及艺术创作、科学研究、高等教育等领域均会臣服于社会经济发展和各类市场的迫切需求。

在超级工业社会中,原先由大众传媒形塑的对特定象征符号的认同被信息工业和数字传媒以可计算的形式和内容替代。这种可计算性抹杀一切独特性,在将整体同一化的同时,也剥夺了理论知识的自我记忆。受这种可计算性支配的世界变成一片荒漠,工业创造越来越多,精神价值越来越少。这是斯蒂格勒对马克思"异化"思想的当代书写,这些观点对于建构一种批判性的媒介理论至关重要。

这也是斯蒂格勒对于当下数字资本主义发展的最新阐释。在他看来,作为数字资本主义社会基础的超工业技术体系本身就是一系列复杂义肢中的记忆装置,随着电视、手机、电脑和全球定位系统等各种类型的体外记忆装置的普及,所有人都将依赖这些记忆装置的运转。这一阶段的数字资本主义处在超级工业化时代。表面上看,在这种社会形态下,人类的记忆似乎因记忆的外在化技术的发展而得到无限的扩展,而实际上,这是一个范围广泛的心灵的无产阶级化过程,人类的认知能力被逐步瓦解,最终将导致系统性愚昧。数字资本主义通过改变人们选择和接受的方式,将技术体系、记忆术乃至世界化在某种程度上融合在一起。从这种记忆装置的角度看待媒介技术,将媒介技术、人的生存状态和资本主义社会发展阶段结合起来,也使得媒介技术从政治经济发展的产物转变为建构社会形态的方式。这种将记忆工业化融入数字资本主义批判的路径对于传播政治经济学研究具有重要的启发意义。

扩展阅读

原作

〔法〕贝尔纳·斯蒂格勒:《技术与时间:2.迷失方向》,赵和平、印螺译,南京:译林出版社2010年版。

〔法〕贝尔纳·斯蒂格勒:《技术与时间:1.爱比米修斯的过失》,裴程译,南京:译林出版社2012年版。

〔法〕贝尔纳·斯蒂格勒:《技术与时间:3.电影的时间与存在之痛的问题》,方尔平译,南京:译林出版社2012年版。

〔法〕贝尔纳·斯蒂格勒:《南京课程:在人类纪时代阅读马克思和恩格斯——从〈德意志意识形态〉到〈自然辩证法〉》,张福公译,南京:南京大学出版社2019年版。

〔法〕贝尔纳·斯蒂格勒:《象征的贫困1:超工业时代》,张新木、庞茂森译,南京:南京大学出版社2021年版。

Jacques Derrida and Bernard Stiegler, *Echographies of Television：Filmed Interviews*, trans. by Jennifer Bajorek, Cambridge：Polity Press, 2002.

相关思想史或评传

张一兵:《斯蒂格勒〈技术与时间〉构境论解读》,上海:上海人民出版社2018年版。

Ross Abbinnett, *The Thought of Bernard Stiegler：Capitalism, Technology and the Politics of Spirit*, London and New York：Routledge, 2018.

（张金凯　赵婷婷）

布鲁诺·拉图尔
(Bruno Latour, 1947—2022)

学术生平

布鲁诺·拉图尔1947年出生于法国勃艮第,其家庭以酿造葡萄酒为业。他从1966年起在第戎大学(也称勃艮第大学)接受哲学和圣经解释学教育,开始对认识论问题产生兴趣,并于1975年获法国图尔大学博士学位。1973年至1975年在非洲服役期间,拉图尔受雇于法国海外科研技术办公室(现称发展研究所),作为临时研究员参与该组织关于象牙海岸阿比让地区的发展社会学调查,在实地调查过程中受到了人类学田野训练。1975年10月至1977年8月,拉图尔获富布赖特-海斯奖学金资助,前往美国加利福尼亚州圣迭戈的萨尔克研究所,在神经内分泌科学家罗歇·吉耶曼的支持下展开了历时21个月的实验室田野调查。1979年,拉图尔与史蒂夫·伍尔加合作出版的《实验室生活:科学事实的社会建构》是其科学人类学研究的阶段性成果,这部早期作品在一定程度上展现了以布鲁尔的"强纲领"为代表的社会建构主义模型,试图说明科学事实是一种社会建构。1978年至1981年,拉图尔参与了法国国家科学研究中心有关巴斯德与法国社会的科学史研究,在此过程中他发现巴斯德对细菌的研究并非完全由社会利益决定,社会建构主义的还原论难以合理解释巴斯德以及细菌如何彻底改造了法国社会的政治、经济和文化结构。在1984年出版的《细菌:战争与和平》(英文版译名为《法国的巴斯德化》)一书中,拉图尔一方面探讨了对科学进行社会解释的可能性,另一方面为存在的事物提供了本体论基础,提出了主张知识和实在是在实践过程中被同时建构出来的建构主义实在论。以20世纪80年代中期为界,拉图尔的思想逐渐与科学知识社会学的社会建构主义论调拉开距离,开启了科学技术研究的实践转向。

自1982年起,拉图尔任职于巴黎高等矿业学院的创新社会学研究中心,在此期间他与同事米歇尔·卡隆、玛德琳·阿克里奇、约翰·劳等人共同奠定了"行动者网络理论"(Actor-Network Theory,ANT)的基础。该理论的核心观点是:一个既定的社会场域的建构实际上是众多异质行动者被同一网络调集、信任、联结和凝聚的结果,网络中的所有行动者(人类和非人类行动者,特别是非人类行动者)在"转译"过程中相互联结并获得本体论地位,因此对于整个非还原性的社会图景而言,只有当某种新的联结正在形成的时候才是可见的。通常来说,拉图尔等人是在经验研究的层面上使用"网络"这一概念的,突出该理论的方法论维度,将网络用作描述异质行动者之间动态联结的表达工具。继卡隆在《行动者网络的社会学》(1986)一文中强调科学研究的意义在于发现新的行动者之后,拉图尔将符号学推进到方法论层面,提出了"追随行动者"的口号,在《科学在行动:怎样在社会中跟随科学家和工程师》(1987)一书中系统地绘制了一幅在社会中"跟随"科学家和工程师的线路图,要求研究者采用一种动态的视角去追踪行动者留下的痕迹。20世纪90年代以后,拉图尔的工作主要是在本体论和方法论领域继续发展和完善"行动者网络理论",主张在"广义对称性"原则中塑造自然—社会的混合本体论,希望以此取代科学知识社会学的"认识论对称性"原则中的社会本体论,这一阶段的观点集中体现在《社会转向之后的进一步转向》(1990)、《不要借巴斯之水泼掉婴儿》(1992)和《我们从未现代过——对称性人类学论集》(1991)等作品中。直至2005年出版的《重组社会》,拉图尔逐渐淡化了对广义对称性和混合本体论的讨论,发展出一种更自洽的关系本体论。所谓的关系本体论就是将实体之间的关系实化,基于关系是否将某一实体征募入内来界定行动者,这使得拉图尔完成了对实践科学的第二次本体论辩护。

拉图尔2006年就职于巴黎政治学院,并于2012年至2017年负责巴黎政治学院媒体实验室的T.A.R.D.E计划,该计划包括"争议视角下的科学技术制图学课程""环境研究跨学科研讨会""政治艺术实验课"等多个项目。这一系列项目延续了拉图尔"使科学融入社会现实"的初衷,致力于传授和发展他所命名的"科学人文学科"。在《自然的政治:如何把科学带入民主》(1999)、《面对盖娅:新气候体制八讲》(2015)、《回到现实:新气候体制下的政治》(2017)等一系列以环境和气候问题为主题的作品中,拉图尔更多地将关注点放在生态危机、气候变化等议题上,以此回应那些对其理论的夸张模仿。2022年10月9日凌晨,拉图尔不幸辞世,享年75岁。

主要理论(方法)贡献

20世纪70年代以后,随着各种微观社会学纲领的兴起以及科学知识社会学向人类学领域的扩展,以拉图尔为代表的科学技术研究学者逐渐摆脱早期科学知识社会学的宏观社会因素还原论,走向了微观取向的实践路径。按照拉图尔自己的概括,他从事的是"经验哲学"的实践研究,借用人类学的田野考察来理解科学真理的原因所在。换言之,拉图尔站在哲学和社会学的交叉点上,通过运用人类学的方法和社会学的术语,对科学事实、科学实验、科学知识等核心概念重新进行阐释,继而质疑科学知识生产的理性基础,以及科学家认识活动的客观性前提。他的工作极大地推动了对传统科学哲学研究模式的更新。

在较为早期的作品,如《实验室生活:科学事实的社会建构》《细菌:战争与和平》《科学在行动:怎样在社会中跟随科学家和工程师》中,拉图尔着眼于科学实践的经验研究,主要工作是将科学从形而上的认识论领域解放出来,使其扎根于实验室的生活世界。拉图尔的分析视角基于具体的地方性科学实践,以情境科学观作为解释科学的有效性和普遍性的根基,从而使科学的有效性和合理性具体化为地方性情境中的实践有效性和合理性。

《我们从未现代过——对称性人类学论集》一书标志着拉图尔研究视野的转向,他开始将自己的哲学阐释运用于有关现代性问题的讨论。在拉图尔看来,现代制度的建立得益于将自然和社会进行二元分割,这种现代式的分界造成了人们对转译实践的遮蔽和否认,导致坚持主客二元论的主流哲学难以吸纳和解释现代社会中不断增殖的杂合体。基于此,拉图尔提供了一种非现代维度的思考路径来回应现代危机。他通过建立对称性原则来修正传统人类学方法,避免绝对差异化地处置自然与社会、现代与前现代之间的关系,主张从转译实践的中间王国出发,去追踪集体共谋的网络实践过程,在同一网络中表征自然实在、社会联系、话语以及存在之间的联系。

近年来,拉图尔着眼于"集体"中的"物",关注生态危机和气候变化如何在经济、政治与科学等各种行为体的网络里发生,从而在政治中更加细致地把握生态维度,通过引入"物的议会"的方法为集体寻找更好的实践方案。与传统科学哲学对物的抽象界定不同,拉图尔还通过行动者网络理论将"物"纳入自己的实践哲学视野,在述行性、关系性层面重新确立"物"的界定方式。这一新唯物论通过考察物的建构过程,指出自然与社会、主体与客体、事实与价值之间的二分仅仅是一种纯化的假象,事实与价值、科学与政治在现实的转译实践中相互渗透、相互界定、相互支撑。拉图尔对"物"的理解影响了部分学者有关传播的物质性研究,后者将媒介的物质性建构纳入传播理论的研究视野,驳斥了传统传播研究中的人类中心主义霸权。

在不断完善行动者网络理论的过程中,拉图尔的实践哲学得到了充分的阐述,其影响力辐射到传播学界对媒介化社会的考察之中。在认识论层面,拉图尔拒斥将自然或社会作为科学的外在指称,反对认识论上的还原主义,将传统认识论的问题进行本体论改造。他在格雷马斯"内在指标"的基础上发展出"流动指称"模型,借其描述科学指标从自然实在到知识形式的"转译链",赋予参与转译的所有行动者本体论地位,使得科学哲学研究走出认识论领域,转向在经验层面追踪异质行动者在科学实践中的行动。在本体论层面,拉图尔延续了法国认识论对本体建构性的讨论,继承了巴什拉的"现象技术"和技术唯物主义观点,主张物的建构性是实在性的保证,塑造了建构主义实在论,从而将科学的认识论问题进行本体论处理。在为科学哲学做本体论辩护的过程中,拉图尔扩展了塔尔德"作为联结的社会"的概念,借用"网络"概念展现并描述实践中的一系列联结(转译)过程,其思想经历了从自然—社会的混合本体论到关系本体论的发展流变。在方法论层面,行动者网络理论将符号学方法从科学修辞学扩展为"追踪行动者"的方法论,从而发展出描述主义的方法论进路,以实践考察来"追踪"作为认识论的科学与作为本体论的事实的建构性。对于传播学研究而言,拉图尔有关"物"的理解,有助于避免对媒介本质(功能性内涵)的先天判定,进而转向将媒介作为研究主体,将媒介看作实践网络中的"非人行动者"。另外,行动者网络理论的关系本体论驳斥了传统实体化的媒介观,启发人们在关系性层面理解媒介,在与媒介相关的实践网络中考察媒介的社会形塑力量。

对传播学学科建制的贡献

进入21世纪,欧陆学界的媒介化研究在传播学领域异军突起,"媒介化"成为传播研究中的重要概念。虽然不同的学者对"媒介化"的定义各执一词,但他们都在试图描绘媒介与社会如何相互嵌入、相互建构。这一研究旨趣正好契合了科学技术研究学派对于"技术的社会实践过程"的关注,基于此,科学技术研究学派为逐渐兴起的媒介化社会研究提供了重要的理论支持,推动着传播研究从思考"媒介对社会的影响"转向分析"媒介如何影响社会"(媒介的社会形塑)。拉图尔的行动者网络理论作为当代科学技术研究的重要理论资源,在晚近几年中逐渐对媒介化研究产生影响,行动者网络理论的核心观点陆续被媒介化研究学者引述和扩展。严格来说,相较于本书的其他学者,拉图尔对于传播学领域的影响尚未完全展开,不过行动者网络理论对于传播研究的重要性得到了不同学者的肯定:尼克·库尔德利指出行动者网络理论无疑是理解媒介社会影响的一个重要理论工具箱,安德烈亚斯·赫普也建议将行动者网络理论的技术社会学视野引入媒介化研究。约翰·杜海姆·彼得斯更进一步,将拉图尔的本体论当作其媒介理论的本体论基础。在未来,行动者网络理论或许会与媒介化研究发生更具实质性的关联,进一步拓宽传播理论的研究视野,使这一学科在认识论和方法论上实现革新。那么具体而言,拉图尔的理论能给未来的传播研究带来什么?目前看来,行动者网络理论至少在认识论和方法论上为未来的媒介研究提供了以下两方面的启发:

在认识论层面,拉图尔对物的哲学思考有助于研究者摆脱功能主义传统对媒介的工具性界定。传统意义上,媒介或被视为影响文化和社会的事物,或被看作个人或组织可以加以利用的工具/手段,无论是"文化范式"还是"效果范式"都持有一种实体化的媒介观。然而,自麦克卢汉的媒介理论以来,当代不同媒介研究流派都认为要高度重视媒介技术和形式,物质性作为媒介化最重要的当代表征之一,近年来更是成为传播学领域的热议话题。正是在这一意义上,强调非人行动者("物")的行动者网络理论对媒介的物质性研究大有裨益。拉图尔在《道德与技术》一文中写道:技术性行为中包含着什么？时间、空间和行动者的类型。对于行动者的界定仅仅取决于某人/物是否被网络征召入内,人或非人行动者皆能在"转译"过程中对传输之物进行重新界定、展现或背叛。在行动者网络理论的视角下,作为非人行动者的媒介在当下社会的建构过程中发挥了某种自主性和组织性的作用,不再是单纯的传输意义的"中介者"或"传义者",而是通过"转译"的方式去创建更加丰富的、不确定的动态联结关系。

在方法论层面,行动者网络理论完成了实践转向的方法论创新,有助于进一步拓展传播研究的具体研究方法。拉图尔等人对于行动者网络理论的期待并不仅仅停留在为其他研究者提供一个完备的理论分析框架,他们更多的是在方法论维度上提及"网络"这一概念。行动者网络理论中的"网络"是一张"空间之网":它是异质行动者在空间展开的实践网络,研究者要在空间中发现新的行动者及其关系;它还是众多行动者及其关系的动态联结过程,研究者要对其进行共时性考察。拉图尔在行动者网络理论中展现了技术性网络的空间意义,这种思考正在不断启发学者将空间维度引入对媒介实践过程的分析。库尔德利在《媒介、社会与世界》一书中肯定了拉图尔对网络和空间的隐性关系的解读,认为媒介以网络的形式零散地锚定于社会空间,这些锚泊点的基础正是符号权力的集中地,因此媒介的空间属性涉及思想和形象的空间分布。这一观点有助于理解媒介对社会的隐性形塑功能。赫普则认为,媒介带来的社会变革以一种更为复杂的方式运作,随之而来的是媒介实践与社会现实的复杂交织,引入行动者网络理论意味着媒介化研究将走向一种"共时性研究"。

扩展阅读

原作

〔法〕布鲁诺·拉图尔:《科学在行动:怎样在社会中跟随科学家和工程师》,刘文旋、郑开译,北京:东方出版社2005年版。

〔法〕布鲁诺·拉图尔：《我们从未现代过——对称性人类学论集》，刘鹏、安涅思译，苏州：苏州大学出版社 2010 年版。

Bruno Latour, *Reassembling the Social：An Introduction to Actor-Network-Theory*, Oxford：Oxford University Press, 2005.

相关思想史或评传

Graham Harman, *Bruno Latour：Reassembling the Political*, London：Pluto Press, 2014.

Henning Schmigden, *Bruno Latour in Pieces：An Intellectual Biography*, trans. by Gloria Custance, New York, NY：Fordham University Press, 2015.

Rita Felski and Stephen Muecke（eds.）, *Latour and the Humanities*, Baltimore, MD：Johns Hopkins University Press, 2020.

（李　璟）

卡尔·I. 霍夫兰
（Carl I. Hovland，1912—1961）

 学术生平

卡尔·I. 霍夫兰1912年6月12日生于美国芝加哥。他于1934年在西北大学获得硕士学位，并前往耶鲁大学心理学系攻读博士学位。他的导师C. L. 赫尔是著名的行为主义人类学家。赫尔当时正高度关注有关人类动机和学习的行为主义心理学研究，这为霍夫兰的学术生涯奠定了行为主义和学习理论的基调。1936年，霍夫兰获得博士学位，此后便成为耶鲁大学的教师。1942年，在30岁时，他就被任命为心理学系副教授和博士生导师，并成为一位声名远播的实验心理学家。1942年，受美国陆军部信息与教育局研究处负责人、著名社会学家斯托弗的邀请，霍夫兰请假到五角大楼去领导研究处的实验小组并开展了关于说服的一系列研究，其中最著名的就是始于1943年的陆军实验，在那次实验中有限效果论得到证实。1945年，霍夫兰回到耶鲁大学继续研究说服，并担任耶鲁大学心理学系主任。在耶鲁大学，霍夫兰主持了洛克菲勒基金会资助的"传播与态度变化耶鲁项目"，多数与他一起在五角大楼从事说服研究的

同事如贾尼斯、谢菲尔德、拉姆斯戴恩等也都来到耶鲁大学心理学系与他并肩作战。在1945年到1961年间,这一团队先后做了有关说服效果的五十多项心理学实验。1947年,霍夫兰被授予耶鲁大学心理学斯特林教授职位。1961年,年仅49岁的霍夫兰被告知罹患癌症,但他坚持在实验室继续工作。施拉姆将霍夫兰称为传播学的四大奠基人之一,并认为在1946年到1961年间,霍夫兰在耶鲁大学领导的说服研究比起任何人已经做的工作来,是对这个领域最大的贡献。霍夫兰是一位极其敬业和高产的研究者,他的主要传播学著作包括《大众传播实验》(1949)、《传播与劝服:关于态度转变的心理学研究》(1953)、《说服的呈现顺序》(1957)、《人格和说服》(1959)、《态度与组织变化》(1960)、《社会判断:传播和态度变化中的同化与对比效果》(1961)等。

主要理论(方法)贡献

霍夫兰是美国传播学效果研究领域的代表人物,他在心理学史上以说服理论和实验心理学方法闻名。在传播学领域,他的主要贡献就是基于传播与说服研究总结出的有限效果理论和传播学的实验研究法。

通过陆军实验,霍夫兰等人有以下几个主要研究发现:传媒在增强认知方面具有一定的效果,但对于改变动机和态度收效甚微。相对而言,具有较高学历的个体比具有较低学历的个体更容易在传播中习得知识。正反两面的说辞对受教育程度较高的个体较具说服力,而对受教育程度较低的人而言,片面之词可能更有效果。另外,接受信息时间较长的个体往往比接受信息时间较短的个体更容易改变自己的态度。

通过"传播与态度变化耶鲁项目",霍夫兰等人进一步发现:可信度高的消息来源更具有说服力;通常来说,结论较为明显的内容更容易产生说服效果;诉诸恐惧的内容通常可能产生说服效果,但过强的恐惧感反而会减弱说服效果;令人愉快、结构完整和生动活泼的内容更容易被记住;内容的排列次序一般对说服不产生根本的影响;两面理通常比一面理更能抵抗反面宣传;受众对所属群体的归属感越强,就越不容易受到与群体意见相左的传播内容的影响;传播的积极参与者比被动参与者更容易改变自己的态度;自尊心弱、社会化程度不高和具有自我压抑倾向的个体更容易被说服;反社会化(对社会冷漠或有敌意)倾向明显、神经质的个体则不容易被说服。

通过上述研究,霍夫兰强调,信息传播对于态度的改变效果极其有限,说服是一项相当艰难的任务,传播者要说服受众必须在充分了解受众差异的基础上运用各种传播技巧。他从心理学的角度印证了拉扎斯菲尔德等人通过问卷调查而得到的结论。自霍夫兰开始,传播研究开始质疑认为传播具有强大效果的各种理论,比如魔弹论和文化工业理论。美国的传播学研究也因此彻底进入了有限效果论的时代。

在研究方法层面,霍夫兰团队通过各种努力,将原本适用于实验心理学的实验方法推广到了传播研究领域,并发展了一整套成熟的传播学实验研究方法。对于传播学而言,实验法就是通过对自变量和因变量的控制让传播效果的因果关系凸显,从而揭示传播手段与效果之间的规律。这种方法的优点在于对因果关系的操控和分析比问卷调查更为精确。

在陆军实验中,霍夫兰第一次让调查对象置身于与自然环境大不相同的实验室环境,将受试分成实验组和控制组,并对观看影片的效果进行了前测、后测。这种运用于传播学的实验方法后来被称为"实验组控制组前测后测实验"。霍夫兰对于实验法细节的完善令人赞叹:他使用了两份内容相似但形式不完全相同的问卷(主要是改变了字体),以免前测、后测时问卷的雷同导致受试的困惑;对前测、后测的具体时间也做了精心的安排(从一周到九周不等,进行对比);除了定量的问卷访谈外,研究还与默顿的焦点小组座谈方法相结合,尽量做到质性研究与量化研究相统一,在保证信度的同时也保证一定的效度。这样一来,继拉扎斯菲尔德之后,霍夫兰为量化的传播效果研究又发展出一套成熟的测量工具。

霍夫兰在耶鲁大学进行的系列实验,将各种变量(传播者、传播内容、传播媒介和受众4个层次的18种变量)以非常巧妙的方式一步步引入效果研究,从各方面向人们展示传播与说服之间的关系,从而形成了一种累积性的实验研究方案,能够不断获得新的发现。

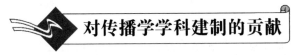
对传播学学科建制的贡献

总体而言,霍夫兰是一位成功的心理学家,他对传播学的贡献远远不如

对心理学的贡献大。然而,在以下两个方面,霍夫兰和他的研究团队仍然对传播学的建制做出了自己的杰出贡献:

第一,霍夫兰创立了传播学的耶鲁学派。在霍夫兰的领导下,耶鲁大学心理学系涌现出一批杰出的社会心理学家(都是霍夫兰的同事与博士生)。在传播与说服领域,他们为美国传播学效果研究做出了巨大的贡献,他们的努力使有限效果论一度成为美国传播学的定律,相当一部分传播学学者将其看作传播效果研究的科学定论。I. 贾尼斯、H. 凯利、沙赫特、W. 麦奎尔、卢钦斯、津巴多等著名心理学家和社会心理学家通过"传播与态度变化耶鲁项目"结成了一个联系紧密的研究团队,在传播与说服的问题上有许多重要的学术发现,传播学的耶鲁学派就此得名。耶鲁学派可以被看作美国 20 世纪五六十年代最有影响力的传播学流派之一。

第二,从 20 世纪 40 年代开始,通过对传播与说服的研究,霍夫兰将华生的行为主义心理学与传播学紧密地结合在一起。这种行为主义传播研究不仅有唯名论色彩和还原主义色彩,还以传播科学自居。在与哥伦比亚学派结构功能主义传播理论的长期交锋和整合中,该研究取向逐渐成为美国传播学的主导性研究范式。它极大地推动了以效果研究为核心、以量化研究方法为主导的美国传播学的发展,但同时也让美国传播学成为无视社会制度与结构的个体主义传播心理学以及脱离社会现实的实验室中的"经院哲学"。

原作

〔美〕卡尔·霍夫兰等:《传播与劝服:关于态度转变的心理学研究》,张建中等译,北京:中国人民大学出版社 2015 年版。

Carl I. Hovland, Arthur A. Lumsdaine, and Fred D. Sheffield, *Experiments on Mass Communication*, Princeton, NJ: Princeton University Press, 1949.

Carl I. Hovland, et al., *The Order of Presentation in Persuasion*, New Haven, CT: Yale University Press, 1957.

相关思想史或评传

〔美〕E. M. 罗杰斯:《传播学史——一种传记式的方法》,殷晓蓉译,上海:上海译文出版社 2012 年版。

〔美〕韦尔伯·施拉姆著,〔美〕斯蒂芬·查菲、艾弗雷特·罗杰斯编:《美国传播研究的开端:亲身回忆》,王金礼译,北京:中国传媒大学出版社2016年版。

〔美〕希伦·A.洛厄里、梅尔文·L.德弗勒:《大众传播效果研究的里程碑(第三版)》,刘海龙等译,北京:中国人民大学出版社2009年版。

胡翼青:《传播学科的奠定:1922~1949》,北京:中国大百科全书出版社2012年版。

张国良主编:《20世纪传播学经典文本》,上海:复旦大学出版社2003年版。

（胡翼青）

查尔斯·H.库利
(Charles H. Cooley, 1864—1929)

学术生平

查尔斯·H.库利1864年8月17日出生于美国密歇根州的小镇安阿伯,此后几乎终生没有离开那里。1887年,库利获得密歇根大学文学学士学位,但由于患病、旅行等原因曾中断学业。库利在大学期间阅读了达尔文、斯宾塞等人的著作后,于1890年回到密歇根大学学习政治经济学和社会学。其论文《迁移理论》是对社会生态学的开创性研究。库利于1894年获得哲学博士学位。1899年,库利在密歇根大学被任命为助理教授,1904年成为副教授,三年后成为教授。由于一直过着沉思的生活,库利的著述大部分来自他长期积累的笔记,因而进展缓慢。1902年他的《人类本性与社会秩序》发表,七年后姐妹篇《社会组织》出版,《社会过程》则到1918年才面世。库利早年关于社会生态学的论文以及晚年的一些著述被编入《社会学理论和社会研究》,于1930年出版。1905年,库利参与组建美国社会学协会,并于1918年担任该协会主席。尽管库利曾接到来自哥伦比亚大学等诸多著名高校的任教邀请,但他从未离开过密歇根。杜威在密歇根大学执教时,对作为学生的库利产生了直接影响。此外,库利的"自我"观念受到威廉·詹姆斯心理学基本观点的启发,帕森斯认为:库利主要的理论参照点是詹姆斯的思想。库利对"镜中我"理论、"初级群体"概念等的论述直接影响了米德,他的传播技术主义观念又影响了英尼斯与麦克卢汉,其理论在很大程度上启发了芝加哥学派的城市社会学和社会心理学,他的传播观念亦是芝加哥学派传播思想的代表,因此库利被认为是社会学芝加哥学派的奠基人之一。在社会学领域,库利被看作美国五位最重要的社会学家之一。库利的代表性学术著作有:《人类本性与社会秩序》(1902)、《社会组织》(1909)和《社会过程》(1918)。

主要理论(方法)贡献

"镜中我"是库利学说中最为著名的概念。库利认为自我与社会是一对双胞胎,因此,自我与社会是他著作中的主要论题。库利平淡的生活与沉思的习惯使他对于自我、内化的问题有非常深入的思考。"镜中我"理论直接体现了库利从人际传播角度出发对社会形成过程的理解与阐释。他和杜威一样,把传播看作社会形成的基础,认为社会的本质在于交流和互动。库利认为,社会的本质在于交流与互动是因为社会关系存在于人的交流中。"我"的特性使个体具有交流观念的能力。"镜中我"理论正是要回答"自我"的交流特性的问题。受到詹姆斯"自我"概念的影响,库利的"自我"也分为"纯我"和"社会的我"两部分,"镜中我"理论就是研究"社会的我"。人的社会性是在与他人交往的过程中形成的,而交流由想象促成,人们彼此都是镜子,映照着对方,这就构成了人的社会自我。库利把社会过程的两个阶段置入同一意识,把自我看作他人对"我"的想象,而他人则是我对他的想象,即他人对我的反应和我对他人的反应是意识的相互作用对我们思想的影响。这种互相想象自我在他人意识中的形象的过程,指明了人际传播发生的机制。

库利把社会看作一个有机体,其传播思想的核心是传播与交流建构了社会,因此他强调社会过程的联系性。库利不仅分析了微观层面的传播与人的关系,也把宏观社会与传播当作他思考的重点。库利认为社会是有机体,但他所说的有机体有别于斯宾塞的"社会有机体"。库利的意思是,社会是各种过程的复合体,社会作为一个整体,其中每一部分的运作都彼此影响。"镜中我"表明个人会受到其他人的影响,社会正是由无数人与人之间的互动建构而成的整体。库利反对功利主义、个人主义传统以及孤立地看待社会,他强调社会生活的整体性。库利认为,社会过程是通过精神交流、语言及传播等多种方式发生的。由此可以看出,传播不仅是"自我"形成的基础,还建构了社会,社会有机体的形成在传播与互动中得以可能。这一观点也是芝加哥学派传播思想的核心所在。进化论观念的影响使库利的理论体系进一步发展了"自我"与交流的关系。库利关注个体如何获得关于"我"的意识。库利认为,人类的进化过程受两方面的影响,即生物遗传和社会交流,后者决定了人们的社会行为。库利观察到,传播的发展使人们的意识变得复杂,人的社会化程度更趋复杂,人的本能在交流行为中得以发展,因此,交流或者说传播决定了"自我"。

"初级群体"是库利学说中的又一个重要概念。由于强调社会有机体的建立,库利进一步论证了能够被称为社会有机体的社会组织,而"初级群体"(也称"首属群体")就是个体与社会联结而产生的群体。所谓"初级群体",是指成员间有面对面交往与合作的群体。在初级群体中,与个人交往最密切的群体是家庭、儿童游戏群体和邻居。初级群体构成了人们最基础的社会关系,这些关系使个体对于初级群体的生活具有认同感,初级群体也更可能培养传统社会田园式生活中的公民美德与自治。库利认为,在初级群体中,人性逐渐产生。初级群体的观念会从家庭传播到区域共同体、国家和世界共同体。次级群体作为与初级群体相对的一个概念,则意味着非个人化的、契约式的、理性的社会组织,成员间的关系冷漠。显然,初级群体培育了人性中最基础的东西。从这一思想出发,库利和他的老师杜威一样,进一步设想了现代民主社会形成的可能,认为初级群体所能培育的美德会从小群体传播到更大的共同体,整个社会的公众都具有初级群体中的热情与同情心,最终整个社会会达成民主与自治的目标。米德认为,库利的社会观念正是他所隶属的美国共同体的写照,而且这个共同体被假定处于健康和正常的发展进程中。

库利还特别阐述了信息过程。库利认为社会是由行为者与亚群体之间的信息网组成的。信息过程,尤其是舆论的作用可以巩固社会的联合。库利把舆论看作有机的过程,是人们交往和相互影响的产物。库利强调不同观点的交流,认为不同思想的交流会促使民主统一体形成。作为民主主义者的库利对现代传播有乐观的结论。现代社会打破了传统社会面对面的交流方式以后,初级群体关系被弱化,但库利认为,传播技术会进一步发展并使社会关系更为活跃。因此,库利将初级群体关系的弱化看作社会的进步,并认为传播技术作为社会形态变迁的动因,可能会推动人类社会的发展。

库利是最先尝试解释传播媒介如何影响行为与文化的学者,也率先讨论了大众文化。库利在《社会组织》中写道:传播的历史是所有历史的根本。传播历史上的每一次革命性变革都对整个社会产生了巨大影响。从19世纪末起,传播技术已经有了很大发展。库利认为媒介可以使社会有机团结在一起,传播技术使社会成为一个整体。在这一点上他和杜威很相似,对于传播建构社会有机体或者说社会共同体的可能性,都抱有乐观的态度。基于这样一种乐观主义精神,库利看到了传播手段的进步,认为进而可能让信息在受众中平等传播,民主与社会能实现有机整合。媒介的传播也带来了新兴的大众文化,尽管库利也表达过他对大众文化造就的吵闹的时代的厌烦,但他仍然认为大众文化满足了人们的需要,大众文化的发展会相应地带来"社区精神",最终使民主得以充分发展。

对传播学学科建制的贡献

库利是美国早期五大社会学家中唯一对传播进行过系统研究的学者。将库利看作传播学奠基人有充足的理由。他的"镜中我"理论、"初级群体"概念不仅对社会学、社会心理学做出了重要贡献,传播学研究也从中受益。传播是库利思考自我与社会的重要起点。切特罗姆在提及19世纪90年代对现代传播展开论述的三位重要美国理论家时,库利被置于首位。

库利是第一个定义了传播的学者,并且为传播学奠定了进化论思想的基础,对发展传播学有很大影响。库利将传播定义为人类关系赖以存在和发展的机制——心灵的所有象征符号,以及穿越空间传送它们和在时间中保存它们的手段。即使是圈定了传播学四大奠基人的施拉姆也对库利的传播观念予以重视,在其《传播学概论》一书中引用了他的定义。基于对现代传播前景的乐观预期,库利和帕克一样,将现代传播作为自己的研究对象,把传播理解为解决美国社会中层出不穷的现实问题的方案。将传播置于自己理论体系的中心后,库利所提出的理论与相关概念对于现今传播学研究拓宽自身视野有着重要意义。

库利的"初级群体"概念对二级传播理论、创新扩散理论都有重要影响。库利早在20世纪初就提出的"初级群体"概念,在当时并没有得到学界的重视。到20世纪40年代,这一概念的理论活力重新闪现。拉扎斯菲尔德在1940年的伊里研究中论证了"意见领袖"的存在,"意见领袖"能够通过人际传播改变信息的流向与效果,这一传播过程被总结为"二级传播"理论。"二级传播"理论重新发现了初级群体在传播过程中的重要意义,认为大众传播的影响力在很大程度上通过初级群体发挥出来。类似地,在创新扩散理论中,新产品总是有较早的使用者,在这批先驱之后,则有更多的人也采用新产品。大众传播提供了新的信息,但创新扩散的实现通常建立在人际传播的基础上,库利的初级群体概念同样对创新扩散理论有着重要的启发意义。

库利的传播思想成为芝加哥学派传播研究的基石。库利强调人际互动在社会中的重要作用,也由此催生了"镜中我""初级群体"等一系列概念与理论。他对人际传播过程的深刻阐述给人际传播这一领域带来重要影响和启发,也直接影响了芝加哥学派考察社会的视角,直接启发了符号互动论,推动形成了芝加哥学派极具特色的人文视角。米德也从库利那里受益良多。库利的"自我"概念启发了米德关于主我、客我的分析。对于人的"自我"的分析过程,体现了库利的人本主义思想,其研究视角影响了米德对人的符号互动行为的分析。在戈夫曼的拟剧理论中也能看到库利思想的影子。同时,库利的思想也对他的老同学帕克产生了影响,库利关于人际传播如何建构社会的论述直接影响了帕克后来对"群体"的定义与阐释。他们都在密歇根接受了杜威关于共同体的论述,这种论述的影响深深地印刻在二者的所有理论中。

原作

〔美〕查尔斯·霍顿·库利:《社会过程》,洪小良等译,北京:华夏出版社2000年版。

〔美〕查尔斯·霍顿·库利:《人类本性与社会秩序》,包凡一、王溰译,北京:华夏出版社2020年版。

Charles Horton Cooley, *Social Organization*: *A Study of the Larger Mind*, New York, NY:

Charles Scribner's Sons, 1909.

  Charles Horton Cooley, *Sociological Theory and Social Research: Being Selected Papers of Charles Horton Cooley*, New York, NY: Holt, Rinehart and Winston, 1930.

相关思想史或评传

〔美〕刘易斯·A.科塞:《社会思想名家》,石人译,上海:上海人民出版社2007年版。

胡翼青:《再度发言:论社会学芝加哥学派传播思想》,北京:中国大百科全书出版社2007年版。

Edward C. Jandy, *Charles Horton Cooley: His Life and His Social Theory*, New York, NY: Dryden Press, 1942.

  Talcott Parsons, "Cooley and the Problem of Internalization," in Albert J. Reiss, Jr. (ed.), *Cooley and Sociological Analysis*, Ann Arbor, MI: University of Michigan Press, 1968.

(吴　越)

查尔斯·S.皮尔斯
（Charles S. Peirce，1839—1914）

 **学术生平**

查尔斯·S.皮尔斯1839年9月10日生于美国马萨诸塞州的剑桥镇，其父本雅明·皮尔斯是哈佛大学著名的数学家和天文学家。皮尔斯深受父亲影响，自幼接触化学并学习做科学实验。在青少年时代，他就大量阅读了逻辑学、自然哲学方面的书籍，并对数理逻辑和科学方法论产生了浓厚的兴趣。他16岁开始研读康德的《纯粹理性批判》，深受康德范畴学说的影响。皮尔斯1859年在哈佛大学获得文学学士学位，此后继续在哈佛大学深造，并于1862年获得文学硕士学位。1863年，皮尔斯以优等生身份获得哈佛大学劳伦斯科学学院化学专业授予的理学学士学位。从哈佛大学毕业后，为了更好地钻研科学方法论，皮尔斯赴美国海岸和大地测量局工作，先后五次被派往欧洲进行科学观测与研究工作，在钟摆研究和推测地球形状的工作方面取得突出成就，其发明的梅花投影技术使他成为19世纪80年代初备受瞩目的科学家之一。1879年，皮尔斯受约翰斯·霍普金斯大学校长吉尔曼的邀请担任有任期承诺的逻辑

学讲师，其间发表了大量富有影响力的逻辑学演讲。皮尔斯不善于与人相处，在生活方面也出现很多问题，因此于 1884 年被约翰斯·霍普金斯大学解聘。此后，他先后尝试在威斯康星大学、密歇根大学、康奈尔大学和斯坦福大学等高校寻求教职，但均未能如愿。1891 年年底，皮尔斯从美国海岸和大地测量局离职，结束了长达 30 年的职业科学家生涯，并开始陷入严重的经济困难，直至 1914 年病逝。

皮尔斯一生密切关注科学史、哲学和数学，致力于研究形式逻辑和科学哲学，被认为是美国实用主义哲学理论的奠基者。皮尔斯生前的名望主要建立在天文学、大地测量学和逻辑学等领域，由于彼时美国学术界的哲学与科学水平在一定程度上落后于欧洲，皮尔斯在欧洲得到的认同要远远多于他在美国得到的认同。尽管皮尔斯早在青年时代就先后当选美国艺术与科学院院士、美国国家科学院院士，但这只是他作为一名科学家所得到的认可。作为一位伟大的哲学家，在有生之年，他始终被美国主流哲学界和宗教学界排挤。皮尔斯生前只出版过一部天文学著作《光谱测定研究》，发表过少量论文。他留下的超过十万页的手稿经后来者整理，以文集的形式出版了一部分，整理和出版工作至今仍在进行。皮尔斯的学说散落在他的手稿当中，因此对其数理逻辑、符号学等思想的诠释工作依然是一项未竟的事业。

主要理论（方法）贡献

作为现代西方符号学研究领域无可争议的先驱之一，皮尔斯对逻辑学和符号学的理论贡献是不言而喻的。皮尔斯长期在科学领域从事研究工作，但他任何时候都首先把自己看作一个逻辑学家，所以他始终致力于用数理逻辑来构造自己的哲学观点。他认为科学精神要求随时抛弃与经验发生冲突的信念，因而人的思维和观念也应当建立在真实事物的基础上，而不应成为由空想的概念和空洞的术语杂糅而成的集合。皮尔斯的实用主义思想是他对于科学方法论的思考的结果，后世也普遍认为这是一种将形而上学科学化的努力。他甚至想要像亚里士多德那样创立一个庞大的哲学体系，在这个体系当中，他想为所有学科提供一套普遍适用的科学的逻辑。所以，皮尔斯的符号学说实际上是一种逻辑学，力图通过形式逻辑来理解一切事物之间的意指关系。

关于逻辑学到底仅仅是符号学的一个分支还是覆盖了整个符号学领域，皮尔斯经历了长时间的思想斗争。他最初将逻辑学定义为研究符号与其对象之间关系的形式规则的科学，也就是说，逻辑只被用来处理符号学的一部分问题。这也在他对符号学三大分支的划分中得到了印证。他在1897年将符号学划分为语法学、逻辑学和修辞学三部分；语法学的功能在于探讨某个事物得以成为符号并体现意义的各种方式；逻辑学的任务在于辨明符号与其再现的对象相联系的诸种途径；修辞学则旨在探索一个符号的解释项究竟如何在解释者心中发展为另一个符号，即探索一种思想催生另一种思想的一般规律。后来他转而认为，逻辑不仅包括符号所带来的象征关系或意指关系，同时还包括所有种类的符号本身。也就是说，正因为人类的一切思想都是通过符号来传达的，甚至整个宇宙都可以被看成是由无数符号与符号行动组成的，所以一切可以被认知和表达的事物都是逻辑学的研究对象，逻辑学成为一门关于一切事物的符号表意过程的学问。

作为现代美国符号学的奠基者，皮尔斯同索绪尔代表了现代西方符号学两种截然不同的研究传统。在索绪尔和皮尔斯之前，西方世界并没有形成体系化的符号学科。主张在共时平面认识语言符号的索绪尔强调符号是一种系统的结构，由能指和所指构成，强调符号的任意性和协议性，因此他所开创的符号学植根于语言学传统；皮尔斯的符号学是由形式逻辑规定的，崇尚实用主义哲学的皮尔斯认为一种观念的意义同它所带来的实际效果密不可分，因此任何符号的意义都取决于它的效果，即取决于符号和它所要再现的对象之间的关系。科尼利斯·瓦尔指出，索绪尔的符号学是一种被置于社会心理学框架内的特殊学科，而对皮尔斯而言，符号学是一个只利用现象学和数学进行逻辑推理的基础性学科。在皮尔斯的符号学当中，"符号"指代一切能够与其所要代表的对象相联系的事物，符号能够将其所代表的对象同符号背后的意义勾连起来，从而形成一种三分构造：符号（sign）、对象（object）和解释项（interpretant）。符号也称再现体（representamen），其本质功能在于实现一种有效的意指关系，人类的一切思想和知识都是通过这种再现（representation）方式获得的，所以符号可以是一切事物；对象是一切能够被代替或再现的事物；解释项则是人的心灵对这种再现关系做出的判断，或基于这种再现关系形成的观念。

因此,符号既同对象关联,又同解释项关联,解释项被安放到符号同其所要再现的对象的关系当中。符号由它所要再现的对象决定,同时,符号又决定着符号接收者可能获得的因符号而形成的解释项——任何事物都可以成为对象,并可能在一定的意指关系下成为符号并生产意义。皮尔斯的符号概念正是在这种动态、合作、立体、开放的三元关系当中形成的。这种三元关系在任何情况下都不能被拆分为索绪尔式的二元一组的活动过程,符号活动不能脱离解释项而存在,也就是说,当任何一个对象被再现为符号时,都必然存在符号为其接收者带来的相应的思想观念。

此外,符号通过再现对象给接收者带来的观念本身可能就是另一种符号。在皮尔斯看来,人们每时每刻都要处理不同的符号,也就要处理不同的三元关系。当面对特定的三元关系(符号—对象—解释项)时,人们总是通过对前一组三元关系中某种客体的符号想象来解释后一组三元关系中的对象。对符号表意过程的追溯有可能走向无限递归,出现"前一个"无休止再现"后一个"的情况,位于极限尽头的绝对对象或许只存在于理论层面。所以,对符号的理解是具有时间性、记忆性和历史性的。

除了揭示符号的形式条件之外,皮尔斯的符号学说还包含关于符号类型化工作的诸多尝试。第一种分类标准是符号自身的"品质"(quality),符号据此可以被分为质符、单符和型符,分别代表具有特定特征的符号、作为实际存在物或事件的符号,以及能够传达特定法则的符号。第二种分类标准是符号与其对象之间的关系,符号据此可以被分为像似符、指示符和规约符,分别代表与对象具有相似性的符号、具备对象身上的某种品质并能够指称对象的符号,以及能够以规则的形式再现对象品格的符号。第三种分类标准是符号的解释项,符号据此可以被分为呈符、申符和论符,分别代表为解释项提供有关对象的质的可能性的符号、为解释项提供有关对象的实际存在的解释空间的符号,以及为解释项提供解释法则的符号。皮尔斯将三种符号三分法结合起来,补充了亚类型,舍弃了无效的类型,把符号分为十类,此后又陆续将符号的三分法增加到十种,补充了大量的亚类型,累计创造了六十多种不同的符号类型。皮尔斯意欲借助这些类型化工作提出一种适用于所有符号的类型学,以使得符号的类型能够像门捷列夫的化学元素周期表那样囊括一切能够作为符号的事物,进而允许人们在此类型工作的框架内开展对符号表意过程的系统化研究。

对传播学学科建制的贡献

作为当代传播符号学的先驱，皮尔斯的符号学说在相当长的历史时期内对传播学及其学科建制的发展产生了深远的影响。具体体现为以下两点：

第一，尽管皮尔斯并没有单独、明确地关注传播问题，传播学科的建立也远远晚于皮尔斯的时代，但传播无疑是其符号学思想的题中应有之义。比如，20世纪中期哈佛大学出版的《皮尔斯全集》的第6卷就明确地以"communication"为主题整理了皮尔斯手稿中的相关文本。如前文所述，按照皮尔斯对符号学的划分，修辞学作为符号学的第三个分支致力于探索一个符号的解释项究竟如何在解释者心中发展为另一个符号。这种探究"一种思想如何催生另一种思想的一般规律"的努力实际上与传播学的内在要求不谋而合。根据赵星植的观点，在皮尔斯符号学的三大分支中，修辞学被赋予了极高的地位，皮尔斯认为符号学体系当中的思辨修辞学能够"导向最为重要的哲学结论"，因为修辞学可以为符号学的其他两个分支提供修辞证据，任何理论提出的概念都必须以"修辞证据"作为支撑，而皮尔斯的"修辞证据"正是通过对符号的具体交流与传播行为的考察来验证符号学所提出的那些基本命题是否有效。因此，在赵星植等传播符号学学者看来，皮尔斯符号学的最终落脚点在于探索符号传播的规律与机制，其符号学思想所开创的"以解释者互动模式为中心的符号传播模式"在一定程度上为美国经验主义传播学贡献了认识论和方法论基础。甚至可以说，皮尔斯通过杜威、詹姆斯和米德等人直接影响了社会学芝加哥学派的传播思想，尤其是符号互动论的思想。

第二，后来者对皮尔斯符号学三元关系论的继承和发展在某种程度上实现了对索绪尔符号学范式的超越，并因此与传播学发生了重要的关联。与索绪尔范式在传播学学科史上所引领的结构主义运动和主客体二元论思潮不同，皮尔斯从逻辑学出发提出的对符号活动的三分构造法，将作为接收者观念的解释项纳入符号活动的意指关系，通过建构符号、对象、解释项之间的关系，打造了开放、立体、无限延伸的符号解释链条，为20世纪末以来的诸多新符号学运动，尤其是巴黎学派提供了理论源泉，也为传播研究者在实证研究和经验研究领域打破主客体二元论的桎梏提供了方法论意义上的借鉴。

原作

皮尔斯:《皮尔斯:论符号　李斯卡:皮尔斯符号学导论》,赵星植译,成都:四川大学出版社2014年版。

涂纪亮编:《皮尔斯文选》,涂纪亮、周兆平译,北京:社会科学文献出版社2006年版。

相关思想史或评传

〔美〕科尼利斯·瓦尔:《皮尔士》,郝长墀译,北京:清华大学出版社2019年版。

〔美〕约瑟夫·布伦特:《皮尔士传》,邵强进译,上海:上海人民出版社2008年版。

赵星植:《皮尔斯的三元模式在传播学中的意义》,《中外文化与文论》2015年第3期。

赵星植:《皮尔斯与传播符号学》,成都:四川大学出版社2017年版。

赵星植:《论皮尔斯符号学中的传播学思想》,《国际新闻界》2017年第6期。

（滕金达）

克里斯蒂安·福克斯
(Christian Fuchs, 1976—　)

学术生平

克里斯蒂安·福克斯1976年出生于奥地利。1994年至2000年，他在维也纳技术大学学习计算机科学，并于2002年获得技术科学方向的博士学位。2000年到2006年，他在维也纳技术大学设计与技术评估研究所担任讲师，并于2004—2005年在奥地利萨尔茨堡大学信息传播技术与社会中心兼任讲师。2008年，他在该中心获得了准教授席位，并成为文化与社会科学专职教员，准教授席位评议人包括著名文化研究学者道格拉斯·凯尔纳、著名传播政治经济学学者尼克·戴尔-威瑟福德和罗宾·曼塞尔。2010—2013年，他成为瑞典乌普萨拉大学信息与媒体系媒介与传播研究教授。从2015年起，福克斯进入英国威斯敏斯特大学传播与媒体研究所并担任主任，于2017—2018年兼任威斯敏斯特大学媒体、艺术与设计学院主任。同时，福克斯还是网络开放期刊《3C：传播、资本主义与批判理论》（以下简称"3C"）的编辑，这份期刊关注媒介与社会的关系，注重对互联网社会、数字媒体、社交媒体进行批判性分析。马克思主义的批判立场,尤其是传播政治经济学是"3C"的主要理论立场,这也使得它成为"挑战"主流传播学理论研究取向的重要阵地。

福克斯是一位精力充沛的学者,他的研究领域涉及传播政治经济学、社交媒体与社会、信息社会批判等。他的著作被译介到国内的有《社交媒体批判导言》《交往批判理论:互联网时代重读卢卡奇、阿多诺、马尔库塞、霍耐特和哈贝马斯》《马克思归来》《数字劳动与卡尔·马克思》等。福克斯还撰写了大量论文。作为一个"媒介实践者",福克斯不仅为报刊撰文,而且有自己的Twitter、YouTube、Vimeo 频道,持续与订阅者讨论社会、媒介、政治、文化等领域的话题。他还将3C 上的内容制作成了音频,在 Spotify、Apple Podcasts 和 YouTube 上发布。

主要理论(方法)贡献

福克斯对传播学理论最主要的贡献在于他对传播政治经济学学派发挥的重要的"承前启后"作用——他延伸了丹·席勒整合"劳心"与"劳力"的尝试,发展了尼克·戴尔-威瑟福德对"高科技资本主义"的批判,使"生产性劳动"(productive labour)成为传播政治经济学领域的核心议题。

在互联网时代,几乎所有受众都处在资本主义无孔不入的监控之下,"主动地"向广告商提供自己的个人信息、消费偏好等。这一过程催生了"网络无产阶级",或者说导致了互联网用户的无产阶级化。所有用户在非睡眠时间都在为资本主义的经济循环劳动,是为其创造剩余价值的免费劳工。这种现状引发了传播政治经济学学者的高度关注。1996 年,戴尔-威瑟福德拓展了达拉斯·斯迈思的"受众商品论"。他认为,当资本主义发展到"最高阶段"之后,资本主义的控制将不局限于"生产"或是"消费"环节,广告商能够通过"数据化"手段获取受众的全部相关信息,精准地定位潜在的消费者,将广告信息推送给他们。在戴尔-威瑟福德那里,"生产性劳动"的概念已见雏形。不过,真正奠定它在传播政治经济学领域核心议题地位的人是福克斯。

福克斯突破了自治学派的局限,并拓展了戴尔-威瑟福德的工作,直接将"生产性劳动"的概念追溯到马克思那里。福克斯援引马克思的观点,认为"生产性劳动"包括:(1)任何创造了满足人类需求的物质或符号使用价值的人类活动；(2) 直接对资本积累所需的剩余价值和商品生产有所贡献的人类活动；(3) 对剩余价值与资本有所贡献的一切人类集体工作。在此基础上，福克斯声称：凡是能产生剩余价值的行为，都可以被视作一种"劳动"。他用"生产性劳动"的概念来统摄这些行动与实践，实现了丹·席勒的愿望——将"传播"行为还原为"劳动"，使之能够进入马克思主义批判研究的范畴。

表面来看，福克斯的理论建构比自治学派更为大胆，他放弃了对具体行业中劳动过程的探讨，而直奔整体的、抽象的资本主义经济循环，在这一语境下，几乎没有哪种人类活动不是劳动。许多学者对福克斯的批判也正是基于这一点：过于宽泛的劳动概念误解了马克思对劳动的定义，也会使马克思主义的批判失去焦点。然而，福克斯对此的回应是："生产性劳动"的概念不仅是一个理论命题，而且是一个政治概念，马克思提出这一概念是为了界定谁有权力和力量发起一场推翻资产阶级的革命。在福克斯眼中，反抗的"主力军"恰恰不是工程师与算法师这些传统意义上的"劳动者"，而是充当无酬劳工的互联网普通用户。因此，过度纠结于"生产性"与"非生产性"的区分，会陷入一种分离主义(divisionism)的误区，排斥可能的"盟友"，落入"阶级敌人"的圈套，仿佛这些互联网普通用户在互联网上从未受到剥削，而只是进行了某种"公共的交换"——让渡自己某些"微不足道"的权利，以换取更多的信息、便利和愉悦。

福克斯的理论贡献建立在丰富的经验研究与实践之上。他与戴尔-威瑟福德一样，强调社交媒体对用户线上行为进行的实时监控和算法分析，强调谷歌与Facebook将用户线上行为当作"数据商品"出售给广告主的逻辑同样受到马克思提出的"一般资本"(capital-in-general)逻辑的支配。因此，福克斯强调，马克思主义的传播研究不需要纠结于"谁是生产者，谁是非生产者"这一类"苏联问题"，而应将那些非洲的奴隶矿工、各电子设备生产厂的硬件装配者、软件工程师、低收入的"数字自由职业者"(digital freelancers)、回收处理电子垃圾(e-waste)的工人全部视为劳动者。在《社交媒体批判导言》中，他将谷歌、Facebook与Twitter作为个案进行了批判分析，分析了所谓的"谷歌主义"(Googlism)与意识形态之间的关系、作为工作场所的谷歌与Facebook、社交媒介对用户的监控与对用户隐私的侵犯、作为公共领域的Twitter及其政治经济学批判。与此同时，他也注意到了社交媒体中的"参与式文化"、粉丝文化与劳动之间的关系，并试着将劳动理论、政治经济学与涂尔干、韦伯、滕尼斯、哈贝马斯等人的社会理论、公共领域批判结合在一起,发展一种实践的、批判的公共领域理论。

对传播学学科建制的贡献

福克斯对传播学学科建制的贡献可以概括为他主编的论文集的标题——"马克思归来"。尽管在他之前,传播政治经济学学派已经形成了建制,但仍旧面临学科定位上的两难:在部分传播学者眼中,传播政治经济学中早已不见"传播"的影子,过于宽泛的"劳动"概念使得理论谱系中的"传播"失去了独特性,媒体与其他信息产业、互联网企业没有任何区别。然而,在主流的马克思主义学者眼中,"传播"作为上层建筑的一部分,并不是政治经济学批判中的"重要议题",而是可以一笔带过的"边角料"。更加尴尬的是,尽管以"政治经济学"自居,但传播政治经济学学派中许多学者从事的研究与政治经济学并无关系,而更接近一种批判的社会学研究。这种尴尬的处境使得传播政治经济学变成了"双面胶",夹在传播学与政治经济学之间,两边都不得其门而入。传播政治经济学亟须明确属于本学科的核心概念和核心研究领域,并且同时得到政治经济学和传播学的认可。

在福克斯之前,许多学者都曾经尝试化解这种尴尬的局面:丹·席勒试图将传播置于"劳动"的框架内,使之成为政治经济学研究的对象;文森特·莫斯可则吸纳了更多左翼学者加入学派,在共同体的层面拓展了传播政治经济学的范畴;戴尔-威瑟福德开展了关于"生产性劳动"的研究和一系列关于"数字劳动"的研究。这些都是很有价值的尝试。在上述研究的基础上,福克斯迈出了较为关键的一步。

在学理层面,福克斯借助"生产性劳动"的概念,将传播研究接入了批判的政治经济学的框架;而在建制层面,这种"接入"是通过共同体的拓展和巩固来实现的。2008年,福克斯与莫斯可以"商品化"(commodification)与"数字异化"(digital alienation)为主题,通过"3C"征稿,《马克思归来》正是这一次征稿的结晶。作为一部特刊,《马克思归来》吸引了一大批新锐青年学者参与讨论。他们将"商品化"这一传播政治经济学的经典议题与"数字资本主义"时代的网络结构、剥削关系结合在一起,探讨"数字化"与商品化之间是怎样的关系;而"异化"的议题涉及当代"数字劳工"的命运,包括结构性的阶级斗争、劳工在微观层面的抗争行为,也包括文化、身份政治、民权运动、女权主义等分支议题。《马克思归来》的另一特色在于"建设性",学者们尝试跳出经典的受众研究、意识形态分析框架,提出"另类媒介""社会主义媒介"等"替代性媒介"的发展方案,喊出了"全球范围内的信息工人阶级联合起来"的口号。《马克思归来》被引入中国之后,迅速引起了国内学者的重视,成为传播政治经济学领域的"必读书",而福克斯本人也一度被认为是数字资本主义理论,乃至整个传播政治经济学领域的"集大成者"。正是在福克斯这里,"劳动"这一议题被置于传播政治经济学研究的核心位置。也正是从他开始,许多主流的政治经济学学者开始注意到"传播"这一领域。

扩展阅读

原作

〔瑞典〕福克斯、〔加〕莫斯可主编:《马克思归来》,传播驿站工作坊译,上海:华东师范大学出版社2016年版。

〔英〕克里斯蒂安·福克斯:《社交媒体批判导言》,赵文丹译,北京:中国传媒大学出版社2018年版。

〔英〕克里斯蒂安·福克斯:《交往批判理论:互联网时代重读卢卡奇、阿多诺、马尔库塞、霍耐特和哈贝马斯》,王锦刚译,北京:中国传媒大学出版社2019年版。

(杨　馨)

达拉斯·W. 斯迈思
（Dallas W. Smythe, 1907—1992）

 **学术生平**

达拉斯·W. 斯迈思 1907 年 3 月 9 日生于加拿大萨斯喀彻温省里贾纳市。在他的青年年代，经济大萧条和法西斯主义对他的政治经济学立场产生了重大的影响。用他自己的话来说，并非之后的学术经历，而是与罢工的码头工人、穷困的农民以及西班牙内战中的反法西斯斗士的交流帮助他形成了自己的政治经济学主张。在加利福尼亚大学伯克利分校，斯迈思接触了经济学的各个流派，包括马克思主义、新古典主义和制度主义。一方面，他大量阅读梅尔文·奈特等人著述的经济学史和经济学理论；另一方面，他也通过政府的文件和报告试图分析当时的经济状况。如果说大萧条影响了他的思想的形成，那么罗斯福新政则影响了他的职业规划。在 1937 年取得经济学博士学位之后，斯迈思先后到美国政府农业部和劳工部任政策分析员。他对于媒介的关注也开始于他在劳工部任职期间，当时他负责追踪和记录媒介通信产业的劳动力动态和工会活动。这项工作也使他能够更为详尽地了解信息技术发展造成的传

媒产业的劳动力变更。1943年斯迈思离开了劳工部,成为美国联邦通信委员会的首席经济学家。他的工作集中在劳动关系、收听率以及频段分配等方面。1948年,斯迈思离开美国联邦通信委员会,并在伊利诺伊大学开始了他的学术生涯,也是在那里,威尔伯·施拉姆创立了传播研究所,并开设了美国第一门传播学研究的博士课程。那里也成为许多学界巨擘的人生交叉点,包括查尔斯·奥斯古德、赫伯特·席勒,以及后来的乔治·格伯纳和短暂停留过的西奥多·阿多诺。在这一阶段,斯迈思开设了一门传播经济学课程,搭建了他将受众视为商品的理论构架,同时出版了第一部关于电子媒介的政治经济学著作《电子传播的结构与政策》(1957)。在麦卡锡主义盛行的年代,迫于政治上的压力,斯迈思决定回到加拿大萨斯喀彻温省,并在萨斯喀彻温大学开设了一个传播学项目。在里贾纳的十年里,斯迈思和威廉·李文特一起进一步完善了他的受众商品论。1974年,他来到西蒙菲莎大学,与威廉·梅洛迪一起致力于通信政策与受众商品论的研究,并完成了他关于美加两国经济与通信关系的巨著《依附之路:传播、资本主义、意识和加拿大》(以下简称《依附之路》)。此时,斯迈思更加清晰地显示出自己的政治经济学研究特色,并将他的视野拓展到中国、日本、英国以及东欧的传媒行业和政策领域。1980年,斯迈思离开西蒙菲莎大学,来到天普大学和珍妮特·瓦斯可、丹·席勒以及文森特·莫斯可一起任教。此后,他又回到西蒙菲莎大学并在那里退休。1992年9月6日,他在不列颠哥伦比亚省去世。斯迈思先后于1971年和1978年访问过中国,可惜其理论当时没有被中国学界广泛认知。

主要理论(方法)贡献

达拉斯·斯迈思是传播政治经济学批判学派的开创者,也是北美传播政治经济学研究的奠基人。他最有代表性的理论观点是"受众商品论"和"依附论"。

早在1951年,斯迈思便提出,商业大众传播媒介的主要产品是受众的人力(注意力),由此奠定了"受众商品论"的基石。1977年他发表了《传播:西方马克思主义的盲点》一文,标志着"受众商品论"的形成。这一理论引起了批判传播学领域的热烈辩论,并成为批判传播学研究的重要分支。斯迈思认为广告时段的价值是传播产生的间接效果,而广播电视节目是"钓饵"性质的"免费午餐",目的是引诱受众来到生产现场——电视机前。此时,测量受众的公司便能够计算他们的数量多寡,并区分各色人等的类别,然后将这些数据出售给广告商。媒介则根据"产品"(受众)的多寡和质量(年龄、性别、文化程度、收入等人口指标)的高低(购买力的强弱)向广告客户收取费用。所以,媒介公司的使命其实是将受众集合并打包,以便出售。这便揭示了商业广播电视的真正商品(尽管是临时形成的商品)是受众群体。而这些"免费午餐"的享用者不仅仅是在消磨时光,他们还在工作——创造价值。这种价值最终是通过购买商品时付出的广告附加费来实现的。其不公平之处在于:受众在闲暇时间付出了劳动,为媒介创造了价值,但没有得到经济补偿,反而需要承担其经济后果。因此,"受众商品论"解释了广播电视时段具有价值的原因、广告客户和媒介公司之间的关系以及商业受众测量机构存在的理由,从而将媒介行业的本质牢牢地置于经济基础上,这也是马克思主义经济理论在传媒研究领域的具体运用。然而,斯迈思的分析也被批评为庸俗政治经济学,批评者说他的观点将意识形态降格为经济基础,同时,将能动的人降格为无生命的被动商品,是经济决定论。一些持"积极受众观点"的学者,特别是提出"使用与满足"理论的学者,更是以大量的实证研究,竭力证实受众是主动参与媒介传播和意义创造的生产者,而不是商品。

"依附理论"基于资本主义在全球范围内的扩张去探讨不同国家传媒产业的相互关系。斯迈思在《依附之路》一书中提出了媒介依附理论,指出加拿大的报刊、图书和广播电影电视业都是美国市场的附庸,其背后的原因是加拿大经济对美国垄断资本主义的依附。和加拿大传播研究的先驱哈罗德·英尼斯一样,斯迈思也认为经济制度和传播体系之间具有高度的相互依存关系,传播的流动对经济的发展至关重要,传播是各种经济力量的核心。他始终坚持、毫不动摇地分析媒介制度及其与深层的经济结构和社会体系的联系,主张将对社会过程,包括传播和媒介行为的考察,置于更大的政治经济背景之下。

对传播学学科建制的贡献

终其一生,达拉斯·斯迈思始终处在传播学研究的最前沿。他的研究实际上已经超越了经济学、传播学,甚至是社会科学的学科界限,他所做的只是不断试图改变现状。他对于传播学科的贡献主要体现在以下四个方面:

一是传播政治经济学课程的创设。1948—1949 年,斯迈思在伊利诺伊大学的传播学研究所开设了美国第一门传播政治经济学课程,名称为"传播经济学"。这也是北美传播政治经济学研究的开端。当时,由于冷战气氛浓重,也由于电子媒介日益强大,对传媒的研究十分敏感且具有冒险性质。因此,斯迈思起初谨慎地讲授传播经济理论,而后才讲授传播政治经济理论。那时,他最感兴趣的是宣传问题,特别是大众传播如何与资本主义体制形成了"对共识的引导"。他的研究焦点是社会心理学、实验社会学和政治社会学,而不是他的本行经济学。

二是传播政治经济学批判学派的建立。比尔·梅洛迪称达拉斯·斯迈思为"一位文艺复兴式的学者"。他试图挑战从自由贸易到后现代主义的所有权威学说,因而他的大部分著述在主流社会科学那里并不受欢迎。他反对一切确定性和经验性的理论,对他来说,独立研究的意义就在于批判地检视主要的社会机构,理解它们自身的矛盾与限制,从而提供一个改变它们的平台。斯迈思批判性的探索包含两个主题:一是大众传媒对于自由思想的钳制以及受众的商品化,这一点在《依附之路》中得到了很好的体现;二是新技术的矛盾性角色以及当权者对于大众传媒的"魔力"的迷恋。即使在晚年,他仍然不断提醒人们去反思自己的研究、观点和信仰。这些理论探索最终为传播政治经济学批判学派的建立奠定了基础,他因此被看作这一学派的奠基人。

三是对传播学研究方法的反思。1954 年,斯迈思发表了《对传播理论的观察》一文。这篇文章是对传播研究方法论的探讨,1953 年先是以意大利语发表在意大利刊物上,其后才以英文发表。在这篇文章中,他抨击了传播学研究中"逻辑实证科学理论"的方法,主张一种"制度历史理论"的途径,并指名道姓地批评了当时传播学实证主义研究的权威人物克拉珀。在早期,斯迈思并不反对经验调查的方法,他自己还进行过一些实证调查。但是,20 世纪 40 年代以后,传播学研究越来越多地采用政治学的民意调查方法,越来越趋向于行为主义的社会学、心理学,而放弃了历史学、哲学等的思辨性研究方法和对社会制度的宏观考察。随着这种研究越来越趋向数量化和微观化,斯迈思越来越反感这种"对所观察的行为做简约的、证伪的陈述,从而使智力活动的丰富性削弱"的经验主义。他认为,政治经济学的目标是对理论和行为之间的辩证关系做视野广阔的历史分析,将其置于政治经济学(特别是马克思主义理论)的较大框架中,进行批判,付诸实践。

四是对后继学者的深远影响。根据由瓦斯可、莫斯可和潘德克共同编纂的斯迈思纪念论文集(1993)的论述,他的思想影响了全世界四代政治经济学家,其中包括他在伊利诺伊时的学生古拜克,以及他在西蒙菲莎大学的同事梅洛迪、贝比、潘德克、莱斯、曼塞尔等。这一深远影响也在国际媒体及通信研究协会设立的以他的名字命名的年度奖项中得到体现。

原作

〔加〕达拉斯·斯麦兹:《传播:西方马克思主义的盲点》,姚建华编著:《传播政治经济学经典文献选读》,北京:商务印书馆2019年版,第18—40页。

〔加〕达拉斯·W. 斯迈思:《依附之路:传播、资本主义、意识和加拿大》,吴畅畅、张颖译,北京:北京大学出版社2022年版。

Dallas W. Smythe, "Rejoinder to Graham Murdock," *Canadian Journal of Political and Social Theory*, 1978, 2(2): 120-127.

Dallas W. Smythe, "Communications: Blindspot of Economics," in William Melody (ed.), *Culture, Communication and Dependency: The Tradition of H. A. Innis*, Norwood, NJ: Ablex Publishing Corporation, 1980.

Dallas W. Smythe and Thomas H. Guback, *Counterclockwise: Perspectives on Communication*, Boulder, CO: Westview Press, 1994.

Dallas W. Smythe and Tran Van Dinh, "On Critical and Administrative Research: A New Critical Analysis," *Journal of Communication*, 1983, 33 (3): 117-127.

相关思想史或评传

刘晓红:《西方传播政治经济学研究》,上海:上海人民出版社2007年版。

Janet Wasko, Vincent Mosco, and Manjunath Pendakur (eds.), *Illuminating the Blindspots: Essays Honoring Dallas Smythe*, Norwood, NJ: Ablex Publishing Corporation, 1993.

(张晓星)

丹·席勒
（Dan Schiller, 1950— ）

丹·席勒是著名传播政治经济学学者赫伯特·席勒之子，1972年获美国威斯康星大学哲学学士学位，1976年、1978年分别获得美国宾夕法尼亚大学传播学硕士和博士学位，1978年担任莱斯特大学大众传播研究所研究员。从1979年开始，席勒在天普大学广播电视电影系先后担任助理教授、副教授，1986年开始在哥伦比亚大学甘尼特媒体研究中心担任研究员。1990年担任加利福尼亚大学圣迭戈分校传播学系副教授、教授，与其父赫伯特·席勒同校共事。1996年，他出版了著作《传播理论史：回归劳动》，试图通过"文化"和"劳动"两个关键词，重塑传播理论的发展脉络，评述美国行为科学研究者、英国文化研究学派以及结构主义学者在传播和媒介相关研究中所持的态度和研究视角的局限，引起学界关注。1999年，他出版了著作《数字资本主义：全球市场体系的网络化》，开始将关注投射在互联网政治经济学领域，探究信息技术对全球资本主义的大众传播、社会民主、教育制度等领域的重大冲击，粉碎了《数字化生存》等著作所表达的对信息技术发展的乐观看法。从 1980 年开始,他先后担任了 14 种传播学期刊的编辑和顾问,是美国传播政治经济学的重要分支——信息(因特网)政治经济学研究领域的中坚学者。2001 年,他前往美国伊利诺伊大学厄巴纳-香槟分校担任教授,其间与赵月枝保持良好的研究合作关系,开始关注中国的信息传播问题,并多次赴中国讲学。2007 年,他接受武汉大学新闻传播学院聘请,担任客座教授。他的代表性著作包括《传播理论史:回归劳动》(1996)、《数字资本主义:全球市场体系的网络化》(1999)、《信息拜物教:批判与解构》(2008)等。

主要理论(方法)贡献

丹·席勒是开辟信息政治经济学研究领域的代表性学者,他在理论上的重要贡献包括两个方面:对信息政治经济学领域的研究,以及从马克思主义理论角度切入的对传播批评史的梳理。

丹·席勒对 20 世纪 60 年代末开始兴起的"信息社会"理论进行批判,提出把信息定义为社会变革的决定性因素,会否定资本与劳工的对立性和资本主义制度的延续性。随着科技推动社会进步的进程加快,信息、信息技术和信息社会越来越难以让人忽视,信息政治经济学应运而生,这一研究领域囊括了对信息系统结构和信息商品化过程的关注,并致力于重点分析信息生产、传输、消费过程中的政治经济权力控制现象。丹·席勒虽然继承了其父赫伯特·席勒的批判性研究取向,但重点关注的是美国信息产业和信息科技的现状,致力于揭示资本主义市场中信息工业运作背后的政治权力控制,延伸传播政治经济学在信息(数字)时代的研究意义。他对于"信息"以及相关派生词的认识十分敏锐、独到。20 世纪 60 年代末和 70 年代初开始大行其道的"信息社会"理论隐匿了"文化"领域中的社会冲突和矛盾,丹·席勒认为这种认知具有盲点,因为它混淆了信息作为一种有用资源和作为一种由雇佣劳动生产并用于市场交换之商品的区别。这种对主流"信息论"或"信息社会理论"的批判,在其专著《如何思考信息》(中译本名为《信息拜物教:批判与解构》)中得到升华。他还研究了商品化在电信、广告、卫星电视、移动电话等信息文化传播领域的发展,国家和信息传播产业之外的资本力量对信息化和信息商品化的强力推动,以及信息化资本主义的危机和发展的不平衡性等。他的观点打破了人们对信息社会的空想性崇拜,将马克思主义思想中的劳动价值论扩展到了信息文化传播领域,在丰富了马克思主义政治经济学的同时,深化了人们对当代全球资本主义的认识。

在此基础上,丹·席勒在《数字资本主义:全球市场体系的网络化》一书中进一步拓展了他对资本主义发展史的认知,对最前沿的"计算机革命"背后的深刻意义进行剖析。这部论著被看作第一部书写"因特网政治经济学"的学术著作,它撕碎了人们关于"因特网将拯救世界"的美好愿望,以冷静的视角解读了因特网行业蒸蒸日上的背后的权力控制行为。因特网正在演变为一种政治工具,它将加剧不平等,并强化市场制度的不稳定性。以全力推行因特网行业的美国为例,其种种行为所蕴含的意味是:资本主义是一种不断把社会劳动和社会生活纳入资本积累领地的扩展性秩序,信息文化领域的商品化过程与资本主义的发展是同步的,在信息爆炸的今天,后者将前者集中发展为自己摆脱危机的最新积累场域,而这正是"信息革命"或"第三次浪潮"的实质。

丹·席勒在《传播理论史:回归劳动》一书中以批判性视角重新看待传播思想的历史沿革,对其中的关键人物和理论进行了批判性解读。他忠实地继承了北美传播政治经济学学者对马克思思想的当代认识,对劳动分工理论在资本主义社会传媒领域中的具体体现进行了探索。在梳理传播学思想发展脉络时,他指出,即使是米尔斯和杜威等人,对传播的认识也没能摆脱实用主义的桎梏。传播领域的研究长时间局限于狭隘的工具提问,但这并不代表传播研究只是如此,传播研究者在理论构建和跨学科研究中同样取得了成就。但由于在一些关键时间传播研究被误置,因此对传播研究真正具有导引功能的理论被长期忽视。与此同时,他也认为,在长达一个多世纪的时间里,传播理论化的工作都是围绕着"劳心"而开展的,这种视角失之偏颇。丹·席勒指出,书写传播批评史的目的应在于"抢救传播探索赖以进行的理论基础工程",给传播探索的历史逻辑赋予意义,所以他将"劳动"作为书写传播学史的重要切入点,因为唯有从生产性劳动的概念出发,传播研究才有可能发展。

对传播学学科建制的贡献

丹·席勒是信息政治经济学的开创者,也是传播政治经济学的第二代代表性学者。他的研究不但拓展了传播政治经济学的研究版图,使这一学说谱系更加完整,而且对马克思主义理论在新时期的发展起到了重要的补充和延续作用。自达拉斯·斯迈思与赫伯特·席勒奠定传播政治经济学研究基础起,围绕着关键性议题,传播政治经济学在各个研究子领域开枝散叶。电影政治经济学、新闻(媒介)政治经济学、信息政治经济学、种族与传播政治经济学、女性主义与传播政治经济学等都是传播政治经济学中的热门议题。丹·席勒在学术成长的过程中敏锐感知社会环境的飞速变化,冷静分析"信息浪潮"之于整个社会的发展意义,并且将"信息"作为马克思劳动价值论在新时代的延伸环节进行定义和说明,是世界范围内传播学前沿理论的重要开拓者。

丹·席勒站在批判立场上对传播学思想的梳理,打破了罗杰斯著作的话语垄断。罗杰斯出版于1994年的《传播学史——一种传记式的方法》是从传播学学科发展的角度书写的一本思想史,因为与施拉姆的观点相互呼应、扶持,在相当长一段时期内成为传播学研究领域内主流话语的代表。丹·席勒从批判角度出发书写的传播思想史,则更偏重从思想产生、演化、继承等方面,向人们展示传播学研究如何可能。在《传播理论史:回归劳动》中,席勒充分展现了其具有宏观理论视野之长,挑战有关西方文化传播发展史的流行认识,修正了雷蒙·威廉斯著名的"漫长的革命"论所依据的历史分期,将信息文化商品化的起源从威廉斯论述的18世纪向前推到15世纪中期,也就是说,席勒认为,文化和信息领域的商品化发生于资本主义在英国农业领域起源之时,而非之后。这一观点的提出对再认识信息文化发展史和资本主义发展史具有重大意义。他对于米尔斯、杜威等人的评价,对雷蒙·威廉斯理论的修正,对传播学研究议题的重新定义,是站在传播政治经济学历史观立场上的重要发言,这一发言让传播学史不再只有"一种声音",提供给传播学界一个认识自我的新视角。

在传播学诸多流派中,传播政治经济学可以算得上对中国传播问题最为关注的一支。迥异于西方的中国媒介政策和媒介制度在20世纪六七十年代开始进入西方学者的视野,以此为契机,中西传播学研究第一次有了真正意义上能够接轨和对话的主题。丹·席勒是北美传播学学者中继达拉斯·斯迈思之后对中国传播学研究尤为重视的一位。他与在加利福尼亚大学圣迭戈分校的同事赵月枝就中国信息传播业的发展进行过频繁交流,并在向中国引介传播政治经济学研究的过程中发挥了重要作用。他曾在多个场合表达了希望中国传播学研究能够开拓传播政治经济学研究领域的意愿。

 **扩展阅读**

原作

〔美〕丹·希勒:《数字资本主义:全球市场体系的网络化》,杨立平译,南昌:江西人民出版社2001年版。

〔美〕丹·席勒:《信息拜物教:批判与解构》,邢立军等译,北京:社会科学文献出版社2008年版。

〔美〕丹·席勒:《传播理论史:回归劳动》,冯建三、罗世宏译,北京:北京大学出版社2012年版。

Dan Schiller, *Objectivity and the News: The Public and the Rise of Commercial Journalism*, Philadelphia, PA: University of Pennsylvania Press, 1981.

Dan Schiller, *Telematics and Government*, Norwood, NJ: Ablex Publishing Corporation, 1982.

相关思想史或评传

曹晋、赵月枝主编:《传播政治经济学英文读本》,上海:复旦大学出版社2007年版。

陈世华:《北美传播政治经济学知识谱系与理论发展》,《浙江传媒学院学报》2010年第2期。

刘晓红:《西方传播政治经济学研究》,上海:上海人民出版社2007年版。

赵月枝:《丹·席勒的信息时代的资本论研究》,《中华读书报》2008年7月23日第015版。

(何　瑛)

丹尼尔·勒纳
(Daniel Lerner, 1917—1980)

学术生平

丹尼尔·勒纳1917年10月出生于美国纽约市布鲁克林区,在纽约大学获得英语文学学士、硕士学位。1942年6月参军,因为受伤后来又转到心理战部门作为宣传工作人员效力。1946年退伍回到纽约大学取得博士学位。他曾和拉斯韦尔、拉扎斯菲尔德两位著名的传播学先驱合作。1946—1952年,勒纳在斯坦福大学胡佛研究所工作期间,与拉斯韦尔合作领导了一个项目。该项目是由卡内基基金会资助的,旨在系统分析关键国家的精英决策过程以及世界重要报纸的特点。勒纳与拉扎斯菲尔德的合作,始于勒纳在哥伦比亚大学应用社会研究局的访问。1950年到1951年,美国哥伦比亚大学应用社会研究局在埃及、土耳其、约旦、叙利亚、黎巴嫩、伊朗等中东国家展开关于"美国之音"传播效果的大型受众调查。虽然当时勒纳只负责研究土耳其的数据,但是这次经历为他后来提出现代化理论打下了坚实的基础。1953年,勒纳任麻省理工学院社会学教授。1958年,他在福特基金会国际研究中心任社会和国际传播学教授,并受其资助,出版了著名的《传统社会的消逝——中东的现代化》一书。该书全面、系统地介绍了他关于传播与社会发展的理论框架,被称为现代化理论的奠基之作。正是该书奠定了他发展传播学开创者的地位。后期勒纳主要的精力集中于发展传播学以及宣传学方面的研究管理工作,他还在欧洲、亚洲和中东多所大学访问、授课。1977 年,他从麻省理工学院退休。1980 年 5 月 1 日,勒纳去世。卡茨曾评价勒纳为"国际传播的先知",其代表性学术著作为《传统社会的消逝——中东的现代化》《发展中国家的传播与变迁》《世界史中的宣传与传播》。

主要理论(方法)贡献

勒纳对传播学的贡献在于,他指出了传播在社会变迁中的重要作用,首次尝试建构传播与现代化关系的理论,并由此创立了发展传播学的研究领域与主导理论。

自第二次世界大战结束以来,民族解放和民族独立的浪潮席卷了整个亚洲、非洲和拉丁美洲,大量新兴民族国家获得独立。这些国家在摆脱殖民统治取得国家主权之后,面临的最紧迫的历史任务就是加速经济建设,尽快缩短与发达国家之间的差距,以实现国家的社会现代化。正是在这样的历史背景下,大众传播与国家发展这一课题成为传播学应用研究中一个十分重要的新领域。

勒纳的理论前提是将传统社会与现代社会视为对立的两端,强调社会是从传统社会演进为现代社会。据此,勒纳认为,所谓的现代化,无非是一种运动,是从传统社会向现代社会演变、过渡的过程。他认为,在这一过程中,大众传播是重要的参与者,对现代化进程具有重要的促进与推动作用。勒纳根据拉斯韦尔的五 W 模式,区分了公众传播系统的两大类型:口头系统与媒介系统,即亲身传播与大众传播。他认为:人类的传播形态与社会形态及其发展水平相适应,即越是传统的社会,其公众传播越是趋向口头系统,而越是现代的社会,其公众传播越是趋向媒介系统;发展趋势则是从传统社会的口头传播向现代社会的大众传播演变。由此,勒纳断定,传播系统是整个社会系统变化的指针与动因。他提出了传播与资本主义社会发展的理论模式,以城镇化、教育普及、大众传播发展和人的社会参与四个要素的相互作用来解释现代化的过程。他认为这四种要素相互作用的过程对于所有向现代化过渡的国家都是适用的。其中,他特别强调了传播形态对社会经济发展的作用和传媒对人的现代化的作用。

在勒纳的视野中,大众传播媒介对现代化具有多方面的意义。首先,大众媒体促进社会融合和资源整合,帮助刺激消费需求和经济发展。因此,他认为大众媒体是现代化发展的"奇妙的放大器"。其次,大众传播无所不在的触角可以延伸到穷乡僻壤,向最广大的社会阶层传递新事物、新形象与新信息,介绍新的思维方式,倡导新的生活方式。最后,大众媒体累积性的传播以潜移默化的方式对社会成员发挥着"移情"作用,促使人们逐步突破传统观念的束缚,积极、主动地投入社会变革,从而实现加速现代化进程的社会目标。勒纳认为,移情能力是社会变革和塑造现代化人格的原动力,而传播媒介是培养和激发"移情能力"的最好工具。换言之,只要发展中国家能够调动社会和个体的移情能力,就可以推动整个社会的现代化。

由于勒纳的理论充满弹性的解释力,罗杰斯认为,在很长一段时间内没有哪个理论可以超越这个理论,而只能模仿。但勒纳的理论并非毫无争议。赞同者认为勒纳的现代化理论为第三世界提供了一个普遍适用的、简单易行的发展路径和理论模型,一些发展中国家由此受到启发和鼓舞,以勒纳的现代化理论为指导思想,制定了自己的传播政策并由此促进了大众传播事业的较快发展。反对者指出,勒纳几乎没有注意大众媒体的内容,并假定它们有"现代"的性质。还有研究者批评勒纳的现代化路径是一种从传统到现代的线性的西方化模式。

在研究方法方面,勒纳的实践为国际传播以及文化比较研究提供了一种可行的研究方法,这种方法也被称为"比较社会学的定量研究"。为了有力地说明其观点,勒纳采用了能够较好地综合代表整个社会系统的三个方面的参与指标:社会经济、政治、文化。其中,文化指标可具化为国民的识字率,政治指标可具化为全国大选的投票参与率,社会经济指标可具化为都市化率。同时,勒纳又采用日报发行量、广播听众数和电影院座位数三个指标来反映传播系统。统计结果显示,这三个指标具有高度相关性,可综合形成一个指标来代表传播系统。在此基础上,通过对社会系统与传播系统指标的对比分析，勒纳证明了传播系统与社会其他系统之间的显著相关性，从而提出了具有较强说服力的理论。

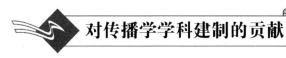
对传播学学科建制的贡献

勒纳对于传播学建制的影响主要体现在以下两方面：

一是开辟了发展传播学这一重要的传播学研究主题。勒纳的思想在学术界和相关机构传播开来，使社会科学界开始思考传播在社会转变过程中的角色，也启发了施拉姆和罗杰斯等人，逐渐形成了传播学中一个新的研究领域——发展传播学。"发展传播学"一般被解释为运用现代的和传统的传播技术，以促进和强化社会经济、政治和文化变革的过程的学科。这一学科在20世纪六七十年代开始受到广泛关注，1988年获得国际传播协会承认。发展传播与跨文化传播成为该协会的专题研究小组之一。由于勒纳对传播在国家发展中的作用，特别是大众传播媒介在社会发展中的作用持乐观态度，强调传播是发展的中心、传播处于生存的中心位置，因而把发展中国家的大众媒体的发展推进到更富有实践性的新阶段。

二是勒纳特别强调了传播形态对社会经济发展的作用和传媒对人的现代化的作用，这成为第一代发展传播学的主导研究范式，对发展传播学影响深远。第一代发展传播学研究范式认为，现代化转变的重点是个人，个人思想、观点和意识的变化可以引导社会整体发生变化。1962年，罗杰斯出版了《新技术的普及过程》，提出了著名的"创新—扩散"模式。施拉姆于1964年出版的《传播媒介与国家发展：信息对发展中国家的作用》提出了六点行动计划：第一，大众媒体应该被用来塑造民族情感；第二，大众媒体应该发挥国家的喉舌的功能；第三，大众媒体应当担负教育的责任，让人们学习必要的技能；第四，大众媒体可以为扩大市场起到积极的作用；第五，大众媒体应该帮助人们适应各种社会变革；第六，大众媒体应该承担强化社会大众主权意识的任务，这是每个公民都应该有的意识。罗杰斯与施拉姆的观点无疑都继承了勒纳的思路，即大众媒体在社会发展中发挥了积极的作用。

原作

Daniel Lerner with Lucille W. Pevsner, *The Passing of Traditional Society: Modernizing the Middle East*, Glencoe, IL: Free Press, 1958.

相关思想史或评传

陈崇山、孙五三主编:《媒介·人·现代化》,北京:中国社会科学出版社 1997 年版。

Hemant Shah, *The Production of Modernization: Daniel Lerner, Mass Media, and the Passing of Traditional Society*, Philadelphia, PA: Temple University Press, 2011.

(柴 菊)

戴维·莫利
（David Morley，1949—   ）

学术生平

戴维·莫利1949年出生，在英国伯明翰长大，本科就读于伦敦政治经济学院社会学专业。本科时，他最喜欢的课程是罗宾·布莱克伯恩主讲的"社会中的信仰"和亨利·伯恩斯坦主讲的"第三世界国家发展研究"。受到两位老师的影响，他开始关注认同研究。受成长经历、客观条件和历史条件的影响，电视成了他早期研究的焦点议题。在20世纪70年代的英国社会，关于媒体社会角色的争论开始涌动，莫利计划做媒体对于产业冲突的报道和表现的研究，并前往肯特大学找克里尚·库马尔念博士。不巧库马尔要外出研究一年，他被要求师从传统马克思主义者弗兰克·帕金。帕金给了两点意见：一是自己根本不懂大众传媒，不知道为什么会被指派为莫利的导师；二是如果不去研究电视观众的思考和行为，仅是研究电视媒体的报道是没有意义的。1972年，在帕金的建议下，莫利给伯明翰大学的斯图尔特·霍尔打了电话。之后，他处于游学状态。到1972年年底，他已经与在伯明翰研究媒体的人有了十分频繁的接触。在霍尔门下,莫利被分派做关于电视的文化研究。1974年,他完成作为课业论文的《对媒介受众的再定义》一文,此后便沿着受众研究的路子一路向前。1975—1979年,莫利开始研究英国BBC的晚间新闻节目《全国新闻》的观众,旨在验证其导师斯图尔特·霍尔的"电视话语中的编码与解码"理论模式,了解不同观众对同样的节目如何进行解码。这一研究结果呈现在1980年出版的《"全国"受众》一书中。之后,为了修正人为想象的电视消费情境,莫利将研究焦点放在家庭上,他于1985年开始了历时一年的"家庭电视"受众研究,采用民族志的方法研究家庭中的电视消费。

莫利认为自己20世纪80年代获益于人类学,20世纪90年代获益于文化地理学。这一时期他的研究主要集中于两个方面:一是家庭媒体及使用,二是媒体使用与社会边界的产生与消逝。他与凯文·罗宾斯在1995年合著的《认同的空间:全球媒介、电子世界景观与文化边界》一书试图在宏观层面论述"家"的边界,2000年写作的《家的领地:媒介、流动性和身份认同》则讨论一系列从"家"拓展开来的概念,包括宏观和微观角度。之后,他的研究又拓展到信息通信技术在家庭中的使用情况,而不再仅仅集中于电视。他与罗杰·西尔弗斯通和埃里克·赫什于布鲁内尔大学开展的家庭通信和传播科技运用项目,对电视机、电话、广播和其他家庭传播科技手段给予了同样的关注。他现任英国伦敦大学金史密斯学院媒体与传播系教授。他的研究范围在不断扩大,近年来研究多涉及媒介消费、新传播科技、文化理论与全球化以及文化地理学。他的代表性学术著作有《"全国"受众》(1980)、《电视、受众与文化研究》(1992)、《认同的空间:全球媒介、电子世界景观与文化边界》(1995)、《家庭领地:媒介、流动性和身份认同》(2000)、《传媒、现代性和科技:"新"的地理学》(2006)。

主要理论(方法)贡献

戴维·莫利是当代英国文化研究领域的重要代表学者之一,他对传播学理论和方法的贡献主要体现在以下几个方面:

一是他对霍尔的"编码/解码"理论进行了验证和修正。1975年至1979年,在对《全国新闻》的研究中,莫利运用了两种不同的方法(符号学和社会学)分析对意义生成产生影响的两种不同类型的制约因素:文本的内在结构和机制,以及接受者的文化背景。项目的一部分详尽地研究了《全国新闻》特定的节目形式设计、对受众特定的说话方式以及文本组织的特定形式,另一部分探究了节目内容是如何被具有不同社会背景的个体解读的,同时试图了解个体的文化架构在其解读节目的过程中的作用。研究发现,多数观众对电视节目的解读证实了霍尔模式。但研究也发现,处于同一阶层的人可能对于同一个问题有不同看法,而处于不同阶层的人又可能在某个问题上表现出一致,而这些是霍尔模式尚未解决的问题。因此,莫利提出人们的诠释差异建立在嵌入社会结构的文化差异之上,也就是"文化丛"(cultural clusters),它引导并限制着个人对讯息的诠释。

二是他以日常生活为切入点来研究受众。1985年春天的"家庭电视"研究计划是《全国新闻》研究的继续,莫利将地点由公共场合改为家庭。该研究以家庭中的收视为研究主题,从家庭内部的性别权力关系角度描述了观看电视的复杂性。莫利的研究重点从节目解读转到收视语境,关注看电视时家庭内部的性别关系。莫利在这份研究报告中更多地使用了民族志方法,呈现出家庭成员和他们的意见,说明电视使用情况的复杂性以及这些用途融入其他社会活动的方式。通过对18户白人家庭收视情况的调查,莫利从选择节目的权力、看电视的风格、收看电视有无计划、涉及电视的谈话、录像机的使用、节目类型偏好等方面考察了性别因素的影响。莫利得出结论:家庭收看电视时,存在着明显的性别差异。性别是一种运作于所有受访家庭的结构性原则。与上一个项目相比,莫利将注意力从符号学转向对影响收视的各种权力关系进行更具社会学意义的研究。他对媒体受众的理解也有了显著的变化,观众作为文化分析的对象逐渐受到更多关注。莫利在后来的著作《家庭领地:媒介、流动性和身份认同》中以新电脑为例,说明一项新的技术装备进入家庭为家庭成员提供的机遇是不一样的,性别经常能决定看到了什么节目和以什么方式观看。正如美国学者费斯克所指出的:莫利的研究突破了霍尔在《编码/解码》中提出的理论模式;霍尔关注的是观众解码文本的方式,落脚点依然是文本,而莫利关注的是电视观众的观赏这一社会过程本身。

三是他对"想象的共同体"思想的发展。20世纪90年代以来,文化地理学、全球化、后现代性受到关注,莫利吸纳这些理论,更为关注传播在社会空间及社会关系的建构和重构中的作用。莫利认为家和民族都是想象的建构,节日是被高度建构的满载情感的庆祝仪式，不仅是家庭也是民族的象征。在《家庭领地：媒介、流动性和身份认同》中，他以1932年英国国王乔治五世在BBC发表的圣诞演说为例，说明媒介在联系分散的、各不相干的听众与象征意义上的核心国家的生活的过程中起到了至关重要的作用，增强了受众的共同身份意识。这种群体意识可以从地方层次上升至国家层次甚至全球层次。莫利认为，广播电视技术让人们拥有对时间和空间的认同感，且传播和唤起共同记忆。民族国家是一个"想象的共同体"，它由一些特殊的话语建构，广播电视在把群众演变成人民和民族再演变成一个国家的过程中起到了关键作用，它将国家这一政治概念转化为人们的生命体验、情感和日常生活，观看电视成为一种人们维持安全感的仪式。莫利试图将家这个私人领域与公共领域接合起来，用双重焦点分析电视。他认为，电视不但可以建构家庭生活，也通过提供民族共同体参与认同的仪式传递意识形态。莫利持续关注新媒介的发展给社会带来的影响，认为我们正在迎接一个不受地域影响的世界新秩序，他的《认同的空间：全球媒介、电子世界景观与文化边界》一书研究了在后现代语境下运用有线和无线通信工具的传播环境中，欧洲人如何重新塑造集体文化认同、如何化解传媒进步与文化发展的尖锐矛盾的问题。

四是他对研究方法的贡献。莫利在研究方法上的贡献突出表现在民族志的方法上。从20世纪70年代后期开始，民族志方法开始被用于分析电视受众，成为一种典型的受众研究方法。莫利的《"全国"受众》这本书是较早采用民族志方法对受众进行文化研究的著作之一。莫利认为，必须回到使用电视的语境和收视的实际场景中去，才能了解对受众而言看电视意味着什么。他的研究方法主要是访谈和民族志调查，目的在于突破经验学派传统的以统计方法为基础的量化调查，发展出一种更为有效的质性研究方法，同时有效修正符号学和结构主义方法对文本主导意义的高估及对受众解读的忽视。在《全国新闻》的研究中，他还采用了"焦点访谈"和"团体访谈"的方法。莫利认为，采用焦点访谈的方法比较符合自然情境，使得探索更具结构意味的话题更为真实和自然。采取团体访谈的方法，是因为许多个别访谈把个人从社会情境中抽离出来，个人变成了"社会原子"，不具代表性。在对研究方法的选择上，他认为特定的问题需要相对合适的方法论来应对。

对传播学学科建制的贡献

戴维·莫利是英国伯明翰学派的领军人物之一。他的研究领域广泛,从微观的媒体消费直到宏观的媒体技术的作用,近年来他还研究了手机等新媒体的作用。他的学术研究主线是电视受众研究。

莫利是英国文化研究领域将文本研究转向受众研究的关键人物。他重构了受众的概念,超越了霍尔对受众的宏观阶级属性的关注,更深入地探究了社会因素通过哪些机制和话语相连,从而影响受众对意义的解码。他挑战美国主流传播研究的实证主义传统范式,开创性地将传统受众研究范式引向民族志受众研究,实现了传统受众研究视角的转型。《电视、受众与文化研究》"接合"了实证主义与批判理论、经验主义的受众研究模式与霍尔的编码/解码模式、定性与定量的不同研究方法;对《全国新闻》的受众分析验证并发展了霍尔的模式,并创造性地结合了人类学民族志的研究方法,同时将阶级、性别、种族等文化研究的核心概念引入受众研究,开启了"新型受众研究"。

莫利将"想象的共同体"的认同理论、日常生活的研究引入传播学领域,丰富了欧洲传播学研究的日常生活批判取向。他逐渐把电视受众研究的视野从私人领域发展到公共领域,甚至向全球空间延伸。20世纪90年代以后,他的研究范围更是扩展到家庭研究、人类学和地理学领域,与费斯克一起致力于在后现代语境下以更全面的视野为信息时代的媒介研究延展新的空间,对新传播环境下的公共与私人、全球与本土以及国族认同等问题进行了分析。这种扩展推动了文化研究的物质性转向。当下,他的学生库尔德利以及西尔弗斯通、利文斯通等文化研究的第三代学者,正不断推动媒介化社会理论走向成熟。

扩展阅读

原作

〔英〕戴维·莫利:《电视、受众与文化研究》,史安斌主译,北京:新华出版社2005年版。

〔英〕戴维·莫利:《传媒、现代性和科技:"新"的地理学》,郭大为、常怡如、徐春昕译,北京:中国传媒大学出版社 2010 年版。

〔英〕戴维·莫利、凯文·罗宾斯:《认同的空间:全球媒介、电子世界景观与文化边界》,司艳译,南京:南京大学出版社 2001 年版。

David Morley, *The "Nationwide" Audience*, London:BFI, 1980.

David Morley, *Family Television:Cultural Power and Domestic Leisure*, New York, NY:Routledge, 1986.

David Morley, *Home Territories:Media, Mobility and Identity*, New York, NY:Routledge, 2000.

James Curran and David Morley (eds.), *Media and Cultural Theory*, New York, NY:Routledge, 2005.

相关思想史或评传

〔英〕尼克·史蒂文森:《认识媒介文化:社会理论与大众传播》,王文斌译,北京:商务印书馆 2001 年版。

金惠敏:《积极受众论:从霍尔到莫利的伯明翰范式》,北京:中国社会出版社 2010 年版。

张华主编:《伯明翰文化学派领军人物述评》,济南:山东大学出版社 2008 年版。

(戎 青)

埃德加·莫兰
（Edgar Morin，1921—　）

学术生平

　　埃德加·莫兰1921年7月8日出生于法国巴黎，他的父辈是西班牙籍的犹太人。1931年，莫兰的母亲因心脏病发作去世，此事给年幼的莫兰带来了巨大的思想震动。年幼的莫兰对阅读、电影等兴趣浓厚。1936年的西班牙内战第一次把莫兰和国际共产主义联系在了一起。1940年，纳粹德国侵入法国，莫兰逃到图卢兹，同时进入图卢兹大学读书。从1940年7月到1942年7月，莫兰阅读了大量历史、文学，尤其是马克思主义方面的书籍。在思想上，莫兰越来越倾向于马克思主义，尽管他对于斯大林主义抱有怀疑，但依然寄希望于苏联的胜利能够带来世界的和平与解放，同时克服斯大林主义自身的问题。1941年年底，他正式加入法国共产党，参与抵抗纳粹的运动。第二次世界大战胜利后，莫兰与法共的分歧却愈加严重。最初的分歧出现在文化层面，随后渐渐扩展到政治层面。在1950年到1951年，莫兰的人生中出现了两个重大事件。其一是，在社会学家乔治·弗里德曼的举荐下，莫兰得以进入法国国家科学研究中心工作。然而此时，莫兰与法共的缘分也走到了尽头。

1951年春,由于在被视为与党对立的报刊《新观察家》杂志上发表了一篇文章,莫兰被法共开除出党。这一事件使得莫兰遭受重大打击,此后他终生没有再加入任何政治党派。

在法国国家科学研究中心工作的第一年,莫兰完成了《人与死亡》一书。对于死亡这一主题的研究,开启了莫兰"整体人类学"的思路和跨学科研究的方法,这一思路影响了莫兰日后的研究兴趣。随后,莫兰开展了电影社会学的研究,这一研究方向是由弗里德曼和莫兰共同决定的。1956年和1957年,莫兰相继出版了《电影或想象的人》和《电影明星们》两本著作,对于电影社会学的研究打开了莫兰涉足大众传播领域的大门。1962年,经由乔治·弗里德曼牵头,"大众传播研究中心"在法国社会科学高等研究院成立,这个中心几经易名,后命名为埃德加·莫兰中心,弗里德曼、莫兰和罗兰·巴尔特成为这个中心的支柱。这一中心还聚集了诸多人才,如朱莉娅·克里斯蒂娃、克里斯蒂安·梅茨、安德烈·格吕克斯曼等。中心成立之后,创办了《传播》杂志,莫兰成为杂志的副主编。在担任这个中心的副主任期间,莫兰把自己的研究从电影转移到大众文化上来,成为法国第一个阐释"文化工业"概念的人。

从1961年至1962年,莫兰出版了《时代精神》(卷一)。他把大众文化置入更为广泛的社会学、人类学视野。在他看来,包括电影在内的大众传媒及其文化是我们这个时代的主要显示器。此时的莫兰已经在法国学界名声大振。1962年9月,由于积劳成疾,莫兰在美国参加世界社会学大会时病倒。经过一年有余的疗养,复出后莫兰加紧了变革社会学的工作。1968年,莫兰取代了列斐伏尔在南泰尔大学的教席,并且被卷入5月的学生运动。1969年至1970年,莫兰利用学术假期到美国加州的萨尔克生物所进修一年。之后,莫兰的兴趣渐渐转向"复杂性理论"。1972年9月,莫兰在提交给主题为"人的统一性"的国际会议的论文中,首次提出了"复杂性范式"的概念。从1977年到2004年,莫兰相继出版了其关于"复杂性理论"的巨著:《方法》六卷本。如阿方索·蒙托里所言:《方法》是莫兰的巅峰之作,这对那些致力于扩展对人类本性追问的研究者来说,是一个具有洞察力和解释力的不竭宝库。

主要理论(方法)贡献

莫兰的思想具有一种黑格尔式的总体性,对他来说,大众文化和传媒都不是孤立的研究领域,尤其是大众文化,莫兰将其界定为"现代的神话"。莫兰将大众文化放置于时代的整体人类学中观察,并视其为时代精神的一个观察点,他所要做的不是简单地批判或是赞扬,而更像是建构一种向消费社会过渡的社会学和人类学。对莫兰来说,他对大众文化的考察是基于整体人类学的。莫兰认为,智人的出现是遗传、实践、环境、社会及文化等多种因素作用的结果。在莫兰看来,对于人的单纯的自然主义或是文化主义的理解都是远远不够的,人的存在和发展样态的多样性要求对人的研究采用一种复杂性理论,这种理论融合了自然科学和人文社会科学的诸多学科。所以在《时代精神》一书中,莫兰将对大众文化的考察当作窥探社会和人的根本问题的一个视点,这个视点所涉及的问题可以延伸到对社会和人类整体的研究。

与此相关的是莫兰对于大众文化的态度和立场。很显然,莫兰的媒介和大众文化理论是有别于传统知识分子的,莫兰自己也敏锐地意识到战后弥漫在法国知识分子中的对大众文化的敌视情绪。这种敌视源自他们对自身文化身份的焦虑,而表现出来的就是一种对时代变革的拒绝。因此,莫兰试图摧毁知识分子的这种洋洋得意的自信。莫兰的大众文化研究有一种人类学式的审慎,他不轻易给予大众文化一个单纯否定或肯定的态度,而是将其视作可以表明时代精神的"共同的想象领域"。

在《时代精神》一书中,莫兰将"大众文化"称作"第三种文化",这种文化是相对于古典文化(宗教的或人文主义的)及国家(或民族)文化而言的。它起源于报刊、电视、电影等大众媒介,被美国社会学发现并加以确认。然而,莫兰进一步指出,"大众文化"与"大众传媒"并非完全重合的两个概念。在他看来,大众文化产生于大众传媒并存在于大众传媒之中,然而,大众文化的扩展现今已经超出了严格的大众传媒领域而包含广阔的消费世界、休闲世界,同时它还滋养了家庭内部的微观世界,并且大众文化与国家,与政治的、教育的、宗教的文化分享大众传媒的统治权。在莫兰的大众文化分析中,始终弥漫着辩证的折中主义,这也是他区别于所有其他大众文化研究者的一个鲜明特点。他承认大众文化的标准化使得文化的"创造"变成了文化的"生产",但他同时认为标准化不必然导致非个性化,而是既抑制作品的个性又完善作品的个性,"标准化"与个性化的辩证法磨合出的大众文化是一种"中等水平"的文化。从另一个角度看,大众文化的消费特征使其需要面对普遍的受众,所以对于儿童来说,大众文化有成人化的趋向,而对于成人来说,它则有幼稚化的趋向。

1967年,莫兰出版了他对布列塔尼一个乡村社区的研究成果。在这项研究中,他重点关注了青少年文化如何介入社会和文化变革。这个研究可以说是对《时代精神》的经验佐证。在这个偏远的乡村,大众文化的侵袭带来了人们生活方式的改变,人们倾向于接受一种布尔乔亚式的生活方式,并且由于民间文化的消亡和大众文化的蔓延,这个偏远的乡村也被整合进现代的消费社会。但莫兰并不对此感到悲观,他认为这样一种文化洗礼的起点是青少年对纯粹快乐的需求,这种需求是开放和变动的,并且是一种对政治化、教育化的文化的反抗,也是对清教主义文化的拒绝。与《时代精神》相通的是,莫兰在这里再次确认了大众文化作为青少年文化的特征,但这并不意味着大众文化仅仅面向青少年受众,而是说大众文化在它的儿童领域过早地让儿童触及成年人的领域,而在成年人的领域,又使成年人去接触儿童领域。这种年龄上的同质化趋于固定在一个支配性音调,即青少年的音调上。

除了对大众文化本身的分析,莫兰还将大众文化置于社会历史的总体语境中,探究其在全球化时代扮演的角色。莫兰将这种通过"大众传播媒介系统"扩散至全球的大众文化指认为"现代的神话",认为这种神话是全球化时代发达资本主义国家和第三世界国家共同的想象领域,同时展现了两种想象之间殖民与反殖民的辩证关系。与法国20世纪60年代的"日常生活"哲学转向以及文化革命的浪潮相一致,莫兰将大众文化代表的想象领域界定为时代精神的表征甚至是时代精神本身,这是一个不同于传统国家、政治、私人领域同时又渗透于这些领域,受技术驱动同时又改变技术,被标准化生产却又超越规范的新领域。而这个领域又直接连接着人类社会深层次变化的过去、现在和未来,这也是为什么大众文化研究必须成为莫兰的"整体人类学"研究不可或缺的部分。

对传播学学科建制的贡献

在莫兰之前,大众传播研究在法国并非一个明确的研究领域。1962年,莫兰和社会学家乔治·弗里德曼、罗兰·巴尔特共同在法国社会科学高等研究院创立了"大众传播研究中心",莫兰担任这个研究中心的副主任。该研究中心是法国最早进行大众传播研究的机构之一。中心成立初期,洛克菲勒基金会资助过中心的建设,拉扎斯菲尔德亲自参与指导莫兰等人建立研究队伍。这个研究中心最初的主旨是把美国式的大众传播研究移植到法国。正是在这个研究中心里,莫兰开始了对大众文化的研究。这一研究一方面是对其早期电影研究的扩展,另一方面也是其整体人类学研究的一个重要组成部分。到1973年,这个中心扩展为一个跨学科的研究中心,并在社会学、文化人类学、符号学、媒介研究等众多学科领域取得多项颇有建树的研究成果。由于莫兰的影响和贡献,这个中心最终更名为埃德加·莫兰中心。直到今天,这个中心及其官方刊物《传播》杂志依然是法国大众传播研究领域一个不可忽视的重镇。

莫兰是第一个将"文化工业"的议题引入法国,并且在法国的语境中系统分析"文化工业"问题的人。莫兰对于"文化工业"并不像阿多诺等人那样持完全否定和批判的态度。在《时代精神》中,莫兰尝试用辩证的视角和符号学的方式发掘大众文化当中的美学价值和创造性的文化潜力。但有学者指出,在《时代精神》的结尾,莫兰对大众文化的判断再次回归法兰克福学派的立场,即将大众文化看作同质性的、标准化的,其目的在于通过造梦与神话的再造将消费者囊括进资本主义的体系。对于"文化工业"这一主题的关注甚至直接影响了莫兰在1968年五月风暴中的活动,彼时莫兰在《世界》杂志发表了两组论学生革命的文章,引起了巨大反响。这些文章也反映出莫兰对以1968年为标识的文化革命的态度。

原作

〔法〕埃德加·莫兰:《复杂性思想导论》,陈一壮译,上海:华东师范大学出版社2008年版。

〔法〕埃德加·莫兰:《时代精神》,陈一壮译,北京:北京大学出版社2011年版。

〔法〕埃德加·莫兰:《电影或想象的人》,马胜利译,桂林:广西师范大学出版社2012年版。

〔法〕埃德加·莫兰:《电影明星们——明星崇拜的神话》,王竹雅译,长春:吉林出版集团有限责任公司2014年版。

相关思想史或评传

〔法〕阿芒·马特拉、米歇尔·马特拉:《传播学简史》,孙五三译,北京:中国人民大学出版社2008年版。

陈一壮:《埃德加·莫兰复杂性思想述评》,长沙:中南大学出版社2007年版。

Brian Rigby, *Popular Culture in Modern France: A Study of Cultural Discourse*, London & NY: Routledge, 1991.

（李耘耕）

爱德华·T. 霍尔
（Edward T. Hall, Jr., 1914—2009）

学术生平

爱德华·T. 霍尔 1914 年 5 月 16 日出生于美国密苏里州韦伯斯特格罗夫斯,1932 年前主要在新墨西哥州生活。1933 年至 1937 年,霍尔和亚利桑那州西北印第安保留地的纳瓦霍人和霍皮人一起生活,他的工作主要是用金钱来激励当地的印第安人修建大坝,以便改善那里的生存环境,提高印第安人的生活水平。与印第安人交往了一段时间后,霍尔已经有了一定的文化敏感,他说在保留地时,常常考虑如何才能跟纳瓦霍人和霍皮人共事,在这里他发现自己与当地人不同,要把他的思维方式强加给当地人根本就不管用。霍尔的自传体著作《三十年代的美国西部》描写了那段时光。1936 年霍尔获丹佛大学学士学位,1938 年获亚利桑那州立大学人类学硕士学位,博士期间受业于拉尔夫·林顿,1942 年获美国哥伦比亚大学人类学博士学位,之后陆续在欧洲、中东和亚洲进行田野调查。1942 年至 1945 年第二次世界大战期间,霍尔被派往欧洲和菲律宾服役。1946 年,他在哥伦比亚大学从事社会学/文化人类学研究,并在美国军方特鲁克岛管理处从事人类学研究。1946 年至 1948 年,霍尔出任丹佛大学人类学系主任并从事丹佛的种族关系研究,40 年代末有一段短暂且愉快的与弗洛姆在佛蒙特州的本宁顿学院共事的经历。1951 年至 1955 年,霍尔作为人类学教授和驻外事务处的培训计划主管供职于美国国务院外派人员培训学院,以帮助负责处理海外事务的政府工作人员顺利应对文化差异,与著名语言学家特雷格和"身势语之父"伯德惠斯特尔共事。1955 年至 20 世纪 60 年代初,他担任位于华盛顿特区的海外培训与研究公司的董事长,还成为华盛顿精神医学院的一个交流研究项目的主管。1963 年至 1967 年间,霍尔成为伊利诺伊理工大学(芝加哥)人类学教授,由美国国立精神卫生研究院资助进行空间关系学和不同种族的交往方面的研究。1967 年霍尔成为西北大学人类学教授,并于 1977 年退休。退休后霍尔居住在新墨西哥州首府圣塔菲,偶尔在国际跨文化教育、训练与研究协会的会议中发表演讲,并在新墨西哥大学任教。2009 年 7 月,霍尔在圣塔菲的家中去世,享年 95 岁。霍尔是一名杰出的人类学家,但其研究又涉及语言学、心理学、传播学甚至地理学。他是大学教授,又是政府和企业顾问。霍尔极富创新精神,在 20 世纪 50 年代建立了"跨文化传播学"这门学科,并为此学科创立了诸多基本范式,被称为系统地研究跨文化传播活动的第一人,他还提出了空间关系学(Proxemic Research)等全新概念。霍尔的主要著作有《无声的语言》《超越文化》等。

主要理论(方法)贡献

在自传中,霍尔曾把他受到的专业影响分成文化人类学、语言学、生理和动物行为学以及弗洛伊德的精神分析理论四个部分。霍尔理论的核心是"文化",他把文化定义为"信息的生成、发送、储存和加工系统",除了语言,还包含体姿、行为、观念等。霍尔认为,应对文化差异一般有两种方式,即要么摧毁,要么故意忽略,但是正确的方式是超越自己的文化。他的跨文化观建立在对非西方文化的尊重的基础上,换言之,只有意识到自己的文化系统的存在和性质,才能理解自己的文化和其他的文化。

霍尔在《无声的语言》中指出"文化即交流,交流即文化",这可以被看作霍尔关于文化与交流之间的关系的最核心、最简洁的论述。何道宽指出,communication 一词在霍尔文章的语境中被译成"交流"比"传播"更为合适,原因在于霍尔在使用这个词的时候确实受到了电子工程师的影响,词中有"讯息"的意味,但是考虑到霍尔将此语放到了人文科学领域,"讯息"的自然科学意味过浓,而"传播"的人文意味过重,所以"交流"更为合适。

从文化的角度考察人类传播活动,是霍尔开创跨文化传播研究的前提。通过将传播中的讯息分成与文化结构中的文化素、文化形态和文化模式对应的三部分——讯息素(Isolate)、讯息形态(Set)和讯息模式(Pattern),霍尔将文化和传播结合起来,指出讯息传播的速率有快、慢之分,讯息得以产生意义的语境有高、低之分,文化模式有高、低语境之分,因而传播模式也有高、低语境之分。由此,霍尔对语境的重视体现了出来。他认为,传播的根本目的在于意义的共享,而意义产生于一定的语境之中。在传播过程中,某一行为的意义并不是固定的,离开了语境,对意义的解释便是不完整的。高语境(high context)文化和低语境(low context)文化是霍尔跨文化传播研究中两个重要的概念。前者指人们深刻介入彼此的活动,信息得到广泛共享,意蕴丰富的简单讯息自由流动,以日本文化、纳瓦霍文化为代表。后者指充满直接、公开、编码清晰、简单的信息,高度个性化,人际关系疏远,被分割肢解的文化,如美国文化。在《超越文化》一书中,霍尔在对照非西方文化的基础上对西方文化进行了批判,他认为习惯于"线性思维"的西方人"崇尚使经验割裂的局部事物,却否定起着整合作用的自我"。长久以来,一些西方学者将其他文化中的很多异质因素归于非理性范畴,霍尔认为这是被他们"理性至上"的思维建构出来的屏障。"逻辑"使人能凭借低语境范式去审视思想、概念和心理过程,而当遇到高语境、高语境文化、高语境交流,这样的思维方式就行不通了。

相对于弗洛伊德的性驱力升华的过程即为人类前进和构建制度的过程的解释,霍尔提出了新的关于人类进化的观点,即"延伸"(extension)。他认为,人靠延伸实现进化,尤其是高级进化。由此,霍尔在《超越文化》中提出"研究人就是研究其延伸",同时指出这种延伸有一个悖论:人的延伸尤其是语言、工具和制度的延伸一旦启动,人自身就陷入了延伸的罗网,这就是延伸迁移(extension transference);结果,人们就会判断失误,就会疏离已异化的延伸,就无力驾驭自己造就的怪物。在这个意义上,人的进步以牺牲自己的延伸为代价,以压抑形形色色的人性告终。或者换一种说法,人把符号误认为符号所指的东西,给符号赋予它并不具备的性质,会产生深刻的影响,如偶像崇拜。延伸的另一个问题在于"延伸省略",即任何延伸都不能复制出被延伸的器官或活动的一切功能。不难看出,霍尔和麦克卢汉的观点存在某种相似性,而事实上,从20世纪60年代初到70年代,他们之间有数百次通信。因此可以说,霍尔有关"延伸"和"延伸迁移"等观点和麦克卢汉提出的"媒介是人体的延伸"以及"媒介即讯息"之间存在某种相互影响。

除了跨文化传播学,霍尔在《隐藏的一维》(1966)中发展出一门学科——"空间关系学",旨在研究文化语境中人对空间的使用。霍尔认为,在人们的无意识层面,不同的文化架构(cultural frameworks)定义并组织了对空间的使用。如果不能明白这一点,人们的交流,特别是跨文化交流,便会遭遇障碍。霍尔既分析了围绕个人形成的私人空间,又分析了宏观知觉层面围绕文化期待(cultural expectation)形成的有关街道、邻里、城市该如何利用空间的问题。他最著名的创见是对围绕个人的非正式(私人)距离的定义,即主要分成亲密距离(intimate space)、社交距离(social and consultative space)、公共距离(public space)。霍尔指出,不同的社会文化对这些空间距离的具体期待是不同的。

对传播学学科建制的贡献

跨文化传播学在今天可被视为传播学的一个分支,创始人正是霍尔。"跨文化传播"主要是指来自两种文化的人互动的过程。1950年至1955年间,霍尔等人来到美国国务院外派人员培训学院后,对培训课程进行了大刀阔斧的改革,逐渐发展出原创的跨文化传播研究范式。1955年,霍尔在《礼节的人类学考察》一文中首次阐述了有关跨文化传播的思路。1959年,他又把在外派人员培训学院工作期间从事研究和培训的成果加以总结,出版了《无声的语言》一书,并首次在书中正式使用了"跨文化传播"(intercultural communication)这个术语。学术界一般认为这是跨文化传播学这门学科形成的标志,而霍尔就被公认为跨文化传播学的创始人。但是,何道宽指出,被誉为"跨文化传播之父"的霍尔似乎与美国主流的传播学经验学派毫不搭界。他对舆论、宣传、媒体功能、传播效果、受众分析那一套不感兴趣,主流学派对他的延伸论、延伸迁移论、层级分析、系统分析、时间语言、空间语言、行为链、同步性、高语境、低语境和文化教学那一套也不领情。霍尔的主要研究方法即田野调查和心理学实验也并不属于主流传播学。

　　罗杰斯指出,跨文化传播学今天是传播学而不是人类学的一个分支,可能有两个原因来自霍尔。第一,他并没有在人类学领域积极地推进跨文化传播的学科建设;第二,他在人类学领域缺乏具有博士学位的后继者。不过,这一切并不影响这门学科自创立后便获得较大发展。1970 年,国际传播协会下设了跨文化传播分会;1972 年,第一届跨文化传播学国际会议在日本东京举行;1974 年,国际跨文化教育、训练与研究协会在美国马里兰州正式宣布成立;1998 年,国际跨文化传播学会成立。跨文化传播方面的著作相继出版、杂志相继创办,如《跨文化传播读本》等,杰出学者亦不断涌现。在学科建设方面,跨文化传播学也取得了长足的发展,是诸多美国高校"通识教育"领域的必修课程。

原作

〔美〕爱德华·霍尔:《无声的语言》,何道宽译,北京:北京大学出版社 2010 年版。

〔美〕爱德华·霍尔:《超越文化》,何道宽译,北京:北京大学出版社 2010 年版。

Edward T. Hall, *The Hidden Dimension*, New York, NY: Doubleday, 1966.

Edward T. Hall, *Handbook for Proxemic Research*, Washington: Society for the Anthropology of Visual Communication, 1974.

Edward T. Hall, *The Dance of Life: The Other Dimension of Time*, New York, NY: Doubleday, 1983.

Edward T. Hall and Mildred Reed Hall, *Understanding Cultural Differences: Germans, French and Americans*, Boston & London: Intercultural Press, 1990.

Edward T. Hall, *An Anthropology of Everyday Life: An Autobiography*, New York, NY: Doubleday, 1992.

相关思想史或评传

〔美〕E. M. 罗杰斯:《传播学史——一种传记式的方法》,殷晓蓉译,上海:上海译文出版社 2012 年版。

Everett M. Rogers, William B. Hart, and Yoshitaka Miike, "Edward T. Hall and The History of Intercultural Communication: The United States and Japan," *Keio Communication Review*, 2002, 24.

（解　佳）

伊莱休·卡茨
（Elihu Katz，1926—2021）

学术生平

伊莱休·卡茨1926年5月31日生于美国纽约市布鲁克林，是犹太裔美国人。他于1948年进入哥伦比亚大学社会学系，师从洛文塔尔，攻读硕士学位，并最终在该校获得博士学位。1955年，他与保罗·拉扎斯菲尔德合著《人际影响：个人在大众传播中的作用》（也译为《亲身影响》）一书，从此踏上了传播研究之路。尽管卡茨也出版过一些社会学方面的论著，但他的作品基本以传播学为主。洛文塔尔和拉扎斯菲尔德的双重影响几乎框定了卡茨一生的研究风格，他擅长定量研究，但又对文化研究和批判学派很了解。从哥伦比亚大学毕业之后，卡茨在芝加哥大学任职，还一度坚持在哥伦比亚大学应用社会研究局从事研究工作。在此期间，他创建了以色列耶路撒冷希伯来大学的传媒学院，并被聘任为该校社会学与传播学荣誉教授。因此，他经常往返于美国和以色列之间。在20世纪六七十年代，卡茨在欧美承接了大量研究项目，学术创造力惊人。他与社会学家科尔曼和门泽尔合作，在哥伦比亚大学应用社会研究局进行了关于医药扩散的专门研究。他还先后接受以色列政府和英国曼彻斯特大学的邀请,在以色列从事引入电视广播的研究,同时展开关于第三世界国家引入广播及 BBC 广播的接收与效果的研究。基于他的学术成就,伊莱休·卡茨曾获联合国教科文组织颁发的加拿大麦克卢汉奖、德国博达媒介研究奖;另外,他还被根特大学、蒙特利尔大学、巴黎大学、海法大学等大学授予荣誉学位,并且当选美国艺术与科学院院士。2005 年,卡茨被授予"马歇尔·斯克拉雷奖",该奖项旨在表彰为犹太国家的社会科学做出杰出贡献的学者。自 1992 年起,他受聘为美国宾夕法尼亚大学校董讲座教授,并于 2014 年退休。2010 年,他还应邀到中国人民大学讲学。他与传播学有关的代表作包括《人际影响:个人在大众传播中的作用》(1955)、《大众传播调查和通俗文化研究》(1959)、《医疗革新》(1966)、《大众传播的使用》(1974)、《第三世界的广播》(1977)、《广播的社会研究》(1977)、《临近午夜:晚间新闻改革》(1980)、《大众传媒与社会变迁》(1980)、《意义的输出:〈达拉斯〉的跨文化解读》(1990)、《媒介事件:历史的现场直播》(1992)等。

主要理论(方法)贡献

卡茨对于传播学研究的主要贡献包括以下几个方面:一是开创了"积极的受众"理论;二是讨论了人际传播对于传播过程的影响,如意见领袖和传播流;三是提出"媒介事件"理论。

卡茨的"积极的受众观"主要体现为他所提出的"使用与满足"理论。在《个人对大众传播的使用》一文中,他将媒介接触行为概括为一个"社会因素+心理因素—媒介期待—媒介接触—需求满足"的因果连锁过程,提出了"使用与满足"过程的基本模式。"使用与满足"以大众传播的受传者为出发点,而不是以大众传播的内容为出发点,它视受众为大众传播内容的积极使用者,而不是消极被动的接受者。因此,该理论不企图寻找大众传播的内容与效果之间有什么直接联系,而是研究受传者如何运用大众传播的信息及这种运用在产生效果的过程中怎样起作用。因此,卡茨的"使用与满足"研究就是研究大众传播媒介怎样对人有用、怎样满足受众的需要,或者受众如何使用大众传播媒介、如何从大众传播媒介那里得到满足。这项研究在大众传播研究史上产生过重要影响。此前的效果研究主要是从传播者或传媒的角度出发,考察传媒活动是否达到了预期目的或者对受众产生了什么影响,而"使用与满足"研究则是从受众角度出发,通过分析受众的媒介接触动机以及这些接触满足了他们的什么需求,来考察大众传播给人们带来的心理与行为方面的影响。因此,这一研究开了从受众角度出发考察大众传播过程的先河,对"有限效果论"也是一种有益的补充和发展。

卡茨的另一项受众研究成果,就是与利贝斯合作的《意义的输出:〈达拉斯〉的跨文化解读》一书。该书采用实证方法研究了跨文化群体对肥皂剧《达拉斯》的接受程度。该书把卡茨关于"使用与满足"理论的著作与关于创新扩散和社群网络的著作结合起来,在不同文化中考察电视剧的主旨与受众接受的多种过程的关系,对《达拉斯》的"全球电视观众共同体"进行了深入分析——研究样本不仅具有国家、种族、文化方面的差异,也兼顾了迷恋和拒绝《达拉斯》全球盛宴的不同族群,提供了极有价值的第一手观察材料,揭示了地方文化对美国文化产品的抵制。这种文化上的抵制是通过(亚)文化的整合来实现的,而不是拒绝或回避(除日本以外),从而强化了有关文化帝国主义的讨论,积极的受众的概念也在这个过程中得以丰富。

正是这两项研究肯定了受众与媒介接触是基于自己的需求对媒介内容进行选择的能动性活动,提示了受众媒介使用形态的多样性,有助于纠正大众社会论中的"受众绝对被动"的观点。

卡茨认为在研究大众传播的过程中,不可孤立地研究传统的大众传播形式,更需要考察人际交往对大众传播效果的影响。与之相关的就是对于意见领袖的研究,卡茨主要参与了《人际影响:个人在大众传播中的作用》的创作。卡茨等人发现,相当一部分受众不依靠直接接触媒介讯息获得新闻和信息,而是间接地从其他人那里获得。在每个社会阶层,都存在着某些意见领袖,他们更可能接触那些与自己的兴趣和受教育层次相匹配的杂志和广播。这似乎暗示意见领袖受到大众媒介的影响,然后再把这些影响传达给其他人。因此,若大众传播媒介想取得良好的传播效果,就必须考察受众所属的社会群体以及人际关系,并对意见领袖施加影响。卡茨认为,意见领袖似乎表明了所谓的大众媒介效果的二级传播,因而与拉扎斯菲尔德一道提出了"政治既有倾向的作用""选择性接触""意见领袖与二级传播"等理论,对后来的传播效果研究产生了极为重要的影响。卡茨等人的研究和以往的研究不同的一点在于,他们并不关注受众的个体属性与心理属性,而是更加关注受众的社会属性——生命周期、社会经济地位、社会分层及社会交往对接受行为的影响,因此引导人们研究传播效果中的许多新的重要问题:人际传播与偏见散布、创新吸纳和新闻交流等的关系问题。

基于二级传播的理念,卡茨又提出了传播流的概念,对《人际影响:个人在大众传播中的作用》中提到的许多观点进行了重要的修正和补充,并把"二级传播"模式发展为"多级"或"N级"传播模式。传播流(the flow of communication)指的是由大众传媒发出的信息,经过各种中间环节,"流"向传播对象的社会过程。它可以被看作二级传播模式的扩展。对于传播流的研究揭示了大众传播效果的产生是一个极为复杂的社会过程,其间存在着众多的中间环节和制约因素,单一的大众传播媒介并不能左右人们的态度。这些结论,从正面否定了强调"刺激—反应"关系的"魔弹论"观点。

卡茨关于群体和人际关系的受众观被称为社会关系论,这个理论是拉扎斯菲尔德、贝雷尔森和卡茨等传播学学者共同努力的结果。卡茨认为,受众互相往来,其关系极为错综复杂。受众都有自己的生活圈子,又属于各种社会团体,而且还和别的团体的成员打交道。这些社会关系不仅涉及团体规范、人际关系网络和意见领袖等,还涉及他们所参加的行会(工会)、政治或宗教组织、俱乐部以及各种非正式群体等。社会关系构成了媒介和受众之间的"过滤器",对受众接收媒介信息的行为会造成各种各样的影响。接收来自大众传媒的信息时,受众不是单独的个体,在他身后的是他所属的那个群体以及那个群体所遵循的价值规范、群体理念。由于存在由种种社会关系交织而成的社会网络的掣肘,传播媒介便不能为所欲为。这样,社会关系便经常起到加强或削弱(往往是削弱)媒介的力量的作用。因此,社会关系理论的提出改变了先前传播学研究者所秉承的大众传播和人际传播应该被区分开来加以研究的传统,而主张把两者结合起来进行研究,认为这样更贴近人际传播和大众传播的本来面目,更能揭示真正的问题。

卡茨晚近提出的主要概念是"媒介事件"。卡茨在《媒介事件:历史的现场直播》中把这一概念定义为"对电视的节日性收看,即那些令国人乃至世人屏息驻足的电视直播的历史事件"。卡茨向人们展示了新闻传媒如何通过充当聚焦公众注意力的工具以及通过同人际传播、群体传播相结合而形成舆论,并服务于民主政治。现代媒介事件是指电视媒体隆重庆祝一些民族性或国际性的"竞赛""征服"和"加冕"仪典的方式。媒介事件体现了电视媒体的威力,可以将重大的历史时刻同步和直接地传递给"每一个人",令麦克卢汉的"地球村"构想成为现实。虽说传播学界对媒介事件的研究并不鲜见,但是像卡茨这样就媒介事件及其类型、特性、表现和效果,以及媒介事件的出现和它所引发的诸多理论与实际问题进行全方位、系统和深入的研究仍不多见。在《媒介事件:历史的现场直播》一书里,卡茨和戴扬集中研究了经过策划的历史事件对政治的冲击,比如萨达特去往耶路撒冷、教皇保罗二世出访波兰、肯尼迪总统的葬礼以及查尔斯和黛安娜的皇室婚礼等。卡茨等人注意到这样的媒介事件吸引了世界上各种各样的电视观众,使公众以一种简单的方式参与民主生活。媒介事件有助于政治整合,"大众传播的盛大节日"使人们进入"社会的神圣中心","集体记忆"被唤起。

在研究方法方面,卡茨也有突出的贡献。一方面,卡茨的研究和实验都带有明确的目的性、实用性和功能性,是经验学派的代表。在研究意见领袖和"使用与满足"理论时,他使用了社会计量法等心理学研究中的定量测试方法,在研究技术上取得重大突破。而到了《意义的输出:〈达拉斯〉的跨文化解读》一书,这种方法被进一步完善。在研究《达拉斯》的观众的过程中,从选择调查样本、确认背景问卷中的一些假设,到焦点小组讨论、设计编码方案,每一个环节都经历了摸索与实践。卡茨等人不仅陈述怎么做实验,而且以客观的态度解释为什么这么做、这么做会产生什么效果,并且根据实际情况进一步完善调查方法。另一方面,他广泛地从其他学科汲取有用的理论与方法。《意义的输出:〈达拉斯〉的跨文化解读》一书综合了不同的学科(文学理论、语言学、社会学、大众传播学)、方法论(行政管理的、批判的)、传播要素(受众、传播内容、背景)和测量手段(量化和质性的受众研究、语义学),是一部跨学科研究的经典之作。

对传播学学科建制的贡献

从卡茨一生的理论工作和学术贡献来看,他对传播学研究是颇有创见的,可以说是传播学界勇于变革和创新的学者。他在以下三个方面为美国传播学的建制做出了重要的贡献:

第一，卡茨本人的经历和著作反映了所谓的批判学派和行政学派（或称实证学派）结合的努力。尽管卡茨是美国政府战后设立的对行政研究有益的大众传播学研究基金政策的受益人，而且他不断地攻击法兰克福学派研究媒介的方法，但是卡茨通过洛文塔尔，与法兰克福学派的传统有着直接的联系。他把传播学对行政学派与批判学派的二元划分评价为陈旧的，甚至是错误的两分法。他在《意义的输出：〈达拉斯〉的跨文化解读》一书中身体力行，表明传播学中的行政学派和批判学派是有可能结合起来为传播学研究服务的。

第二，卡茨及其同人对意见领袖以及人际关系的研究成果驳斥了大众传播媒介的强大效果论——受众如应声倒地的靶子，接触到媒介就会受其影响。他们用翔实的材料、精确的数字、完整的调查过程、苛刻的标准以及细致的数据分析，驳斥了这种流行了很长时间的假说，创造了主导性的"有限效果范式"。这一范式影响了后来的一大批研究者，如罗杰斯、克拉珀都得出了大众传播媒介的有限效果论。

第三，卡茨推动了20世纪60年代以后传播学的范式转型。针对贝雷尔森提出的传播学的危机，卡茨提出了积极的受众观予以应对。此后通过在"使用与满足"理论等领域的开拓，卡茨确立了传播学研究以受众为中心的研究范式，并使其渐渐替代"有限效果范式"而成为传播学领域新的主流范式。这让卡茨成为传播学史上开创了两大主流范式的第一人。

原作

丹尼尔·戴扬、伊莱休·卡茨：《媒介事件：历史的现场直播》，麻争旗译，北京：北京广播学院出版社2000年版。

〔以色列〕泰玛·利贝斯、〔美〕艾利休·凯茨：《意义的输出：〈达拉斯〉的跨文化解读》，刘自雄译，北京：华夏出版社2003年版。

〔美〕伊莱休·卡茨、保罗·F. 拉扎斯菲尔德：《人际影响：个人在大众传播中的作用》，张宁译，北京：中国人民大学出版社2016年版。

Elihu Katz, "Communications Research since Lazarsfeld," *Public Opinion Quarterly*, 1987, 51: 25-45.

Jay G. Blumler and Elihu Katz, *The Uses of Mass Communications: Current Perspectives on Gratifications Research*, Beverly Hills, CA: Sage Publications, 1974.

相关思想史或评传

〔英〕奥利弗·博伊德-巴雷特、克里斯·纽博尔德编:《媒介研究的进路:经典文献读本》,汪凯、刘晓红译,北京:新华出版社 2004 年版。

(柴 菊)

伊丽莎白·诺埃勒-诺依曼
（Elisabeth Noelle-Neumann，1916—2010）

学术生平

伊丽莎白·诺埃勒-诺依曼1916年12月19日出生于德国柏林，父亲是获得法学博士学位的商人、纳粹党员，母亲对艺术和美学有浓厚兴趣。她早年在柏林接受教育，后进入在全欧负有盛名的萨勒姆王宫中学学习了一年。1935年至1937年大学期间，她分别在柏林洪堡、科尼哥思堡和慕尼黑念过报刊学、历史学和哲学三个专业。1937年秋至1938年夏，她在美国密苏里大学新闻学院学习新闻学，专注于乔治·盖洛普的民意测评方法。离开美国后，她曾游历欧洲各国五个月。1940年，她在柏林大学新闻研究所完成博士论文《美国舆论与大众调查——政治与报业方面的民意调查》，并获得博士学位。诺埃勒-诺依曼的博士论文着力探讨现代生活中政治在舆论中所扮演的角色。1940年，她参与了由纳粹控制的新闻周刊《帝国》的工作，不到一年便离开。她后来主要为德国当时唯一未被戈培尔完全控制的报纸《法兰克福汇报》撰稿。美国学者辛普森认为，在纳粹时代的成长、学习和工作经历深深地影响了诺埃勒-诺依曼,她在希特勒时代的著作既怀疑人种、民族和文化的多样性,又怀疑社会的多元主义,对于民主的很多方面持明显的鄙视态度。不过,今天看来,诺埃勒-诺依曼与纳粹德国之间的关系尚无定论。1947 年,诺埃勒-诺依曼与丈夫埃里西·彼得·诺依曼创建了阿伦斯巴赫(Allensbach,意译:汇集小溪)舆论调查机构,长期在联邦德国从事舆论调查,该机构今天仍是德国最负盛名的民意调查机构之一。诺埃勒-诺依曼 1964 年至 1983 年在美因茨大学任教,1966 年担任该校大众传播学系首任系主任;1978 年至 1980 年担任世界舆论研究联合会主席;1978 年至 1991 年任美国芝加哥大学政治系访问教授,兼任《法兰克福汇报》记者;1993 年至 1994 年任德国慕尼黑大学传播系访问教授。1971 年,她在德国展开实地调查,发现人具有分辨"多数意见"与"少数意见"的能力,而且能够感觉到"支持"与"反对"观点流动的频率,这些因素促使她开始寻求用新的理论来解释这种现象。她最重要的理论成就"沉默的螺旋"源于 1973 年发表的《累积、和音与公开效果》一文,1980 年她写成著作《沉默的螺旋:舆论——我们的社会皮肤》。

主要理论(方法)贡献

"沉默的螺旋"理论的主要观点为,参与公共意见表达的人会判断自己属于意见的少数派还是多数派。认为自己属于多数派的人倾向于表达自己的意见,这就使得这种意见成为优势意见,"声音"越来越大;反之,认为自己属于少数派的人倾向于保持沉默,这就使得这种意见的声音在大众中越来越小。整个过程像一个上大下小的螺旋。

麦奎尔指出,沉默的螺旋关心四种因素的相互作用:大众传播、人际传播与社会关系、个人观点的表达、个人对自己周围的"舆论气候"之感知。该理论基于社会心理学中的一个基本假设——个人意见依赖其对别人的意见的理解。诺埃勒-诺依曼自己也指出了她的理论的四个下属假设:(1) 具有异常想法的人会面临被社会孤立的威胁;(2) 个人总是有被孤立的恐惧感;(3) 因为害怕被孤立,个人总是力图估计民意的气候;(4) 这种估计的结果会影响个人在公众场合的行为,特别是在决定公开表达还是隐藏自己的观点的时候。

第四条将前三条假设全部串联了起来。她在1991年的一篇文章中指出:(个人)对民意气候的评估,取决于两个信源:个人在自己的生活空间中做的直接观察;通过大众媒体的"眼睛"做的间接观察。如果某种观点主导了大众媒体,就有可能导致对该观点的过高估计。因此不难想象,在"沉默的螺旋"的形成过程中,大众传播媒介所扮演的角色极其重要。要研究一种意见呈现出的螺旋现象,必须研究当时大众传播媒介上的主流观点是什么。在诺埃勒-诺依曼领导的机构以德国的核能源问题为背景所做的舆论调查中,她用不同的方法对该理论做了检验。数据显示,从1965年到1985年之间,媒体对核能源问题的关注度和主流报道基调发生了变化。随着负面基调逐渐加强,核能源的支持者遭到嘲笑,深陷孤立。这在一定程度上有力地支持了她的理论。因此,可以说诺埃勒-诺依曼是大众传播"强效果论"的支持者。

进一步地,诺埃勒-诺依曼将舆论视为"社会的皮肤",偏重舆论创造社会整合的观念。在文章中,她回溯了洛克、休谟、罗素等思想家关于意见气候、舆论的观点,指出这些经典思想家也都从社会控制的角度谈论舆论,甚至"所有政府都依赖大众意见"。她用这些观点来证明自己的结论:大众舆论之所以能被用来控制社会就是源于人对被孤立的恐惧,因此大众舆论能对社会整合和社会稳定发挥影响。

陈力丹指出,"沉默的螺旋"得以形成的另一前提在于争议性议题中必须具有道德的成分,争论的重点不在于合理与否,而在于道德与否。舆论中从众的压力是以道德、美学价值的名义体现的,而不是来源于认知判断。问题不在于"正确"或"不正确",而在于是好的还是坏的。换句话说,关于道德问题的舆论会制造巨大的从众压力。

诺埃勒-诺依曼还提出累积、和音和公开的效果三个概念,并指出大众传播的效果是这三者交织的结果,研究媒介效果的学者不能忽视这三个因素的存在。"累积"把大众媒介的效果视为一种长期效果,这是多种媒体在相当长的一段时间里制造的效果,媒体信息在跨媒体渠道和一段时间内重复。"和音"是指,不同媒介的报道有一种相同的趋势,长时间呈现同质性很强的内容会取得最明显的效果。这种和音是由记者价值判断的一致性、媒介报道的内容的相似性造成的。这个特性可以减弱公众选择性感知的作用,加强媒体的作用;同时可能产生很大的误导作用。"公开的效果"是指意见气候中的强势观点对个人产生压力,媒介中的意见领袖的观点产生效果,这是媒介效果的主要来源。

 对传播学学科建制的贡献

诺埃勒-诺依曼对传播学有两个方面的贡献。第一,她提出的"沉默的螺旋"理论是晚期强效果理论的一个重要模式。诺埃勒-诺依曼看到了舆论作为社会压力且处于动态变化中的特点。虽然她强调大众媒介的强效果,但是并不忽视人际传播的作用。更重要的是,诺埃勒-诺依曼通过科学的调查方法把"舆论"这一模糊的概念操作化。由于可量化,"沉默的螺旋"在各国的经验调查中被不断证实、质疑或修正。麦奎尔总结道,目前对该理论已有多项验证,或已被用来解释民意研究中的某些状况,但由于不同地区的人群从众程度不尽相同,实际情况与理论相符合的程度也不同,这就触及了诺埃勒-诺依曼理论的假设。关于诺埃勒-诺依曼谈到的从众的主要原因"孤立恐惧",多位学者对应提出"复数的无知"(又译"多元无知"),法国心理学家莫斯科维奇对应提出"高调的少数",萨尔蒙和克林对应"从众"提出"投射"(projection,指个人意念、欲望的外化;当一个人的情绪状态反映在他对周围事物的解释中而不自知时,即为"投射")等。莫斯科维奇还提议,我们应该减少对沉默的多数的关心,而增加对"高调的少数"的注意,因为后者在社会生活中扮演了有创意和有创造精神的角色。此外,"和音"这个论点一经提出就受到质疑。萨尔蒙认为,媒介一律"和音",这个观点过于简单化。传媒信息的接受者不是完全与外界隔离的个体,人们在使用媒介时有着很大的不同。和音因国度、文化和政治的特征,具体的新闻事实,媒体的政治立场,各国的传播政治制度的不同而不同。不能简单地认为所有媒体的全部报道都具有和音的趋势,和音的概念还需要严密的验证和在各种情况下的详尽分析。

诺埃勒-诺依曼对传播学的第二个贡献在于她是创新舆论调查方法的先锋。陈力丹总结道,诺埃勒-诺依曼在长达四十多年的舆论调查经历中改进了很多调查方法。在调查意见气候、选举意向、害怕孤立的心态时,她创造性地运用了多重方法,使用了有代表性的横断面研究、固定样本追踪调查、深度访

谈、内容分析等方法。另外,诺埃勒-诺依曼在美因茨大学近二十年的教学研究经历为德国传播学培养了大量人才,她的研究在客观上丰富了德国传播学的版图,将美国社会科学的经验研究方法引入了德国。

扩展阅读

原作

〔德〕伊丽莎白·诺尔-诺依曼:《沉默的螺旋:舆论——我们的社会皮肤》,董璐译,北京:北京大学出版社2013年版。

Elisabeth Noelle-Neumann, "Turbulences in the Climate of Opinion: Methodological Applications of the Spiral of Silence Theory," *Public Opinion Quarterly*, 1977, 41(2): 143-158.

Elisabeth Noelle-Neumann, "Public Opinion and the Classical Tradition: A Re-evaluation," *Public Opinion Quarterly*, 1979, 43(2): 143-156.

Elisabeth Noelle-Neumann, "The Effect of Media on Media Effects Research," *Journal of Communication*, 1983, 33(3): 157-165.

Elisabeth Noelle-Neumann, "A Shift from the Right to the Left as an Indicator of Value Change: A Battle for the Climate of Opinion," *International Journal of Public Opinion Research*, 1998, 10(4): 317-334.

相关思想史或评传

〔英〕丹尼斯·麦奎尔、〔瑞典〕斯文·温德尔:《大众传播模式论(第2版)》,祝建华译,上海:上海译文出版社2008年版。

Christopher Simpson, "Elisabeth Noelle-Neumann's 'Spiral of Silence' and the Historical Context of Communication Theory," *Journal of Communication*, 1996, 46(3): 149-173.

Dietram A. Scheufle and Patricia Moy, "Twenty-five Years of the Spiral of Silence: A Conceptual Review and Empirical Outlook," *International Journal of Public Opinion Research*, 2000, 12(1): 3-28.

(解 佳)

欧文·戈夫曼
（Erving Goffman，1922—1982）

 学术生平

欧文·戈夫曼1922年6月11日出生于加拿大阿尔伯塔省乌克兰后裔的家庭。在温尼伯中学毕业以后，戈夫曼在马尼托巴大学主修化学，后迁至渥太华，在加拿大国家电影公司工作。在渥太华，戈夫曼与社会学家丹尼斯·王的结识促使他回到马尼托巴大学后转修社会学。其后，戈夫曼离开马尼托巴大学，在多伦多大学主修社会学。1945年，他获得多伦多大学学士学位，1949年在芝加哥大学取得硕士学位，并在四年后成为该校社会学博士。在芝加哥大学期间，戈夫曼学习社会学和社会人类学，受到米德、布鲁默符号互动论的影响。在读博士期间，戈夫曼在设得兰群岛待了一年时间，为他的学位论文《日常生活中的自我呈现》收集材料，并在1959年出版了他的博士论文。这本书成为戈夫曼的学术代表作，被翻译为十多种语言，至今仍在发行。1952年，布鲁默再次与芝加哥大学社会学系主任之位失之交臂，随后离开芝加哥前往加利福尼亚大学伯克利分校。作为布鲁默的忠实门徒，戈夫曼追随布鲁默离开了芝加

哥。1958年,戈夫曼在加利福尼亚大学伯克利分校任助理教授,1962年成为社会学教授。此后,他又前往宾夕法尼亚大学,并成为人类学和社会学的本杰明·富兰克林讲座教授,1981年成为美国社会学协会第73任主席。戈夫曼最重要的理论贡献是发展了符号互动论,提出了拟剧理论、框架理论等。这些丰硕的理论成果,促成了芝加哥学派的第二次兴盛。1997年,在由455位国际社会学协会成员投票选出的20世纪100本最重要的社会学著作中,戈夫曼的著作有四本入选。戈夫曼被视为芝加哥学派的最后一位大师。在米德、布鲁默的影响下,戈夫曼对符号互动进行了更为细致的研究,在人际传播领域的理论贡献极具创新性。

主要理论(方法)贡献

从理论贡献来说,戈夫曼将结构的概念引入了符号互动论,提出了"框架"的概念。这一概念后来被发展为框架理论,传播学中的议程设置理论直接受益于框架的概念。所谓框架,指的是一种情境定义,由社会事件的组织原则以及个体在其中的主观卷入决定。互动在框架中进行,就意味着互动不是自由无限的,而是受到某种制约。戈夫曼的"框架"概念不等于社会结构,它和托马斯的"情境"概念相关。托马斯认为,在人们做出自觉的行为之前,总有一个审视和考虑的阶段,这就是情境。情境是由人的主观性决定的,个体行为并非简单的刺激—反应过程,情境是人在做出反应之前的一个主观过程。戈夫曼进一步发展了情境的概念——框架的一部分由主观情境决定,另一部分则受客观经验影响,因此框架不完全是主观性的,也是一个结构性的概念。戈夫曼认为框架可以将个人对事件的经验组织起来,框架也是个体之间的互动得以可能的中介。框架意味着传播过程中具体的环境,人们通过框架进行交往。同时,框架的概念对传播研究具有直接影响。戈夫曼将框架定义为"人们用来认识和解释社会生活经验的一种认知结构,它能使它的使用者定位、感知、确定和命名看似无穷的具体事实"。在戈夫曼那里,框架是具身行动者与经验结构发生关联的前提,个体据此认知现实生活世界并按照框架规则行动。后来,"框架分析"渐渐被传播学学者改造成一套"传播文本分析"的方法。这种方法虽然脱离了戈夫曼的"框架"的原始内涵,但依然对新闻内容的比较分析研究、新闻生产研究产生了重要影响。戈夫曼的"框架"概念同样对议程设置理论有很大影响,而议程设置过程中的框架研究一直是传播研究领域的热点问题。在议程设置研究中,框架分析理论被用来解释媒介议题如何影响了受众接收、处理并判断信息的过程。所以,仅通过"框架"这一概念,戈夫曼就为传播学的理论发展做出了重要贡献。

戈夫曼从"框架"论述到"角色",继而发展出"拟剧理论"。在框架中,人们需要扮演不同的"角色"。角色的概念,在米德、帕克、布鲁默研究个体与社会时都有过讨论,到了戈夫曼,关于角色的论述最终发展为"拟剧理论"。角色是社会化的产物,在这个基础上,戈夫曼指出了角色的传播学意义,即角色是传播的产物,通过角色,人们能够进行信息传播和交流。个体的传播依靠角色来完成,角色的载体则更为复杂,传播不止依靠语言符号等完成,人的行为举止也成为表达的一部分。角色是框架的外化,人在扮演角色的过程中始终基于框架进行选择,自我在扮演角色的过程中同样可以得到实现,而非被角色遮掩。角色被框架决定,框架传达出的角色印象应当与个人在实际生活中扮演的角色一致。这也说明在传播过程中,框架限定了传播内容。此外,人在日常生活中的角色扮演并不会始终符合社会的期待。当角色认知与社会期待出现矛盾时,角色扮演就可能失控。因此,完美的传播与交流不可能始终存在,人际交往更像是一场戏剧。

拟剧分析是戈夫曼对角色理论的总结与发展,也是戈夫曼对人们日常交往行为的解答。通过结合框架和角色,戈夫曼论述了"前台"和"后台"的表演。人们的日常生活在一个"世界大舞台"上展开,而前台、后台的表演各自遵循一套框架准则。社会互动是舞台上的表演,为了扮演好舞台需要的角色,人的行动有前台与后台的差异,人际交往在不同的舞台上进行。人们总是倾向于塑造一个他人可以接受的印象。前台、后台的区分使戈夫曼的理论阐释更为清晰。戈夫曼认为,前台是个体在表演时使用的标准类型的区域,角色是个体在社会中的身份地位与举止外表,场景就是表演的情境。人们希望角色与场景达成一致,以实现完美的表演。后台与前台相反,人们在后台的形象往往与在前台的角色相矛盾,因此后台也是观众不被允许进入的区域。在前台,人们被期望保持社会面孔,前台的交流往往体现社会的规则。客观的制度性因素明显影响了传播,在这个意义上,戈夫曼明确指出人的前台表演中存在着虚假与欺骗。在后台,人们不再进行理想化的表演,框架要求的规则和制度在后台表现得不明显,因此人在后台的行为更为真实。然而,戈夫曼又指出,人之所以有复杂的行为并塑造相应的印象,是因为前台、后台也可能向人们传达交叉错位的信息。在前台区域表演的人往往会构成一个整体,戈夫曼称之为剧班。剧班中的每个成员为使表演生动就必须遵循剧班的规则,因此剧班和观众之间不可能形成真正充分的交流。人们表演"自我"的过程也就是人际传播的过程,"自我"背负着戴着以符号制作的"假面具"的嫌疑。尽管这一点在理论上被许多人批判,但戈夫曼对人际传播的剖析无疑是深刻的。

戈夫曼的拟剧理论所阐述的"前台""后台"直接影响了梅罗维茨的"中台"理论。梅罗维茨阐述了戈夫曼已经发现但并未展开论述的第三类区域,发展了戈夫曼的理论(参见本书约书亚·梅罗维茨词条)。梅罗维茨对戈夫曼做出了补充:戈夫曼和许多其他社会学家倾向于从行为发生地的角度出发思考社会角色,但梅罗维茨认为电子媒介打破了物理空间和社会场景的传统关系,电子媒介创造了新的场景。在新的媒介(电视)穿透并整合了传统上被隔离的场景以后,戈夫曼的前台、后台就有必要被修正和补充了。梅罗维茨认为,电视出现以后,前台、后台开始相互渗透,后台具有了前台的性质,前台也开始出现后台的行为特征,原本分别出现在前台、后台的角色在新的媒介中出现了错乱。于是,梅罗维茨把电子媒介打乱前台、后台后的情境称为"侧台",把"侧台"上人们的行为称为"中区行为"。前台、后台不再泾渭分明,前台、后台的行为也开始交叉。梅罗维茨认为,新媒介具有的融合现存的信息系统的趋势,导致了"侧台"或"中区"行为。梅罗维茨还进一步区分了新媒介出现以后区隔愈发深化的情境,他把极端对立的前台、后台称为"前前区"和"深后区"。戈夫曼与梅罗维茨的理论深刻影响了人际传播。

在讨论了表演的框架以后,戈夫曼论述了人们进行表演的策略——印象管理。人们的表演往往受框架所限,受印象管理的影响。印象管理的策略指导人们在前台如何进行表演。有学者将戈夫曼的表演行为概括为四种:理想化表演,掩饰部分真实与理想之间存在的差异;误解表演,使别人产生错觉并形成虚假印象;神秘化表演,与他人保持距离,进行角色隔离;补救表演,因意外导致互动不协调而采取补救措施。通过对表演类型的分析,戈夫曼认为交流是否成功取决于表演的技巧,而表演的内容退居其次。在这个意义上可以说,戈夫曼打破了以往芝加哥学派认为互动最终能实现完美交流的观点,表演框架变得至关重要,它是传播的平台,也成为交流的障碍。

戈夫曼在印象管理的基础上，通过对精神病院内部工作的观察与分析，研究了偏常行为，推进了标签理论。被贴上标签的人在社会交往中往往会处于不利地位。戈夫曼同意米德的观点，认为自我是社会互动的产物，自我是对他人反应的反射。在对精神病院的研究中，戈夫曼发现病人和职员是两类被贴了标签的人群。前者被认为有缺陷、没有能力，必须遵照医生的要求。后者相对于病人具有权威，负责照看、监视病人。来自整个医院的控制与监视使得病人得不到正常的回应，因此，戈夫曼认为，精神病院的本质是制造出了许多被设定为需要治疗的症状。除了具有偏常行为的人，戈夫曼指出，在现实生活中有三类人会因污名问题被贴上标签：有显著生理缺陷的人、有品质缺陷的人以及来自不受欢迎的群体的人。标签使这些人被迫在日常人际交往中进行其他方式的表演：或是不与他人交往，避开对自己不利的场合，免受伤害；或是掩饰缺陷，使自身的缺陷成为次要问题；或是根据具体情况应付交往中出现的不利局面。

戈夫曼在理论上的建树离不开他的民族志研究方法。强调质性调查方法是芝加哥学派的传统，戈夫曼的研究遵循了这一传统。在精神病院，戈夫曼隐藏身份，花了一年时间融入并观察医院内的环境。为了完成博士论文，戈夫曼也在设得兰群岛上待了一年时间。这一方法确实使其研究成果更为细致。戈夫曼将自然语境下的传播活动作为分析对象，侧重在特定社区内考察，揭示其中隐含的模式。民族志方法来自文化人类学，对于传播研究者来说，这一研究方法不仅是获取资料的途径，也是观察和理解传播活动的视角。对于传播学来说，相较于定量统计，民族志研究方法可以为研究带来更多的可能性。尽管没有测量和问卷调查，但戈夫曼的研究与分析被认为比许多含有大量定量数据和统计分析的研究更加客观和真实。

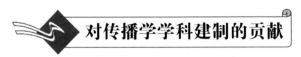

对传播学学科建制的贡献

有些学者虽然从没有在自己的著述中宣称与传播研究的关系，但他们其实就是在进行传播研究。其中最著名的，一位是海德格尔，另一位就是戈夫曼。

戈夫曼继承并发展了芝加哥学派的经典理论，即符号互动论。以传播为社会行为的基础,戈夫曼进一步分析了传播在社会中的作用以及社会制度在传播中的影响,为理想主义的芝加哥学派风格加入了科学理性的精神,同时经验材料使理论阐述更为翔实。戈夫曼以结构分析符号互动,更清楚地阐释了传播如何建构社会。戈夫曼直接影响了更多的学者进一步具体分析人际传播中的互动行为,从结构功能主义与行为主义的框架中走出来,回归芝加哥学派的符号互动论。戈夫曼为符号互动论做出了具有创新性的贡献。

戈夫曼对"框架"和"情境"概念的强调对传播研究有重要影响,也是对华生的刺激—反应心理学理论做出的回应。戈夫曼的研究进一步证明了人类行为不能被理解为对环境刺激的简单的反射反应,是对米德社会行为主义理论的延伸。同时,戈夫曼对"框架"的阐释超越了托马斯,涉及托马斯没有分析的情境形成的机制与结构等问题。戈夫曼引入框架进行考量,分析社会机制在社会互动中的作用,更加强调社会语境的作用。"框架"这一概念对大众传播研究有很大的启发。传播学中的议程设置理论可以在"框架"这一概念的指导下深入研究媒介的社会影响。另外,文化研究强调受众解码时使用参照性框架,而受众的立场又是文化研究最为关心的内容。在这个意义上,戈夫曼的理论为文化研究做出了贡献。拟剧理论的提出建立了"前台—后台"的二元框架,以此框架研究媒介与受众的关系具有启发意义。

戈夫曼直接对梅罗维茨的"中台"理论产生了影响,可以说后者是在新媒介环境中对戈夫曼的理论的补充。梅罗维茨将戈夫曼的理论应用于信息时代的媒介环境,使戈夫曼及芝加哥学派在新媒介环境中焕发了新的活力,使符号互动论在现代传播领域再次展现其理论活力。今天,这一理论正在逐渐发展为"场景理论"的重要思想来源。

在研究方法上,戈夫曼跟随布鲁默,坚持了芝加哥社会学派的质性研究方法,采取民族志的方法,深入体验并观察总结,进而形成深刻的理论。这些实践展现了质性研究方法在传播研究领域具有的潜力。

原作

〔美〕欧文·戈夫曼:《公共场所的行为:聚会的社会组织》,何道宽译,北京:北京大学出版社2017年版。

〔美〕欧文·戈夫曼:《日常生活中的自我呈现(中译本第二版)》,冯钢译,北京:北京大学出版社 2022 年版。

Erving Goffman, *Asylums*: *Essays on the Social Situation of Mental Patients and Other Inmates*, New York, NY: Doubleday, 1961.

Erving Goffman, *Encounters*: *Two Studies in the Sociology of Interaction*, Indianapolis, IN: Bobbs-Merrill Company, Inc., 1961.

Erving Goffman, *Interaction Ritual*: *Essays on Face-to-Face Behavior*, New York, NY: Doubleday, 1967.

Erving Goffman, *Strategic Interaction*, Philadelphia, PA: University of Pennsylvania Press, 1969.

Erving Goffman, *Frame Analysis*: *An Essay on the Organization of Experience*, New York, NY: Harper and Row, 1974.

相关思想史或评传

〔美〕刘易斯·A.科塞:《社会思想名家》,石人译,上海:上海人民出版社 2007 年版。

胡翼青:《再度发言:论社会学芝加哥学派传播思想》,北京:中国大百科全书出版社 2007 年版。

Jason Ditton (ed.), *The View from Goffman*, New York, NY: St. Martin's Press, 1980.

Philip Manning, *Erving Goffman and Modern Sociology*, Cambridge: Polity Press, 1992.

Tom Burns, *Erving Goffman*, New York, NY: Routledge, 1992.

(吴　越)

埃弗雷特·M.罗杰斯
(Everett M. Rogers, 1931—2004)

学术生平

埃弗雷特·M.罗杰斯1931年3月6日出生于美国艾奥瓦州的一个农场主家庭。他早年无意深造,后在老师的带领下与同学们到埃姆斯市参观了艾奥瓦州立大学,从此决心攻读农学。不久他赴朝鲜战场服役两年,归国后重返校园,1957年在艾奥瓦州立大学取得社会学和统计学博士学位。1962年,在俄亥俄州立大学担任社会学系助教的罗杰斯出版了《创新的扩散》,此后四十年间这本书三次修订再版,至今仍是创新扩散领域被引用最多的著述之一。施拉姆去世后,罗杰斯与查菲受托前往整理施拉姆的遗稿,并由此产生了梳理传播学史的想法。《传播学史——一种传记式的方法》1994年出版后产生了较大的影响。20世纪90年代罗杰斯开始从事"娱乐教育"(Entertainment Education)研究。为了纪念他在这一领域的贡献,南加利福尼亚大学的诺曼·李尔中心设立了埃弗雷特·M.罗杰斯成就奖,用以鼓励在娱乐教育领域取得杰出成就的学者。1995年,他来到新墨西哥大学,在这里设立了一个传播学博士点,担任新闻与传播学系系主任,并且成为新墨西哥大学的杰出名誉教授。他还曾担任国际传播协会会长。20世纪80年代中期,罗杰斯看到了陈崇山所写的关于北京受众调查的报告,便热情洋溢地向欧美学界介绍中国的传播研究,为中国传播学的发展做出了贡献。他的代表作有《创新的扩散》《传播技巧》《传播学史——一种传记式的方法》等。受肾脏疾病的困扰,他2004年从新墨西哥大学退休,几个月后去世。

主要理论(方法)贡献

埃弗雷特·M.罗杰斯是当代美国传播学界的一位重量级学者。在四十多年的学术生涯中,他在创新扩散、传播学史、娱乐教育等方面做出了杰出的贡献。

创新扩散是指,一种新的观点、思想、技术一旦被引入一个社会系统,就会随着时间的推移在这个社会系统中不断地从一个决策单位(个人、家庭、集体)传到下一个单位。对这一过程的研究被称为扩散研究,该研究始于欧洲社会学家加布里埃尔·塔尔德。塔尔德对创新的扩散进行了概括,并称之为模仿律。近代的扩散研究包罗万象,有人类学、社会学、教育学、公共卫生学、传播学、营销学和地理学等研究传统。作为传播学学者的罗杰斯是创新扩散研究领域的集大成者。

罗杰斯对于创新的扩散进行了极其详尽的研究。从追溯其缘起,总结现状,到将扩散定义为创新通过一段时间,经由特定的渠道,在某一社会团体的成员中传播的过程,他主要关注与观念相关的扩散。他指出,创新扩散的过程涉及四个主要因素:创新本身、传播渠道、时间、社会系统。一项创新被接受和采纳要经历五个阶段:认知阶段、说服阶段、决策阶段、实施阶段、确认阶段。大体来看,创新的扩散过程可以被描述为一条S形曲线。罗杰斯将一项创新的采纳者分为具有冒险精神的创新者、受人尊敬的早期采纳者、深思熟虑的大多数、持怀疑态度的后期大多数、固守传统的落后者几种类型。在罗杰斯本人看来,他提出的两个重要概念是信息和不确定性。不确定性是指特定情景下各种事件发生的可能性。不确定性促使决策者具体地收集信息。当个体面对多种具有不确定性的选择方案时,信息往往起到重要的作用。这两个概念高度概括了创新扩散过程中的核心问题。在提出观点和理论的同时，罗杰斯秉承实证的研究传统，精心选取了大量创新扩散研究的实例作为佐证，这些例证翔实且具有很大的时间跨度，在地域上涵盖了世界上的发达和不发达地区，性质上收录了成功和失败两个方面的案例。在《创新的扩散》出版后的四十年间，罗杰斯不断修订以前的理论框架并及时将支持最新扩散模型的调查数据补充进来，因此，《创新的扩散》在该研究领域始终处于领先地位。总体而言，罗杰斯为创新扩散贴上了传播学的标签，并且为该领域的研究搭建了基本的理论框架。他以自己的学术成果不断丰富和推进该领域的研究，使之更加科学和深刻，促使创新扩散成为美国传播学领域的一个重要研究方向。此外，罗杰斯对创新扩散的研究还推动了拉美传播学的起步。他的《创新的扩散》被联合国纳入指导性书目，在拉美国家广为传播。法国思想家马特拉在其著作中曾经对此做出批评，认为罗杰斯的理论扩张属于文化侵略（参见本书阿芒·马特拉词条）。

罗杰斯与中国传播学研究有过交集。1985 年结集出版的由陈崇山主编的《北京读者听众观众调查》一书曾得到罗杰斯的高度肯定。他撰写了长篇论文《北京受众研究》，高度评价了中国传播学界在调查研究方面取得的巨大进步，对中国的传播学研究产生了有益的影响。

对传播学学科建制的贡献

罗杰斯是现代美国传播学研究领域的杰出学者之一，他在学科建制方面做出的最大贡献体现为他对于传播学学科框架的搭建。

首先，他的研究为传播学划定了边界。以 1943 年施拉姆在艾奥瓦大学创立第一门大众传播学博士课程为标志，传播学在美国经过近半个世纪的发展，已经成为一门被广为接受的专业学科。20 世纪 90 年代，罗杰斯将精力转向对传播学学科历史的梳理和研究。他花费了大量时间进行档案研究，并对传播学领域的先驱人物进行访谈，以期还原这一学科从诞生、发展到全面繁荣的历史。1994 年，《传播学史——一种传记式的方法》在美国出版，成为传播学史领域最为重要的著作之一。罗杰斯在这本书中主要关注的是从 1860 年到 1960 年一百年的历史。在这一百年间，传播学从无到有，终于在社会科学领域找到了自己的位置。

其次,他将批判学派纳入了美国传播学传统的经验框架。在《传播学史——一种传记式的方法》中,罗杰斯将达尔文的进化论、弗洛伊德的精神分析理论和马克思的批判理论作为传播学的欧洲起源,同时盘点了传播学在美国的发展历程,主要以芝加哥学派、四大奠基人、维纳和香农的理论为主。他采用人物传记式方法,通过对一系列重要人物及其理论思想的叙述串联起整个传播学的学科历史。

再次,罗杰斯将施拉姆视为传播学这一学科的集大成者,并继承和发展了施拉姆为传播学划定的基本框架。作为传播学的学科创始人,威尔伯·施拉姆在20世纪80年代初为这一学科划定了基本框架,其中心是四大学科奠基人——研究宣传的哈罗德·拉斯韦尔、研究说服的卡尔·霍夫兰、研究媒介效果的保罗·拉扎斯菲尔德和研究把关的库尔特·勒温。这一学科框架遭到某种程度的诟病,罗杰斯本人也在《传播学史——一种传记式的方法》的序言中加以质疑,认为施拉姆的划分方法过于简单,比如没有很好地区分先驱和奠基人:在他看来,施拉姆列出的所谓奠基人严格意义上讲应该是传播学的先驱,而施拉姆本人才是当之无愧的奠基人。

最后,罗杰斯完成了传播学的学科拼图。尽管罗杰斯对施拉姆有存疑之处,但他仍然继承和维护了由施拉姆划定的学科历史的框架,并且对其加以完善,在20世纪90年代重新确认了由施拉姆主导的学科脉络,并为传播学史找到了学科渊源和演变的轴线。他以翔实的史实和清晰的论证,表明传播学的历史本质上是社会科学的历史,为传播学作为一门学科找到了合适的位置。

原作

〔美〕E. M. 罗杰斯:《传播学史——一种传记式的方法》,殷晓蓉译,上海:上海译文出版社2012年版。

〔美〕E. M. 罗杰斯:《创新的扩散(第五版)》,唐兴通等译,北京:电子工业出版社2016年版。

Everett M. Rogers, *Social Change in Rural Society*: *A Textbook in Rural Sociology*, New York, NY: Appleton-Century-Crofts, 1960.

Everett M. Rogers, *Communication Strategies for Family Planning*, New York, NY: Free Press, 1973.

Everett M. Rogers (ed.), *Communication and Development: Critical Perspectives*, Beverly Hills, CA: Sage, 1976.

Everett M. Rogers, *Communication Technology: The New Media in Society*, New York, NY: Free Press, 1986.

Everett M. Rogers, *The Fourteenth Paw: Growing Up on An Iowa Farm in the 1930s — A Memoir*, Singapore: Asian Media Information and Communication Center, 2008.

(唐　利)

费尔迪南·德·索绪尔
（Ferdinand de Saussure，1857—1913）

 学术生平

费尔迪南·德·索绪尔1857年11月26日出生于瑞士日内瓦,他的父亲、祖父都是优秀的地质学家,所以他的家庭拥有自然科学研究传统。索绪尔受到父亲的挚友、语言古生物学家阿道夫·皮克泰的影响,自幼接受语言学的熏陶,到中学时期便已掌握了法语、德语、英语、拉丁语以及希腊语等多种语言。索绪尔15岁时撰写了人生中第一篇语言学论文《语言论》,尝试用"两个或三个基本辅音构成的系统"来理解语言。1875年,索绪尔进入日内瓦大学学习,在父母的要求下学习了一年的物理学、化学和博物学。在此期间,他继续学习希腊语和拉丁语语法,并加入了巴黎语言学学会。一年后,索绪尔转入莱比锡大学学习历史比较语言学,专攻印欧语系,其间接触到了以布鲁格曼为代表、彼时最具创造精神的青年语法学派(也称"新语法学派")。与青年语法学派的接触让索绪尔坚定了探索语言学之真正基础的信念。他于1878年转入柏林大学学习,同年发表的论文《论印欧系语言元音的原始系统》在一定程度上标志

着他走上了对历史比较语言学的反动之路。这篇论文提出的"喉化音理论"也为索绪尔带来了多方好评,初步奠定了他在语言学界的学术地位。1880年返回莱比锡大学后,索绪尔凭借《论梵语中绝对属格的用法》获得博士学位。完成论文答辩后,他便动身前往法国巴黎。1881年至1891年,索绪尔在巴黎高等研究学院工作,主要教授梵语、哥特语、古高地德语以及印欧语文学。其间,他积极参加巴黎语言学学会的活动,深深影响了法国青年一代语言学家。1891年,尽管索绪尔被授予法国荣誉军团的骑士勋章,他仍然选择回到瑞士接受日内瓦大学的教授职衔,而后在日内瓦结婚生子。离开了世界语言学中心的索绪尔在日内瓦大学依然教授印欧系古代语言和历史比较语言学课程,但由于他对彼时语言学术语使用和发展状况极度失望,因此对待著书立说的态度越发消沉,对于语言现象的逻辑分类和观点分类工作感到力不从心。从1907年起,索绪尔接替了一位退休教授的工作,分三次(1907年、1909年、1911年)讲授普通语言学课程,直到1912年夏季因病中断。1913年2月22日,索绪尔因病辞世,终年56岁。索绪尔关于普通语言学的三期授课内容由他的学生巴利和薛施霭整理为《普通语言学教程》出版,成为广为人知的世界语言学经典著作。该书以第三期课程的讲授内容为主,另外两期课程的讲授内容及索绪尔本人的手稿为辅。后世普遍认为,索绪尔在世界语言学史上地位的确立要归功于《普通语言学教程》,书中的思想对世界语言学、符号学乃至整个西方哲学都产生了极其深远的影响。

主要理论(方法)贡献

作为"现代语言学之父",索绪尔开创了结构主义语言学,对于现代语言学和符号学具有重大影响。他认为,语言是由单位和关系构成的系统,语言学家的任务是分析这个系统,研究语言就是确定语言单位、语言单位之间的关系以及语言单位的组合规则。由此,索绪尔阐明了语言学的任务,而这一任务被认为是语言学科的本质。他所创立的结构主义语言学几乎包含现代语言学中所有的主要学派,以罗曼·雅柯布逊为代表的布拉格学派、以路易·叶尔姆斯列夫为代表的符号学哥本哈根学派,以及以莱昂纳德·布龙菲尔德为代表的美国结构主义学派,都是从索绪尔的结构主义语言学发展出的重要分支。

作为对"青年语法学派"的反动，索绪尔反对将语言学研究的视野局限于历时性的"语言之间的亲属关系"，认为应当对共时层面上特定阶段的语言进行研究。索绪尔主张语言是一个自足的整体，也是一套自治的分类规则。日常的言语活动往往是一种被动的下意识的行为，因此在对待语言（language）和言语（speech）的问题上，索绪尔认为要将语言作为一种社会和文化产物从人类的整个言语行为当中分离出来。他将语言视作一种潜在的心理原型，一个反复出现、约定俗成的集合。语言作为一种语法系统存在于特定的社会集团（community）当中，为其中的所有成员共享，因此语言只有在一个集体（collectivity）内时才是完整的。

在此基础上，索绪尔认为语言是一种从言语中完全抽象出来、用以表达概念（idea）的符号系统。他认为既往的符号学研究之所以无法像其他科学一样拥有独立的研究对象，一方面是因为语言学家不能将语言本身看作研究符号学的基础，另一方面是因为心理学家总是站在个人符号机制的角度去考察符号行为，而没有意识到符号所带有的强烈的社会性。因此，索绪尔从根本上将语言问题归结为一种符号学的问题，并认为语言学应当作为普通符号学的一部分而存在。只有当言语表现为公认的符号系统并且被用来表达或交流思想时，它才能被抽象为一种约定俗成的惯例并成为语言，语言符号和思想之间才能建立起有效的联系。

作为一个整体的结构，语言具备可分割性。索绪尔指出，语言符号是表意形式和所表示的概念的结合，这种表意形式被他称为能指（signifier），而所表示的概念被他称为所指（signified）。他认为符号具有高度的任意性，但这并不意味着语言仅仅是表示普遍概念的名称集合，因而语言符号的所指也不是预先存在的概念，而是由能指与所指之间的任意关系决定的，能指和所指之间并无本质的和天然的联系。索绪尔之所以主张把与时间有关的外部因素从语言学的对象中排除出去，研究语言的"共时态"，恰恰是因为符号具有任意性，必然要受到历史的影响，特定的能指和特定的所指在具体时间内的结合是历史发展的暂时性的结果，只有"共时态"下的语言才具备稳定的结构。因此，要确定语言结构的成分，就不得不对符号做非历时性的分析，历时性的语言事实则与对语言系统的分析无关。

索绪尔主张和推动历时研究走向共时研究，不仅源于历史比较语言学的长期停滞,也与索绪尔及同时代思想家的集体社会观密不可分。索绪尔和涂尔干等人意识到,社会不仅仅是个人行为的总和,而且是客观存在,只有承认社会实体的存在,研究人类的行为才有意义。乔纳森·卡勒认为,索绪尔、弗洛伊德和涂尔干这一代思想家纠正了"社会是个人行为的结果"这一观点,他们坚信个人有意识或无意识地接纳了群体、社会的规范系统,其后行为才得以产生。于是,行为被他们解释为潜在系统的体现。因此,语言学范畴中的言语行为并不是一种社会事实,而个体的语言表达构成一种社会事实,原因在于人与人之间存在着一套约定俗成的规范系统,这个潜在的规范系统就是语言符号的系统。由此可见,索绪尔的结构主义语言学拒绝做历史的原因性的分析,复杂的个体化的言语行为以及源于历史比较的语言亲属关系一概不在他的讨论范围内,结构主义语言学要做的是在结构上把言语行为当中的一些特定的成分抽象出来,去寻找这些言语行为背后潜在的功能系统、规范和范畴。所以卡勒指出,索绪尔语言学的意义在于摆脱了历史的解释,他解释社会现象并不是要找出这些社会现象的先前状态,然后用因果链条把前后发生的事件联系起来,而是要确定这些现象在系统中的地位和作用。正是在此意义上,索绪尔从历时观转向了共时观。他把历史时间线上作为"结果"的语言符号从时间范畴中抽离出来,拒绝在历时性的模式中寻找符号的成因,而是把这些符号当作特定阶段的状态来对待,在符号系统内部展开因果分析。

在《普通语言学教程》当中,尽管符号学所占的篇幅并不大,但在索绪尔看来,符号学的观点对于任何严肃的语言研究工作都是极其重要的。语言归根结底是一个符号系统,因此必须求助于符号学才能被准确地说明。结构主义符号学的基本假设是,只要人类行为能表达意义并且能形成符号,其中就必定存在着一个由常规事物和差别事物构成的潜在系统,哪里有符号哪里就有系统,这是所有能够表达意义的人类行为的共同点。如果要判断这些行为的本质,就不能孤立地看待它们,而应该把它们看作符号系统的具体表现,这样才能分辨出什么是语言行为、什么是非语言行为。索绪尔对人文科学发展的重大贡献在于,他把语言学定位成一门"就语言并为语言而研究"的学问,从而使得现代语言学成为一种共时语言学。他并不是从历史的沿革而是从事物的内部寻找根源,他对语言和言语的区分实现了对惯例与现象、潜在系统与实际行为的区分,这对语言学以外的其他领域也产生了重要的影响,比如列维-斯特劳斯就曾指出,索绪尔对符号学的论述为正确认识人类学奠定了基础。如同语言学家一样,人类学家和社会学家如果想阐明一种现象,也必然要去追问潜藏在现象背后的知识系统。这些知识系统能够促使社会成员交往并相互理解,这是理解社会现象的关键所在。由此,人类学家和社会学家得以将结构主义语言学的方法论原则应用于各自的领域。此外,索绪尔同维特根斯坦、海德格尔等人共同开启的"语言学转向",也使得西方哲学在方法论层面从认识论哲学转向语言论哲学。

对传播学学科建制的贡献

索绪尔不仅影响了语言学、符号学,还影响了其他诸多社会科学领域乃至整个20世纪的西方哲学,传播学也不例外。索绪尔的语言学几乎同时为美国的实证主义传播学和欧洲的结构主义符号学奠定了理论基础,并提供了分析方法。能够为两种对立的范式提供思想资源,充分说明了索绪尔语言学的影响力。

索绪尔对传播学学科建制产生了重要的影响:一方面,索绪尔的理论对结构功能主义的传播学起到了重要的暗示和隐喻作用。效果研究要考察所指与能指是否匹配,比如个体会怎样理解媒介传播的信息。这种对"能指—所指"对应关系的审视是一种重要的认识论隐喻,是传播学科主客体二元对立的方法论来源。索绪尔以语言符号研究为标准模式为后世社会科学树立了典范,使得理性主义的主客体二元论在传播学的发展中得到充分贯彻。在大众传播时代的效果研究范式当中,传播者与受众的对立、内容与效果的对立可以说都来自索绪尔的结构主义思想。另一方面,索绪尔对符号学、结构主义、形式主义、新批评、文化研究诸领域都产生了无以复加的重要影响,而这些研究领域都构成了传播学研究尤其是文化研究的基础;没有索绪尔,文化研究的结构主义转向是不可想象的。

因此,索绪尔与传播学的关系并不囿于他对当代传播符号学的影响。可以说,没有索绪尔结构主义的社会观和理论对美国传播学经验学派的支持和促进,就没有传播学学科建制的形成。同时,他所提供的方法论给后人设计了一种假象,所谓所指和能指之间的一一对应关系实际上很难成立,人类所面对的事物往往处于不同的范畴和层面,很难通过语言符号这种单一、静止的事物来言说。将这种所指和能指的一一对应关系直接应用于传播学领域同样会引来批评,因为如果编码与解码、内容与效果之间的关系是一一对应的,那么就会推导出"魔弹论"这样荒唐的结论。换言之,结构主义语言学在本质上代表着用"科学"征服"语言学"的天真,因此也就化约为用"科学"征服"传播学"的天真。随着社会科学的不断发展,结构主义的局限性也逐渐显现,传播符号学学者正在渐渐摒弃索绪尔的符号学范式,并重新激活了皮尔斯符号学的三元关系论。

原作

〔瑞士〕费尔迪南·德·索绪尔:《普通语言学教程》,高名凯译,北京:商务印书馆1980年版。

〔瑞士〕费尔迪南·德·索绪尔:《普通语言学手稿》,于秀英译,南京:南京大学出版社2011年版。

〔瑞士〕费尔迪南·德·索绪尔:《索绪尔第三次普通语言学教程》,屠友祥译,上海:上海人民出版社2018年版。

相关思想史或评传

〔美〕J. 卡勒:《索绪尔》,张景智译,北京:中国社会科学出版社1989年版。

〔英〕特伦斯·霍克斯:《结构主义和符号学》,瞿铁鹏译,上海:上海译文出版社1997年版。

(滕金达)

弗里德里希·基特勒
(Friedrich A. Kittler，1943—2011)

 学术生平

弗里德里希·基特勒1943年6月12日出生于德国东部萨克森州的罗赫利茨，1958年随家人迁居至德国西部黑森林中的一座小城——拉尔。在1963年完成高中学业后，基特勒进入阿尔伯特-路德维希-弗赖堡大学学习德语、罗曼语以及哲学。

1976年，在完成了关于瑞士19世纪作家康拉德·费迪南德·梅耶的博士论文后，基特勒进入弗赖堡大学德语系任教，担任学术助理。1984年，他完成了自己关于现代德语文学史的教授资格论文，并在瑞士巴塞尔大学任职。1987年，他正式成为波鸿鲁尔大学现代德语文学教授。他还曾在美国的几所大学担任过访问助理教授或访问教授。

两德统一后，基特勒于1993年被洪堡大学聘为媒介美学与历史学讲席教授。同年，德国艺术与媒介技术中心授予基特勒"西门子媒介艺术奖"，以表彰他在媒介理论领域的贡献。1996年耶鲁大学授予基特勒"杰出学者"称号，1997年哥伦比亚大学授予基特勒"杰出访问教授"称号。基特勒与其他学者一同组

建了亥姆霍兹文化技术研究中心。2008年退休后,他依然在洪堡大学担任媒介哲学荣誉客座教授。

基特勒对于媒介技术的独特兴趣与其童年时期的成长环境和经历密不可分。一方面,基特勒生于第二次世界大战期间,幼年时与战争相关的事件给他留下了深刻的印象。1945年,英美联合向德国发动大规模空袭,与基特勒所在的小城邻近的德累斯顿陷入一片火海,这样的场景给年幼的基特勒造成了巨大的心理冲击。因此,对战争的思考贯穿了他日后的学术作品。另一方面,特殊的家庭环境孕育了基特勒特有的思考方式和视角。对于基特勒来说,他的童年时期有两位重要的启蒙老师。一位是基特勒的父亲。作为一名在二战中失去了大多数学生的教师,他花费了大量的精力教授基特勒古典文学。得益于此,基特勒在7岁时就可以背诵歌德的《浮士德》中的长段落。另一位则是他同父异母的哥哥,一名曾经的无线电报员。他凭借在战争中积累的丰富经验和专业技术,将搜罗来的军用飞机的废弃部件组装成了非法无线电装置。这两位家庭成员的熏陶对于基特勒后来的学术思考产生了十分深远的影响。可以说,正是这种同时接触和关注歌德与无线电、古典文学与技术、高等文化与现代媒体的家庭背景,孕育了后来基特勒颇具争议的对话语网络1800和话语网络1900的对比。

基特勒的学术生涯还与弗赖堡这座位于德国西南边陲、邻近法国与瑞士的城市有着密不可分的关系。弗赖堡不仅是基特勒大学生活和学术生涯的起点,也是孕育了他最重要的思想成果的地方。基特勒在弗赖堡求学时,正值"五月风暴"兴起的20世纪60年代,但是他以一种十分冷漠的态度远离了这场政治运动。德国学生轰轰烈烈的示威静坐与游行抗议以及当时已成为显学的法兰克福学派的批判哲学均未能吸引年轻的基特勒。他更愿意一个人静静地坐在自己的房间里,阅读海德格尔、尼采、拉康等哲学家的著作,以及聆听披头士乐队和平克·弗洛伊德的音乐。值得一提的是,在彼时被左翼力量扫荡的德国,弗赖堡学术圈另辟蹊径,向当时在美国学界已经蔚为大观的法国理论取经。经过弗赖堡学者的努力,70年代晚期的弗赖堡成为当时德国学界引介巴黎新思想、传播法国后结构思潮的桥头堡。正是在这一时期,米歇尔·福柯、雅克·拉康、雅克·德里达等哲学家的思想对基特勒产生了不可忽视的影响。

基特勒倾向于以一种混合了极端主义、启示论和幽默主义的方式来论证技术条件与认识论和本体论自身密切相关。这种论证风格浓缩于其名言"Nur was schaltbar ist, ist überhaupt"之中,翻译过来就是"只有可转换的才存在"。借用计算机术语,基特勒提出,原则上任何表征都可以基于开/关的二进制逻辑来呈现。不止如此,他还进一步提出,在目前的技术条件下,任何不能被"转换"的事物都不可能真的"存在"。2011年,基特勒病重住院,只能靠医疗器械维持生命。临终前他说的最后一句话便是"Alle Apparate ausschalten",即"关掉所有设备"。

主要理论(方法)贡献

基特勒是一名勤奋的学者,在三十多年的学术生涯中,他写作和编撰了二十多部著作和一百四十余篇论文。作为一名人文思想家,他还广泛涉足物理学、工程学、光学、光纤科学以及计算机编程等诸多领域,被誉为"数字时代的德里达"。尤其是在20世纪末声名日隆的德国媒介理论学派中,基特勒可谓独领风骚。基特勒的理论贡献主要体现在三个方面:

第一,以文学文本为主要考察对象的话语分析或"考古学"研究。这一领域的研究以《话语网络1800/1900》为代表。在这部著作中,基特勒试图对18世纪和19世纪之交的德国文学、哲学与社会环境的转变进行详细缜密的考察,进而揭示人的主体性是如何经由一系列与书写、阅读相关的社会配置而产生的。基特勒认为,正是在以文字书写和书籍为主导的话语网络中,"人"的观念才得以形成。基特勒深受米歇尔·福柯的《词与物——人文科学的考古学》中人类学主体主义观点的影响,但他认为,福柯回避了"当现代存储与录制技术逐渐占据主导地位时,以书写为基础的传统话语网络会发生什么变化"这一问题。正是基于这样的思考,基特勒推进了福柯的观点,即将媒介技术的改变视为新知识型产生的原因。从话语的物质性出发,借鉴香农—韦弗的信息论,基特勒指出,话语网络的运作过程包含话语生产、传播、媒介和接收等多个环节,而话语通过在不同的环节流动发挥着作用。由此,基特勒打破了福柯意义上的话语同一性,使得话语网络成为一种研究视角和方式,为福柯的话语分析增添了技术的维度。

第二,关于媒介技术(包括以留声机、打字机为代表的新模拟媒介和数字技术)的著述。这一部分研究构成了他所有学术成果中最受关注,同时也是传播学界引介最为广泛的部分。在其著作《留声机 电影 打字机》中,基特勒延续了他在《话语网络1800/1900》中对于福柯话语系统及文本档案的分析,进一步通过对留声机、电影和打字机这三种出现于19世纪的技术媒介的考察,讨论了声音、影像和书写这三种不同的存储媒介如何以不同的方式操纵时间与空间意识。在书写和印刷媒介时代,时间依靠书籍与乐谱这两种书写系统的产物得以保存,也就是说,符号成为储存时间最为重要的手段。19世纪中期包括留声机和胶卷等在内的媒介的出现使得储存时间的方式更为多样化:影像、声音和书写成为三种独立存在的媒介系统,并且各自发展出一套代理人的感官经验的模式。随着数字化时代的到来,上述媒介形式都被以一种单一的形式符码化、传输与存储。质言之,这三种经由技术媒介分化的资料流又重新回到了单一的状态。数字化技术彻底抹平了不同媒介之间的物质性差异以及它们所制造的感官认知方式,这种转变在基特勒看来,恰恰宣告了"媒介"的终结。

第三,围绕古希腊文化技术(字母、数字、音乐等)展开的大规模、本体论导向的系谱学研究。晚年的基特勒将兴趣转向了西方文明的源头,即古希腊时期。通过回溯数字和乐理在古希腊浮现的历史,基特勒指出,字母在该时期不仅构成了单字的基本单位,还作为算术和乐曲共同的表意符号被使用。也就是说,语言、算术和音乐共享同一套存储系统。这套媒介系统通过不断地符码化,延伸到了多个不同的表意实践领域,将视觉、听觉和触觉等多重感官串联起来,达成了一种统一与和谐。随着文学、音乐和数学各自发展出独立的表意系统,这种统一性才逐渐瓦解。通过上述分析,基特勒最终将媒介技术上升到了建构人类文明的知识物件(epistemic things)的层面。

从思想来源来看,海德格尔关于技术的思考对基特勒产生了极为重要的影响。尽管从表面上看,福柯、拉康、德里达等思想家的理论主张构成了基特勒建构媒介技术本体论的基础和框架,但他曾不留情面地指出,法国后结构主义理论本身并不是什么新鲜的发明,其本质还是对胡塞尔、尼采、海德格尔等德国思想家的思想的挪用与加工。那么,基特勒对于法国后结构主义理论的积极采纳是否是舍近求远呢? 其实不然。在20世纪60年代的德国的学术氛围中,尼采或海德格尔的名字作为"不理性"哲学的代名词常常遭到过滤。尤其是人们对海德格尔在纳粹德国时期对法西斯政权的拥戴记忆犹新,以至于公然调用海氏的思想可能会对一位德国学者的学术生涯造成极为不利的影响。然而,法国后结构主义理论为基特勒提供了一条重返海德格尔的秘密通道。年迈的基特勒在回忆这一时期时曾坦言,自己之所以引入福柯和拉康,正是因为他们的作品"提供了既可以重新回到海德格尔又不用提及他的可能途径"。

海德格尔对于基特勒的影响是如此深远,以至于后者在1995年承认,他"仅仅是将海德格尔的技术概念转移给了媒介"。在《技术的追问》一文中,海德格尔试图挑战那种将技术仅仅视为一种手段、将人视为科技的主宰者的惯常观念,指出技术的本质乃是一种解蔽方式。受到海德格尔的影响,基特勒对于媒介的看法也超出了个人认知控制的范畴。在他看来,媒介技术绝不仅仅是人们用于表意的工具,它还在本质上界定了主体及其存在于世的方式。在《走向媒介本体论》这篇小文中,基特勒对亚里士多德以来关于哲学本体论的讨论进行了反思,指出了媒介在亚里士多德的本体论中的缺失以及书写作为哲学自身的媒介在哲学史中的缺失。一直到海德格尔那里,媒介对于哲学本体论的意义才重新得到了审视。海德格尔有一个重要的概念——"除距"(de-severance)。所谓"除距",指的是技术能够将远距离的物拉近,从而消除距离。这并不是说技术可以缩短物理空间中测量出的距离,而是说技术可以使距离不再构成显著的障碍。海德格尔曾以眼镜为例说明这一点。眼镜作为"观看的工具"使人能够看到挂在对面墙上的画,人与画之间的距离因而得以消除,而鼻梁上的眼镜本身在这一过程中"抽身而去"。同样,当我们打电话的时候,相隔千里的人的声音在我们的耳畔响起,人与人之间的距离仿佛消失了,但很少有人在通话过程中注意到电话本身。事实上,正是这些看似不起眼的工具和技术改变和界定了我们在世存有的状态。基特勒延续了海德格尔的"除距"这一概念,主张对媒介也进行"除距",进而彰显媒介技术在消除空间与距离的同时却又自我消失的双重意涵。总而言之,基特勒关于本体论意义上的媒介理论研究在很大程度上受到了海德格尔的启发。

对传播学学科建制的贡献

基特勒对于传播学最重要的影响在于其试图构建一条新的媒介本体论

(ontology of media)的哲学思想路径。通过将媒介置于人类文明发展的视野中予以考察，基特勒意在揭示媒介技术如何作为人类历史发展的构成性力量推动了社会和文化的改变。正因为如此，基特勒的研究者常常将其与传播学界的巨擘马歇尔·麦克卢汉相提并论。麦克卢汉同样是从文学领域转向了媒介技术研究，并且被贴上了"技术决定论"的标签。

一方面，两者关于媒介技术的力量有诸多共识，并且麦克卢汉引领的"媒介转向"对基特勒产生了重要的影响。他们两人都通过自身的理论实践对传播学领域内林林总总的媒介理论产生了巨大的影响。

另一方面，两者又有着本质性差别。这主要体现为他们关于媒介与身体的思考。在基特勒看来，麦克卢汉作为一个"人类中心主义"的思想家，对感官的理解要远远超过对于电子技术的理解，因而他才会试图从身体出发思考技术而非从技术出发来思考身体。与麦克卢汉不同，基特勒指出，媒介技术与我们的身体之间并非相互影响的"双向关系"。他通过回顾第二次世界大战时期英国军队通过破译德军无线电信号终结了这场世界大战的经过指出，媒介的发展实际上独立于人类的身体，有一套属于自己的发展逻辑。不仅如此，媒介技术还会反过来对人类的感官和器官造成压倒性的影响。换句话说，尽管基特勒继承了麦克卢汉"媒介即讯息"的重要理论传统，却拒绝了前者"媒介即人体的延伸"的论断。通过打破前者的"人类中心主义"思维，他试图重新开辟一条真正从媒介自身出发的媒介研究路径。也正是由于这样一种对于技术自主性力量的强调，基特勒被贴上了"反人本主义者"的标签。

尽管基特勒的媒介本体论招致许多批评，并不断被贴上"技术决定论"的标签，但基特勒的研究仍然为传播学的范式转型提供了重要的思想基础。在传播研究范式转向媒介入射角的过程中，基特勒关于媒介物质性的考察成为最有启发性的思想之一。随着当下传播学学者对基特勒思想的不断开掘，其媒介本体论将会对传播学产生越来越深远的影响。

原作

〔德〕弗里德里希·基特勒：《留声机 电影 打字机》，邢春丽译，上海：复旦大学出版社2017年版。

Friedrich A. Kittler, *Discourse Networks 1800/1900*, trans. by Michael Metteer, with Chris Cullens, Stanford, CA: Stanford University Press, 1992.

Friedrich A. Kittler and Matthew Griffin, "The City Is a Medium," *New Literary History*, 1996, 27(4): 717-729.

Friedrich Kittler, *Optical Media*, Cambridge: Polity Press, 2009.

Friedrich Kittler, "Towards an Ontology of Media," *Theory, Culture & Society*, 2017, 26(2-3): 23-31.

相关思想史或评传

〔加〕杰弗里·温斯洛普-扬:《基特勒论媒介》,张昱辰译,北京:中国传媒大学出版社2019年版。

张昱辰:《媒介与文明的辩证法:"话语网络"与基特勒的媒介物质主义理论》,《国际新闻界》2016年第1期。

(孔舒越)

乔治·格伯纳
(George Gerbner, 1919—2005)

学术生平

乔治·格伯纳1919年8月8日生于匈牙利布达佩斯,1939年被迫逃离法西斯统治下的匈牙利,移民美国。格伯纳在加利福尼亚大学伯克利分校获新闻学学士学位,并作为记者、编辑在《旧金山纪事报》短暂工作。他于1942年加入美国陆军服役,战后以自由作家与政论家的身份工作,后来进入南加利福尼亚大学学习传播学,在1951年6月、1955年6月分别获得硕士、博士学位。1956年至1964年,格伯纳作为教授和研究员在伊利诺伊大学传播研究所工作;1964年至1989年,任宾夕法尼亚大学安纳伯格传播学院荣誉院长。1989年从宾夕法尼亚大学退休后,他仍然活跃在传播学的教育与电视文化研究领域。2005年12月24日,格伯纳因患癌症在费城病逝。格伯纳研究电视超过三十年,长期追踪电视内容的变化,以研究这些变化如何影响观众对世界的感知。他的代表性学术成果有《与电视共同成长:涵化过程》《对传播总模式的研究》。

主要理论（方法）贡献

格伯纳对于传播学最重要的理论贡献在于提出了传播的总模式以及涵化理论。

格伯纳的早期研究主要集中探讨传播的模式。他将原有的传播模式加以综合拓展，提出了一种传播总模式（见下图）。1956年，在《对传播总模式的研究》一书中，格伯纳在继承和丰富了拉斯韦尔等人的模式的基础上，提出了一个新的模式，并指出了传播研究的十个基本领域。格伯纳模式的特点在于将传播过程描述为起始于某种感知行为，并且强调了传播发生的情景及传播过程中的语言背景——上下文关联等概念，充实了拉斯韦尔的五W模式。

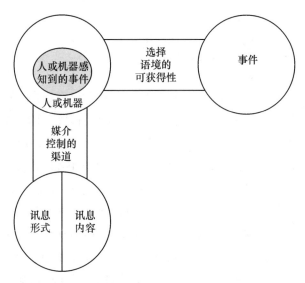

格伯纳最大的贡献在于他提出的涵化理论（又称教养理论、培养分析理论等），这是一个著名的思考和探讨大众传媒影响力的理论假说。在现代社会中，电视向观众旷日持久地讲述大量的故事，而涵化理论所要检验的是电视给那些成长并生活在符号环境中的人在社会现实观念方面施加的累积影响，以及这种影响的深度和广度。

涵化理论是以一定的社会观和传播观为出发点的。它的基本观点是：社会要作为一个统一的整体发展下去,就需要社会成员对该社会有一种共识,也就是对客观存在的事物及其相互关系有大体一致或接近的认识。在此基础上,人们的认识、判断和行为才会有共通的基准,社会生活才能实现协调。而在现代社会中,大众传播在形成现代社会的共识方面的作用,已远远超过传统社会中发挥此功能的教育与宗教。格伯纳认为,传播媒介提示的"拟态环境"对人们认识和理解现实世界产生着长期的、潜移默化的影响,在不知不觉中制约了人们的现实观。"涵化理论"一方面强调大众传播在形成"共识"的过程中的巨大作用,另一方面又指出大众传媒所提供的"拟态环境"与客观现实之间的距离,以及传媒的一些倾向所带来的社会影响。正是因为描写现实生活的电视节目或者电视剧中含有大量虚构因素,一般受众很难将这些虚构因素与现实区别开来。因此,忠实的电视观众会倾向于认同在电视节目中看到的对现实世界的歪曲描绘,倾向于把电视节目呈现的世界看成现实世界。比如,由于电视呈现了过多的暴力以及危险场景,重度电视收看者会比轻度电视收看者更为高估现实生活的"暴力指数"和"丑恶世界"程度。

涵化理论主要的创新之处有几点:(1)提出了"重度电视收看者"的概念。"重度电视收看者"是指每天看电视超过 4 小时的观众,他们养成了过度依赖电视的收视习惯,并根据电视构造的环境来了解周围的社会,因而特别容易受"电视世界"的影响,偏离真实世界。(2)指出了电视在社会中扮演的"控制性符号"和"神话讲述者"的角色。格伯纳说,电视是当今世上的人"从摇篮到坟墓"一直接触的环境,电视对社会的影响是制度性的,是无处不在的;但同时,电视中的世界与真实的世界又是极不相同的,是被极度歪曲了的,这种变形的反映造成了人们对现实世界的错误印象。(3)揭示了电视暴力的"吓退"(backward)作用。与传统上人们认为电视暴力会产生促使(forward)真实暴力发生的负面影响不同,格伯纳提出了"邪恶世界综合征"(mean world syndrome)这一概念,即认为收看大量电视节目的人更倾向于相信世界是无情和危险的。格伯纳等人认为,电视最主要的负面影响是对社会中容易遭受暴力伤害的群体的精神恐吓作用,它使人们感到生活在一个"邪恶的世界"里,周围的环境极不安全。因此,这些受到惊吓的人更容易依赖强权的政府去防御伤害,因而也更倾向于支持政府采取压制性的社会措施去解决暴力问题。格伯纳的这些思想是非常深刻且具有启示性的。

涵化理论是一个宏观的、批判的社会文化理论，因此，仅仅考察信息的接受过程显然还不够。为了阐明电视在整个文化体系中的中介作用，格伯纳开展了一项长期的、具有连续性的研究——文化指标研究。自 1967 年开始，研究者们定期对一周内美国广播网播出的电视剧进行内容分析，以描绘电视世界提供给受众的各种人物及其特征。到 20 世纪 90 年代，这一分析进一步扩展，纳入了福克斯电视网以及各类有线频道。按照格伯纳的构想，文化指标研究要实施一个分三步走的研究计划：第一步，对制度进行过程分析，即调查系统的压力和张力，以了解什么样的媒介信息被选择、生产并传播；第二步，对信息系统进行分析，即对在媒介内容中最稳定、分布广泛并且反复出现的要素，诸如暴力描述、少数族裔、性别角色、职业角色等，进行量化并绘出轨迹图；第三步，培养分析，即探究电视收视对受众关于真实世界的观念的影响程度。研究发现，重度电视收看者对现实的看法，与电视呈现的内容最为接近，这说明他们对现实的认知主要来自电视。因此，电视及其他大众媒体扮演了社会控制的角色。

此后，格伯纳等人又提出了"电视的主流化"概念。主流化研究实现了涵化理论研究的转向：第一，它从关注观看量不同的电视观众之间的差异，转而关注观众内部的趋同；第二，它从关注暴力问题，转而关注更为一般的意识形态、霸权和社会控制问题。格伯纳认为，传播媒介的涵化效果，主要表现为塑造当代主流社会观和现实观，而电视媒介在这一过程中发挥着强大的作用，它可以超越不同的社会属性，在全社会范围内促使人们形成关于社会现实的共同印象。他还提出了著名的"电视的 3B"这一说法来描述主流化的控制过程，认为电视模糊了(blurring)基于文化、政治、社会、地区和阶层等的不同而产生的差异，使人们的态度混同于(blending)电视呈现的主流文化，并且使主流文化屈服于(bending)电视的政治、经济任务以及社会体制。

在研究方法方面，由于文化指标理论的形成建立在大量内容样本的基础之上，因此格伯纳和他的研究小组搜集了海量的电视资料。他们连续多年将某一年中的某一星期的节目全部录下来，然后用严格的内容分析方法分析这些节目，以准确把握电视内容，并采用"暴力指数"的指标体系进行计量统计和文化分析。该研究也可以被看作大样本量内容分析的典范。

对传播学学科建制的贡献

格伯纳对于传播学学科建制的贡献主要在于开启了效果理论中的涵化研究传统。他让涵化理论看上去"几乎像电视本身一样"无处不在。据统计，在美国传播学界发表的大量论文中，有关涵化研究的论文在数量上仅次于"议程设置"居第二位。近年来，涵化研究也从对"视野狭窄"的暴力效果的检验转向更加复杂、精密的范式，以适应不同文化、国家以及文本的因变量的多样性。曾经，涵化分析几乎是分析传媒与暴力的同义词，但这些年来研究者的视野、主题有了拓展，开始涉及性别角色、年龄、政治倾向、环保意识、科学、健康、宗教、少数民族以及职业等领域。尽管传播学领域的学者在涵化效果的确凿性问题上存在不同看法，但是这一研究仍然跻身最为重要的效果理论行列。涵化研究开启了晚期长效效果研究。格伯纳认为，在现代社会，大众传媒揭示的象征性现实对人们认识和理解现实世界发挥着重大影响，由于大众传媒的某些倾向性，人们在心目中描绘的主观现实与实际存在的客观现实之间正在出现很大的偏离。这种影响不是短期的，而是一个长期的、潜移默化的、培养的过程，它在不知不觉之中制约着人们的现实观。传播内容具有特定的价值和意识形态倾向，这些倾向通常不是以说教而是以报道事实、提供娱乐的形式传达给受众的，它们在潜移默化中影响着人们现实观和社会观的形成。因此，这是一种长期的效果观。涵化理论跨越了实证与批判两个范式，试图沟通质性和量化、经验与批判研究，这同时使格伯纳面临着来自两个范式的批评。从形式上看，该研究采用了实证研究的方法证明自己的结论，但是从理论内核来看，它又是一个宏观的、批判的理论，锋芒直指整个社会的意识形态与权力结构。涵化理论一方面肯定共识是社会作为一个统一整体存在的前提，强调大众传播在形成共识的过程中的巨大作用；另一方面又指出大众传媒所提供的象征性现实与客观现实之间的距离，以及传媒的一些倾向，如暴力内容等带来的社会后果，包含着对资本主义大众传播现状的鲜明批判态度和改革志向，因此被一些学者称作美国土生土长的批判理论。

原作

〔美〕乔治·格伯纳等:《与电视共同成长:涵化过程》,〔美〕简宁斯·布莱恩特等主编:《媒介效果:理论与研究前沿》,石义彬、彭彪译,北京:华夏出版社 2009 年版。

Nancy Signorielli and George Gerbner, *Violence and Terror in the Mass Media: An Annotated Bibliography*, Westport, CT: Greenwood Press, 1988.

相关思想史或评传

〔美〕詹宁斯·布莱恩特、苏珊·汤普森:《传媒效果概论》,陆剑南等译,北京:中国传媒大学出版社 2006 年版。

（柴　菊）

乔治·H. 米德
(George H. Mead, 1863—1931)

 学术生平

乔治·H. 米德1863年2月27日生于美国马萨诸塞州一个基督教家庭。1883年米德毕业于奥伯林神学院,在该校培养起来的伦理观念影响了米德的一生。其后,为了糊口,他当过小学教师、家庭教师和铁路勘探员。1887年米德前往哈佛大学,从事哲学研究。在哈佛大学期间,与乔塞亚·罗伊斯、威廉·詹姆斯共事的经历对其思想观念产生了诸多影响,其实用主义哲学观正是在詹姆斯的影响下形成的。一年后,米德前往德国,在莱比锡大学跟随心理学大师冯特学习。正是冯特的"手势"概念影响了米德后来的研究。在莱比锡,与斯坦利·霍尔的结识使米德开始对心理学产生兴趣。1889年,米德又来到柏林继续学习哲学与心理学。刘易斯·科塞认为在德国的学习使米德受到了德国唯心主义传统的影响,而德国唯心主义哲学家关注的重点常是自我与其客体的关系。1891年,米德在密歇根大学哲学和心理学系担任讲师,与库利、杜威等人很快形成了一个学术圈。1893年,米德应杜威的邀请前往芝加哥大

学,此后他一直在芝加哥大学任教直至去世。米德与杜威一样关心民主改革与教育问题,支持社会改革,在简·亚当斯的芝加哥社会福利中心参与了许多社会工作。在芝加哥大学,他开设了社会心理学课程,影响了莫里斯、布鲁默等后来在社会学领域声名鹊起的学者。米德在试图从交流开始论述社会心理学时采用了与华生有所不同的行为主义视角——社会行为主义。华生的行为主义强调"刺激—反应"模式,但米德与库利一样,强调内省的领域,因而摈弃了华生只用外在行为解释内在经验的做法。另外,米德"泛化的他人"的概念受到了亚当·斯密"公正的旁观者"与库利"镜中我"的影响。在其教学工作中,米德更乐于谈话而非写作。尽管学术界有发表文章的压力,但米德凭借其出色的讲述与推理,在没有出版一本书的情况下,依然成为芝加哥大学哲学系主任。米德去世后,他的学生将其课堂笔记进行整理,出版了著名的《心灵、自我与社会》等四部著作。米德是符号互动论的真正奠基者之一(另一位是库利),他从交流的角度论述自我、心灵与社会的形成,对符号互动论影响巨大。尽管在芝加哥学派中米德的位置或许有些边缘(杜威在芝加哥期间,其光芒完全遮盖了米德,而芝加哥大学社会学系全盛时期的领导者是帕克),他也从未将自己看作学派领袖,甚至著作都寥寥无几,但他无疑是芝加哥学派的主要人物、传播学思想的先驱和近代美国最重要的思想家之一。约翰·杜威曾经在文章中将米德称作美国近代在哲学领域最有创建的人。米德的代表性学术著作有:《现在的哲学》(1932)、《心灵、自我与社会》(1934)、《19世纪的思想运动》(1936)和《行动的哲学》(1938)。

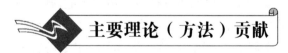

主要理论(方法)贡献

　　米德的理论体系建立在社会行为主义的基础上,在研究交流中的符号的过程中,米德进一步发展了杜威关于语言是社会的感觉中枢的观点,阐述了"姿态"与"符号"的概念。"姿态"的概念来自冯特的群体心理学和达尔文的著作《人和动物的情感表达》。米德认为,姿态的根本目的就是实现社会行动。带有社会意义的姿态不同于动物的姿态,前者作为一种刺激,会激发相应的社会行动。使用具有符号意义的姿态,需要参与交流的个体具有理解姿态的含义的能力。米德以狗打架为例进行阐述——动物对姿态本身做出反应,而人类对姿态的意义做出反应。随着交流的发展,人们将经验中带有普遍意义的东西分离出来,表意的姿态就成为符号,意义通过交流而产生。进一步地,当姿态被赋予了声音、约定的含义等特征时,表意的符号得以形成,这种表意的符号就是语言。基于共同的社会经验,姿态演变为符号,人类的交流就依赖符号进行。凭借作为表意符号的姿态,语言提升了人的思维能力,心灵的存在得以可能。没有交流就不会有人的心灵,人和动物就没有分别。符号交往的机制,后来由布鲁默进一步加以补充论证。该理论的研究起点是,交流或者说传播建构了社会性的人。

"自我"是米德理论中的一个重要概念,从"自我"的概念出发,米德拓展了人际传播研究的领域,并奠定了符号互动论的基础。和芝加哥学派的许多重要人物一样,米德也把传播的观念置于自我与社会的中心。他的符号互动论主要从符号交流的角度揭示人与社会的形成过程。与杜威和库利的观点类似,米德认为交流建构了人的自我,在交流中个人完成社会化,社会在交流中形成。米德研究处于社会过程中的个人的活动,他认为,个人的行为只有被看作社会行为,才能被理解。个体的社会行为超越了其本身,也影响了社会群体中的其他人,因此,阐释个人经验的出发点就是作为社会基础的交流。离开社会,也就不存在个体的"自我",就不存在自我意识。

与早期社会心理学从个人心理出发解释社会经验不同,米德认为应当以社会为起点,或者说以作为社会秩序基础的交流为出发点来阐释个人经验。自我的发展经历了玩耍(play)和游戏(game)等不同阶段。儿童在社会化的过程中,在第一阶段,即一开始与小伙伴玩耍时就具有扮演他人角色并从他人的角度观察自身的能力。他们在玩耍的过程中扮演各种不同的角色,获取对角色的认识。人的自我正是产生于这一过程,在这种扮演角色并认识不同角色的过程中,人们对于符号的理解与其他人渐趋一致,最终形成人与人的交流。到第二个阶段,自我不仅能够意识到特定的他人对自身的态度,而且开始能够意识到整个社会群体的态度。在游戏中,个体开始理解有组织的共同体或社会群体的各种态度,米德用"泛化的他人"来指称成熟的自我,而"泛化的他人"的态度就是共同体的态度。游戏与玩耍不同,游戏的参与者会直接感受到社会或群体的态度,根据有组织的社会意义,泛化这些态度并采取这些态度。自我具有了社会整体的共同态度,才真正发展为成熟的自我。

自我被米德区分为"主我"与"客我"两个部分,前者是机体对他人态度的反应,后者是想象的一套组织化的他人态度,这二者都必须与社会经验相联系。"客我"代表群体成员认定的群体的整套观念。按照他人和社会的观点来认识自我,是自我的传统的、习惯的和常规方面的体现,它反映的是既有组织法规与社会对个人的期待。"主我"则代表个体对其他人的组织化观念做出的反应。某个时刻的"主我"是下一时刻的"客我"。"主我"的情境是当下,"客我"是由过去的经验累积产生的,两个概念共同构成完整的自我意识。而"主我"的概念,进一步被米德发展为关于社会变迁的理论。正是"主我"使个体对群体产生独特的反应,催生了互动中的创新与变革。

米德从"自我"论述到"共同体",表达了他对于传播促使共同体形成的乐观态度。在米德看来,获得"泛化的他人"的态度,对于有机体的形成有重要意义。个体的自我形成的同时,社会共同体也得以形成。从对"主我""客我"的阐述到"泛化的他人"的态度,米德的研究最终都指向社会的形成、共同体的形成。米德最终想要表达的是和杜威类似的以交流促使民主世界形成的愿望。米德也注意到新闻媒介可以帮助人们理解他人的态度并获得对具体公共事务的经验,但他没有像杜威与库利那样直白地表达对传播技术的乐观,也没有专门论述过传播技术与社会发展方面的内容。对于米德来说,达成充分交流的方式是符号互动。其一,语言对于社会中的每个人来说意味着大致相同的意义,凭借语言人们可以进行沟通。其二,人的自我意识使个体能够站在他人的立场上处理问题,沟通在获取"泛化的他人"的态度时完成,不同的角色在共同体中发挥不同的作用,最终通过符号互动形成态度共同体。米德讨论了他心目中理想的人类社会:它能使人们变得亲密无间。他对于符号最终能获得共享的意义充满了希望,共享的意义是共同体存在的基础,并意味着一个民主、自由的社会的最终形成。但需要注意的是,米德那种依靠交流互动实现世界大同的想法过于理想,在某种程度上,确实和杜威、库利依靠传播实现民主的乐观态度一致。

对传播学学科建制的贡献

事实上,米德在学术上的贡献主要还是在社会心理学领域。对于传播学而言,米德学说的重要性是在最近几十年才被发现的。米德的符号互动论的框架对传播学领域有重要启示。米德在芝加哥学派的位置或许有些边缘,他的研究重点在人际互动而非媒介,他的理论在传播学理论的框架确立时也被忽略了,但这些都不妨碍他的思想在当前的传播学领域重新获得应有的位置。

米德是符号互动论的奠基人,他的理论观点也成为芝加哥学派的重要起点。米德从交流出发讨论人的意识和社会形成,使传播这一概念再次成为芝加哥学派研究、关注的重点。互动使个体与社会成为不断发展的整体。另外,米德接受了进化论的观念,用实用主义哲学解读交流意义上的传播,对人际传播做了深入的思考,其理论也成为芝加哥学派的标杆,催生了芝加哥学派关于人际传播研究的主导范式。米德把"互动"的思想引入对"自我"的研究,把人的社会性建立在传播的基础上,由此打开了人际传播这一研究领域的大门。米德率先从姿势、语言等传播方式出发研究人与人之间的互动以及自我的形成。自米德起,人际传播与自我传播研究真正开始启动。

米德和芝加哥学派的重要贡献之一就是在研究社会心理学时超越了华生的"刺激—反应"模式,提出人的心智是交流与符号的产物,而非本能。师从冯特的米德,在自己的理论中批判了冯特对交流的意义的忽略。通过对符号互动理论的阐述,米德揭示了人的本质。米德受到许多大师级人物的思想的影响,但他并未囿于已有的研究框架。他的理论在一定意义上为芝加哥学派的传播思想定了调,影响了布鲁默、戈夫曼等一批后来该学派的中坚人物,也进一步丰富了传播研究理论。

米德提出的"泛化的他人"概念具有很强的解释力,对经验社会研究的论述产生了很大影响,也促使全球意识广泛出现。海曼、默顿、谢里夫等人都在经验性研究中更深入地运用了这一概念。对于整个社会来说,米德关于共同体的论述提供了化解国家间利益冲突的一种方法与可能,因此在全球传播、跨文化传播、国际传播等领域都能看到米德"泛化的他人"这一概念的身影。

米德的哲学观念受到杜威的影响,而由其发展出来的交流理念更是直接影响了哈贝马斯,后者据此提出了"交往理性"(参见本书尤尔根·哈贝马斯词条)。

 扩展阅读

原作

〔美〕乔治·H.米德:《十九世纪的思想运动》,陈虎平、刘芳念译,北京:中国城市出版社2003年版。

〔美〕乔治·赫伯特·米德:《现在的哲学》,李猛译,上海:上海人民出版社2003年版。

〔美〕乔治·赫伯特·米德:《心灵、自我和社会》,霍桂桓译,南京:译林出版社2014年版。

George Herbert Mead, *The Philosophy of the Act*, Chicago, IL: University of Chicago Press, 1938.

相关思想史或评传

〔美〕刘易斯·A.科塞:《社会思想名家》,石人译,上海:上海人民出版社2007年版。

胡翼青:《再度发言:论社会学芝加哥学派传播思想》,北京:中国大百科全书出版社2007年版。

Herbert Blumer, "Sociological Implications of the Thought of George Herbert Mead," *American Journal of Sociology*, 1966, 71(5): 535-544.

(吴 越)

格雷厄姆·默多克
（Graham Murdock, 1946—　　）

 学术生平

格雷厄姆·默多克1946年3月生于英国伦敦，在第二次世界大战刚刚结束后满目疮痍的泰晤士河边长大，1957年考入文法学校，并于1962年和1964年相继通过GCSE和A-Level考试。默多克1964年进入伦敦大学经济学院攻读学士学位，在此期间逐步对文化研究产生兴趣。1967年，毕业后的默多克拒绝了伦敦大学经济学院的讲师教职，前往苏塞克斯大学攻读硕士学位。1968年9月，他放弃了在苏塞克斯大学留校的机会，因为他逐步将研究重心转到与文化研究息息相关的重要领域——大众传媒，并决定前往莱斯特大学大众传媒研究中心工作。在此期间，他与詹姆斯·哈洛伦、彼得·戈尔丁、菲利普·哈里斯等人共事，进行文化与传播的社会学与政治经济学研究。默多克与哈洛伦围绕英国媒体对1968年伦敦反越战大游行所做的"歪曲"报道进行了一项研究，研究报告定名为《示威游行与传播：一个个案研究》，其中提出了"民主社会的多元信息渠道正日益趋向非民主化"的重要观点。1976年，他成为

国际大众研究学会的政治经济学小组的成员。1979年,他与戈尔丁合著的《资本主义、传播与阶级关系》问世,由此搭建了更为成熟的批判理论框架。1990年,他受聘任教于拉夫堡大学社会科学系,与戈尔丁成为同事并在此建立了传媒研究中心,之后先后受邀担任加利福尼亚大学圣迭哥分校、布鲁塞尔自由大学、卑尔根大学、斯德哥尔摩大学客座教授。他和戈尔丁在对社会阶级、商品流程、公司结构与国家保持兴趣的同时,坚持用一种批判的、道德哲学的方法了解广泛的社会整体,认为传播政治经济学研究应该聚焦于公共传播的符号与经济层面的社会事实之间的互动。1988年,默多克赴挪威参加奥斯陆大学社科系成立25周年庆典,发表了著名的关于现代性的演讲——《传播、现代性与人文科学》。之后,他多次在公共场合论及现代性的重要性。1998年,他受邀参加北京大学百年校庆,发表了题为《世纪末的传媒与当代生活》的演讲,围绕现代性问题进行了深入论述。2012年11月,默多克受邀参加南京大学金陵学院主办的"融合与超越:新媒体与创意产业高峰论坛",并做了关于创意文化与产业经济的主题演讲,成为早期传播政治经济学研究领域与中国学界互动较多的学者之一。他的研究涉猎极广,内容涵盖了文学、传媒、艺术、战争、阶级分析、数字鸿沟等方面,代表性著作有《示威游行与传播:一个个案研究》(1968)、与戈尔丁合著的《论大众传播政治经济学》(1974)、《传播与现代性》(2004)、《拆除数字鸿沟》(2004)、《传播与批评》(2005)、《市场化时代的媒介》(2007)、《媒介与文化》(2008)、《研究传播:媒介与文化分析方法实用指南》(2008)等。

主要理论(方法)贡献

默多克是传播政治经济学的重要奠基人,自20世纪70年代开始,他和戈尔丁等人撰写了大量著述,依据马克思主义理论对资本主义社会的大众传播与阶级关系、文化产品的生产过程及其结构进行批判性剖析。他的理论贡献主要集中在以下几个方面:一是对现代性理论的发展;二是批判地使用马克思主义理论,以英国媒介作为研究对象,关注英国媒介所有权和控制权对社会可能造成的巨大影响,从而拓展了英国传播政治经济学的研究领域;三是基于文化和经济相互作用的整体架构,质疑文化研究的现状和发展方向。

默多克认为，现代性是一系列制度形式和进程，包括资本主义、产业主义、民族主义和全球性，这是一个与众不同的文化形构，其中理性和欲望、科学和信念、商品化和互惠彼此激烈竞争；同时，现代性也是社会和心理环境，在其中社会关系和个人经验的基本结构不断被修正和再造。在他的现代性理论中，有三个要点发人深省：首先，他并不认为人类已经进入后现代性阶段，因为人们的心智还处于适应现代性的进程中；其次，资本主义和单一民族必然会处于永久的紧张关系中，资本主义是一种全球形构而非民族形构，而单一民族的利益诉求必定与之发生矛盾；最后，在思想上看，现代性并非一个世俗体系。以此认识为前提，默多克对数字鸿沟、全球化和自由市场经济等议题进行了探索。现代性理论被认为是默多克自身知识地图中不可或缺的基础性模块，也是他认知当代社会发展现状的核心思想。

默多克对现实社会中传媒产业的发展有着深刻的体认。他与戈尔丁在莱斯特大学共事期间，非常关注英国大众媒体（电视、广告）的集中化和行业结盟现象，提醒人们重视大众媒介整合、多元化经营以及国际化的发展趋势，尤其对广电业和广告业所折射的资本主义市场运作和公共基金支持的文化机构之间的紧张状态及其因果关系有着深刻的认识。默多克认为，大众传媒是一种特殊的资本主义生产部门，它生产出的产品会对受众的思想和精神文化生活产生巨大影响，进而干预社会的政治和文化过程。但即使它具有特殊性，也不能否认它是营利企业，因此它具有走向垄断和集中的必然性。统治阶级会通过控制大众传媒来操纵整个社会，这种操纵会随着传媒集团化和国际化的发展而愈发显著和严重。默多克灵活地运用马克思主义理论中的政治经济学视角来解剖和分析大众传媒，在生产、分配、流通、交换等重要环节揭示资本主义社会中媒体中立的虚伪性和谎言，指出资本主义传媒的"私有化""集团化"反复交替，传媒文化产品的"商品化"进程却从未停止前进的脚步。与此同时，他的研究没有停留在对大众媒介商业化的系统分析上，在和戈尔丁的学术合作过程中，他们如此看待描述和解释媒介商业利益的价值——不是旨在假设一种决定性的关系，而是旨在对媒介文化生产过程中的界限做一概述。由此，他们将政治经济学的取向置于更加广阔的批判理论视野中，并和文化研究相勾连。

传播政治经济学和文化研究作为批判传播研究领域各有侧重的两翼,在观点的相合及分歧中各自发展。默多克认为文化研究和传播政治经济学作为两种新马克思主义理论学派,应该是互补的而非对立的,但若想达到互利共赢的目的,双方都应该适度放弃某些假说,并达成一个共识:上层建筑和经济基础——文化和媒介产业能够互相影响。他认为文化研究的主题应始于对文化的重新定义,摒弃将文化等同于体现着普遍审美观的精英实践的传统观念,文化应该与普通大众的社会实践相结合。而当时的文化研究却有走向本质主义的趋势,并且抵制整合社会活动的解释性方案。文化研究领域的理论家忽略宏观层面上媒介运营的社会、政治语境,而更关注个人和团体消费流行文化内容的方式,这是该理论的重要缺陷。

对传播学学科建制的贡献

默多克是传播政治经济学的奠基人之一,也是英国在这一领域的代表性学者。在被大众传播媒介强大的力量所吸引的情况下,他致力于以一种"媒介非中心化"的视角来研究大众传播媒介的行为,并在漫长的研究生涯中身体力行。他和他的重要同事兼合作伙伴戈尔丁发表了多篇论文,出版了多部专著,从马克思主义政治经济学的角度对传媒现象进行研究,奠定了传播政治经济学理论的基础。1973年,他与戈尔丁在《社会主义文摘》上发表了《呼唤大众传播的政治经济学》一文,被认为是欧洲传播政治经济学的宣言性与纲领性文件。1974年,他与戈尔丁合著的《论大众传播政治经济学》出版,在书中他们批判性地运用马克思主义理论去解读大众媒介和文化实践的具体问题,这是传播政治经济学领域中一个"奠基性的成果",也是英国首次出现的与传播政治经济学相关的论著。他在拉夫堡大学社会科学系创立的传媒研究中心,曾在英国大学传媒专业排名中名列前茅,对欧洲传播学的国际交流和人才培养贡献巨大,是欧洲具有代表性的传播学研究机构。

此外值得一提的是,传播学界存在一种界定,即认为在英国,伯明翰学派、格拉斯哥研究小组和默多克所在的莱斯特学派分别代表了传播学研究中马克思主义倾向的三支不同力量。默多克、戈尔丁、哈洛伦等人均被认为是莱斯特学派的重要成员，1970年哈洛伦与默多克合著的批判学派经典之作《示威游行与传播：一个个案研究》可以被看作莱斯特学派的代表性著作。这里提到的"莱斯特学派"，核心是莱斯特大学传媒研究中心。在《示威游行与传播：一个个案研究》出版之后，该中心又持续进行了传媒与教育、第三世界国家发展与自然环境保护之间的关系的相关研究。加上20世纪70年代初的青少年大众文化调查，莱斯特学派一度被认为与伯明翰学派"双峰并峙"。

然而，对于莱斯特学派是否存在，默多克本人持否定意见，他更愿意将自己归入批判政治经济学的阵营。原因在于，莱斯特大学传媒研究中心的负责人哈洛伦虽然承认政治经济学的重要性，但主要的兴趣在批判社会学上。默多克也发现，虽然在研究中心产出了一系列传播政治经济学领域的开山之作，但中心很少为政治经济学方面的传媒研究提供资助。在这个研究中心，学者们更偏向分散地、在各自感兴趣的领域行动，没有形成明显的传承关系。戈尔丁也认为，莱斯特大学的传媒研究中心很难被看作能够和伯明翰学派相提并论的一个学派。

原作

David Deacon, Michael Pickering, Peter Golding, and Graham Murdock, *Researching Communications: A Practical Guide to Methods in Media and Cultural Analysis* (3rd edition), New York, NY: Bloomsbury Academic, 2021.

Graham Murdock, "Building the Digital Commons: Public Broadcasting in the Age of the Internet," in Gregory Ferrell Lowe and Per Jauert (eds.), *Cultural Dilemmas in Public Service Broadcasting*, Göteborg: Nordicom, 2005.

Peter Golding, Graham Murdock, and Philip Schlesinger, *Communicating Politics: Mass Communications and the Political Process*, Leicester: Leicester University Press, 1986.

相关思想史或评传

〔加〕文森特·莫斯可:《传播政治经济学》,胡春阳等译,上海:上海译文出版社 2013 年版。

曹晋、赵月枝主编:《传播政治经济学英文读本》,上海:复旦大学出版社 2007 年版。

刘晓红:《西方传播政治经济学研究》,上海:上海人民出版社 2007 年版。

张国良主编:《20 世纪传播学经典文本》,上海:复旦大学出版社 2003 年版。

(何 瑛)

居伊·德波
(Guy Debord, 1931—1994)

学术生平

居伊·德波1931年12月28日生于法国巴黎。德波高中毕业后进入巴黎大学主修法律,但不久后年少任性的他便辍学了。此后,德波成为一名激进诗人、作家和电影工作者。1952年,德波参与创立了先锋派运动组织字母主义国际(Letterist International)。这个从字母主义运动(Letterism)分离出来的团体从超现实主义,甚至达达派那里汲取养料,倡导通过艺术改造生活,其带有的革命性和政治趣味塑造了后来的情境主义国际(Situationist International)。德波迅速成为字母主义国际的主要成员,并且开始了他的一系列艺术创作。1952年,德波创作了他的第一部电影《为萨德疾呼》。在这部电影中,反复出现的"情境"概念成为"情境主义国际"的先声。1957年,在意大利一个村庄的酒吧里,以德波为代表的字母主义国际、意象主义包豪斯等先锋团体聚集在一起,成立了情境主义国际,这是德波一生中最重要的一次革命实践运动。1957年,德波经人介绍认识了列斐伏尔,这位开启了西方马克思主义日常生活批判理论维度的大师在很多方面影响了德波。1960 年之后,情境主义国际放弃了"整体城市主义"(Unitary Urbanism)的纲领,而转向"游戏的解放"(Liberation of Play),列斐伏尔和德波的友谊也走到了尽头。1967 年,德波的《景观社会》和瓦内格姆的《日常生活的革命》出版,这两部著作奠定了情境主义国际运动的理论基础,尤其是《景观社会》一书,更是成为批判资本主义"景观异化"的奠基之作。与此同时,情境主义国际更积极地卷入革命实践和宣传,其成员持续张贴海报,散发小册子,四处宣传德波的理论。1968 年 5 月,德波投身学生运动,并且与列斐伏尔发生论战,他指责列斐伏尔为"秩序维护者",而列斐伏尔指责德波有"排外主义狂热"。运动高潮过后,德波和情境主义国际都迅速走向了低谷。1972 年,德波和一个意大利情境主义者合作发表宣言《国际内的真正分裂》,认为情境主义的观念在更大的范围和不同的冲突中存在,真正的革命已经上路,所以作为组织的情境主义国际已经完成了使命。他们也承认情境主义国际遭遇了危机,原因在于学生和知识分子没能给予"情境主义"的态度以合适的实践形式。在这部宣言发表之后,情境主义国际宣告解散。这之后,德波成为一个自由作家和电影制作人。1973 年,电影版《景观社会》问世。在这期间,德波结识了媒体巨头杰勒德·勒博维奇并且迅速与之结为朋友。然而不幸的是,1984 年 3 月 7 日,勒博维西在巴黎被暗杀,德波卷入其中,深受打击。在被影射为嫌疑人之后,德波相继写下了一系列针对此事件的精彩思考。1988 年,德波出版了《景观社会》的续篇——《景观社会评论》。在这部著作中,德波认为自己在 1967 年提出的观念依旧适用,并且在此基础上,提出了"综合景观"的概念。1994 年 11 月 30 日,由于酗酒等问题,饱受病痛折磨的德波在家中开枪自杀。

主要理论(方法)贡献

德波一生做了两件影响广泛的大事:其一是实践层面的——创立了情境主义国际并领导了该组织的一系列运动;其二是理论层面的——出版了《景观社会》。如果把德波的实践与理论割裂开来,显然很难理解其理论的真实含义。德波在为情境主义国际所写的成立宣言中,开篇就提出:世界必须改变,我们渴望社会和我们受制于其中的生活发生朝向最为自由的转变。在

《情境主义国际》杂志第一期,他们把"情境"界定为:由一个具有统一气氛的集体组织和一系列事件游戏有意并精心建构的一个生活瞬间。其中就包含了日后德波和情境主义运动的理论母题:对景观异化的资本主义日常生活的批判。

1967年出版的《景观社会》,成为德波一生的理论高峰,"景观"是德波在当代资本主义社会中发现的"隐蔽的上帝"。由此衍生的"媒介景观"的观念成为传播学批判范式的一个重要理论源泉。对于"景观社会"理论的理解就成为理解德波思想的钥匙。

《景观社会》一书是以思想断片的形式呈现的理论表达,尽管看起来杂乱无章,但德波有着清晰的理论逻辑。围绕"景观"这一核心概念,德波回答了何谓景观、景观的特征及本质、景观的运作机制、景观的类别,以及景观社会的后果这样几个问题。对于这几个问题的回答,德波在1988年出版的《景观社会评论》中有所增补和修改,但他从始至终坚持了其对当代景观社会的基本判断。

德波并没有将景观的定义精确化,他并不简单地认为"景观是影像的积聚",而认为其是以影像为中介的人与人之间的社会关系,在现代生产条件无所不在的社会,生活本身展现为景观的庞大堆聚,直接存在的一切全都转化为一个表象。在德波的语境中,景观成为这个世界中唯一虚假的真实,景观既是资本主义社会统治的手段,又是其统治的目的。在《资本论》第一卷中,马克思开篇就提出"资本主义生产方式占统治地位的社会的财富,表现为'庞大的商品堆积'"。德波在这里的表述显然是对这句话的一种戏仿,然而这种戏仿却指认了这样的事实:在现代资本主义社会,物化的商品表象已经再次发生了颠倒,景观成为所有商品的一般等价物,成为这个社会中唯一的现实。

景观通过逻辑上连贯的步骤达成对社会的统治,自然分工导致的专门化,尤其是权力的专门化,成为景观产生之根。进入现代社会,自然分工成为不可避免的分离,而分离就是景观的全部。景观看似作为中介把分离的个体重新联系起来,但这个联系的中心便是景观本身,景观借助个体的分离将个体重新统一,自己却成为上帝,无处不在。景观对商品的替代是一种更深层次的异化,商品异化控制的是人的生产与消费,而景观异化甚至控制了"休闲和人性",决定性的商品统治被更深地隐匿了,这种日常生活的异化正是当代景观异化最重要的特征。

德波在《景观社会》中把景观区分为集中和弥散两种类型。在《景观社会评论》中,德波把景观的类型扩展为三类,在原有的基础上加入了综合景观。集中的景观与专制资本主义相联系,是一种统治阶级意识形态的表征,往往集中在一个权威者的形象之上;弥散的景观与丰裕的资本主义商品经济相联系,是碎片化的商品形象和消费形象,是遮蔽社会整体品质的欺骗手段;综合的景观出现在法国和意大利,它把自身嵌入现实并对这种现实加以描述,景观不再是异化了的现实,景观真正成为现实本身。德波此时已经把大众传播媒介放在了批判的中心,大众传播媒介事实上就是他所指认的这种综合景观的最重要的组成部分。在德波看来,"不偏不倚"的媒介不过是个幻象,景观不是媒介滥用的后果,恰恰相反,媒介奢侈的多样性才是景观的真实再现。

景观社会带来一系列社会后果,除了已经提到的景观异化,德波最忧心的是物化的意识形态的无处不在以及作为革命力量的无产阶级的革命方式的转变。德波在这里继承了卢卡奇的思想并且将其推向极致,他认为景观不但是物化的意识形态本身,而且是其发展的顶点。这种意识形态的核心是在景观之中重构现实,并认同其作为现实的合法性。由于这种基于社会分离的景观社会的到来,工人阶级的代表变成了工人阶级的敌人,而工人阶级的形式本身成为景观的一部分。正因为如此,德波提出工人阶级不能再用异化的形式反抗异化,而应当建立整体的社会批判。

对传播学学科建制的贡献

德波一生的理论贡献集中在对"景观社会"这一观念的阐释上。这一观念之所以如此重要,是因为它打开了通往后现代社会批判和媒介文化理论的大门,这种影响主要体现为两位著名传播学学者的理论继承。

德波理论的第一声回响来自让·鲍德里亚。德波对鲍德里亚的影响显而易见,尤其在对消费社会的界定上,鲍德里亚显然是同意德波对于景观社会的界定的,但不同的是,鲍德里亚甚至把景观社会与它的物质基础相分离,把景观社会看作"自我实现"的"现实本身",正是在这个意义上,鲍德里亚提出了比"真实还真实"的超真实社会。在拟真社会中,景观差异直接转变为脱离现实基础却承载价值和意义的符号差异,这种差异便是消费的动力,这种表面上的多样性实际上已经成为脱离现实基础的新的现实整体。在这个拟真的世界中,生产已经不存在,而消费即上帝。鲍德里亚把马克思和德波的现实与幻象的颠倒推向了极致,迈向了所谓的仅仅存在"表象"的后现代社会(参见本书让·鲍德里亚词条)。当然,不得不指出的是,德波的景观指认了一种表象的实在性,但这种实在性依然建立在商品社会的基础之上,并且德波并没有像鲍德里亚一般否定一切革命的希望,他的"情境主义"运动依然是一种对"景观"的革命运动。在这一点上,德波与鲍德里亚之间存在差异。

德波的理论为当代美国文化研究提供了重要给养。德波建构了一个范围相对宽泛和抽象的景观概念。而这个概念到了道格拉斯·凯尔纳的手中,就变成了对多样的媒介景观的细致阐释。凯尔纳的 *Media Spectacle* 一书的中文版书名被译为《媒介奇观》,该书正是将德波的理论应用于阐释美国的各种媒介文化现象。在凯尔纳那里,景观社会主要通过休闲和消费、服务和娱乐的文化机器扩展其控制范围,并被广告和商业化的媒介文化统治。媒介景观的统治领域实际上就是整个景观社会的缩影,娱乐、体育、明星、音乐、电视、剧场、食品等都是景观的统治领域。景观对赛博空间(网络)的统治进一步将景观升级为多媒体式的,并将整个社会推进到娱乐化的网络信息社会。凯尔纳和德波都把"景观"的概念当作社会或文化批判的入口:德波把对日常生活情境的重新建构看作对无处不在的景观的反叛,而凯尔纳把景观视作窥视当代文化的沉沦时刻,通过对当代媒介景观的细致解码,建构一种诊断式批判的文化研究的新方法。然而,相比于凯尔纳,德波的"景观"概念范围更加宽泛,或者说更具基础意义。对他来说,"景观"是一种新的社会关系,而不仅仅是媒介现象的表征。在这个意义上,凯尔纳将德波的"景观"概念的范围大大缩小了。

原作

〔法〕居伊·德波:《景观社会评论》,梁虹译,桂林:广西师范大学出版社 2007 年版。

〔法〕居伊·德波:《景观社会》,张新木译,南京:南京大学出版社 2017 年版。

Tom McDonough (ed.), *Guy Debord and the Situationist International*: *Texts and Documents*, Cambridge, Massachusetts: MIT Press, 2002.

相关思想史或评传

〔英〕安迪·梅里菲尔德:《居伊·德波》,赵柔柔、崔晓红译,北京:北京大学出版社 2011 年版。

道格拉斯·凯尔纳:《媒体奇观——当代美国社会文化透视》,史安斌译,北京:清华大学出版社 2003 年版。

Richard Gilman-Opalsky, *Spectacular Capitalism: Guy Debord and the Practice of Radical Philosophy*, London: Minor Compositions, 2011.

Sadie Plant, *The Most Radical Gesture: The Situationist International in a Postmodern Age*, London & New York: Routledge, 1992.

(李耘耕)

哈罗德·D.拉斯韦尔
(Harold D. Lasswell, 1902—1978)

学术生平

哈罗德·D.拉斯韦尔1902年2月13日生于美国伊利诺伊州的唐奈森,16岁便成为芝加哥大学的学生,主修经济学。1922年,他进入芝加哥大学政治学系,师从系主任梅里亚姆攻读政治学博士。他和他的导师都被看作美国行为主义政治学的代表人物。与梅里亚姆不同的是,拉斯韦尔的兴趣范围似乎更加广泛,他不但对弗洛伊德精神分析心理学表现出浓厚的兴趣,而且极其熟悉马克思的政治理论,他从不将自己局限于任何单一的学科领域。1926年他获得政治学博士学位,其博士论文便是被誉为传播学奠基之作的《世界大战中的宣传技巧》。随着该论文的发表,他也被任命为芝加哥大学政治学系助理教授。1936年,他出版了他在政治学领域的代表性著作《政治学:谁得到了什么?在什么时候和怎么得到的?》,这部作品奠定了他在政治学界的地位。1938年,由于与当时芝加哥大学校长哈钦斯在学术研究旨趣上存在一定分歧,拉斯韦尔辞去了芝加哥大学政治学系副教授的教职。当时,拉斯韦尔想到华盛顿与医学博士沙利文以及耶鲁大学人类学家萨丕尔一起办一个跨学科的精神病学院。然而,没有想到的是,萨丕尔病重去世,而精神病学院的经费又没有着落,拉斯韦尔因此失业。更不幸的是,在搬家途中,载有拉斯韦尔所有文章和资料的两辆卡车翻倒燃烧,他关于政治学的思想记录被清除殆尽。此后的两年,拉斯韦尔陷入了人生低谷,他为 NBC 打过零工,在耶鲁法学院谋了个兼职讲师的职位,担任了一些政府机构和洛克菲勒基金会的顾问。这一切都让拉斯韦尔陷入了中年危机。第二次世界大战的爆发让这位研究战时宣传的知名学者摆脱了困扰。他被任命为美国国会图书馆战时传播研究实验部主任,并开始研究二战中的宣传问题。1939 年 9 月,拉斯韦尔参加了洛克菲勒基金会广播研究项目——约翰·马歇尔组织的 12 人洛克菲勒传播研讨班,这个研讨班持续存在了一年。研讨班成立的目的主要是评估拉扎斯菲尔德的广播研究项目的进展,然而,研讨班成立后不久,广播研究项目就以拉扎斯菲尔德的顺利结项而告终。于是,研讨班的主要任务转向讨论在即将到来的战时紧急状态下如何使用大众传播。在这个研讨班上,拉斯韦尔较为成熟地提出了著名的"五 W"理论和传播的三功能说,他也是这个研讨班中能够掌握话语权的人之一。正如罗杰斯评价的那样:拉斯韦尔在洛克菲勒传播研讨班上占统治地位。在第二次世界大战中,拉斯韦尔的主要任务就是从事战时宣传的内容分析。从表面上看,这是拉斯韦尔从事定量内容分析的一个项目,但实际上,它更主要的是一种情报工作。1946 年,拉斯韦尔被任命为耶鲁大学法学院教授,直到 1970 年退休。1947 年,他参加了名为"革命和国际关系的发展"的项目(由于项目落地于斯坦福大学胡佛研究院,所以又被称为胡佛项目),此后逐渐成为美国冷战时期国际政策方面的重要智囊。1955 年,他当选美国政治学学会主席。退休以后,他还在纽约城市大学、天普大学和哥伦比亚大学担任教授,1976 年成为纽约政策学中心主任。1978 年 12 月 18 日,拉斯韦尔在纽约因肺炎病故。拉斯韦尔著作等身。终其一生,他独自撰写或与他人合作了 52 部专著,325 篇文章或章节,其中对于传播学的学科框架而言,最重要的就是他在 1948 年发表的论文《社会传播的结构与功能》。

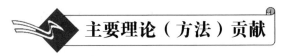

主要理论（方法）贡献

拉斯韦尔对于传播理论与方法最主要的贡献体现在三个方面：他提出了"五W"理论并奠定了结构功能主义的传播学研究框架；他奠定了宣传学的研究并对宣传技巧和宣传效果进行了专门的研究；他发明并完善了内容分析的方法。

在《社会传播的结构与功能》的开篇，拉斯韦尔就指出描绘传播行为必须回答以下五个问题：谁（who）？说什么（says what）？通过什么渠道（in which channel）？对谁说（to whom）？取得了什么效果（with what effect）？这一论断不仅向人们描绘了传播的过程，而且自然地将传播研究分成五个领域：传播者研究、内容研究、媒介研究、受众研究和效果研究。拉斯韦尔认为，这一信息流程的最终指向是效果，因此效果研究是研究框架的中心和重心。而这个结构性的框架是由传播的三大功能决定的，它们分别是守望环境的功能、协调社会各部分以回应环境的功能以及使社会遗产代代相传的功能。这样一来，拉斯韦尔就为传播学奠定了结构功能主义的框架。拉斯韦尔还为他的这个框架确定了适用的领域，那就是大众传播。很多人认为"大众传播"这个概念是1939年拉斯韦尔在洛克菲勒传播研讨班上提出的，但这一说法有争议，也有一种观点认为这个词的提出与项目负责人马歇尔直接相关。但不管怎样，用"五W"模式的框架研究大众传播就这样被拉斯韦尔确立下来，成为美国传播学不证自明的起点。

在宣传研究领域，拉斯韦尔做出了更大的贡献。他对于宣传的定义、功能和技巧都有自己独到的见解。目前的传播研究仍然将拉斯韦尔对宣传的定义看作权威定义，拉斯韦尔眼中的宣传指的是通过重要的符号，即通过故事、谣言、报道、图片以及社会传播的其他形式来控制意见。在拉斯韦尔那里，宣传不仅仅是中性的，如果使用得当，应当是具有褒义色彩的。在他的博士论文中，拉斯韦尔就已经指出，宣传是现代战争中与人员、武器并列的第三要素。所以他说：宣传是现代世界中最有力的工具之一。他认为，宣传的重要性无以复加，任何一个政府都要使用宣传来达成其目标，尤其是在暴力会受到谴责的今天，宣传在达成政府目标方面有着特殊的意义。在冷战开始后，拉斯韦尔主张采用宣传的方法与敌对的苏共阵营进行意识形态斗争，包括搜集对方的情报、封锁自身的消息以及与对方境内的受众积极建立联系。在其博士论文中,拉斯韦尔还讨论了各国宣传的常用策略,比如:以民族主义为幌子;指称敌人的宣传是谎言;既承认自己面临的不利又宣称将取得最终胜利的"补偿策略";避免可能招致反驳的谎言;等等。通过对文本的仔细分析,拉斯韦尔认为有一些宣传技巧很高明,有一些则很愚蠢。不过,他的判断缺乏事实证据尤其是调查数据的支持。拉斯韦尔的研究从经典传播学的角度来看也是有缺陷的,因为通过对文本的研究,完全无法了解宣传的实际效果。因此,尽管拉斯韦尔认为效果是传播研究最重要的领域,而且他认为宣传有着重要的社会影响,但他始终缺乏一种征服这一领域的研究方法,也始终没有在这一领域建立自己的理论。

拉斯韦尔对内容分析法的发展是分阶段的。在他进行博士学位论文研究时,他使用的内容分析法基本上是质性的。拉斯韦尔通过对交战双方的报纸、宣传手册、传单、书籍、海报、信件、日记、电影和图片等文本的分析,描绘了宣传者的目的和策略。不过,与另一种质性的文本研究方法——话语分析——不同的是,拉斯韦尔的质性内容分析法并不着眼于符号背后的意义或语境,而只关注其内容本身包含的表面信息。而到了二战期间,在国会图书馆主持战时传播研究项目时,拉斯韦尔将内容分析发展成为一种量化的研究方法,通过划定编码范畴和对关键词频度进行统计测量,来分析媒体宣传的文本内容。正如罗杰斯评价的那样:他的第一个研究(关于第一次世界大战的宣传)在风格上是定性的和批判的,主要提示了发生冲突的双方都采用的宣传技术的性质;15 年后,他在第二次世界大战期间的宣传研究主要是定量的和统计学的。这就为当时尚未成形的传播研究增加了一种测量工具。因此,拉斯韦尔与贝雷尔森一样被看作内容分析法的创立者。

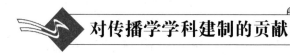
对传播学学科建制的贡献

拉斯韦尔与其他传播学奠基人一样,从来没有办过传播学的教学点,也不承认自己是传播学者,但他的传播研究活动确实对传播学的学科建制产生了深远的影响。

首先是拉斯韦尔提出的"五 W"理论与三功能说。这一结构功能主义的理论框架不仅确定了美国传播学的研究领域和对象,还为当时正在努力使传播学科知识系统化的施拉姆找到了一条最合适的综合路径。施拉姆受到信息论和系统论的鼓舞,看到了将传播学发展成为一种科学的可能,但当时的效果和受众研究似乎不能直接与香农等人的模式结合在一起。拉斯韦尔的"五W"模式将这两者完美结合在一起,显示出比任何替代性范式更强的兼容性。从目前的情况来看,传播学的教学与研究体系基本上就是在这个框架内形成的,多数传播学教材的写作也在这个框架内展开。

其次是他对于传播研究群体的影响。由于在洛克菲勒传播研讨班上享有重要的话语权,拉斯韦尔统合了坎特里尔、拉扎斯菲尔德、韦普尔斯等对传播学有重要影响的学者的传播观,对这一学术共同体的形成产生了重要的影响。拉斯韦尔对大众传播领域的划定,对定量方法的重视,对科学主义和实证主义的关注,跨学科研究传播问题的视角,关于传播模式和传播的社会功能的观点,对宣传的重要性的看法,关于传播学必须为政府服务的观念,都被这一共同体认同,并最终渗透到美国传播学的基本价值观中。

最后是他对传播学的地位的影响。通过国会图书馆的平台,拉斯韦尔与政府高层保持着密切的联系,可以向联邦官员强调传播研究的重要性。1941年1月18日,在纽约的普林斯顿俱乐部,拉斯韦尔代表研讨班向司法部、海军部、内政部、联邦通信委员会等美国政府机构的代表阐述了传播研究对即将卷入战争的政府的重要性。他的战时传播研究项目本身也确实让美国政府看到了传播研究或者说宣传研究对于政府的意义。所以罗杰斯评论说:即便传播学不是美国大学中被教授的一个学术科目,它对于联邦政府来说,也正在成为一种神奇的指挥棒。拉斯韦尔促使它做到了这一点。美国政府的重视使传播学获得了大量的经费支持并迅速成长起来。

原作

〔美〕哈罗德·D.拉斯韦尔:《世界大战中的宣传技巧》,张洁、田青译,北京:中国人民大学出版社2003年版。

〔美〕哈罗德·拉斯韦尔:《社会传播的结构与功能》,何道宽译,北京:中国传媒大学出版社2013年版。

Harold D. Lasswell, Daniel Lerner, and Ithiel de Sola Pool, *The Comparative Study of Symbols: An Introduction*, Stanford, CA: Stanford University Press, 1952.

相关思想史或评传

〔美〕E. M. 罗杰斯:《传播学史——一种传记式的方法》,殷晓蓉译,上海:上海译文出版社 2012 年版。

〔美〕汉诺·哈特:《传播学批判研究:美国的传播、历史和理论》,何道宽译,北京:北京大学出版社 2008 年版。

〔美〕韦尔伯·施拉姆著,斯蒂芬·查菲、艾弗雷特·罗杰斯编:《美国传播研究的开端:亲身回忆》,王金礼译,北京:中国传媒大学出版社 2016 年版。

〔美〕辛普森:《胁迫之术:心理战与美国传播研究的兴起(1945—1960)》,王维佳等译,上海:华东师范大学出版社 2017 年版。

胡翼青:《传播学科的奠定:1922~1949》,北京:中国大百科全书出版社 2012 年版。

伍静:《中美传播学早期的建制史与反思》,济南:山东人民出版社 2011 年版。

(胡翼青)

哈罗德·英尼斯
(Harold Innis,1894—1952)

学术生平

哈罗德·英尼斯1894年11月5日出生于加拿大安大略省西南部的一个农业小镇奥特维尔,向东90英里就是省会多伦多。英尼斯的童年生活是与土地紧密联系的。1912年,他到当时隶属于多伦多浸礼会的麦克马斯特大学求学。第一次世界大战爆发后,刚刚从麦克马斯特大学毕业,他便应征入伍,成为一名信号兵,接触到了战场上的各种运输工具和通信工具。因被炮弹击中,腿部受伤,他在英国康复后回国。在此期间他学习了经济学。他的硕士论文《归来的士兵》被母校麦克马斯特大学接受。为学习经济学,他于1918年夏天到多伦多大学上暑期班。接着,他进入芝加哥大学攻读全日制经济学博士学位,主要兴趣是政治经济学和经济史。他的经济学研究深受制度经济学派创始人凡勃伦的影响。英尼斯在芝加哥大学学习时系统研读了凡勃伦的著作,还参加了一个凡勃伦研究小组。与此同时,他修读了社会学系的一些课程。他的导师切斯特·赖特教授鼓励他写一篇有关加拿大的博士论文,他因此写出了

《加拿大太平洋铁路史》。在芝加哥大学求学期间,他负责几门经济学入门课的教学工作。博士毕业后,他回到多伦多大学政治经济学系执教。1923年,他的博士论文出版。20世纪20年代英尼斯进行了后来被誉为"加拿大史学史上的神奇经历"的四次长途田野考察——1924年和同事沿麦肯齐河考察,1926年沿育空河考察,1927年到北部安大略湖和魁北克省的许多城镇考察,1929年到哈德逊湾考察,终于描绘出皮货贸易的详细情况,发现了交通运输系统对贸易的关键作用,研究成果《加拿大的皮货贸易》于1930年出版,并被认为是政治经济学领域的杰作。接下来的十年,他主要研究"大宗货物主题",大宗资源如木材、矿产品、小麦等成为他的研究领域。1940年,他的研究领域超出加拿大,出版了《鳕鱼业:一部国际经济史》。第二次世界大战爆发时,他已经晋升为教授、政治经济学系系主任。战争期间他坚守学术,捍卫学者教书和出版的权利。1941年,他参与创建了加拿大经济史学会,并创办其会刊《经济史杂志》。他还是经济史学会第二任主席(1942—1944)。对大宗产品的研究让英尼斯开始了对纸浆、纸张直至报纸、广告的研究,他做了大量笔记,并将之发展成为一部未出版的手稿《传播史》。而《报纸在经济发展中的作用》,作为1946年出版的文集《政治经济学与现代国家》的首篇,是他进入传播领域的第一篇文章。1947年,英尼斯被任命为多伦多大学研究生院院长。不久,牛津大学邀请他去做系列讲座,内容与不列颠帝国的经济史相关,讲座由贝特基金会赞助。讲座的讲稿最终成书,即《帝国与传播》。1948年,他又出版了《传播的偏向》。1952年11月,他因患癌症不幸去世。英尼斯被誉为"第一位获得国际声誉的加拿大本土社会科学学者"。

主要理论(方法)贡献

英尼斯是加拿大最著名的学者之一。在媒介环境学的谱系里,英尼斯有着不可撼动的地位。马歇尔·麦克卢汉自称是他的精神继承人;詹姆斯·凯瑞评价说,为传播学做出最伟大贡献的是英尼斯的著作,而不是麦克卢汉的著作;尼尔·波兹曼也曾断言英尼斯是"传播学之父"。

英尼斯具有泛媒介观,他认为凡是能够负载信息的物质都是媒介,除了报纸、广播、电视,还包括石头、教堂、莎草纸、图书馆、货币等,甚至将口语、字母表、诗歌、戏剧、法律、哲学、数字、广告等也看作媒介,因为它们能够反映某些历史时期的文化和社会思潮。

英尼斯最著名的传播思想是媒介偏向论。他从传播媒介对知识在时间和空间中的传播产生的重要影响出发,研究传播的特征,提出了传播媒介具有偏向性的理论。他认为:根据传播媒介的特征,某种媒介可能更加适合知识在时间上的纵向传播,而不适合在空间中的横向传播,尤其是该媒介笨重而耐久、不适合运输的时候;某种媒介也可能更加适合知识在空间中的横向传播,而不适合在时间上的纵向传播,尤其是该媒介轻巧而便于运输的时候。所谓媒介或倚重时间或倚重空间,其含义是:对于它所在的文化,它的重要性有这样或那样的偏向。按照英尼斯的划分,口头语言、羊皮纸、黏土、石头等属于时间偏向型媒介;莎草纸、文字、印刷等属于空间偏向型媒介。

英尼斯认为,媒介的传播决定着帝国的性质。他认为一个帝国成功的关键,是要解决时间问题和空间问题。在《帝国与传播》中,英尼斯进一步强调了媒介偏向、时间偏向和空间偏向的关系,并指出媒介与国家官僚体制和宗教的关系。他说:一个成功的帝国必须充分认识到空间问题的重要性,空间问题既是军事问题,也是政治问题;它还要认识到时间问题的重要性,时间问题既是朝代问题和人生寿限问题,也是宗教问题。时间偏向型媒介有助于连续的文明的发展,而空间偏向型媒介常被用于稳固政权和扩张领土。例如,罗马人征服埃及之后,莎草纸的供应源源不绝,成为一个庞大帝国行政管理的基础。

后期英尼斯对传播的考察不仅停留在市场这一层面,而且将传播作为历史运转的轴心来探索。他将"垄断"等经济学术语应用到传播、社会领域,探讨媒介对知识流通和控制的影响。英尼斯强调,形成知识垄断的两个条件是:占有主要媒介,掌握媒介使用技能。他说,一种书写的复杂系统成为一个特殊阶级的所有物,并且倾向于支持这一特殊阶级。比如,文字的出现使读书阶层成为文化精英。对媒介的控制意味着对知识的垄断。他还指出,现代社会的知识垄断并没有消失,而是以更隐蔽的形式存在着。英尼斯认为,每一种媒介都有自己的特征,媒介可以作为文明分期的标志。他以媒介为考察文明兴衰的工具,将漫长的历史划分为九个时期:埃及文明(莎草纸和圣书文字);希腊/罗马文明(拼音字母);中世纪时期(羊皮纸和抄本);中国纸笔时期;印刷术初期;启蒙时期(报纸的诞生);机器印刷时期(印刷机、铸字机、铅版、机制纸等);电影时期;广播时期。通过对不同历史时期占主导地位的媒介的考察,他试图探索人类文明兴衰的规律。

他的研究方法为媒介环境学创造了独特的方法论工具。他深受凡勃伦制度经济学的启发,在社会历史发展的大背景下,分析技术变迁、制度变迁对加拿大贸易的影响,在世界文明史的大背景下,分析媒介环境对经济、政治、文化和文明发展的影响与制约机制。詹姆斯·凯瑞说,英尼斯为传播研究提供了一种学术探讨的模式,这种模式是历史的、经验的、解释的和批判的。

对传播学学科建制的贡献

英尼斯是对媒介环境进行系统研究的第一人,可以说,英尼斯开创了传播学三大流派之一的媒介环境学派。他确定了媒介环境学派主要的研究对象、研究主题,提出了一些重要的理论命题。英尼斯从经济史研究中发现了传播技术的革命性意义并转向以传播为核心的研究。他沿着经济学研究的路子论证大众传媒对商品经济的影响,接着探讨媒介对知识和权力的意义,并对世界文明史的发展和危机进行诊断,再深入研究媒介变革在何种程度上对社会发展、人类文明的存续产生影响,将媒介环境变革视作社会历史变迁的主要动因。这些都为后继学者提供了无尽的探讨空间。

英尼斯对加拿大的媒介政治经济学研究产生了深远影响。在1946年发表的《报纸在经济发展中的作用》中,英尼斯考察了报纸与经济变革之间的关系,注意到媒介在市场和经济发展中的作用。他提出商品生产和销售的变化不能只追溯到市场经济和价格体系,以报纸为代表的大众媒介是不可忽视的重要根源之一。他看到便士报的盛行,提出报纸的低价销售策略首开商业领域薄利多销的先河。英尼斯通过研究证明报纸是大规模生产、分配、销售的开路先锋,是百货商店和现代消费经济的先兆。他还注意到大众媒体对各种商品价格信息的快速传播,突出了价格的市场调节与配置作用。在其晚期著作中,英尼斯着力批判美国基于媒介的文化扩张,这为后来的文化帝国主义思想奠定了基石。

英尼斯对麦克卢汉的影响是直接的,他与麦克卢汉联系并赠送给他一本《帝国与传播》。麦克卢汉曾说乐意把自己的《古登堡星汉璀璨》看成英尼斯的注脚。詹姆斯·凯瑞承认英尼斯和麦克卢汉的相似之处,但指出了两人的不同:英尼斯认为传播技术主要影响社会组织和文化,麦克卢汉则认为传播技术主要影响感知系统和人的思想。尼尔·波兹曼是最多产的阐述英尼斯媒介理论的学者,他常常激励媒介环境学学者"把哈罗德·英尼斯的教诲当作指针"。

《帝国与传播》《传播的偏向》是媒介环境学派的开山之作,本质上更是英尼斯的政治经济学思想在传播学领域的延伸。从学术渊源上看,英尼斯在传媒方面的理论又是芝加哥学派的帕克等将传播视为创造与维系社会、推动文明进步的重要力量的观念的后续。他和后来的学者,逐渐建构了不同于结构功能主义、批判主义的第三种传播学研究范式——技术主义范式。

原作

〔加〕哈罗德·英尼斯:《帝国与传播(中文修订版)》,何道宽译,北京:中国传媒大学出版社 2015 年版。

〔加〕哈罗德·英尼斯:《传播的偏向(中文·英文双语版)》,何道宽译,北京:中国人民大学出版社 2018 年版。

〔加〕哈罗德·英尼斯:《变化中的时间观念》,何道宽译,北京:中国传媒大学出版社 2018 年版。

相关思想史或评传

〔美〕林文刚编:《媒介环境学:思想沿革与多维视野(第二版)》,何道宽译,北京:中国大百科全书出版社 2019 年版。

胡翼青:《试论社会学芝加哥学派与传播学技术主义范式的建构》,《国际新闻界》2006 年第 8 期。

李洁:《传播技术建构共同体?——从英尼斯到麦克卢汉》,广州:暨南大学出版社 2009 年版。

李明伟:《知媒者生存:媒介环境学纵论》,北京:北京大学出版社 2010 年版。

(戎 青)

赫伯特·布鲁默
(Herbert Blumer,1900—1987)

 **学术生平**

赫伯特·布鲁默 1900 年 3 月 7 日出生于美国密苏里州的圣路易斯。1918 年,布鲁默进入密苏里大学,1922 年获得硕士学位。毕业后布鲁默获得密苏里大学讲师的教职,讲授社会学。1927 年,师从米德的布鲁默获得芝加哥大学博士学位,其后留在芝加哥大学任教,继续其学术研究。在芝加哥大学期间,布鲁默的思想受到米德、帕克、伯吉斯等人的影响。他是社会学芝加哥学派第二代学者中米德路线和帕克路线的坚定捍卫者。尽管符号互动论的创始人是米德,但符号互动论的名称由布鲁默提出,他也进一步发展了符号互动论,使其成为芝加哥学派的理论标签之一。1931 年,布鲁默接替了米德在芝加哥大学社会心理学系的教席。因帕克赴亚洲访学,布鲁默接手并负责了 1929 年至 1932 年进行的佩恩基金研究中的两个子项目:电影对日常行为和儿童犯罪行为的影响。作为整个研究中最出色的子项目,布鲁默的研究被洛厄里和德弗勒称为传播研究的第一个里程碑。该项目的研究方法和理论成果也是布鲁

默对传播学的主要贡献之一。帕克退休后,芝加哥学派开始衰落,这一过程直接影响了正值壮年的布鲁默。1927年,倡导"科学的社会学"的威廉·奥格本从哥伦比亚大学来到芝加哥大学,引入了统计学方法。这与芝加哥学派在研究方法上一贯的传统并不一致,布鲁默本人也十分反感定量统计方法,芝加哥学派内部开始分裂为两种不同的方法路径。1936年至1951年奥格本担任芝加哥大学社会学系系主任期间,布鲁默也就一直郁郁不得志。研究方法上的分歧为日后连续两次(1951年、1956年)的系主任之争埋下了导火索。奥格本退休后,休斯成为新的系主任,布鲁默没有继续留在芝加哥大学,而是前往加利福尼亚大学伯克利分校。尽管休斯也是自帕克以来坚持田野调查传统的学者,和布鲁默却没有良好的合作关系。休斯的学生霍华德·贝克尔后来谈道:20世纪50年代,芝加哥大学社会学系的学生要么认为自己是休斯的学生,要么认为自己是布鲁默的学生,但不会是他们两人的学生。1930年至1935年,布鲁默担任美国社会学协会秘书长,事业如日中天。1935年,以帕森斯为代表的一批青年社会学学者创立了《美国社会学评论》(此前,全美社会学学术期刊的王牌只有一个,就是《美国社会学杂志》),脱离了原本由芝加哥学派把持的美国社会学协会。芝加哥学派不再具有一统社会学界的力量,这一"反叛"事件也直接导致布鲁默被解除了秘书长的职务。在离开芝加哥大学之前的1941年至1952年,布鲁默担任《美国社会学杂志》编辑。1952年,布鲁默成为美国社会学协会主席。其学术性代表作有《电影与行为》(1933)、《符号互动论:观点与方法》(1969)等。

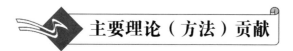

主要理论(方法)贡献

布鲁默主持的佩恩基金项目是大众传播研究的首个里程碑,该项目开创了传播研究领域的效果研究。布鲁默在研究中讨论了电影所产生的社会效果和心理效果。他发现电影产生的社会效果之一是使青少年产生了模仿行为。而且布鲁默认为,儿童与成年人的模仿有所不同,前者的模仿体现为游戏角色的扮演,后者则逐渐演化为自身的日常行为方式。在对电影与犯罪行为的研究中,布鲁默发现,模仿是电影与犯罪之间的桥梁,青少年对电影中某些行为的模仿导致了犯罪行为。此外,电影的效果也可能是间接的,青少年往往更容易记住刺激性强、更可能导致负面效果的信息。青少年罪犯在受访日记与访谈中反映,他们认为电影会产生罪恶的影响,但自己没有受到电影中负面信息的影响。这一结论正是"第三人效果"理论中的现象。布鲁默研究了电影对于性别塑造的影响。他发现,不同性别的儿童在观影后所喜欢扮演的角色有明显的不同,这些角色都来自电影提供的形象,传媒在个人社会化的过程中有潜移默化的作用。对电影导致的模仿行为,布鲁默并不止于对现象进行描述,他还分析了模仿对个体在日常生活中的行为的影响。青少年通过模仿电影里的角色获得个体感知,但在与周围群体互动的过程中,发现了这种模仿行为的不切实际以及可能遭遇的问题。在这一过程中,电影中的虚拟现实就被打破了。在这个意义上,电影所能产生的效果又是有限的。布鲁默指出,由于受众的生活经历、教育背景、宗教信仰等都有显著不同,因此即使是同一部电影,对不同的受众也会有不同的影响。由于受众的解读往往与导演的想法不同,在布鲁默的研究中,模仿行为也反映了受众的主动性,受众会选择电影中自己认可的行为加以模仿。布鲁默的电影效果研究还包括心理效果。通过对 458 份高中生日记和 1200 份小学生问卷的调查,研究者发现电影在形成白日梦的过程中是一种重要的力量。白日梦是精神分析心理学中的重要问题。从心理学的角度出发,布鲁默考察了电影引发的受众的情绪问题。在青少年中,电影容易催生激烈、冲动的情绪,而爱情片让人体验到满足感。电影引发的情绪会使观众陷入其中,但这种影响在情感和认知两个层面上的效果并不一致。简言之,在佩恩基金研究中,布鲁默关于电影与行为的课题是典型的传播效果研究,布鲁默的研究直接揭示了媒介在效果上具有何种威力,效果研究领域开始受到重视,进而对美国大众传播研究的兴起产生重要影响。

在传播研究的理论层面,布鲁默首先提出了"大众"这一概念。1939 年,布鲁默区分了"群体"(group)、"群众"(crowd)和"公众"(public)的概念,又进一步提出了"大众"(mass)的概念。布鲁默也是最早用"大众"这一概念框架分析"受众"(audience)的。群体成员彼此相识,生活在一定的社会和地理边界内,具有共同的价值观,拥有某种稳固的关系结构。群众指称的集合仍然局限于特定空间,但成员之间不具有稳定的关系,它是临时性的,因而很少以同样的社会结构重新形成,缺乏理性。而公众是人数较多、分布广泛、存在持久的群体集合。公众围绕公共生活中的某个问题或某一事业形成,因而也是现代民主政治的基本元素。大众则完全不同于公众,由分散、匿名的个体组成，是一个庞大的集合。它和群众一样，不具有稳定的结构，成员缺乏共同认可的价值观，在空间上也不具有固定的场所。但是，大众的概念范围远比群众广，大众的人数更多，缺乏个性与自我意识，彼此陌生，无法形成组织开展行动，达成共同目标。而受众这一新型集合体的形成是现代社会各种因素相互作用的结果。布鲁默对"大众"的区分受到塔尔德、勒庞以及帕克的影响，但布鲁默的界定在当时最为清晰、准确。

布鲁默正式命名了"符号互动论"。1937年，布鲁默提出"符号互动论"，不仅是对米德思想的概括与总结，也是他自己的社会思想、传播思想的体现。布鲁默认为，米德从符号互动入手，对人类群体生活的本质做了最基础的研究，但米德没有提供可使用的方法，而布鲁默的目标就是提供研究人类群体生活的基本理论与研究方法。米德认为人类与社会的本质在于互动的观点始终是布鲁默的核心思想。布鲁默认为，人们通过互动，对自己所处的环境、与他人的关系做出解释，并对所处的情境加以定义。

布鲁默坚持并发展了社会学的质性研究方法。布鲁默认为，一个经验方案要想有效，必须和社会生活的本质保持一致。这是布鲁默对于方法论的基本观点。布鲁默认为，人的世界是由他所了解的客体构成的不同的环境。客体是社会的创造物，是某种可以被人们指示或者指涉的东西。一个客体对于不同的人来说有不同的意义。在某种意义上，这个客体可以被用来解释米德的客我。所以，布鲁默对于大众传播研究中统计学方法的批评就是站在互动论立场上提出的。媒介呈现的内容处于不断变化的过程中，人们解读媒体的兴趣也在变化，传播形式亦不断发生变化。因此，在布鲁默看来，统计方法很可能忽略这些处于不断变化中的事实而得出错误的推论。由于秉持米德的互动观点，布鲁默强调人类行为的选择性、创造性和独特性，主张研究基于对经验世界的观察。布鲁默认为无法建立客观的理论框架，由此可以看出，布鲁默也反对在研究人的社会学与社会心理学中采用实证的定量研究方法。在布鲁默主持的"电影与行为"研究中，他秉持了芝加哥学派一贯的质性研究传统，以访谈和日记的方法为主。

对传播学学科建制的贡献

布鲁默是芝加哥学派的重要人物。他继承并坚持了米德的符号互动论传统,也是该理论的命名人。他总结并归纳了符号互动理论,试图归纳出可供社会学使用的方法论。他认为人们通过互动对周围的环境和相互间的关系做出解释,定义所处的情境。这一观点直接影响了戈夫曼对情境的理解与阐述。

布鲁默反对实证研究的统计方法,坚持芝加哥学派传统的质性研究路径。他认为媒介呈现的内容处于变化中,受众对媒介的兴趣也在变化,不同的传播形式相互依赖,统计调查的结果极易失效,定量研究有着先天不足。布鲁默认为质性研究方法在效果研究中更具有效度。布鲁默在研究方法上的坚持,对 20 世纪 60 年代质性研究方法的复兴具有重要影响。

布鲁默的"电影与行为"研究是传播学史上的里程碑,其研究成果在很多方面可以被深化为后来传播学中的理论,但在很长时间内,布鲁默的研究都没有引起传播学学者的足够重视。布鲁默对效果的关注,兼顾了社会与心理两个层面。在心理学层面探究媒介的效果,后来成为传播研究的主要取向。尽管布鲁默反对实证研究的方法,但由他主导的佩恩基金研究正是第一个以科学方法研究媒介对受众的影响的传播研究项目。20 世纪 20 年代,电影的繁荣引起了社会广泛关注,在布鲁默之前已有不少认为电影媒介可能产生不良影响的文献,但只有布鲁默的"电影与犯罪"和"电影与行为"研究从"科学"的角度证实了人们的担忧,即对电影这一媒介的效果进行了系统的研究与分析。此后,对社会现象的研究愈发强调"科学"的说服力。可以说,在研究方法与研究主题上,布鲁默是传播学史上的一个转折点。

布鲁默的研究成果对传播效果理论有启发意义,他参与的研究亦开大型项目研究之先河。20 世纪 20 年代电影作为新兴媒介引起社会关注后,美国电影研究评议会迫于舆论压力,在佩恩基金会的资助下,决定采用实证的科学方法测量电影对青少年的影响。传播研究依靠项目获得资金赞助,始于佩恩基金研究。到了 40 年代,拉扎斯菲尔德把项目研究做得风生水起,使传播研究受益于商业资金与政府资助。

扩展阅读

原作

Herbert Blumer, *Movies and Conduct*, New York, NY: Macmillan Company, 1933.

Herbert Blumer, *Critiques of Research in the Social Sciences: An Appraisal of Thomas and*

Znaniecki's *"The Polish Peasant in Europe and America,"* New Brunswick, NJ: Transaction Publishers, 1979.

Herbert Blumer, *Symbolic Interactionism: Perspective and Method*, Berkeley, CA: University of California Press, 1986.

Herbert Blumer and Philip M. Hauser, *Movies Delinquency and Crime*, New York, NY: Macmillan Company, 1933.

相关思想史或评传

胡翼青:《再度发言:论社会学芝加哥学派传播思想》,北京:中国大百科全书出版社2007年版。

Kenneth Baugh, Jr., *The Methodology of Herbert Blumer: Critical Interpretation and Repair*, Cambridge: Cambridge University Press, 1990.

Martyn Hammersley, *The Dilemma of Qualitative Method: Herbert Blumer and the Chicago Tradition*, New York, NY: Routledge, 1989.

(吴　越)

赫伯特·I. 席勒
（Herbert I. Schiller，1919—2000）

赫伯特·I. 席勒 1919 年 11 月 5 日出生于美国纽约的一个工人家庭。他在经济大萧条中度过了中学和大学时代，因此对于政治、经济问题的思考开始有了左的倾向。1941 年，他获得哥伦比亚大学经济学硕士学位，并先后任职于美国劳工部和战时生产委员会。1942 年，席勒开始在军队服役，并加入了美国在德国的战后军政府。在德国，席勒见证了一个国家的政治、经济在极短的时间内经历的强迫性转型过程，也看到了联邦德国的经济在美国的帮助下迅速复兴。在美国军政府实施的重建联邦德国政治、经济的这些活动中，席勒目睹了高超的政治技巧和强烈的阶级意识，例如，西方盟军宁愿任用前纳粹人员，也不愿意左翼人士进入联邦德国政府。1949 年，席勒回到美国，在纽约城市大学找了一份教授经济学的兼职。1950 年，他在布鲁克林区的普拉特学院找到了第一份全职工作，仍然是教授经济学课程。1960 年，席勒获得纽约大学博士学位，而他的博士论文正是对战后美国援外活动进行的政治经济分析。从

1961年开始,席勒得到了伊利诺伊大学不定期的客座教职,并在1963年正式被伊利诺伊大学经济与商业研究所聘为副教授。尽管他一直在研究所工作,但其研究也引起了斯迈思所在的传播学研究所和斯迈思本人的注意。在斯迈思离开伊利诺伊返回加拿大以后,席勒接替他继续教授传播政治经济学的课程。1969年,席勒出版了《大众传播与美帝国》一书,引起了学术界广泛的关注并面临来自学校内保守势力的极大压力。伊利诺伊大学的保守派不同意席勒书中批评美国的观点,更不同意席勒直言不讳地反对越南战争的政治立场和态度。和斯迈思一样,席勒也受到了学术界的排挤。但此书的高知名度使席勒获得了加利福尼亚大学圣迭戈分校的注意,一批激进的学生和年轻的教师强烈要求校方聘请一位能为第三世界国家说话并且反对美帝国主义的教授。于是,1970年,席勒转到加州这所著名的学校。他在那里工作直到去世。

主要理论(方法)贡献

作为美国传播政治经济学批判学派的奠基人之一,席勒的诸多著作界定了美国大众传播媒介的种种政治经济特征,对世界范围内批判思想的发展产生了深远的影响。用他自己的话说,他所做的就是试图阐释各个领域(包括电影、电视、新闻、教育以及出版行业)中的强有力的传播系统如何构成与创造不平等,或者至少证明其合理性。

他的成名作是第一本书——《大众传播与美帝国》。该书揭露了被一般传播研究忽略的重要事实:自20世纪20年代以来,美国政府和军方便一直积极支持电子工业巨头,使其获得利润丰厚的经济合同和有利的频率资源;国家与媒介在推动本国资本向全球扩张的过程中也竭尽全力,通力合作。该书揭示了大众媒介与美国政府、军事工业构成联合体,共同控制美国社会的传播实质。通过对传播的这种独具慧眼的分析,席勒呈现了这样一个事实:国家是处于资本主义社会互相联系的结构之中的。

席勒的著作始终将传播研究置于广阔的政治经济背景中。席勒的第二本书《思想管理者》首次大量采用尼尔森公司、《读者文摘》杂志和《国家地理》杂志关于公司合并和跨国化的文件资料,持续、系统地批判了"信息社会"的思想,因为这些著名的公司是信息文化产业的主要政治文化代表。其后,他的《传播与文化统治》表述了他对文化帝国主义的见解,并呈现了他对智利阿连德政府建立不同于传统资本主义管理方式的观察的结果。这是"文化帝国主义"理论的代表作。席勒指出,几十年来,美国有意识地将它的"正确政治"标准强加给世界,采取的方法包括竭力推销"信息自由流通"的观点。

信息、传播和文化产业是席勒的学术研究坚持不变的兴趣所在。他的第四本书——《谁知道呢:在财富500强时代的信息》和第五本书《信息和危机经济》都转向了信息控制的问题。席勒检验了信息和传播系统对跨国资本总体活动的重要意义,消解了信息技术中立的神话。他指出,技术是社会构造的产物,既不是自治的,也不是中立的。跨国公司是信息产业的主要推动者,因为信息产业帮助跨国公司消灭了地理距离。特别是,在《信息和危机经济》一书中,他提出,信息传播系统有助于化解发达资本主义的持续积累性危机,危及发展中国家的民族和经济主权。在第六本书《文化产业:公司接管公共表达》中,席勒从学术流派发展的趋势这一角度探讨了文化产业的问题,并对当今社会"头脑的商业化和工业化"表示忧虑。席勒的第七本书是《信息的不平等:日益加深的美国社会危机》,针对的是美国"信息社会"的危机。

此外,席勒与积极推动世界信息传播新秩序的芬兰政治批判学者努登斯特伦合作主编了《国家主权与国际传播》。在这本书中,他们搜集了关于世界传播新秩序大辩论的各种主要观点。在转向对信息经济的批判将近十年之后,1989年,席勒重拾对国际传播转型的长期兴趣,又与另两名学者合作出版了《希望与白忙:美国与联合国教科文组织,1949—1985》一书,该书记录了联合国教科文组织呼吁建立世界信息传播新秩序的努力的寿终正寝。1993年,他与努登斯特伦再度合作,主编了《超越国家主权》一书,探讨的仍然是跨国传播与国家主权之间的关系。

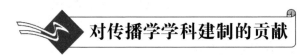
对传播学学科建制的贡献

席勒是加利福尼亚大学圣迭戈分校传播学系的创始人。在学术研究上,席勒毫不掩饰他对全球性的媒介产业化的反对以及对有别于商业文化的文化形态的期盼;在教学上,他也期盼建立一种有别于传统的传播学教育体系。因而在1970年,他创办了传播学系。尽管这一理想最终受阻于传播学的新保守主义,但是席勒的思想影响了一批在那里就读的学生。1999年10月,在他80岁的时候,一个以"新全球经济中的媒介和传播"为主题的国际研讨会在加利福尼亚大学圣迭戈分校传播学系召开。二十多名深受席勒思想影响的学者提交了论文。

另外,与达拉斯·斯迈思一样,席勒被看作传播政治经济学的创始人之一,他引导儿子丹·席勒也走上了传播政治经济学的研究之路。他也被认为是文化帝国主义理论的创始人之一。

扩展阅读

原作

〔美〕赫伯特·席勒:《大众传播与美帝国》,刘晓红译,上海:上海译文出版社2013年版。

Herbert I. Schiller, *The Mind Managers*, Boston, MA: Beacon Press, 1973.

Herbert I. Schiller, *Communication and Cultural Domination*, White Plains, NY: International Arts and Science Press, 1976.

Herbert I. Schiller, *Who Knows: Information in the Age of the Fortune 500*, Norwood, NJ: Ablex Publishing, 1981.

Herbert I. Schiller, *Information and the Crisis Economy*, Norwood, NJ: Ablex Publishing, 1984.

Herbert I. Schiller, *Culture, Inc.: The Corporate Takeover of Public Expression*, New York, NY: Oxford University Press, 1989.

Herbert I. Schiller, *Information Inequality: The Deepening Social Crisis in America*, New York, NY: Routledge, 1996.

Herbert I. Schiller, *Living in the Number One Country: Reflections from a Critic of American Empire*, New York, NY: Seven Stories Press, 2000.

相关思想史或评传

〔美〕迈克斯韦尔:《信息资本主义时代的批判宣言:赫伯特·席勒思想评传》,张志华译,上海:华东师范大学出版社2015年版。

陈世华:《北美传播政治经济学研究》,北京:社会科学文献出版社2017年版。

刘晓红:《西方传播政治经济学研究》,上海:上海人民出版社2007年版。

(张晓星)

赫伯特·马尔库塞
（Herbert Marcuse, 1898—1979）

 学术生平

赫伯特·马尔库塞1898年7月19日出生于德国柏林的一个犹太人家庭。1916年，马尔库塞被征召入德国军队服役，之后参加了第一次世界大战。1922年，他以论文《关于艺术家的德国小说》在弗赖堡大学获得博士学位。在弗赖堡大学，马尔库塞结识了现象学大师胡塞尔并接受了海德格尔的指导。1928年，他成为海德格尔的助手。1932年前后，马尔库塞首次接触到马克思的《1844年经济学哲学手稿》，并深深地被马克思的学说吸引。由于犹太人和马克思主义者的双重身份，他在1932年的授课资格答辩中受到海德格尔的刁难。1933年，马尔库塞和列奥·洛文塔尔会谈之后，经由后者向霍克海默大力举荐，最终加入了流亡瑞士日内瓦的社会研究所。在研究所最终落户美国之后，马尔库塞也来到美国并于1940年加入了美国国籍。1941年5月，马尔库塞一家跟随霍克海默来到了洛杉矶。随着美国的参战，1942年12月，债务缠身的马尔库塞加入战时情报办公室下属的情报局，任高级分析师。1943年3月，他转到了

秘密服务局工作,负责考察中西欧参战国的政治动态。第二次世界大战结束后,秘密服务局被解散。由于妻子索菲得了癌症无法离开,马尔库塞转到美国国务院工作,任情报研究处东欧局代科长。尽管20世纪50年代社会研究所在法兰克福大学重建之后,马尔库塞尝试过重新回到德国,但最终没有成功。1957年,马尔库塞出版了《爱欲与文明》,这本书尝试将批判理论与弗洛伊德主义结合起来,魏格豪斯称之为马尔库塞的"启蒙辩证法"。1958年,马尔库塞推出了《苏联马克思主义》,由此成为新时代创造性发展马克思主义的重要学者。1964年,马尔库塞出版了其影响最为深远的著作《单向度的人:发达工业社会意识形态研究》,对发达工业社会的意识形态进行了系统的批判。当1968年的"五月风暴"席卷整个西欧和美国的时候,马尔库塞和他的这部著作成为革命的旗帜之一。这也促使马尔库塞相继于1969年和1972年出版了自己的两部革命论著:《论解放》和《反革命与造反》。这两部著作表达了马尔库塞对学生革命运动的支持和同情。1965年,马尔库塞辗转来到加利福尼亚大学圣迭戈分校,直到20世纪70年代退休。在此期间,马尔库塞陆续发表了一批文章并经常对学生演讲,获得了美国大众媒体的广泛关注。由于他的立场有别于旧左派,并受到新左派运动的推崇,他也被媒体和学生誉为"新左派之父"。1979年7月29日,马尔库塞在德国讲学期间不幸病逝于慕尼黑附近的施塔恩贝格。除了上文提到的著作之外,马尔库塞的主要著作还包括《理性与革命》(1941)、《审美之维》(1979)等。

主要理论(方法)贡献

马尔库塞在批判理论的谱系中占据重要的位置。应该说,马尔库塞的思想是一个复杂的混合体。他并不单纯借鉴马克思的批判理论,还深受海德格尔的存在主义思想、弗洛伊德的精神分析理论以及法兰克福学派其他学者的影响。马克思和弗洛伊德的影响很容易在马尔库塞的著作中辨认出来,而海德格尔的影子就难以辨认了。事实上,马尔库塞对于海德格尔的思想经历了一个从接受到拒斥的过程。1927年海德格尔的《存在与时间》问世之后,马尔库塞沉浸于海德格尔对于现时代的形而上学诊断,这种回归"此在"的努力使马尔库塞看到了把海德格尔和马克思结合起来的可能性,然而这种努力却因为逐渐产生的对海德格尔哲学及他本人的失望而宣告失败。与整个法兰克福学派的研究旨趣相似，马尔库塞的理论并不关注具体的传播现象和媒介事件，他善于把传播与媒介技术置于整个发达工业社会中。正如其《单向度的人：发达工业社会意识形态研究》一书的副标题所表明的，在马尔库塞看来，对传播和媒介技术的研究是对整个发达工业社会意识形态研究的一个环节和重要组成部分。发达工业社会的意识形态主要通过现代媒介技术进行传播，并且现代媒介技术是重要的社会控制手段。总体上看，马尔库塞与非理性哲学在对待现代技术文明的立场上一脉相承，是具有批判性和否定性的。这种批判既与法兰克福学派的其他学者有相互借鉴和继承的关系，又与之相互区别。

首先，马尔库塞通过对马克思和黑格尔的追溯展现了一种他眼中真正的批判理论，这是《理性与革命》所要完成的基本任务。马尔库塞一生的理论都建基于对一种批判的理性主义的追求，他将之看作从黑格尔到马克思的一脉相承的精神内核。尽管马尔库塞也同其他法兰克福学派的学者一样，批判"压抑的理性"，然而，他试图说明的是，黑格尔的理性恰恰不同于这种"压抑的理性"，它可以和革命画等号。与黑格尔的理性相对立的是经验的实证主义，他认为实证主义是对经验事实不加批判的服从态度，是对现有秩序的维护，是现代极权主义的真正来源，而黑格尔的理性主义是与法国大革命的启蒙精神及民主主义紧密相连的东西。这种思想延续至《单向度的人：发达工业社会意识形态研究》，就转变为一种对发达工业社会肯定性哲学的批判。这种观点受到了后来诸多学者（如南斯拉夫实践派的柯拉科夫斯基）的批驳，然而对于传播研究来说，重要的并不在于马尔库塞的结论，而是批判理论与实证主义的分歧以及理解马尔库塞的思想立场及其与德国理性主义传统的渊源。

其次，马尔库塞把弗洛伊德的学说和马克思主义结合起来的努力也是其独特的理论贡献。尽管弗洛姆等人也在融合二者方面做出过卓越的努力，但马尔库塞的贡献在于，他对二者的结合真正以超越现有的意识形态为目标，追求基于"爱欲"的人类的普遍自由与解放。《爱欲与文明》集中展现了马尔库塞的抱负。这部著名的著作在某种意义上是对弗洛姆、阿多诺和霍克海默等人的回应，马尔库塞想要通过对弗洛伊德理论的修正去理解现代社会的压抑性机制,并在此基础上提供一种基于对"资本主义文明大拒绝"的乌托邦式的解放可能性。在马尔库塞看来,文明并非"现实原则"对"快乐原则"单纯压抑的过程,而是一个破坏的本能逐渐压倒"爱欲"的过程,文明与爱欲的解放并不必然矛盾,恰恰是对爱欲本能的"额外压抑"增加了文明中的破坏因素。而真正的解放是在一个"非压抑"的社会中实现从"性欲"到"爱欲"的升华。在对解放前景的"乐观"估计方面,马尔库塞算是法兰克福学派第一代学者中的一个异类,也正是这种思想立场,使其深深地卷入了20世纪60年代美国和西欧的革命风潮,甚至被称为美国的"新左派之父"。

最后,马尔库塞对于传播研究影响最大的思想当属其对于当代发达资本主义社会意识形态的集中批判,这个批判包含了马尔库塞对于科学技术,尤其是现代传播和媒介技术的理解。与马尔库塞的所有其他研究一样,对"单向度社会"的批判依然是试图建构一种新的社会批判理论的努力。在马尔库塞看来,当今社会是一个被科学技术统治的社会。由于冷战的终结,所有的历史可替代性选择也趋于沉默,科学技术的突飞猛进对于现代社会的理性秩序的建立和物质资源的丰富助力巨大,然而潜藏在这个社会之中的各种危机层出不穷,其中最大的危机便是社会和生活在这个社会中的所有人的"单面化",即所有否定性维度的遗失。这种遗失带来的恶显而易见:其一是所有真正个性的丧失和对虚假需求的满足;其二是科学技术的意识形态化将最终导致对社会的全面控制和管理,所以"单向度的人"描述的是一种自觉服从现存思想和行为体系,从而丧失了批判维度和可以超越现存社会的替代性选择及潜力的维度的状态。

媒介在这样的社会中扮演了怎样的角色是马尔库塞重点关注的问题之一。具体来说,包括以下几个方面:第一,媒介技术在马尔库塞那里是发达工业社会意识形态的传声筒,各类新闻媒体、广告宣传重复催眠,教化和操纵人们的思想及行为,技术统治将人变成单向度的人,社会和人因此丧失了多元的原貌。媒介无孔不入,进入人们的卧室、私人领域,乃至思想,侵入个人需要领域,使个人模糊了"真实需要"和"虚假需要"。第二,新的控制形式通过媒介展开自身,尤其是在文化和话语领域,媒介通过把内含矛盾的语言抽象为形象和符号从而系统地清除了语言中的否定性因素,内容变成了话语形式的附属,这种话语的形塑和传播过程正是借由大众媒介实现的。第三,马尔库塞试图论证媒介与意识形态之间的共谋关系。被国家掌握的大众媒介自然会本着维护统治阶级利益的宗旨,把统治者的特殊利益当作普遍利益来宣传和灌输,通过混淆特殊利益与普遍利益这两个概念来引导大众;反过来说,媒介也通过自身的意识形态化赢得了利益,并且成为整个社会中无所不在的传播渠道。但由于马尔库塞认同解放的可能,他同样认为媒介最终会因为压抑达到极致而激发社会解放的潜力,并最终可能成为瓦解自我的工具。

对传播学学科建制的贡献

马尔库塞在法兰克福学派中的重要性毋庸置疑,对于今天的传播研究来说,马尔库塞提醒我们注意作为一种科学技术的媒介所蕴含的意识形态特征。这个特征有可能直接导向"肯定性思维"的泛滥,从而导致在发达工业社会,人们不再具有批判性思考的能力。马尔库塞对于科学技术作为意识形态承载物的批判是法兰克福学派批判理论的核心主题之一。在对现代社会的科学技术的理解上,法兰克福学派第二代学者中的佼佼者哈贝马斯做出了与马尔库塞迥异的回答。他反对马尔库塞把科学技术的社会功能与传统的意识形态的功能等量齐观。两种观点的主要区别在于:马尔库塞认为科学技术的高度发达和自动化程度的加深,使劳动异化严重,科学技术割断了人与自然联系的纽带,严重扰乱了人的价值活动。哈贝马斯认为科技的发展提高了人们的生活水平,使社会的矛盾和经济的、阶级的对立成为次要的关系,技术统治的意识形态的核心是实践和技术差别的消失,而用控制自然的方法来控制社会,必然会伤害人的交往行为,压抑人的本性。正因为如此,哈贝马斯与马尔库塞为当代社会设计的解放路径也是截然不同的:哈贝马斯认为交往理性能够化解技术进步带来的人的压抑,而马尔库塞选择了更为激进的"大拒绝"之路。

马尔库塞是法兰克福学派第一代学者中的代表性人物,他提供给今天的传播研究一种看待媒介技术的批判性视角。这个视角时刻提醒今天的传播技术和媒介技术研究保持与意识形态的距离,并且时刻反思任何"单向度化"的危险,而这也正是批判理论所要竭力维护的重要思想传统。

扩展阅读

原作

〔美〕赫伯特·马尔库塞:《审美之维》,李小兵译,桂林:广西师范大学出版社 2001 年版。

〔美〕赫伯特·马尔库塞:《理性和革命:黑格尔和社会理论的兴起》,程志民等译,上海:上海人民出版社 2007 年版。

〔美〕赫伯特·马尔库塞:《爱欲与文明》,黄勇、薛民译,上海:上海译文出版社 2012 年版。

〔美〕赫伯特·马尔库塞:《单向度的人:发达工业社会意识形态研究》,刘继译,上海:上海译文出版社 2014 年版。

〔美〕赫伯特·马尔库塞:《马尔库塞文集》,高海青等译,北京:人民出版社 2019 年版。

Herbert Marcuse, *Studies in Critical Philosophy*, trans. by Joris De Bres, Boston, MA: Beacon Press, 1973.

Herbert Marcuse, *Hegel's Ontology and the Theory of Historicity*, trans. by Seyla Benhabib, Cambridge: MIT Press, 1987.

相关思想史或评传

〔美〕阿拉斯代尔·麦金太尔:《马尔库塞》,邵一诞译,北京:中国社会科学出版社 1989 年版。

〔德〕罗尔夫·魏格豪斯:《法兰克福学派:历史、理论及政治影响》,孟登迎等译,上海:上海人民出版社 2010 年版。

〔美〕马丁·杰伊:《法兰克福学派史(1923—1950)》,单世联译,广州:广东人民出版社 1996 年版。

Douglas Kellner, *Herbert Marcuse and the Crisis of Marxism*, Berkeley & LA, CA: University of California Press, 1984.

(李耘耕)

詹姆斯·吉布森
(James J. Gibson, 1904—1979)

学术生平

1904年1月27日,詹姆斯·吉布森出生于美国俄亥俄州的一座小城,他的父亲是一名铁路测量员,因此他从小就开始接触火车。他在观察和体验的过程中接触到的山脉、河流、隧道等,后来成为他的视知觉(visual perception)理论的核心元素。1922年,在西北大学读完大一后,吉布森转入普林斯顿大学。大四时,一门实验心理学选修课开启了他的心理学之旅。1926年,行为主义学者埃德温·霍尔特加入普林斯顿大学心理学系。他与吉布森进行了密切的接触和深入的交流,成为影响吉布森心理学研究的最重要的人物之一,吉布森甚至将自己描述为"霍尔特式哲学行为主义者"。另一位对吉布森产生了深刻影响的学者是格式塔心理学大师库尔特·考夫卡。1928年,吉布森获得博士学位后前往史密斯学院任教。在开始工作的第一周,吉布森就遇到了考夫卡,此后他每周都会参与后者组织的研讨会。也是在考夫卡的研讨会上,吉布森结识了埃莉诺,二人于1932年9月结婚。就学术成就而言,埃莉诺并不逊于她的丈夫,其所主导的"视崖实验"(visual cliff)被誉为"改变心理学的40个实验"之一。

第二次世界大战期间,吉布森被邀请担任陆军航空心理专案计划的执行人,1941—1946年间辗转华盛顿、得克萨斯州、加利福尼亚州的空军基地。因技术限制,当时飞机的起飞和着陆距离只能目测,识别地标、瞄准目标以及追踪或躲避等任务的完成效果均与航空人员的视知觉能力息息相关。吉布森有感于传统知觉心理学成果的静止和僵硬,开发了一套测试和训练飞行员运动知觉能力的系统方法,相关成果发表于1947—1955年间,这些研究工作也为他的第一部著作《视觉世界的知觉》打下了坚实的基础。在这本书中,吉布森开创性地提出了"直接知觉论"(direct perception theory)。战后,吉布森回到史密斯学院。1949年,他受聘为康奈尔大学心理学系系主任,直至1972年退休。其间,他出版了《作为知觉系统的感觉》一书。从1929年发表第一篇文章开始,到1979年出版最后一部著作为止,吉布森对于视知觉的关注跨越了半个世纪。在《视知觉的生态学方法》出版后不久,1979年12月11日,吉布森因胰腺癌去世。

在心理学史上,吉布森是一个奇特的人物。一方面,他的崇拜者盛赞他为"20世纪视知觉领域最重要的学者""知觉心理学世界里最有创见的理论家";另一方面,反对者贬斥他的理论"难以置信",甚至是"愚蠢的",不值得讨论。他没有被主流的科学主义心理学接受,而这似乎是所有"主流的反叛者"面临的共同命运。

主要理论(方法)贡献

以霍尔特和考夫卡这两位学者为中介,吉布森又分别与实用主义心理学创始人威廉·詹姆斯和格式塔心理学家库尔特·勒温建立了联系,詹姆斯是霍尔特的老师,勒温的观点经由考夫卡为吉布森熟知。因此,实用主义和整体论的思想在吉布森的学术观点中体现得淋漓尽致。美国科学哲学家爱德华·里德说:吉布森受到了20世纪早期两种最激进的智力运动的影响,一个是美国的和实在论的,一个是欧洲的和唯心论的。因此,作为生态心理学的中流砥柱,吉布森可以说是所有生态心理学家中最为激进的那一个,他的目的不只是指出主流心理学的问题并加以修正,还包括推翻整座传统心理学大厦的哲学基础、本体论、方法论等根源,重建心理学体系。这主要体现在以下五个方面:

第一,他旗帜鲜明地反对传统心理学的二元认识论基础。实证主义心理学尤其是行为主义心理学,强调在认识过程中排除研究者个人的态度、情感、信念和价值等主观因素,力求客观、中立地反映事物的特点。因此,虽然实证主义将心理学带入了科学领域,但对于客观主义、价值中立的过度追求却使得主流心理学脱离了现实生活,脱离了人的特性和价值,并因此几次引发心理学的危机。在这个意义上,实用主义站到了实证主义的反面。实用主义强调立足现实生活,把人的行动、实践、信念、价值当作哲学研究的中心。作为实用主义的拥趸,吉布森主张,心理学研究必须立足现实生活,要在心理活动或行为发生的真实环境中进行研究,而不是在封闭的实验室里观察人的刺激反应。里德评价说:吉布森一生的事业是企图克服这些二元论(客体和主体、公开的和私人的经验)。吉布森的直接知觉论、生态学方法论、动物环境交互关系都建立在反二元论的哲学基础之上。

第二,他提出了直接知觉理论。传统知觉理论认为知觉的产生是一个间接的过程,先由刺激引起感觉,再经由图示、表征、概念的中介转化成知觉;但吉布森认为,人可以直接拾取(pick-up)环境中分布的信息,知觉他们所处的环境,而不受认知过程、心理加工等的干预。可以说,吉布森的直接知觉理论对传统认知心理学的颠覆是彻底的,他抛出了一个艰难的问题:知觉的产生需要人头脑中已有知识的中介,但这些知识的形成又依赖知觉,这是不是陷入了循环论证? 然而,直接知觉理论以一种直截了当的方式避开了这一矛盾,回到动物与环境的交互中寻找知觉的根源。直接知觉理论正是吉布森超越身心二元论的最好证明。

第三,他将动物与环境的交互作为心理学的研究对象。吉布森重新界定了环境和动物这两个概念。宏观到宇宙这种以光年为测量单位的天文学世界,微观到原子这种以百万分之一毫米为测量单位的物理世界,都不是他所说的环境,他所说的环境是最常见也最实在的动物周围的环境,既包括其他动物、植物这种生命物,又包括石头、水、火、人造物等非生物。动物则是能主动探索环境、与环境发生交互作用的活生生的生态个体。动物和环境相互依存,有动物才有环境,有环境才有动物。动物和环境的交互关系引出了吉布森最重要的理论贡献——可供性。

第四,他提出了可供性理论。"可供性"(affordance)这个词是吉布森生造的,首次出现于1966年出版的《作为知觉系统的感觉》中,而后在《视知觉的生态学方法》中得以完善。吉布森指出:环境的可供性指的是它提供(offer)给动物的东西,它供给(provide)或供应(furnish)的东西,无论好坏;这个词既指向环境又指向动物,意味着动物和环境之间的互补性(complementarity)。"可供性"这个概念彰显了吉布森反对主客体二元论的决心:可供性既是环境的事实,又是行为的事实。它既是物质的,又是精神的,但又不是这两者。可供性指向两方面,即环境和观察者。简言之,可供性一方面内在于环境,以环境属性为基础;另一方面只有在动物的感知、实践、行动中才能显现。这个吉布森晚年为数不多的文本提及和论述的理论概念,却真正突破了生态心理学的边界,于设计学、哲学、信息学、社会学、传播学等多个学科领域之间漂移。

第五,他主张心理学实验的生态效度(ecological validity)。吉布森并不完全否定实验法,他接受了心理学作为一门科学的前提,承认心理现象是可认识、可预测、可证实、可以进行因果解释的。他对传统实验法加以生态学的改造,主张在无任何限制或束缚的被试身上做实验,让被试能够在实现他们自己的目的时获得他们自己的信息。他认为对人类知觉或行为的现实性进行评估时,被试的行为不应该受到限制。他提倡研究主动的被试怎样理解他们的环境。也就是说,实验环境不能脱离现实生活,而应强调真实情境和自然情境,如今在心理学领域广泛运用的准实验设计和现场实验设计遵循的正是这种方法论。

托马斯·隆巴尔多的评价可被视为一个小结:吉布森的研究在近代心理学史上占据了一个有趣的位置,既举足轻重,又显得有些反常。他的思想在所谓的认知革命中发挥了重要作用,但无论是他在知觉理论中提出的直接现实主义,还是他晚年的生态方法论,都没有成为认知科学的主流学说。

尽管没能撼动根基深厚的主流心理学大厦,但吉布森依然成为闪耀的萤火,照亮了参天大树阴影下的那些幽微小径。

对传播学学科建制的贡献

吉布森早在20世纪40年代就涉足过传播与媒介研究(尽管不是他的本

意)。第二次世界大战即将结束时,也就是吉布森担任陆军航空心理专案计划执行人期间,他的研究小组被要求进行一项新的研究,一项他长期以来十分感兴趣的研究——一部教学影片(training film)是如何传授或传达信息的。当时空军制作了大量服务于各种宣传目的的教学影片,但没有人知道这些影片究竟是否达到了预期目标,这就是吉布森需要解决的问题。在这里,读者仿佛看到一个呼之欲出的典型的传播效果研究,并且会产生一种强烈的熟悉感——第二次世界大战、美国军队、影片、宣传、心理学实验。当一名新闻传播学本科生看到这些关键词时,首先联想到的绝对不会是吉布森,而是大名鼎鼎的卡尔·I.霍夫兰和他的说服研究。然而,不同的是,在霍夫兰专注于改变传播信息的内容来测量传播效果的时候,吉布森看到了在那个时期被大多数传播学学者忽略的东西——媒介形式本身。吉布森想知道的是,电影这种形式有哪些特殊之处,能做到哪些其他教学形式做不到的事情。因此,他设置了一个实验,比较运用了相同材料的三种教学形式对于学员的学习效果的影响,这三种教学形式分别是插图手册、插图讲座和教学影片。结果发现,学员从教学影片中学到的知识比其他两种更多,因为影片能够动态展现事物在时间序列上的变化,而且可以利用"主观镜头"引入情境因素,让学员产生身临其境之感。此外,在吉布森关于媒介的许多观点中总能找到媒介环境学的影子。比如他认为,图像、图片和表面(surface)上的书写提供了一种特殊的知识——中介化的(mediated)或间接的二手知识,当这些知识所依托的物质能够被持久地储存和积累时,在漫长的历史过程中就会形成文明。

然而,遗憾的是,20世纪下半叶,吉布森这个名字几乎没有在传播学中出现过,他的观点也终究没能在美国传播学史上留下什么痕迹。究其原因,虽然他的媒介观远超他所处的时代,但是他从来没有把传播这种中介化的"二手知识"当作研究的核心,他关切的一直是"一手知识",即人与环境的直接互动。直到世纪之交,随着"可供性"概念重新被发现,传播学才与吉布森"初次邂逅"。

1996年,传播学学者的文章中首次出现了affordance一词,在一篇关于计算机中介传播(Computer-Mediated Communication,CMC)的综述中,约瑟夫·B.沃尔特两次提到可供性。针对计算机中介传播,信息科学也在同一时期发现了可供性。1999年,埃琳·布拉德纳等人提出了社会可供性(social affordances),将之定义为"物体的属性与群体的社会特性之间的关系,这种关系使该群体成员之间能够进行特殊类型的互动"。这一概念直接启发了巴里·韦尔曼，他借用这个概念分析了电子邮件的可供性。2003年，他进一步分析了互联网给日常生活带来的诸多可能性，包括宽带化、永久连接、个人化、无线移动、全球联通等。这种分析方式成为后续一大批研究的蓝本。

可供性理论在传播学领域的繁荣还得益于一大批社会学家，尤其是关注技术与社会问题的学者对于原初概念的引申和改造。2001年，伊恩·赫胥比提出了传播可供性（communicative affordances），用以考察传播技术与个体行为之间的互动关系，并强调技术的可供性为这种互动关系提供的可能性和限制，超越了技术决定论和激进的社会建构主义的二元框架。媒介化学派亦受到赫胥比对可供性的理解的影响，以延森为代表的多位该学派学者都不约而同地提到了"可供性"。在他们那里，可供性既是媒介技术所拥有的一系列特性，也揭示了媒介技术与社会互动之间的关系。

中国传播学界对于可供性的发现并不算晚。2005年，我国台湾学者钟蔚文等人将之译为"机缘"，作为数字时代人与工具研究的关键概念。2017年，潘忠党首次将可供性引入大陆传播学界，并且提出信息生产、社交和移动三层媒介可供性框架，用以评估媒体的"新旧程度"。追随其脚步，众多学者对这个概念框架进一步加以阐释，逐渐将之发展为一套可量化的指标系统，它也成为诸多质性研究的概念框架。在这些研究中，可供性通常作为"功能"或"属性"的替换词，扮演着两种角色：其一，总结、归纳某种媒介技术所具有的各种可供性；其二，分析媒介技术具有的可供性如何影响被关注的现象或对象。

因此可以说，可供性的确为传播学和媒介研究提供了一种理解人与媒介技术、人与媒介环境关系的新视角，但与此同时，这场跨学科、跨地域的"理论旅行"又充满了改造、偏移和转义，亟待人们去厘清和探索。在这个意义上，可供性理论也提供了无限的"可供性"。

原作

James J. Gibson, *The Perception of the Visual World*, Boston, MA: Houghton Mifflin, 1950.

James J. Gibson, *The Senses Considered as Perceptual Systems*, Boston, MA: Houghton Mifflin, 1966.

James J. Gibson, *The Ecological Approach to Visual Perception*, Boston, MA: Houghton Mifflin, 1979.

相关思想史或评传

Edward S. Reed, *James J. Gibson and the Psychology of Perception*, New Haven and London: Yale University Press, 1988.

Harry Heft, *Ecological Psychology in Context: James Gibson, Roger Barker, and the Legacy of William James's Radical Empiricism*, Mahwah, NJ: Lawrence Erlbaum Associates, 2001.

Thomas J. Lombardo, *The Reciprocity of Perceiver and Environment: The Evolution of James J. Gibson's Ecological Psychology*, Hillsdale, NJ: Lawrence Erlbaum Associates, 1987.

（马新瑶）

詹姆斯·W.凯瑞
(James W. Carey,1934—2006)

 学术生平

詹姆斯·W.凯瑞1934年9月7日出生于美国罗得岛州普罗维登斯一个信仰天主教的爱尔兰移民的聚集地。凯瑞幼年被查出患有一种罕见的心脏疾病,他的母亲决定不让他进入学校接受教育。因此,凯瑞从小过着自己读书的生活,直到14岁才被送往学校接受正式的教育。凯瑞童年的大部分时间都在和社区的成年人交谈,比如和退休老人一起读报,讨论政治。后来,凯瑞获得了州政府提供的奖学金,进入罗得岛大学,成为家中的第一个大学生。凯瑞原本主修的是工商管理,但他被哲学系教授奥利弗·史密斯的授课所吸引,第一个学期结束后就想转到文学艺术系,但他的申请并未获得通过。申请攻读硕士学位时,凯瑞决定申请新闻学和广告学专业,并最终进入伊利诺伊大学广告学系。1959年,凯瑞获得硕士学位,1963年获得传媒经济学博士学位,他的博士论文主题是"传播的经济:尚未发掘的领域"。在求学期间,凯瑞选修过格伯纳、斯迈思、史密斯等人的课程。读博士期间,凯瑞的导师杰·金森建议他从杜

威开始着手研究传播学,这直接影响了凯瑞对美国传播学的认识与解读。博士毕业后,凯瑞获得了在西北大学、加利福尼亚大学伯克利分校、伊利诺伊大学等几所高校工作的机会,并最终选择在伊利诺伊大学新闻传播学院任教。在那里,凯瑞被提拔至院长。尽管凯瑞在施拉姆开创的伊利诺伊大学新闻传播学院就读,但他在学术生涯中批判的正是以施拉姆为代表的实证主义和效果研究所把持的传播学。从1974年到1975年,凯瑞专注于完成美国国家人文科学基金资助的项目,得以从学院的行政事务中抽身,并开始写作《作为文化的传播:"媒介与社会"论文集》一书。正是在1975年,凯瑞接连发表了三篇重要论文——《加拿大传播理论:对哈罗德·英尼斯的扩展和阐释》《传播与文化》《传播的文化研究取向》。凯瑞对传播文化研究的理论脉络做出了初步梳理。1976年至1979年,凯瑞担任艾奥瓦大学乔治·盖洛普讲座教授。1988年,他开始在哥伦比亚大学任教。1996年,凯瑞担任哥伦比亚大学新闻学院院长。凯瑞曾是美国国家人文科学基金和哥伦比亚大学甘奈特媒体研究中心会员,担任《传播》杂志的主编、新闻与大众传播学会会长。凯瑞是美国文化研究领域的代表人物。作为新闻传播研究领域的学者,他对美国传播学影响很大,被誉为美国文化研究"最杰出的代表"。2006年,凯瑞发表了他的最后一篇论文——《全球化、民主和自由传播》。同年5月23日,凯瑞在罗得岛州的家中因肺气肿综合征去世。凯瑞的传播学研究集中在20世纪60年代末到70年代,其代表作有:《传播与文化》(1975)、《传播的文化研究取向》(1975)、《大众传播与文化理论》(1977)和《作为文化的传播:"媒介与社会"论文集》(1978)。

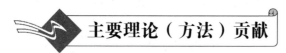

主要理论(方法)贡献

凯瑞在传播研究中主张采取文化研究的路径,提出了传播的"仪式观"。面对20世纪中期以后美国传播研究的由盛而衰,凯瑞认为有必要重新讨论传播是什么的问题,从立足点开始找到复兴传播学科的路径。因此,凯瑞将美国传播研究的源头回溯到了杜威。凯瑞认为,自"传播"一词19世纪进入公共话语,在美国的文化语境中就存在着两种意义上的传播观念。第一种意为"传递、传输",在这个意义上,传播技术本身成为思想的中心,其最终目的是控制空间和人。第二种则是"仪式",有共享、共同参与的意味,"仪式"意义上的传播是一种以团体或共同的身份将人们聚集起来的典礼。凯瑞认为美国学术界一向以传播的传递观为主旋律,而以传递观审视媒介时,问题往往集中于媒介对受众的影响。自20世纪40年代兴起的以拉扎斯菲尔德为代表的传播研究主流秉持的正是传播的"传递观"。凯瑞认为原有的经院式研究已经裹足不前,而传播的"仪式观"为传播赋予了更为丰富的意义。凯瑞回到了杜威对传播的解读,在杜威那里,传播将社会联结到一起,人们参与共同体的生活,传播意味着共享。凯瑞指出,借助杜威的著作重新开启对传播的分析,可以使传播研究重获生机。

凯瑞在指出传播学面临的危机及文化研究的可取性时,也发现了美国本土文化研究的贫瘠,进而为实现文化研究在美国的本土化做出了一系列努力。由于关于文化的概念淡薄,凯瑞发现美国的文化研究被迫依赖欧洲的资源。因此,探寻美国传播学的文化研究思想源头、证明美国文化研究的合法性是凯瑞努力的一个方向。凯瑞重新建构了美国传播学的源头,即芝加哥学派。凯瑞指出,芝加哥学派被大众传播研究史所忽略,而芝加哥学派和杜威的哲学才代表了进步主义和实用主义的精髓。以杜威、米德等人为代表的芝加哥学派关注社会转型时期的现实问题,都秉持实用主义哲学与民主的信念,对于美国传播研究来说是长久以来被忽略但亟待重新挖掘的资源。凯瑞在提出传播研究的新范式后,又找到了其理论根源,抗衡原有的主流效果研究范式,为美国传播研究确立了另一个起点。

在重新厘清传播思想的源头之后,凯瑞进一步阐述了传播学应采取文化研究这一路径的意义。凯瑞"仪式观"的提出不仅受惠于芝加哥学派,也受到雷蒙·威廉斯、格尔茨和英尼斯等人的影响。在仪式观的视角下,研究传播是研究有意义的符号形态被创造、理解和使用的社会过程以及如何建构现实。传播研究的最终目标是增强人类交流,而非在传递观的主导下以实证研究得到控制的技巧与方法。文化研究就是在传播研究中关注意义探寻的重要性,考察人们所处现实的文化价值。不同于美国传播研究的经验主义,凯瑞认为文化研究的目标不是控制人的行为,而是寻求对人类行为的理解,通过共享与沟通,建构并维系人类的文化世界。

以文化的视角研究传播,凯瑞分析了作为文化的技术。凯瑞认为,技术作为物质产品,是文化的产物。技术在日常生活领域和理论领域,都开启了思考传播的新方向,因此,将传播与技术、社会结构联系在一起,才能对文化有进一步的理解。在讨论技术与文化时,凯瑞以电报为例对传播技术进行了深入分析。凯瑞试图考察这样几个问题:传播技术形态的变迁如何影响经验建构?传播技术如何改变社会形态?凯瑞以电报为例说明,电报使垄断资本主义的发展合法、有效,电报激发了公众对于和平、沟通等的乌托邦式的想象,改变了语言形式,进而对人们的日常观念产生影响。传播技术改变了人们的互动模式,催生了新的概念与社会关系结构,也改变了人们的日常生活经验。技术通过沟通来呈现其在社会中的影响。凯瑞对传播技术的分析结合了历史与文化,使之成为对文化的阐释。

凯瑞对新闻教育以及相关的民主问题有自己的见解,他的《新闻教育错在哪里》指出了新闻与传播的区别与联系,呼吁新闻教育中的人文取向。凯瑞回顾了美国新闻教育的传统。哥伦比亚大学新闻学院作为美国新闻教育的重要基地,由普利策出资,培养新闻专业从业人员。然而,人文教育的缺乏使哥伦比亚大学的新闻教育以业界需求为培养目标,这一做法被凯瑞批判。凯瑞认为,这样一种对新闻(news)的理解使新闻教育成为社会控制的工具,而新闻(journalism)应当成为获取知识的一种研究,以人文关怀为尺度,促进社会的进步。凯瑞欣赏的芝加哥大学尽管从未开设过新闻专业课程,但其教育中的人文取向正是他所提倡的。20世纪40年代在战争中形成气候的传播学科在大学校园中有了一席之地,然而以控制为目的的传播学和新闻学相融合,侵害了新闻的自由精髓。在这个意义上,凯瑞认为,新闻隶属于传播学,对整个行业来说最终会危害民主政治。凯瑞认为新闻实践的目标在于追求民主,与传播活动中的广告、公关等实践有很大不同,40年代以后传播学的主流因为秉持"传递观",其目标与意识形态控制、商业利益挂钩,因此,新闻不应被传播学所囊括。凯瑞的"新闻观"实际上表明了他对新闻与传播的理解。新闻(news)作为一种文本的形态,未必是凯瑞所说的具有灵魂、有其社会存在理由的作为实践的新闻(journalism)。察觉到新闻教育的危险,凯瑞提出了新闻三原则:新闻和新闻教育包含广告、传播、媒介研究、公共关系或广播;新闻作为独特的实践不可与媒介和传播混淆;新闻是民主的另一个名称,只有民主才会哺育作为社会实践的新闻。凯瑞在谈新闻与传播的区别时使用的"传播"特指关于传播的科学,也就是传递观意义上的传播学。新闻的本质是自由,不应被以控制为原则的科学模式研究与教授,而一旦凯瑞理想中的新闻被已有的传播取代,那么新闻教育就只可能与业界合作,而无法采取批判与审视的态度。凯瑞批判的是被商业利益与政治裹挟的新闻、缺乏人文基础且囿于行政研究的传播。对于凯瑞来说,新闻的自由本质与传播的仪式观都与美国民主相关,也就是说,凯瑞最终关心的是如何建立理想的民主政治生活,而这一目标恰恰与20世纪20年代芝加哥学派的旨趣一致。

对传播学学科建制的贡献

作为当代美国著名的传播学学者,凯瑞的文化研究、对美国新闻教育的批评都对美国的新闻与传播研究产生了重要影响。

凯瑞在关注传播学科的发展面临的危机时,提出了传播的"仪式观",改变了传播思想的起点,反对传播研究主流范式所采取的定量研究。以行为主义与功能主义相结合为特征的美国传播研究曾经有过不少成果,部分原因是战争带来的社会危机迫切需要各学科对层出不穷的问题做出解答。自20世纪20年代开始兴起的美国传播研究,到40年代到达鼎盛,这种兴盛在很大程度上指的是以拉扎斯菲尔德为代表的效果研究的丰硕成果。然而,到1959年,贝雷尔森在《舆论季刊》上声称"传播学已死"。凯瑞认为效果传统在行为法则、传播功能中的权力、信号的成功传递方面并没有达成任何共识。整个研究退化到纯学院主义的层次:一本正经地重复一些不容置疑的东西。到60年代,传播学院系在美国纷纷建立起来,然而如何赋予传播研究以学科地位的正当性与合法性仍然是悬而未决的问题。在面对理论创新贫乏的学科危机时,凯瑞认为,要获得一个全新的研究视野,需要回到芝加哥学派,回到杜威的传播观念。基于"共享""参与"的意义,凯瑞提出了"仪式观"。传播在凯瑞那里是建构现实的人类行为,传播的主体没有受者、传者之分,而是平等的参与者。哥伦比亚学派的主流传播研究集中在对受众产生的效果上,割裂了传播中参与者的有机联系。以传播活动为研究对象的研究是关于传播的科学,其最终目的在于控制,这与凯瑞对传播的理解截然不同。凯瑞对"传播"的意义的重新解读与溯源,直接影响了传播学领域的研究取向。

凯瑞提倡传播研究采取文化研究的路径,呼吁美国传播学接纳新的思想与研究路径,为传播研究注入了新的活力。将传播与文化研究结合起来,传播研究的目的就不再是效果的实现,而在于解读人的行为。在理论上,凯瑞主张使用符号学理论,研究文本的意义如何被发现,分析传播的文化意义。在方法上,凯瑞批判打着科学实证的旗号进行重复的研究,主张以民族志的方法探讨受众对文本的解读。凯瑞的主张开辟了一条与主导传播学的哥伦比亚学派完全不同的传播研究道路。另外,对文化研究的重新溯源使凯瑞得以将美国的文化研究与英国的文化研究区别开来。

凯瑞对技术与文化的考察,对传播研究中的媒介环境学派有新的启示。英尼斯的传播思想对凯瑞有很大影响,凯瑞在分析传播技术时没有进行机械的分析,而是沿袭了文化研究的视角,将技术置于历史与文化中考察,讨论了电子革命的神话,也研究了技术与意识形态的关系,对传播技术进行了深入、全面的分析,而没有落入技术决定论的窠臼。

凯瑞的新闻观念与传播观念,直接影响了美国的新闻教育,也再次将传播与民主联系起来。作为美国新闻与大众传播教育协会主席,凯瑞的新闻教育思想对美国新闻传播学科的建设与课程设置都有重要影响。凯瑞认为新闻代表民主,其核心在于自由,新闻教育应当与许多人文学科相关。而在现实的商业化浪潮中,美国各大学的新闻院系多以新闻业界需求为出发点设置学院课程,新闻教育与业界合作,缺乏批判精神。而传统的传播学研究又以控制为目的,将新闻置于传播学之下,很容易侵害新闻教育应有的自由、民主精神。凯瑞对新闻与传播的理解融于现实教育,对美国新闻与传播教育的发展具有深远的意义。

原作

〔美〕詹姆斯·凯瑞:《作为文化的传播:"媒介与社会"论文集(修订版)》,丁未译,北京:中国人民大学出版社2019年版。

James W. Carey, "The Origins of the Radical Discourse on Cultural Studies in the United States," *Journal of Communication*, 1983, 33(3):311-313.

James W. Carey, "American Journalism On, Before and After September 11," in Barbie Zelizer and Stuart Allan (eds.), *Journalism After September 11* (second edition), London and New York:Routledge,2011.

相关思想史或评传

方师师、於红梅:《詹姆斯·W.凯瑞版本的芝加哥学派及其建构》,《国际新闻界》2010年第12期。

潘忠党:《新闻与传播之别——解读凯瑞〈新闻教育错在哪里〉》,《国际新闻界》2006年第4期。

周鸿雁:《隐藏的维度:詹姆斯·W.凯瑞仪式传播思想研究》,北京:中国大百科全书出版社2012年版。

Eve Stryker Munson and Catherine A. Warren (eds.), *James Carey: A Critical Reader*, Minneapolis and London: University of Minnesota Press, 1997.

Jefferson Poolley, "Daniel Czitrom, James W. Carey, and the Chicago School," *Critical Studies in Media Communication*, 2007, 24(5):469-472.

(吴 越)

让·鲍德里亚
（Jean Baudrillard，1929—2007）

学术生平

让·鲍德里亚1929年7月29日生于法国兰斯,祖父母是农民,父母是公务员。鲍德里亚作为家族中第一个进入大学的人在巴黎的索邦大学学习德语。1960年至1966年间,鲍德里亚先后在巴黎等地做中学教师,在此期间,他在萨特创办的《现代》杂志上发表了一系列文学评论,并翻译了马克思的《德意志意识形态》。1966年,鲍德里亚以《物体系》(1968)作为博士论文接受了由亨利·列斐伏尔、罗兰·巴尔特和皮埃尔·布尔迪厄组成的评委会的评审且顺利通过,并在同年10月留任南特大学教授社会学。作为左翼政治大本营的南特大学和鲍德里亚都卷入了1968年的"五月风暴"。这之后,鲍德里亚进入了学术高产期,相继出版了《消费社会》(1970)、《符号政治经济学批判》(1972)、《生产之镜》(1973)、《象征交换与死亡》(1976)等一系列重要著作。1970年,鲍德里亚第一次访问美国。1973年,他数次访问日本,并于1981年在日本得到了自己的第一台相机,这使得他日后成为一名业余摄影师,并在1999年出版了

《论摄影》,在 2000 年举办了个人摄影作品展。1986 年,在南特大学任教 20 年后,鲍德里亚转至多芬大学(巴黎第九大学)社会经济信息研究中心任教,直至 1990 年辞职退休。这期间,鲍德里亚还任教于位于瑞士萨斯费的欧洲研究院。晚年的鲍德里亚在美国和欧洲的报刊上发表了诸多极具影响力的评论文章,其中以 1991 年针对海湾战争发表的《海湾战争不曾发生》和 2001 年针对"9·11"事件发表的《恐怖主义的精灵》两篇文章最为著名,他以一种后结构的方式批评了大众媒介制造的当代幻象。2007 年 3 月 6 日,鲍德里亚在巴黎病逝。

主要理论(方法)贡献

鲍德里亚的思想和其文风一样,并不遵守严格的学院规范,这一点在其晚年的著作中表现更甚。学术界对鲍德里亚的定位常常是一个"后现代主义者",这种观点尤以著名的鲍德里亚研究专家凯尔纳为代表。然而,近年来,有国内学者提出,批判现代性并描述后现代状况并不意味着其就是一个后现代主义者。纵观鲍德里亚的思想,他的确为我们描绘了一幅摄人心魄的后现代景观画,然而他的立场从来都是批判和挑战性的,而非把后现代看作现代性的最后出路和希望。总体上看,鲍德里亚为我们描绘了一个由拟像统治的社会,真实不再是真实之源,而成为一种由拟像生产的超真实。早期的鲍德里亚聚焦于由符号和景观统治的消费社会,而晚期的鲍德里亚把这种已经颠倒了真实和表象的社会理论推向了极致,认为在当代社会甚至连表象本身也不存在了,存在的只是"内爆"了的超真实。而这一由《象征交换与死亡》提出的革命性理论也是众多学者把鲍德里亚归类为"后现代主义者"的理由。在鲍德里亚的理论网络中,不管是早期的消费社会,还是后期的拟真社会,媒介都扮演了中心角色。这种角色也伴随着鲍德里亚理论逻辑的变化而不断地发生改变。鲍德里亚对于媒介是一种形式的理解,受到麦克卢汉的影响。鲍德里亚并不关注媒介的具体内容及其效果,而更为关注"媒介形式"的改变带来的社会关系的变化。遵循鲍德里亚的思想逻辑,我们也可以将其关于媒介的观点分为早期与后期两个阶段来理解。早期的观点集中反映在《物体系》《消费社会》《符号政治经济学批判》三部著作中,而后期的观点散见于

《象征交换与死亡》《拟真与拟像》以及鲍德里亚公开发表的一系列文章中。这两个时期的观点具有承续性,可以将其看作一条完整的媒介批评理论的逻辑链。

鲍德里亚早期对于媒介的关注有两个焦点:其一,媒介形式本身在现代社会的存在方式;其二,广告在消费社会中的角色和运作机制。在《物体系》和《消费社会》中,鲍德里亚提出了一种由物体系支配的社会形式。他通过引入符号学的概念,把现代社会被物体系支配的状态指认为一种不同于前现代的基于符号消费的社会状态。不同于马克思笔下功能性的物,鲍德里亚认为物的真正价值在消费社会中恰恰是非功能性的。他指的不是生产出的物的使用价值,而是其符号价值。消费社会通过大众传媒传达信息,这些信息并不参照外界,而是对真实的"人工合成"。在此处,鲍德里亚同意麦克卢汉的判断,认为重要的并不是媒介的内容,而是形式,媒介的形式本身便是一种新的社会关系,这样一种由不同媒介形式共同构建的媒介全景就是消费社会的总体信息。这种判断在鲍德里亚的后期作品中更加极端。在与德国哲学家恩岑斯贝格的争论中,鲍德里亚甚至反对媒介是交流的工具,因为媒介是反交流的,在媒介自身制造的符号世界中,回应是不存在的。与此类似,鲍德里亚认为整个商品体系也是一种大众媒介,它构建的世界已经包含了自我回应。鲍德里亚语境中的媒介特征契合了阿尔都塞的意识形态中那种抽象的主体。在这里,媒介和商品共同建构起消费社会的意识形态,这种意识形态指的是在丰裕社会中对符号价值的被迫消费,是马克思的商品拜物教的当代体现。在消费社会中,广告被鲍德里亚看作这个时代"最出色的媒介"。通过广告,商品实现了自身价值的转换,人们消费的不再是商品本身,而是其意义。广告提供的意义重塑了我们对于社会关系的理解,从而代替了真实的社会关系本身,成为标识人之差异的唯一符号。通过广告制造差异表面上看是在推介个性化的商品和生活方式,然而实质上只是通过符号序列来制造欲望,消灭个性。这种符号序列在消费社会表现为重复的"不同",各种不断更新换代的商品承载着同一使用功能,但却是完全不同的东西,它们标明的是现代社会的社会关系。同时,在广告中,身体和性成为最重要的消费品,这宣告了在德波、福柯的语境中可以同时作为控制和革命手段的一切力量之破产。

鲍德里亚后期作品中的媒介理论更加激进，他在消费社会的基础上构建了"拟像—内爆—超真实"的三位一体。"内爆"（implosion）是鲍德里亚从麦克卢汉那里借来的概念，然而在鲍德里亚这里，内爆意味着拟像和真实之间界限的消失，对应于现代商品社会中商品的扩张性"外爆"，是在媒介中生成的表象和意义、主体和客体混沌一体的状态，这意味着意义、真实的死亡。媒介展现的景象成为比真实更为真实的超真实，这种超真实是通过仿真和拟像实现的。在鲍德里亚看来，拟像的发展经历了三个阶段：文艺复兴到工业革命之间的仿制阶段、工业时代的生产阶段以及由符号支配的拟像阶段。在第三个阶段，超真实才代替了真实，甚至代替了想象。鲍德里亚认为，由于这种媒介景观的内爆，广告、新闻、政治、娱乐等一系列唆使人们消费、行动的信息构成大众的真实生活，大众不胜其烦，成为忧郁、沉默的大多数。最终，任何阶级、价值、意义甚至意识形态都会在大众之中内爆，大众成为能够吸收一切的黑洞，这个社会也必将终结于内爆，并将终结社会历史本身。

对传播学学科建制的贡献

如果把鲍德里亚放在传播思想的谱系中，他的前面可以写上许多人的名字：马克思、莫斯、德波、巴尔特、列斐伏尔，甚至麦克卢汉。然而，在他之后，就很难找出将其道路延续下去的人了。即便是凯尔纳，也在吸收了鲍德里亚的思想后，退回到了德波和文化研究的理论路径。究其缘由，无外乎鲍德里亚后期的思想太过激进和神秘，难以推进。尽管如此，鲍德里亚的思想在媒介研究的思想谱系中依然占有重要的一席之地。尽管继承者稀少，但鲍德里亚的思想与其诸多前辈和同代人可相互参照。在传播思想上，鲍德里亚和麦克卢汉、文化研究以及福柯可以相互比较。

鲍德里亚的很多媒介思想和麦克卢汉的具有相似的旨趣。第一，鲍德里亚赞赏麦克卢汉"媒介即讯息"的判断，同样认为社会事物是通过它在文化形式中的表达而展现的，这些形式都通过媒介得以扩展。麦克卢汉看到了媒介形式发展进程中内爆的趋向，他用"地球村"的比喻来形容这种趋势，而鲍德里亚显然是把这种比喻转向了完全不同的反面，即"真实的荒漠"。第二，鲍德里亚认为麦克卢汉的范式依然是雅柯布逊的形式化模型"传递者—信息—接受者"(编码者—信息—解码者)的变种。在这种形式化的模式中,不管方向如何,都不存在交互性的媒介模型,这是一种社会符码交换体系的缩影。在鲍德里亚看来,一种涂鸦广告式的直接即时的回应模型才能构成超越性的媒介行为。

鲍德里亚对于麦克卢汉的超越和文化研究有诸多共通之处。相比于鲍德里亚晚期的理论,文化研究的媒介理论显得平和很多。20世纪90年代他在美国声名大噪,报刊甚至称他为"知识的恐怖主义者"。在很多方面,鲍德里亚提供给文化研究的并非具体的理论,而是一种新的视角。通过这种视角,凯尔纳、波斯特等人对于媒介景观和媒介符号营造出的拟像和超真实的社会进行了多角度的开拓。在文化研究者那里,鲍德里亚的理论常常被拿来和批判理论、各种后现代理论、符号学理论做比较性研究,原因就在于这样可以避免轻易接受鲍德里亚理论中符号结构的万能性,尽管这样的结构有助于分析资本主义社会深层次的交往关系,并排除主体和理性这些古典概念的干扰。

鲍德里亚和福柯的关系是在鲍德里亚于20世纪70年代末期发表了一篇重要的文章《忘掉福柯》之后被人们广泛讨论的。鲍德里亚在这篇文章中抛弃了福柯的泛权力观,把福柯对权力与性的关系的阐释称作"古典时代"的产物,认为福柯能够对此娓娓道来正说明这种关系已经终结。鲍德里亚对于福柯的批判有合理的成分。例如,福柯确实在建构权力网络的时候忽视了当今社会中一些重要的权力领域,如消费、时尚和娱乐等,福柯对这些领域中权力机制的运作显然是关注不足的。在这种由符号建构起来的社会中,权力实际上成为"漂浮的能指",成为死权力。鲍德里亚通过对福柯的反驳重申了自己关于拟像社会的观点,甚至认为权力这种历史性的真实存在也被消解掉了,这也是为什么福柯只能指认权力却不能描述当下权力的真实机制,因为这个真实的机制以及权力自身的推进、控制、挑战、反抗都已不复存在。对于这个争论,凯尔纳认为鲍德里亚走得太远了,凯尔纳认为权力的形式是多样的,并且在一定的情境下发挥功用。福柯的权力观固然不够全面,但他同时描述了权力在制造隔离和分化的过程中对"内爆"的超越。凯尔纳坚持一种包含了福柯和鲍德里亚的理论的多视角的权力观,事实上,这也是美国文化研究能够从鲍德里亚那里汲取营养的一个重要手段。

 扩展阅读

原作

〔法〕鲍德里亚:《生产之镜》,仰海峰译,北京:中央编译出版社2005年版。

〔法〕让·鲍德里亚:《冷记忆:1987—1990》,张新木、王晶译,南京:南京大学出版社2013年版。

〔法〕让·鲍德里亚:《符号政治经济学批判》,夏莹译,南京:南京大学出版社2015年版。

〔法〕让·鲍德里亚:《物体系》,林志明译,上海:上海人民出版社2019年版。

〔法〕让·波德里亚:《消费社会》,刘成富、全志钢译,南京:南京大学出版社2004年版。

〔法〕让·波德里亚:《象征交换与死亡》,车槿山译,南京:译林出版社2012年版。

〔法〕让·博德里亚尔:《完美的罪行》,王为民译,北京:商务印书馆2014年版。

Jean Baudrillard, *The Ecstasy of Communication*, trans. by Bernard and Caroline Schutze, Los Angeles, CA: MIT Press, 1988.

Jean Baudrillard, *Simulacra and Simulation*, trans. by Sheila Faria Glaser, Ann Arbor, MI: University of Michigan Press, 1994.

相关思想史或评传

〔美〕道格拉斯·凯尔纳编:《波德里亚:批判性的读本》,陈维振、陈明达、王峰译,南京:江苏人民出版社2005年版。

〔美〕道格拉斯·凯尔纳、斯蒂文·贝斯特:《后现代理论——批判性的质疑》,张志斌译,北京:中央编译出版社2011年版。

张一兵:《反鲍德里亚:一个后现代学术神话的祛序》,北京:商务印书馆2009年版。

Douglas Kellner, *Jean Baudrillard: From Marxism to Postmodernism and Beyond*, Stanford, CA: Stanford University Press, 1989.

Mike Gane, *Baudrillard's Bestiary: Baudrillard and Culture*, London and New York: Routledge, 1991.

Mike Gane, *Baudrillard: Critical and Fatal Theory*, London and New York: Routledge, 1991.

Mike Gane (ed.), *Baudrillard Live: Selected Interviews*, London and New York: Routledge, 1993.

Rex Butler, *Jean Baudrillard: The Defence of the Real*, Thousand Oaks, CA: Sage, 1999.

Richard G. Smith (ed.), *The Baudrillard Dictionary*, Edinburgh: Edinburgh University Press, 2010.

(李耘耕)

约翰·杜威
(John Dewey,1859—1952)

学术生平

约翰·杜威1859年10月20日出生于美国新英格兰地区佛蒙特州的伯灵顿市。1879年杜威毕业于佛蒙特大学,他的导师H. A. P. 托里曾任佛蒙特州弗金斯公理教会的哲学教授。1884年杜威获得约翰斯·霍普金斯大学哲学博士学位,1888年受聘为明尼苏达大学哲学教授,一年后在密歇根大学任哲学系系主任。19世纪80年代末,杜威集中精力研究意识与行为的一般层面问题,讲授伦理学和政治哲学方面的课程,这一时期被研究杜威思想的学者认为是其民主理想的发源时期。1892年杜威试图与福特、帕克创办一份名为"思想新闻"的报纸,这一计划是杜威民主理论与实践的最初尝试,但该办报计划最终搁浅。1894年至1904年,杜威在芝加哥大学担任哲学系、心理学系和教育系主任,1902年至1904年兼任芝加哥大学教育学院院长。1903年,杜威与芝加哥大学哲学系的其他成员合作出版《逻辑理论研究》。作为哲学系主任,杜威逐渐把一批青年学者会集到芝加哥大学,包括詹姆斯·R. 安杰尔、乔治·赫伯特·米德、詹姆斯·H.塔夫茨等人。在芝加哥大学期间,作为行动主义者的杜威关注社会问题,并在实际生活中展开行动。为了探索自己的哲学在教育方面的意义,加之他对民主的思考日益深入,杜威向芝加哥大学的官员游说,建立了芝加哥大学实验学校,为芝加哥大学的教育改革做出了贡献。然而,杜威擅自任命自己的妻子担任实验学校的校长,引起校方不满,并解除了杜威妻子的职务。此后,杜威与妻子一起离开了芝加哥大学。1904年至1930年,杜威在哥伦比亚大学任哲学系教授。杜威还担任过美国心理联合会、美国哲学协会、美国大学哲学联合会主席。杜威的教育观念与实用主义哲学使他成为美国著名的学者,也是美国实用主义哲学的代表人物。杜威的传播思想是其学术研究的一部分,其传播观念被詹姆斯·凯瑞建构为大众传播研究的思想源头。罗杰斯、切特罗姆、凯瑞等人都将杜威列为芝加哥学派的代表人物。1927年《公众及其问题》的出版是杜威针对李普曼关于民主问题的看法的回应,被凯瑞称为李普曼与杜威之间的一场争论。杜威对于传播的双重解读也构成了芝加哥学派关于传播研究不同的两支,直接影响了米德与帕克对于传播的深入理解与研究。1952年6月1日,杜威死于肺炎。其学术代表作有《民主与教育》《人的问题》《经验与本质》《公众及其问题》等。

主要理论(方法)贡献

杜威的传播思想可以说是芝加哥学派传播思想的基石。杜威不属于社会学芝加哥学派的核心成员,但他是该学派的先驱。他对传播的理解,导致后来芝加哥学派在传播研究上采取了不同的路径。事实上,杜威的思想对于整个美国的大众传播研究都有重要意义。

杜威的民主观念是其传播思想的基石,他的民主理论也是公共领域和交往理性等理论的雏形。杜威之所以对传播产生兴趣正是由于他在传播领域看到民主的可能。19世纪末,杜威形成了自己的有机民主论的观点,同时注意到现代传播的潜能。1894年,杜威在《伦理学与政治学》中指出,民主政治的重点在于为社会中所有个人的自我实现创造条件。杜威认为,应该让知识投入生活的洪流。杜威试图走出课堂传播其民主观念。1888年,计划办一份社会学报纸的福特找到了杜威。杜威认为,福特的计划为参与式民主创造了基本条件。在计划创办《思想新闻》的过程中,杜威进一步形成了对民主的认识。杜威认为个人意识是社会性的,能否实现民主取决于能否进行平等的知识分配,他希望有这样一份报纸,其职责是开启民智、报道城市生活的真实动态。最终,《思想新闻》没能创办,杜威也没有投身新闻界,而是回到对传播的政治和社会意义的思考。

杜威将传播理解为其研究的出发点,因而他对于传播学来说很重要。杜威认为:在一切事物中,传播是最美妙的。1915年,在《民主与教育》一书中,杜威表达了他将传播看作物质的进步的观念,提出社会不仅因传递与传播而存在,社会正存在于传递与传播中。杜威认为,传播是人们实现共同占有事物的手段。在传递的意义上,杜威对于传播提高效率、帮助释放科学研究的潜能产生兴趣,指出传播技术带来的物质与技术传递可以重建被现代工业破坏的交流平台。杜威对传播技术的乐观态度使他相信社会可以被传播改变。杜威将现代传播看作推动社会进步的一种新生力量。在这个基础上,他发展了传播之"传递"的意义。从19世纪90年代起,杜威对提升速度与效率的现代技术产生了兴趣,认为技术对于改变科学研究来说具有重要意义。所以,尽管杜威感慨现代社会破坏了传统社区,机器时代的到来使公众变成了一盘散沙,但是,传播技术的发展使杜威看到了希望——传播技术使人们得以共享信息并充分交流。传播作为工具,把人们从其他事务的压力中解放出来,最终目的就是分享,同时传播的意义在这种被分享的社会意识中得到强化与巩固。

杜威认为,传播的意义是使人们分享社会中宝贵的目标与学问,传播是手段,也是目的。杜威的哲学家身份使他很自然地受到"交流"这一概念的影响,从而赋予传播参与共享的意义。传播促成经验的共享后,就可以将人们联结在一起,形成有机整体。杜威对共享式传播的理解,也是其参与式民主理想的体现。杜威在《民主与教育》中也提到,传播是人们得以拥有共同事物的方法,共识需要传播。在杜威看来,传播建构社会,传播是社会得以具有共同性的基础。作为符号互动论的先驱,杜威认为社会事实在互动中被建构起来。人的社会意识被传播建构,社会意识在社区中被培养起来。共同体的本质在于经验的分享,传播就是建立共同体的手段。基于充分的传播、交流,人们的意见达成一致,而不是在强制秩序下被迫聚集并遵守秩序。

传播是杜威参与式民主观念的基础,杜威在思考民主政治的同时研究了传播与政治的联系。杜威阐述了他对民主的理解——公众不是固定的大众群体，而是基于公共事件临时聚集并参与讨论的群体。民主源于社区的人际交流，杜威欣赏的民主正是社会成员对信息与经验的共享。在这个意义上，他与李普曼关于民主的观点形成了鲜明的对立。1922年李普曼《舆论》的问世对杜威的参与式民主理想发起了挑战。杜威的民主观念在1927年的《公众及其问题》中表现得尤为明显，该文也是杜威就李普曼对现代民主的批评所做的回应。在《公众及其问题》中，杜威针对政治、传播与研究方法展开了讨论。如何使机器时代的巨大社会变成大共同体是杜威最关心的问题。在《公众及其问题》中，杜威认为，只有现代传播手段才能使大众恢复活力。杜威期待传播技术的迅速发展使新的有机体得以形成，从而带来思想的广泛传递与快捷的交流，进而形成民主意义上的舆论。杜威不赞成李普曼针对"幻影公众"的解决方案，但是二者对民主问题的分析仍然有一致之处：为使舆论更具有理性，两人都提出民主应与社会科学相联系，而李普曼对公众、新闻和民主之间的关系所做的分析，杜威也表示了某种程度的赞同。第一次世界大战结束后，杜威同样注意到国家仍然利用新闻宣传操纵民意，威胁到民主制度。李普曼对舆论可靠性的质疑被杜威看作对民主"最严厉的控告"。杜威认为民主不能由精英治国实现，民主是在公众交流的基础上建立起来的。对于杜威来说，民主的要义在于平等、自由而不是正确与秩序；公众的意见要比首长或是官员的意见更为重要；实现民主的可能就在于传播使人们得以重建"共同体"。尽管杜威未能创办自己理想中的报纸，但他依然相信新闻媒介可以成为提供信息的平台，大众传媒是推动实现民主的现代技术。杜威的民主思想和传播思想，都与进步主义息息相关。在对待媒介的问题上，杜威认为媒介可能具有范围广泛的人文意义，传播可以推动形成交流并进而形成共同体，而李普曼完全否定了这种可能性。

　　杜威的哲学思想以及对传播与民主的发展的看法，都是乐观、积极的，但是杜威也和李普曼一样发现了媒介对民主的破坏，发现媒介以新闻自由之名为商业服务，谋取利润，包括制造偏见、操纵舆论，传播技术的发展未必能带来传播内容的改进。在杜威晚期的著作中，他明确表示，他寄予希望的传播技术没有帮助人民共享经验，媒介为了自身利益维护现存制度，成为权力机构控制社会的工具，新闻机构为歪曲民意提供了手段。杜威对传播被操纵的情况的批判，接近后来哈钦斯委员会的社会责任理论。但是，即使在晚年目睹了传播技术走向了他期望的另一面,杜威对于民主的关注也没有停止。

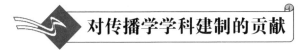
对传播学学科建制的贡献

杜威是美国传播思想的开启者。直到今日,杜威的传播观念依然在为传播学的发展提供诸多可能。由于从多学科的角度考察了传播问题,杜威的传播学思想体系比四大奠基人更为丰富。杜威对于传播学学科思想的贡献体现在以下几个方面:

第一,杜威的传播观念直接影响了芝加哥学派传播研究的发展,也开启了行为主义心理学与传播研究相联系的视角。以米德、库利为代表的符号互动论一派,将传播理解为互动与信息共享,在人本主义的社会哲学层面上思考传播。传播即人与人的互动这一观点直接影响了米德的传播研究,米德毕生试图证明符号决定心灵的形成,人的社会化由传播完成。作为符号互动论的代表人物,米德在杜威的传播观念中发展了自己关于传播建构社会的思考。杜威对于人的社会意识的理解影响了米德,米德研究心灵、自我与社会的关系证明了传播决定人的社会化。语言与社会意识使人们交流,互动使人们有可能真正通过交流形成社区,进而形成共同体,而共同体正是杜威的民主观念的基础。以帕克为代表的芝加哥学派主流则在经验研究的基础上发展了传播的"控制"与"说服"研究,在某种程度上是结构功能主义与哥伦比亚学派的先驱。杜威的传播观中同样包含"传递观"的意义,在这个层面,帕克将其思想发扬光大,通过经验研究给出针对社会失范问题的对策。帕克在"控制"的意义上研究大众传播,《移民报刊及其控制》就是主张通过控制移民报刊来解决移民带来的社会问题,进而维护社会稳定。帕克领衔的经验研究成为后来芝加哥学派的主流,但在其根本思想即"控制"的意义上,已经背离了杜威关于民主的观念。但不可否认的是,无论是社会学芝加哥学派"边缘人"米德还是核心人物帕克,对传播的理解都由在1904年就离开了芝加哥大学的杜威所开启(参见本书乔治·H.米德和罗伯特·E.帕克词条)。

第二,杜威以传播为基础关心民主,试图通过传播解决社会现实问题,体现了他实用主义哲学的精神,这种研究态度可以被看作芝加哥学派治学态度与方法的一贯作风,或者说,是整个传播学科需要的研究态度与方法。1892

年杜威就有办《思想新闻》的想法,希望通过新闻传播自然科学与社会科学,引导社会民主化进程。杜威的这种实践思想源于他对美国民主政治的关心,也是他对大众传播提供民主基础的期待。杜威不是只在象牙塔内做研究的学者,而是参与社会活动进而积累并创造知识。尽管《思想新闻》的计划最终流产,但杜威知行合一的研究态度成为芝加哥学派的表率。杜威持乐观的态度,认为包括传播研究在内的社会科学应为实现社会进步解决相应的问题。

第二,杜威的传播"共享"意义被詹姆斯·凯瑞重新解读,开辟了传播学文化研究的路径。20世纪40年代,以拉扎斯菲尔德为代表的哥伦比亚学派成为传播研究的主流范式,但该学派在经历了理论的繁盛之后进入了裹足不前的阶段。凯瑞在批判了行为主义与结构功能主义在传播研究中的局限与问题后,以杜威的传播观念为源头,提出传播的"仪式观",进而引入了文化研究,杜威的传播观念成为美国文化研究本土化的证明。杜威的传播观念对于传播学科的范式重建有着重要意义。

第四,用切特罗姆的话来说,在早期的传播思想中,杜威具有最宽广的眼界。杜威的传播观念对传播研究的不同范式都有重要影响。对传播与民主这一主题的思考奠定了传播学的基本思路,即把新闻与传媒放到社会情境中加以研究。而杜威的"参与式民主"思想中,隐含的是人文主义的思想,其在后来的传播研究中融入文化研究与批判研究,使传播研究不囿于实证主义的方法与理论,影响了传播研究的思想家与批判者,其中也包括詹姆斯·凯瑞(参见本书詹姆斯·W.凯瑞词条)。可以说,杜威的传播观念开创了大众传播研究人本主义的路线,也成为重新探寻传播学科发展路径的源头。杜威与米德一起,奠定了芝加哥学派的精神气质。杜威基于对传播的考量,发展了他的民主思想,被罗伯特·威斯布鲁克认为是现代美国思想史上深度与广度都无与伦比的民主哲学。

原作

〔美〕约翰·杜威:《杜威全集:早期著作》(全5卷),上海:华东师范大学出版社2010年版。

〔美〕约翰·杜威:《杜威全集:中期著作》(全15卷),上海:华东师范大学出版社2012

年版。

〔美〕约翰·杜威:《杜威全集·晚期著作》(全17卷),上海:华东师范大学出版社2015年版。

相关思想史或评传

〔美〕罗伯特·威斯布鲁克:《杜威与美国民主》,王红欣译,北京:北京大学出版社2010年版。

Alfonso J. Damico, *Individuality and Community: The Social and Political Thought of John Deway*, Gainesville, FL: University Press of Florida, 1978.

George Dykhuizen, *The Life and Mind of John Dewey*, Carbondale, CO: Southern Illinois University Press, 1973.

(吴 越)

约翰·杜海姆·彼得斯
(John Durham Peters, 1958—　)

 学术生平

约翰·杜海姆·彼得斯1958年出生,在美国马萨诸塞州长大,20世纪70年代在杨百翰大学英语专业学习,1980年至1982年先后在犹他大学获得英语专业本科学位和语言交流专业硕士学位,1986年获斯坦福大学传播理论与研究博士学位。1986年至2016年执教于艾奥瓦大学,2008年起担任该校传播研究系系主任,2017年至今为耶鲁大学教授。彼得斯曾以访问学者等身份赴荷兰、希腊、英国、西班牙、中国等地的大学进行研究和交流,多次在美国国内和其他国家参与学术会议和发表演讲。1999年出版的《对空言说:传播的观念史》在次年获得美国传播学界最高奖项——美国传播学会奖。彼得斯的哲学和传播学论文散见于《大众传播批评》《媒介、文化与社会》《社会学理论》等权威学术刊物。主要著作除了《对空言说:传播的观念史》外,还有《追逐深渊》《大众媒介和美国社会思潮》《媒介研究经典文本解读》等传播思想史著作,其中后两本为合作编写。进入21世纪,彼得斯的研究聚焦于媒介技术,并出版了颇

具争议性的媒介哲学著作《奇云:媒介即存有》(2015)。

 主要理论（方法）贡献

1999年,彼得斯的著作《对空言说:传播的观念史》出版,该书对传播思想史的独特书写方式在学界引起巨大反响。该书熔哲学史、政治史、媒介技术史于一炉,把"交流"这一人类行为及不同时期的思想家的相关思考放入有数千年历史的西方思想传统,试图回答"交流在何种意义上是可能的"这一问题。之所以需要将问题限定为"在何种意义上",是因为彼得斯在书中否定了西方思想传统中"天使般的交流"这一沟通的完美形态。彼得斯指出:人的主体性或者自主性本身就构成了"天使般的交流"的障碍,人的头脑之间不可能直接沟通;"天使般的交流"所面临的另一个主要问题是交流都会涉及媒介,而无论这个媒介是语词还是机器,都会带来意义被扭曲的风险。所以,在彼得斯眼中,与其说交流是为了"心连心",还不如说交流是一场没有保证的冒险,而凭借符号去建立联系的任何一种方式,都是一场赌博。

在该书的开端,彼得斯对"交流"进行了词源学的考察,又结合20世纪20年代学术界的争论,提出了他心目中的"交流"的两种基本模式——对话和撒播,前者以苏格拉底为代表,后者以耶稣为代表。彼得斯说明了他提出这两种基本模式的目的:一方面为单向撒播的形式正名,另一方面则要超越盲目地颂扬对话的惯例,仔细探究什么交流形式最适合民主政治和道德生活。彼得斯承认苏格拉底的对话思想中"互惠"的观念是道德理想,但是他认为这种理想是不充分的,因为支撑这种理想的爱在于同一(oneness),这非常难达到,而相反,耶稣的爱是对他性(otherness)的同情,不企求对方的回馈。粉碎了传统对于完美的交流的不切实际的期盼,也就很容易理解为什么彼得斯接下来称招魂术传统为"错误的历史"。否定了"完美的交流"的历史后,彼得斯转向了黑格尔、马克思和克尔凯郭尔。而这三人之所以会被他归为一种传统,是因为他们三人同意和招魂术传统对位的原理:具体化的不可简约性、自我的双重性和意义的公共性。理论的基石被牢牢奠定后,彼得斯在回顾19世纪时将焦点转移到了交流的媒介及其形态上,通过分析一种极端的交流形式——生者、死者之间的交流,力图说明:由于有媒介的中介作用,我们身处其中的

交流情景基本上是解释性的,而不是对话式的。循着这个思路,他认为因为都需要借助媒介,所以生者之间的交流和生者、死者之间的交流其实并无不同,它们都不可能实现苏格拉底的对话理想。也是在这个意义上,彼得斯开始分析20世纪出现的那些媒介,并认为从电报到图灵机,它们真正能做的不是帮助我们"心连心",而是"手拉手"。这本书的书名"speaking into the air"直接取自《圣经》,意思是"徒劳之举"。一方面,彼得斯以这种决绝的方式为传统理想——天使般的交流——祛魅;另一方面,他又用悲壮的语调说,交流作为桥梁的概念,总是意味着有一个万丈深渊等我们去跨越。

显然,彼得斯对交流这个"深渊"的探索并没有在这部传播思想史著作完成后中止,2005年他又出版了《追逐深渊》一书。此书通过重新梳理和审视自由言论背后的自由主义思想传统来考察媒介,尤其是大众媒介在民主社会中的角色。彼得斯认为在欧洲历史上,关于自由言论的争议与印刷术的发明出现在同一时期并不是一种巧合。他指出,自由言论在自由主义的支撑下在今天似乎已成为一种不言而喻的正确主张,任何关于自由言论之"自由"的界限在哪里、存在怎样的伦理问题的讨论都被视为对言论自由的敌视,同时对"恶"的表达的宽容体现了一种未经反思的天真,而这恰恰反映了今天自由主义之"不自由"的倾向(liberalism's illiberal tendencies)。彼得斯持此观点的原因是他重新梳理了西方自由主义思想的系谱,而且他在梳理时着力说明各个时期的自由主义带有其时代特征,如果脱离时代特征去理解这些思想和思想家,就是肤浅和片面的。比如,早期人们对言论自由大力推崇和不畏惧其与"恶"进行竞争是因为怀有启蒙时代对理性的强烈信任(而今天这种强烈的信任已经不复存在)。又如,彼得斯将密尔对于自由主义的激赏与西方的另一思想传统斯多葛主义(stoicism)相联系。斯多葛主义主张接受痛苦,受此影响的密尔也清醒地看到了自由言论可能带来的危害和要付出的代价,密尔甚至明白没有什么能保证真理会"自动地"战胜错误。换句话说,彼得斯认为今日自由主义者对于密尔在自由言论问题上的见解存在一定程度的误读。这种误读使得如今的自由主义者仅仅接受了密尔对自由言论的赞赏,却没有注意他的反思,比他们的前辈更天真。彼得斯说明了自由现代性(liberal modernity)和一个价值中立的社会之间千丝万缕的联系,在某种程度上批判了在自由和价值中立之间画等号的行为。他认为在今天,民主的交流要打破由科学的理性主义、文化相对主义和道德的绝对主义制造的僵局。需要注意的是,正如约翰·阿姆斯特朗（John Armstrong）所说，彼得斯似乎总是沉浸在他那个由印刷术或者电视机主导的媒介世界中，他所想象的媒介受众一直是面目模糊的大众，却常常忽略媒介帝国版图的重大变迁及这种变迁带来的变化，比如互联网和卫星电视极大地加速了分众传播，使得大众传播式微。

彼得斯两本专著的一脉相承之处展现了他的研究路径：致力于通过重新书写相关的思想史来建构自己对于一个主题的认识。他与人合作编著的两本文集更直观地反映了他如何看待传播学领域的学术成果。《媒介研究经典文本解读》一书的副标题说明了该书要回答的三个核心问题：在媒介研究中是否存在奠基性文本？应该有这样的文本存在吗？如果有，是哪些？彼得斯及其合作者认为在媒介研究近五十年的历史中，存在着一些并不随时间流逝而褪色的经典文本，即使在不同的时期我们对这些文本在媒介研究和传播学中所做的贡献会做出不同的评价。该书对哥伦比亚学派、法兰克福学派、芝加哥学派、多伦多学派和英国文化研究五个学术团体的十三个奠基性文本做了介绍和点评，成为传播学和文化研究专业的学生了解这一领域的参考书。《大众媒介和美国社会思潮》则追溯了在大众媒介全盛时期——20世纪20年代到60年代——各社会思潮的代表人物是如何理解大众媒介的，以及对其有何种忧虑和希望。编写此书的根本动机是通过对经典文献的回溯将对大众媒介的早期研究放回更宏大的社会背景和学术框架。

在《奇云：媒介即存有》中，彼得斯转向研究媒介问题，但他延续了部分《对空言说：传播的观念史》中没有展开的话题。比如说，他认为媒介应当覆盖的领域包括神、凡人、动物、天空、地球和海洋，进一步拓展了与外星生物和灵媒交流的问题。在这部书里，彼得斯想表达的是，人类的环境就是媒介。因此，他认为，任何可以规定和调整社会中的时间、空间和权力的东西，都可以被看作媒介。所以，像历法、节气、地图、钟表等在平常人看来与媒介无关的物，在彼得斯那里都被视为真正天然的媒介，而像广播、电视这种被人视作重要媒介的大众传媒，则被彼得斯看作另类媒介。在他看来，出现在人类生活前景中的信息载体在人类生活的背景下并没有扮演重要的角色，只有像互联网这样的媒体，才真正具有对人类社会的基础性调节作用。因此，彼得斯把互联网看作与船、火、云等技术体系和自然物等同的元素型媒介，并将这些媒介称为基础设施性媒介。这些媒介甚至还可以将其他的物转化为媒介，就像船可以将大海转化为媒介那样。正是因为如此，彼得斯认为，媒介作为信息渠道的意义是第二性的,它作为一种物质性的存在才是第一性的。如此具有想象力的"理解媒介"的方式,使彼得斯在美国传播学界再次引人注目,并因此成为美国媒介物质性研究领域的代表性人物。

对传播学学科建制的贡献

彼得斯对传播学史的书写具有创新性,他既不接受批判研究与经验研究这个学科史中经典的二元对立,也不循着五W模式衍生出来的控制研究、内容分析、媒介研究、受众研究和效果研究来寻找这个学科的边界,而是从"交流"(communication)这个词本身出发,致力于书写交流及与交流密切相关的思想的历史,将其上溯至耶稣、苏格拉底,下访至黑格尔、克尔凯郭尔等。彼得斯认为一部传播学史应当回答我们今时今日对于"交流"乃至"人与人之间的关系"的认知与理解因何而来。在寻找答案的过程中,他重新发掘了人类对于"传播"的内涵的探索史,也扩展了传播学的学科版图。

同时,彼得斯也不像一般研究传播学史的学者那样把考察的重点放在传播技术的不断革新上,或放在学科内部理论的变迁上,而总是以问题为导向,超越学科的边界,视整个思想史和社会史为背景。正因为彼得斯对传播的研究另辟蹊径,才被同行称作"今天书写'交流'的人中最有意思的一个"。

扩展阅读

原作

〔美〕伊莱休·卡茨、约翰·杜伦·彼得斯、泰玛·利比斯、艾薇儿·奥尔洛夫编:《媒介研究经典文本解读》,常江译,北京:北京大学出版社2011年版。

〔美〕约翰·杜海姆·彼得斯:《奇云:媒介即存有》,邓建国译,上海:复旦大学出版社2020年版。

〔美〕约翰·杜翰姆·彼得斯:《对空言说:传播的观念史》,邓建国译,上海:上海译文出版社2017年版。

John Durham Peters, *Courting the Abyss: Free Speech and the Liberal Tradition*, Chicago and London: University of Chicago Press, 2020.

John Durham Peters, Peter Simonson, etc. (eds.), *Mass Communication and American Social Thought: Key Texts 1919—1968*, Lanham: Rowman and Littlefield, 2004.

相关思想史或评传

John Armstrong, "The Devil, the Media, and Free Speech: Response to John Durham Peters' *Courting the Abyss*," *Free Speech Yearbook*, 2009, 44(1): 147-150.

Michael Pickering, "Book Review: Courting the Abyss: Free Speech and the Liberal Tradition," *European Journal of Communication*, 2005, 20(4): 538-541.

(解　佳)

约翰·费斯克
(John Fiske，1939—2021)

 **学术生平**

约翰·费斯克1939年出生于英格兰,在剑桥大学完成学业,获得剑桥大学学士学位和硕士学位。他本人就是一个大众文化迷。读书期间,伯明翰学派日渐盛行,费斯克受此影响,对大众文化极为关注,比如十分喜爱麦当娜。从剑桥大学毕业后,他一度在伯明翰大学当代文化研究中心霍尔的领导下工作。此后,他在世界各地任教,包括澳大利亚、新西兰和美国等。他在英国建立了第一门传播及文化研究课程。1978年应英国麦修恩出版公司的邀请,费斯克担任"传播研究"丛书主编,并与约翰·哈特利合作出版了《解读电视》。20世纪80年代至90年代,他是科廷大学的杂志《文化研究》的首席编辑。他于1982年担任澳大利亚6NR广播电台董事会委员、西澳大利亚演出公司董事会成员,其间于1985—1988年担任澳大利亚传播委员会委员。1982年,他担任西澳大利亚技术学院传播学首席讲师。1985年,他担任澳大利亚传播学学会主席。在作为传播艺术系的教授在威斯康星大学麦迪逊校区任教12年之后,

他于 2000 年被授予荣誉退休教职。2008 年,费斯克搬迁到马萨诸塞州伊普斯维奇。2008 年 5 月,费斯克获得了安特卫普大学的荣誉学位。他的代表作有《解读电视》(1978)、《电视文化》(1987)、《理解大众文化》(1989)、《解读大众文化》(1989)、《权力运作及权力效用》(1993)等。2021 年 7 月 12 日,费斯克在美国家中去世,享年 82 岁。

主要理论(方法)贡献

费斯克的积极受众观推动了受众研究从"使用与满足"理论到"编码/解码"理论再到"生产性受众观"理论的范式更替。

费斯克的"两种经济"理论拓展了原有的经济概念,把"文化经济"纳入其中。从金融经济的角度说,演播室生产的节目被卖给经销商以谋求利润,而节目在播出时又变成生产者,生产出一批观众,观众被卖给广告商。商品化的受众成了文化工业最重要的产品。费斯克认为商品既有使用价值,又有文化价值。在文化经济中,流通过程并非货币的周转,而是意义和快感的传播。观众从商品转变成生产者,即意义和快感的生产者。在这个过程中,没有消费者,只有意义的流通,意义是整个过程中的唯一要素。

费斯克沿着伯明翰学派文化研究中积极受众的路径,发展出"生产性受众观"理论。在《解读电视》中,费斯克和哈特利引用麦奎尔的观点,认为大众传播是一个复杂、微妙的过程,就像两人对话一样,是一种协商、互动、交换的活动,意识到研究受众还要从分析传受双方的交互关系入手。对于谁是传播者这个问题,费斯克认为可以分三个层次回答:(1)电视屏幕上的形象;(2)专门化的传播机构、员工、专业规范等;(3)讯息意义之所托文化。由此,费斯克认为,传播者是一个由数万有特色的人组成的大群体,传播者和受众之间会发生互动,受众也可以是传播者。在《电视文化》中,他又参考艾柯的开放文本—封闭文本、罗兰·巴尔特的可读文本—可写文本,认为电视文本既有可写文本的开放性特点,又有可读文本的容易理解的特点,是一种生产性文本。这种文本为了满足多种多样的观众,必须允许阅读中存在大量的文化差异。与霍尔、莫利一样,他充分关注对文本意义的阐释,认为意义存在于文本之间,是由身处社会的读者和文本相结合而产生的,并不仅仅是由文本自身决定的。受众阅读电视文本的过程实际上就是对话的过程,在这一过程中,主动权在读者一方,而不是读者向文本屈服。费斯克眼中的受众是主动的行动者。费斯克在《理解大众文化》中指出,大众文化是大众在文化工业的产品与日常生活的交界面上创造出来的。大众文化是大众创造的,而不是加在大众身上的,它产生于内部或底层,而不是来自上方。受众的从属地位意味着他们不能创造大众文化资源,但是他们能够根据自己的社会经验重新解读文本,从那些资源中生产出自己的文化。

在《理解大众文化》的"大众的层理"一节,费斯克提出大众的层理(formations)的说法。他认为大众文化是由大众而不是文化工业促成的,文化工业所能做的一切,乃是为形形色色的"大众的层理"制造出文本"库存"或文化资源,以便大众在生产自身的大众文化的持续过程中,对之加以使用或拒绝。费斯克认为大众不是一个固定的社会学范畴,而是一组变动的效忠、从属关系,形形色色的个人在不同的时间可以属于不同的大众层理,并时常在各层里间频繁流动。大众具有"游牧式的主体性",能够在高度精密的社会机构的网络间穿梭来往,并根据当下的需要,重新调整自己的社会效忠、从属关系,进入不同的大众层理。费斯克强调,各种各样的大众层理是以主动的行动者而非屈从式主体的方式在各种社会范畴间穿梭往来的。大众的效忠、从属关系是在特定的时间、语境中由大众决定的,是在实践中决定的。

费斯克认为,大众文化的政治是日常社会的政治,这意味着大众文化在微观政治而非宏观政治的层面运作,而且它是循序渐进的,而非激进的。它关注的是发生在家庭、工作环境、教室等结构当中,日复一日与不平等的权力关系进行的协商。费斯克认为大众文化是运作于符号领域的,他甚至提出了"符号民主"的乐观论述。费斯克将大众文化视为斗争的场所,但在承认宰制力量的权力时,更注重大众的反抗,关注大众如何对付、规避或抵抗这些宰制性力量,侧重探究大众的活力与创造力。受众通过"外置"反收编,从宰制性体制提供的资源和商品中,利用现成可用之物,创造自己的文化,比如剪破牛仔裤。

在研究方法上,费斯克的研究大多是以符号学和结构主义叙事学为主要方法的阐释性的定性研究。他多以经验主义的方法研究大众文化,也因此被批评以自己的主观感受代替大众的感受。符号学是他主要的理论分析工具。他还提出"民族志符号学"的概念,提出把结构主义符号学与经验主义结合起来。尼克·史蒂文森认为费斯克的媒介和文化研究方法的主要优点是,他强调受众在进行各种协商性和对抗性解读的过程中所从事的创造性工作。费斯克对忽视受众参与的观点进行了矫正。费斯克对电视受众创造意义和快感的关注,改变了人们的思维模式。通过这个改变,人们找到了研究媒介文化的新途径和新方法,从而把理论的触角伸向对普通大众和弱势者的关怀。从这个意义上说,费斯克对媒介文化研究的最大贡献应该是其方法论而不是其具体研究结论。

对传播学学科建制的贡献

作为美国大众文化研究和媒介研究领域的重要理论家和实践者,约翰·费斯克继承并发展了以伯明翰学派为代表的英国文化研究的学术路径。随着他在世界各地任教,他逐渐将大众文化研究推广到了美国、澳大利亚、新西兰等多个国家,为文化研究的普及做了大量工作。可以说,受众研究成为当今美国的一个学术热点,与费斯克将英国文化研究引入美国是有很大关系的。费斯克在文化研究上的乐观论述也影响了美国的受众研究。

费斯克在英国建立了第一门传播及文化研究课程,1983年负责"媒介研究"和"传播研究"课程项目。对于传播学是一门学科还是一个多学科的研究领域的问题,费斯克在《传播研究导论:过程与符号》中认为,传播学是研究传播过程的,但需要多学科的研究取向,才能进行综合、全面的研究。他假定所有传播都包含符号和代码,建议用符号学的方法来研究传播现象,认为研究传播也要研究它所结合的文化。于是,他将传播宽泛地定义为"借助讯息进行的社会互动"。《传播研究导论:过程与符号》是费斯克撰写的教材。该书将传播学研究分为两个主要学派:过程学派和符号学派。他概述了一系列分析传播实例的方法,并阐述了支撑它们的各种基础理论,使读者能够从新闻照片或电视节目等传播现象中,梳理出暗藏的文化内涵。

谈到对传播学学科布局的贡献,可以说费斯克是一位调和主义者。费斯克的文化研究是从反思霍尔和托尼·本内特等归纳的"文化主义"和"结构主义"之局限性开始的。费斯克引入了第三种研究视野,即"双重聚焦"的视野,既聚焦于结构,又聚焦于大众抵制宰制性力量的能动性、辨识力和创造力。

费斯克试图以此更全面地认识大众文化。他颠覆了把群众当作乌合之众的精英主义,突出强调了大众的主动性,充分肯定大众文化的积极功能,指出大众文化是进步的、微观的。费斯克是文化研究转向过程中的重要代表人物。20世纪60年代到80年代,法兰克福学派和伯明翰学派都运用马克思主义的文化研究方法,将高雅文化看作抵制资本主义的力量;从20世纪80年代中期开始,英国文化研究开始强调媒介文化及观众在阐释媒介产品时表现出的抵抗,而法兰克福学派倾向于强调大众文化被意识形态统治的同质化。凯尔纳将这一转变称为"后现代的文化研究转向",并将费斯克列为文化研究与法兰克福学派分道扬镳的过程中的代表人物之一。

原作

〔美〕约翰·菲斯克:《电视文化》,祁阿红、张鲲译,北京:商务印书馆2005年版。

〔美〕约翰·菲斯克:《解读大众文化》,杨全强译,南京:南京大学出版社2006年版。

〔美〕约翰·费斯克:《理解大众文化》,王晓珏、宋伟杰译,北京:中央编译出版社2001年版。

〔美〕约翰·费斯克:《传播研究导论:过程与符号(第二版)》,许静译,北京:北京大学出版社2008年版。

〔英〕约翰·费斯克:《世界诡异传说:世界历史文明与神话传说间的谜底》,郭纯品译,北京:新世界出版社2010年版。

〔美〕约翰·费斯克等编撰:《关键概念:传播与文化研究辞典(第二版)》,李彬译注,北京:新华出版社2004年版。

相关思想史或评传

陈立旭:《重估大众的文化创造力——费斯克大众文化理论研究》,重庆:重庆出版社2009年版。

陆道夫:《文本/受众/体验——约翰·菲斯克媒介文化研究》,北京:北京邮电大学出版社2008年版。

张华主编:《伯明翰文化学派领军人物述评》,济南:山东大学出版社2008年版。

(戎 青)

约书亚·梅罗维茨
(Joshua Meyrowitz, 1949—)

 **学术生平**

约书亚·梅罗维茨1949年出生于美国,现任美国新罕布什尔大学传播学系教授。20世纪70年代,梅罗维茨参加了纽约大学的媒介环境学博士项目。1978年,他在克里斯琴·尼斯特罗姆、亨利·珀金森和尼尔·波兹曼的共同指导下完成了博士学业。1985年,通过完善奎因斯大学和纽约大学的两篇博士论文,他出版了《消失的地域:电子媒介对社会行为的影响》一书,该书获得1987年美国全国广播工作者协会和广播教育协会"最佳电子媒体书奖"和美国语言传播协会的年度图书金奖。1995年出版的《大众传播理论:基础、争鸣与未来》将该书的出版列入"大众传播大事年表"。

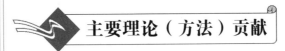 **主要理论(方法)贡献**

约书亚·梅罗维茨是20世纪70年代以来美国传播学领域最重要的理论思想家之一。尽管梅罗维茨著述不多,但是他的

"媒介情境"理论独树一帜,在媒介分析领域开拓了新的天地。

梅罗维茨的理论建构和阐述都集中于他的《消失的地域:电子媒介对社会行为的影响》一书。该书是梅罗维茨至今唯一的著作,在这本书中,他创造性地将欧文·戈夫曼的拟剧理论和麦克卢汉的媒介理论相结合,提出"媒介情境"理论。

作为美国媒介环境学派奠基人波兹曼的学生,梅罗维茨继承了该学派开山人物英尼斯开创的将研究聚焦于媒介技术的传统,批判性地借鉴了麦克卢汉提出的"媒介即环境"理论。他同意麦克卢汉的观点,认为媒介不仅仅是人们沟通、交流的手段,它们本身就是一种环境。同时他又指出,麦克卢汉的理论没有阐明电子媒介对人类社会的影响是怎样发生的。梅罗维茨认为传统的媒介研究过多地着眼于技术本身,对于社会阐发机制语焉不详,而社会学丰富的行为主义研究可以弥补这方面的不足。他借鉴了社会学家欧文·戈夫曼的拟剧理论(参见本书欧文·戈夫曼词条)。"拟剧"理论是解释人类社会情境与社会角色关系的一种重要理论,它将人类日常生活中的社会互动、社会行为与剧场表演相类比,指出人们的社会生活实际上就是一场会转换舞台的表演。在特定的情境下,人们的行为可以被明显地区分为两部分:前台区域和后台区域。前台区域是对外的舞台表演,后台区域是对内的放松。梅罗维茨将这种"情境"的视角引入媒介分析领域,开创了他的"媒介情境"理论。在这一理论中,梅罗维茨指出,由于电子媒介的介入,要做到对后台区域的信息进行隔离或封锁已经不可能,所以人们可能会选择一种"中区"的行为方式,即把前台区域和后台区域进行较大程度的融合,从而形成统一的形象,以此弥补因权威感丧失而产生的落差。"中区"形象的传播,为当权者重新赢得了公众的支持、尊重甚至喜爱。而正是以电视为代表的电子媒介使这种社会角色的重建成为可能。

建立在拟剧理论和媒介理论两大基石上的"媒介情境"理论是以电视为主要考察和阐发对象的。梅罗维茨将"媒介"引入戈夫曼的"社会情境"分类,提出了以人们的信息接触机制作为情境划分标准的新的社会情境。他认为在电子媒介主导的信息社会里,人们对于信息的获取早已超越传统社会的地点交往范围,所以媒介信息环境与传统的地点环境一样,成为促成信息流通的新渠道。他以这种拓展后的"情境"为前提,展开了他对电子媒介发生作用的机制的阐述。

梅罗维茨通过考察社会中几种重要角色的转变过程,具体地描述了电子媒介对人类日常生活以及社会交往的方方面面产生的广泛而深刻的影响。他将电视比作一个秘密曝光机器(secret exposing machine),认为电视使得许多从前仅仅局限于特定范围的谈话或者知识逐渐成为广为人知的常识,从而促成男人和女人的融合,打破了成人和儿童、权威人士和普通人之间的界限。以电视为代表的电子媒介之所以能够做到这些,是因为其能打破原有的以具体的地点作为区分标志的社会情境模式,改变人们固有的观点和适应行为,树立起新的交往认知标准和规范,从而形成大规模的社会影响。梅罗维茨将这一机制总结为三个方面:一是以电视为代表的电子媒介打破了不同群体的信息系统的分离状态;二是电视以其直观、生动、具体的传播模糊了公共领域和私人领域的界限;三是电子媒介引起社会场所和自然场所的分离。概括而言,梅罗维茨的媒介理论指出电子媒介通过改变人类的地理环境对社会行为产生冲击,论证了因传播方式的变革而形成的新的信息传播系统通过改变社会的交往场景,引起社会行为的变化。这一理论被认为是对当代美国媒介环境学理论基础的重大突破,帮助媒介环境学派建立起了系统而又具有说服力的理论体系。他搭建的这个学术框架很好地弥补了麦克卢汉的不足,在感觉变化和行为改变之间找到了"交往场景"这一中介变量,矫正了早期媒介环境学理论中线性的、直接的因果关系。

梅罗维茨对于媒介环境学知识版图的另一个突出贡献是,他明确提出了"单数的媒介理论"这一概念,用来区分被英尼斯、麦克卢汉、波兹曼、爱森斯坦等人奉为圭臬的"复数的媒介理论"。两者的不同在于:"媒介分析"是一种关于媒介的本体论研究,关注每一个媒介或每一种类型的媒介的独特性质,即强调以媒介为出发点研究媒介本身,注重不同媒介对社会各个方面的不同影响;而"媒介研究"更多地将媒介视为一种载体和工具,注重阐发媒介的变革如何触发和带动社会历史的变迁。从这一点上说,梅罗维茨的研究将媒介环境学推向了一个新的领域。基于他的研究开创的传统,媒介环境学导向了日常人际交往等社会变化的微观层面,与传统的媒介环境学研究形成了良好的互补关系。

对传播学学科建制的贡献

梅罗维茨是媒介环境学派独树一帜的研究者,他的学术成果虽然不多,但是极有分量,正是他的媒介情境理论为媒介环境学研究注入了新的活力,重新振兴了媒介环境学派。20世纪80年代,随着麦克卢汉的逝世,媒介环境学派走入低谷,梅罗维茨对以电视为代表的电子媒介的研究,及时地弥补了学派的研究缺陷,推进了媒介研究的革新,捍卫了媒介环境学派的地位。此后,他又撰写了一系列文章,阐述麦克卢汉和波兹曼的学术成果。正是他在新时期对于媒介环境学派承前启后的贡献,才使得该学派没有在传播学的学术版图中消失。

 **扩展阅读**

原作

[美]约书亚·梅罗维茨:《消失的地域:电子媒介对社会行为的影响》,肖志军译,北京:清华大学出版社2002年版。

Joshua Meyrowitz, "Medium Theory," in David Crowley and David Mitchell (eds.), *Communication Theory Today*, Standford, CA: Standford University Press, 1994.

Joshua Meyrowitz, "Mediating Communication: What Happens?," in John D. H. Downing, Ali Mohammadi and Annabelle Sreberny (eds.), *Questioning the Media: A Critical Introduction*, Thousand Oaks, CA: Sage, 1995.

Joshua Meyrowitz, "Shifting Worlds of Strangers: Medium Theory and Changes in 'Them' versus 'Us'," *Sociological Inquiry*, 1997, 67(1): 59-71.

相关思想史或评传

李明伟:《知媒者生存:媒介环境学纵论》,北京:北京大学出版社2010年版。

(唐 利)

尤尔根·哈贝马斯
(Jürgen Habermas, 1929—　)

 **学术生平**

尤尔根·哈贝马斯1929年生于德国杜塞尔多夫。1949年至1954年,哈贝马斯先后在哥廷根大学、苏黎世大学和波恩大学学习哲学、心理学、历史学、德国文学和经济学。他在哲学方面最重要的老师是埃里希·罗特哈克和奥斯卡·贝克尔。前者是一位跟随过狄尔泰的人类科学理论家;后者是胡塞尔的学生,属于海德格尔一代,在数学和逻辑学领域有着卓越的成就。哈贝马斯的写作事业于20世纪50年代早期开始,文章散见于各种面向普通公众的报纸。1954年,哈贝马斯在波恩大学以论文《绝对性与历史:谢林思想的二重性》获博士学位,导师为罗莎克和贝克尔。1954年至1956年,他是一名自由记者,获得"德意志科研协会"助教奖学金。1956年至1959年,他在法兰克福大学社会研究所任阿多诺的第一位研究助理。在此期间,他研读了本雅明、布洛赫、阿尔都塞的著作,接触到了涂尔干、韦伯的著作。20世纪50年代末,他在法兰克福大学社会研究所参加并发挥主要作用的第一项研究就是经验研究,即"对法

兰克福大学学生政治意识的社会学调查"。这是研究所就大学与社会问题展开的系列研究的一部分,也属于社会研究所的大经验研究规划。需要说明的是,《组群实验》《权威人格》等都是大经验研究规划的代表作。研究以确定访谈指导大纲为开端,此项工作由维尔茨主持。接下来是根据"政治意向"(political disposition)、"政治倾向"(political tendency)和"社会形象"(image of society)等范畴对材料进行分类,最终提出一种系统类型学,这一类型学是在对访谈材料的分析、处理过程中形成的。问卷随机抽取了法兰克福大学1957年夏季学期录取的7000多名大学生中的171人。除了主体的一小部分和附录之外,《大学生与政治》的全文都出自哈贝马斯之手。1959年哈贝马斯开始构思《公共领域的结构转型》,并以此书作为教授资格论文向马堡大学进行申请,随后在阿多诺的斡旋下获得授课资格。1961年哈贝马斯接受伽达默尔的邀请,担任海德堡大学副教授,实际并未在马堡大学授课。1964年至1971年,哈贝马斯接替霍克海默任法兰克福大学哲学和社会学教授,并协助阿多诺指导法兰克福大学社会研究所的工作。1971年,哈贝马斯任普朗克科学技术世界生存条件研究所负责人。20世纪70年代,哈贝马斯在梳理欧洲哲学思想的基础上形成了其最富创造性的理论——交往行动理论。1981年首次出版的《交往行动理论》被视为20世纪下半叶最重要的哲学著作之一,其内容对政治学、社会学、传播学等人文社会科学产生了广泛的影响。1983年,哈贝马斯重新回到法兰克福大学任哲学和社会学教授,并于1994年退休。哈贝马斯著述甚丰,除散见于报纸、杂志的数量可观的文章外,出版的著作有三十多部,主要有《公共领域的结构转型》(1962)、《理论和实践》(1963)、《社会科学的逻辑》(1967)、《作为意识形态的技术和科学》(1968)、《认识和兴趣》(1968)、《交往行动理论》(1981)、《后形而上学思想》(1988)、《在事实与规范之间:关于法律和民主法治国的商谈理论》(1992)等。哈贝马斯享有"当代黑格尔""后工业革命时代最伟大的哲学家"等美誉。

主要理论(方法)贡献

诚如汉诺·哈特所言,交往是哈贝马斯理论的核心。他对交往问题的关注,在其第一部具有影响力的学术著作《公共领域的结构转型》中就可以看出,此书的重点是对"公共领域"这一交往空间的探讨。哈贝马斯指出,在欧洲历史上,市民社会的出现是与17世纪以降近代民族国家的形成紧密联系在一起的。其时,专制国家开始由更大的社会中脱离出来,上升为一个专门化的政治功能高度集中的特殊领域。国家与社会的分离不仅催生了非人格化的公共的国家权威,而且催生了个人在其中以私人身份追求各自利益(首先是经济利益)的作为"私域"的社会。最初,这个以"私域"的形式出现的社会只是统治的对象,在政治领域中无关紧要,但是逐渐地,通过私人之间的自由结社,通过对公共话题的讨论和对公共事务的关注、参与,一个超越个人的"公共领域"便产生了。这时,这个社会不但发展了一种它自己独有的社会认同,而且开始在公共决策问题上产生影响。也就是说,在国家权威和市民社会的私人领域之间,出现了一个新的领域。正是因为在这个社会内部逐渐发展出一种公共品格与公共空间,公民个人就能以公众身份就社会公共事务展开自由的、公开的和理性的讨论,并在此基础上形成共识,产生公共意见。

虽然该书的具体研究对象为历史上的资本主义社会的公共领域,但是哈贝马斯却从中抽象出"公共领域"这一带有理想类型(ideal type)性质的概念,"市民社会"是其产生的前提条件,而开放性、批判性和理性的公开运用是其能够有效运转的必要条件。进一步地,在梳理并批判性地继承了欧洲哲学思想后,哈贝马斯以"交往理性"为核心提出了其最富创造性的理论——交往行动理论。哈贝马斯将人类行动划分为四类,分别是:(1)目的性行动,又称工具性行动。这是一种目标取向的行动,在比较、权衡了各种手段以后,行动者选择一种最理想的能达到目的的手段。(2)规范调节的行动,即一个群体的受共同价值约束的行动。(3)戏剧式行动,即行动者在观众或社会面前有意识地表现自己的主观性的行动。这种行动重在通过自我表现达到吸引观众、听众的目的。(4)交往行动,即行动者之间的以语言为媒介的互动。行动者使用语言或非语言符号作为理解其相互状态和各自行动计划的工具,以期在行动上达成一致。相互理解是交往行动的核心,而语言具有特别重要的地位。哈贝马斯认为:第一种行动把交往仅仅看成实现自己目的的手段;第二种行动把交往看成争取一致意见的行动;第三种行动仅把交往看成吸引观众的自我表演。交往行动本身涵盖了所有这三种关系,因此比其他行动在本质上更具合理性,所以哈贝马斯提出将"交往理性"作为人类理性最基础的体现，并且把交往理性的规范视作人类理性最基础的规范。"交往理性"之所以被哈贝马斯赋予重任，是因为交往行为不同于目的合理性行为，它遵守的是主体之间相应的规范，这些规范表现了主体之间对对方的期望，而交往的合理性正是在这个基础上产生的。哈贝马斯将"交往理性"，其实也就是霍克海默和阿多诺在将对启蒙理性的分析推向极致的时候丢弃的向度——社会，或者说人的互动——重新挖掘出来并推向前台，而这样的思想来自米德的影响，哈贝马斯的交往行动理论因而被称作打通德国唯心主义哲学与美国实用主义哲学的一种努力。

进一步地，哈贝马斯提出"生活世界的交往理性"，把生活世界作为交往实践的背景。在生活世界当中，交往主体努力共同解决他们在日常生活中遇到的问题。现代生活世界被他划分为文化领域、社会领域和个性领域。文化领域根据真实性问题、正直性问题以及趣味问题等的不同的有效性要求，又被分为科学和技术领域、法律和道德领域以及艺术和艺术批评领域。在社会初级制度的基础上，形成了不同的功能系统（如现代经济和国家管理），它们通过自己的交往媒介（货币和行政权力）形成自己独特的发展路径。最后，个性结构是社会化过程的产物，在一代代人的成长过程中，它们使人能够在复杂的社会中寻找到自己的位置。基于此理论，哈贝马斯对于现代社会存在的问题的最著名判断是作为"根据地"的生活世界（life world）被系统（system）"殖民化"了。此外，他还断言，资本主义社会正在发生许多根本的变化：国家干预在加强，市场得到维护并复原，资本主义变得越来越有组织，工具的合理性和官僚机构威胁着"公共领域"，新型的危机倾向正威胁着社会和政治秩序的合法性。

在其整个理论建构的过程中，我们清晰地看到哈贝马斯的交往行动理论具有规范色彩，而"语言"作为其中介也就不再是日常意义上的语言。在哈贝马斯区分的三个世界中，相应的语言准则分别是真理性、正当性和诚实性。这个理论中规定的交往伦理很明显地带有前文所述"公共领域"这个理想类型的色彩。这体现了其思想前后的统一，而对于人类交往问题的研究无疑是其中的主线。也正是因为这样，哈贝马斯的研究对于传播学具有重要的意义。

对传播学学科建制的贡献

哈贝马斯对传播学的影响是深远的,基于他的"公共领域"理论发展起来的商议民主范式在政治传播中举足轻重。随着网络媒体的兴起,公民利用媒体参与政治活动日益频繁,越来越多的学者试图利用"公共领域""交往理性"等学说来理解这一现象。

哈贝马斯在《公共领域的结构转型》一书中指出,公共领域为自发的或有组织的公众聚会场所或机构的总称,这些场所或机构不仅包括咖啡馆、广场,还包括报纸、杂志等大众媒介,而且哈贝马斯对于报纸、杂志等大众媒介在资产阶级公共领域的形成中扮演的重要角色给予了特别的关注。例如,在书中他说:整个18世纪的公共领域的发展水平可以用政府和出版界之间的对抗程度来加以衡量。自18世纪以来,传播媒体的发展促使公共领域带有某种共同性,即任何区域性的议题都可以成为广大公众关注的议题。公共领域最为关键的内涵,乃是形成了独立于政治体制的公共交往和舆论,而资产阶级公共领域对其功能的自我理解也具体地表现为舆论。舆论的形成需要一定量的信息发送、传输与反馈,因此离不开大众媒介。但是,哈贝马斯也意识到依赖公共媒体形成的公共领域内部的共同性是脆弱的,因为大众媒体可能响应市场经济的逻辑,或者可能受到政治党派与利益团体的操纵。正如他观察到的那样,19世纪末以后,大众传媒组织的发展,销售和消费形式的变化,操纵性力量的出现,大资本集团垄断性与操控性的强化,以及福利国家的兴起,使原先相互分离的国家与社会日趋渗透、融合,出现了"国家社会化"和"社会国家化"的趋势。换句话说,国家权力的扩张和其他社会组织的发展,尤其是大众传播的商业化和"舆论技术"的出现,限制甚至从根本上改变了公共领域的性质和特征。大众传媒的商业化使得公共领域变为文化消费领域,因为市场法则代替交往理性成为此领域的规则,个人的"公民"身份被削弱,而"消费者"身份得到加强,其后果包括批判潜能的丧失、严肃议题的消解和对信息解读的趋同,公共领域被融入"系统",而不再是一个具有独立性的空间。现代发达的"舆论技术"使得公众变成被控制和研究的对象,而且由于舆论技术具有引导性,大众传媒成为某些利益集团达到自身目的的工具。公共领域在这样的条件下实际上被重新封建化了,公共性已被转化为管理化的统一原则。换句话说，公众实际上已经不再对公共事务具有影响力，但一些利益集团的政治主张却通过已经蜕变的"公共领域"被合法化了。

但是，哈贝马斯对于现代媒介现实的批判并不代表他对于媒介本身能起到的作用的否定。根据他的理论，交往成为一个协商过程，其背景是共享的文化或"生活世界"，这个背景为任何有意义的参与提供了预设的条件。文化、社会、个人都是"生活世界"的结构成分，而媒介正是"生活世界"日常活动的一部分，其功能是泛化交往形式。因此，大众媒介都有赋予人能力的功能。它们使参与者摆脱了空间—时间的局限，提供多重语境，推进公共领域的形成，而公共领域既可以服务于专制主义者，又可以促进人的解放。汉诺·哈特指出，这样的传播和媒介视角暗示，大众传播理论和研究必然和交往的习惯联系在一起，也就是必然和个人在生活世界里的交往能力、理解和参与有关。哈贝马斯主张，媒介研究必须研究文化和生活世界的状况，必须研究为解放人服务的公共领域的前景。为此目的，媒介研究必须从知识这一视角出发，这个视角致力于开放真理和自我反思。哈贝马斯的公共领域和交往理论的魅力在于它不仅提供了理论工具，帮助我们分析现实，而且蕴含了某种理性与道德力量，因而能够成为评判社会发展状况的一种抽象规范和标准。

原作

〔德〕哈贝马斯：《公共领域的结构转型》，曹卫东等译，北京：学林出版社1999年版。

〔德〕哈贝马斯：《哈贝马斯精粹》，曹卫东选译，南京：南京大学出版社2004年版。

〔德〕尤尔根·哈贝马斯：《交往行为理论·第一卷 行为合理性与社会合理化》，曹卫东译，上海：上海人民出版社2018年版。

相关思想史或评传

〔美〕莱斯利·A. 豪：《哈贝马斯》，陈志刚译，北京：中华书局2014年版。

〔德〕罗尔夫·魏格豪斯：《法兰克福学派：历史、理论及政治影响》，孟登迎等译，上海：上海人民出版社2010年版。

〔美〕马丁·杰伊：《法兰克福学派史（1923—1950）》，单世联译，广州：广东人民出版社1996年版。

〔日〕中冈成文:《哈贝马斯——交往行为》,王屏译,石家庄:河北教育出版社 2001 年版。

曹卫东:《曹卫东讲哈贝马斯》,北京:北京大学出版社 2005 年版。

陈勋武:《哈贝马斯评传》,广州:中山大学出版社 2008 年版。

(解　佳)

库尔特·勒温
(Kurt Lewin, 1890—1947)

学术生平

库尔特·勒温1890年9月9日生于东普鲁士的莫吉尔诺（现位于波兰境内）。1914年,他在柏林大学获得心理学博士学位。在这所大学中,他深受哲学教授恩斯特·卡西尔的影响,对现象学产生了较为浓厚的兴趣。他的导师正是格式塔心理学的奠基者施通普夫。但是,他没有像他的同学韦特海默、考夫卡和科勒那样传承格式塔心理学的衣钵,而是抛弃了该学派的"心物同型论",兴趣从对人的知觉研究转向动机研究。1914年博士毕业后,勒温参加了第一次世界大战,军队生活对他后来的群体动力学理论的生成起到了关键作用。他在军队医院中开始写作授课资格论文并于1921年获得柏林大学心理学研究所的非终身教职。从那时开始,勒温就表现出培养学生的天赋:他在吸引学生从事心理学研究方面能力非凡。到美国以后,勒温的这种天赋得到了更多的展现,他的多个学生日后成为社会心理学大师,其中包括费斯汀格、卡特赖特、利皮特、H.凯利、拉尔夫·怀特等。舍伦伯格在《社会心理学的大师们》

一书中对这一名单惊叹道:至少占了20世纪五六十年代美国最著名的社会心理学家的一半。罗杰斯评价说:勒温在制造学术气氛方面有异乎寻常的能力。在这样的氛围里,非常有才华的人感到舒适;在这样的氛围里,他们创造了相当多的精神产品。1933年,勒温离开柏林大学心理学研究所流亡美国。第一个接纳勒温的是康奈尔大学的家政学院,两年后勒温被邀请到艾奥瓦大学儿童福利研究所任教,并在那里待到1945年,尽管此间他及弟子与行为主义色彩强烈的艾奥瓦大学心理学系关系非常紧张。在艾奥瓦大学,勒温开展了两项最具影响力的研究:其一是与利皮特合作的关于领导风格的著名实验;其二就是关于饮食习惯变化的实地实验。在后一个实验中,勒温提出了"把关人"的概念,这一概念对传播者研究产生了深远的影响。在艾奥瓦大学,勒温还结识了文学院英文作文教师施拉姆,并邀请他参加勒温师门的"聊天活动",施拉姆因而也深受其影响。在他病逝前,他和他的研究团队一直供职于麻省理工学院经济与社会科学系的"群体动力学研究中心"。在艾奥瓦大学的九年,勒温吸引了大量追随者,他们在1945年随着导师全体转移到麻省理工学院,什么都没有给艾奥瓦大学留下。勒温在美国的研究体现出高度的应用性和实践性,与心理学一贯的学院派风格格格不入,因此他的理论影响虽然很大,但他本人一直处于这个学科的边缘地位。由于长期在高度紧张的状态下生活,1947年2月12日,勒温死于心脏病。在生命的最后几年,他不仅要从事各种研究活动,还要花费大量时间去为研究筹集资金。1948年,"群体动力学研究中心"也在勒温的得意弟子卡特赖特的带领下,由麻省迁移到了密歇根的安娜堡,勒温的研究传统因此可以延续至今。这再次反映了勒温团队的凝聚力。对此,罗杰斯评价说:整批学者和他们的博士生全部从一个大学转移到另一个大学,这在学术界是非常罕见的情形,而勒温的追随者两次做了这样的事。勒温在学术界的地位随着时间的推移不断上升。1986年,阿伦夫妇对当时一批杰出的社会心理学家进行了访谈,他们的结论是:我们现在比以往任何时候都更加相信,勒温是现代社会心理学的开创者。

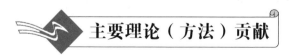 主要理论(方法)贡献

　　勒温对传播学的贡献主要体现在"传播者研究"的理论与方法上,而他的

群体动力学团队也对传播学理论产生了重大的影响,因此讨论勒温的贡献不如从整个团队的贡献入手。

勒温对传播学最主要的贡献就是把关人理论。该理论的主要内涵曾经在 1922 年由帕克在其《移民报刊及其控制》一书中提及,但帕克没有对这种现象进行理论概括。勒温在第二次世界大战期间受华盛顿地区全国委员会的饮食习惯协会资助,在艾奥瓦大学进行了关于饮食习惯变化的研究,以应对二战期间的食品短缺。在一项名为"胰脏研究"的食品研究中,勒温需要回答如何能让美国家庭选择烹饪和食用美国人不太喜爱食用的动物内脏(包括牛心、牛肝、牛胰脏和牛肾等肉类)这一问题。在反复的实地实验研究过程中,勒温发现:在决定吃什么的时候,并非所有人都同等重要,有一些关键的环节对选择食物起到了决定性的作用。比如说,如果家庭主妇不打算烹饪,他们家就不可能食用动物内脏。在这里,家庭主妇毫无疑问扮演了把关者这一角色。勒温认为,这种情况广泛存在于各种组织之中,新闻传播渠道也不例外。他说:这一情形不仅对食物渠道是适用的,而且对于新闻通过特定的传播渠道在群体中的传播、对于货物运输以及许多机构中个人的社会流动也是适用的。这种表述对传播者研究大有启发,从而成为传播者研究的经典范式。怀特、吉伯、斯特利、麦克莱恩以及休梅克在这一研究的基础上不断拓展。传播者由此被看作海量信息的把关者。休梅克认为,怀特是第一个将渠道和把关人理论付诸研究的人。怀特自称,他写下自己的研究成果后,才偶然发现了勒温的文章,他的研究计划是在施拉姆的建议下完成的。但不管怎么说,把关人理论现在在传播学领域尤其是组织传播学领域和传播者研究领域被广泛应用,而且人们总是愿意将其源头回溯到勒温那里。

利昂·费斯汀格是勒温团队中对传播学研究产生重要理论影响的代表人物。他 1939 年毕业于纽约市立学院,之后便前往艾奥瓦大学追随勒温。他对社会心理学产生了重要的影响,被后来的社会心理学家称为社会心理学的"教皇"。他提出的认知失调理论,以及他倡导的社会网络研究,都对传播学产生了重要的影响。认知失调理论长期以来被看作社会心理学的经典理论,但实际上该理论是一项传播研究的结果:费斯汀格所承接的福特基金会的关于"沟通与社会影响"的理论综合项目。费斯汀格认为,在人的认知元素中存在着无关、协调和失调三种情况。认知失调有可能导致人的焦虑。为了减轻认知失调的程度,人们可能会增加新的认知,或改变对于行为和环境的认知。

这些措施在很大程度上左右了人们的信息接收行为。这种观点为积极的受众观和有限效果论奠定了认知心理学的基础。用认知失调理论来进行受众研究的传播学学者在 20 世纪五六十年代非常常见，而社会网络研究直到现在都是社会学、社会心理学和传播学的热门研究领域。社会网络研究始于麻省理工学院的群体动力学研究中心。当时费斯汀格主持着该中心的六大项目之一"西门住房研究"，其内容是研究 1946 年麻省理工学院西门公寓所有已婚学生的传播网络和关系网络。研究团队描绘了社会网络的各种结构（如轮式结构、链式结构和星式结构），研究了哪种结构在解决问题时的成效更高，并试图用数学分析方法来说明问题。团队还发现空间距离是决定谁与谁谈话的重要因素之一。这些研究对后来的社会网络测量有很大的启发，也成为人际传播研究的重要理论视角。

多尔文·卡特赖特是勒温团队中对传播学产生影响的另一代表人物。他在研究第二次世界大战期间美国推销战争公债的效果的基础上开始了传播学与传播效果研究。卡特赖特于 1949 年提出了大众说服的卡特赖特模式。在其题为《大众说服的若干原理：有关美国二战公债推销的研究的发现选载》的论文中，卡特赖特指出，一条信息要引发相应的行为，须经过如下过程：首先，信息必须引起特定对象的注意；其次，信息要被对方接受并成为其认知结构的一部分；再次，信息要符合对方原有的行动意向；最后，信息所引发的行动要具体可行。如果信息的传播符合上述每一个条件，就很有可能说服特定对象采取行动，反之则不容易说服对方。这一思想对于有限效果论是一种新的发展。

勒温及其团队对传播学方法的主要贡献与他们对社会心理学实验研究方法的改造相关联，他们开创并完善了实地实验的研究方法。以往的社会心理学实验以 G. 奥尔波特为代表，采用的是心理学家如霍夫兰常采用的实验室实验方法。这种实验方法将实验对象放在隔离的实验室环境中，因此整个实验在非自然的条件下进行，远离真实的社会环境。所以，通过这种方法得出的结论可能与受试真正的心理活动并不一致，也不能呈现出社会情境中的社会心理。勒温和他的团队的贡献就在于，他们努力营造出实验的社会环境。他们努力开创各种实地实验，在行动和实践中进行研究。比如在"胰脏研究"中，他们将实验转变为一种讨论式的授课和讲演；在"领导方式研究"中，他们充分利用了孩子们平时的小组活动。这一方法尽管在对变量的控制上不如实验室实验那么方便，但确实更自然，更接近真实的情境与心理。勒温团队的实地实验法不仅对社会心理学产生了真正重要的影响，而且为在行动与实践中研究传播问题、在真实的社会情境下研究传播问题提供了工具。

对传播学学科建制的贡献

勒温及其群体动力学团队是美国社会心理学领域的关键性流派，但对于传播学而言，影响力并不是那么大。他们的理论对于人际传播和组织传播产生了深远的影响，对大众传播则影响有限。然而，群体动力学研究在以下几个方面强化了美国传播学主流范式的特征：

其一，强化了传播学的应用性和实践性。勒温本人在生前常常并不被当作一位学院派的心理学家，他和群体动力学团队总是不断地在解决一些实际问题，从食品到债券，尤其是在他离开柏林之后。这也是勒温一直被心理学界边缘化的重要原因。但有意思的是，这种解决问题的风格与施拉姆所确立的美国传播学的价值取向吻合，并有力地推动了美国传播学继续向这个方向前进。

其二，强化了项目制的科研模式。勒温及其群体动力学团队的学术研究基本上是在各种科研项目中完成的。勒温在生命后期操劳奔波也是为了给中心筹集资金和争取项目。这种研究方式被施拉姆等人看作一种研究典范。所以，勒温团队以自己的实际运作方式强化了传播学项目制科研模式的取向。

其三，强化了有限效果论的统治地位。尽管勒温团队的研究与拉扎斯菲尔德、霍夫兰的效果研究并不相同，而且方法和视角也有很大的差异，但他们还是从认知心理学的角度发现传播的效果是非常有限的，是受众在选择信息而不是媒体在说服或改变受众，这再次强化了有限效果论在传播学中的统治地位。

其四，强化了传播学中社会控制的观念。由于群体动力学强调渠道、层级和把关等概念，因此它更侧重组织管理和渠道管理，这种观念特别符合大众传播的社会控制观念，也符合大众传播中一直流行的单向传播的传播模式。因此，勒温的理论被用来研究如何加强把关、如何控制信息在渠道中的流动,并被认为与拉斯韦尔、香农的传播观有相似之处。

正是因为如此,勒温成为施拉姆认定的美国传播学的四大奠基人之一。

原作

〔德〕库尔特·勒温:《拓扑心理学原理》,高觉敷译,北京:商务印书馆2017年版。

Kurt Lewin, *Resolving Social Conflicts*,北京:中国传媒大学出版社2015年版。

Kurt Lewin and Dorwin Cartwright (ed.), *Field Theory in Social Science：Selected Theoretical Papers*, New York, NY：Harper and Brothers, 1951.

相关思想史或评传

〔英〕丹尼斯·麦奎尔、〔瑞典〕斯文·温德尔:《大众传播模式论(第2版)》,祝建华译,上海:上海译文出版社2008年版。

〔美〕E. M. 罗杰斯:《传播学史——一种传记式的方法》,殷晓蓉译,上海:上海译文出版社2012年版。

〔美〕Pamela J. Shoemaker:《大众传媒把关(中文注释版)》,张咏华注释,上海:上海交通大学出版社2007年版。

〔美〕韦尔伯·施拉姆著,〔美〕斯蒂芬·查菲、艾弗雷特·罗杰斯编:《美国传播研究的开端:亲身回忆》,王金礼译,北京:中国传媒大学出版社2016年版。

周晓虹:《现代社会心理学史》,北京:中国人民大学出版社1993年版。

(胡翼青)

列奥·洛文塔尔
(Leo Lowenthal, 1900—1993)

 **学术生平**

列奥·洛文塔尔1900年11月3日出生于德国法兰克福一个犹太人家庭。他的父亲是一名中产阶级医生,后来成为机械唯物主义的追随者和坚定的科学力量的信仰者,鼓励少年洛文塔尔研习哲学。在第一次世界大战最后的几个月,洛文塔尔应征入伍,在法兰克福附近服役,战争结束后先后在法兰克福大学、吉森大学和海德堡大学求学。他说自己没有固定目标,除了医学什么都学。1918年,洛文塔尔和弗朗茨·诺依曼在法兰克福建立了社会主义学生团体,20世纪20年代在海德堡也曾把信仰社会主义和犹太复国主义的学生组织起来。1923年,洛文塔尔以论文《弗朗茨·冯·巴特尔的社会哲学:宗教哲学难题一例》获得博士学位。从1926年起,他和阿多诺一起竞争科尔内留斯主持的授课资格答辩的机会,在此期间他是一所中学的老师,在社会民主党人民剧院担任助手。作为法兰克福大学社会研究所的奖学金获得者,彼时洛文塔尔与研究所建立了良好的关系。虽然最后他和阿多诺谁也没有得到授课资格认可,

但是他申请授课资格的论文《爱尔维修的哲学》得以完成。1930 年,洛文塔尔正式成为社会研究所的助理研究员。随着希特勒的上台,研究所的生存环境日益恶劣,1934 年他随研究所流亡到美国。拉扎斯菲尔德主持的应用社会研究局为他安排了研究秘书和助手,洛文塔尔开始按其要求把注意力转向大众艺术的更直接的样式。1941 年研究所离开纽约,但是洛文塔尔留下来与拉扎斯菲尔德的广播研究办公室紧密合作。洛文塔尔于 1942 年至 1943 年间写成的《大众偶像的胜利》(最初的版本名为《流行杂志中的人物传记》)被纳入拉扎斯菲尔德主持的广播项目研究成果,由拉扎斯菲尔德和弗兰克·斯坦顿编辑。1944 年,以洛文塔尔稍早时候的德文版为蓝本的《流行杂志中的人物传记》在拉扎斯菲尔德的鼓励之下出版,不久后他开始为华盛顿战争情报局工作,分析法西斯广播和出版物。1949 年,洛文塔尔与诺伯特·古特曼合作的《欺骗的先知:美国鼓动家技巧研究》出版。他的研究引起了"美国之音"的负责人富伊·科勒的注意,在从 1949 年开始的七年时间里,洛文塔尔担任"美国之音"研究部主任一职,领导了当时美国规模最为庞大,也是最具潜力的一支舆论研究队伍,成员包括享有盛名的民意测验学者拉尔夫·怀特、约瑟夫·克拉珀、海伦·考夫曼、玛乔里·费斯克。在洛文塔尔的领导下,"美国之音"和许多大学及商业机构保持了密切的联系,尤其是与拉扎斯菲尔德领导的应用社会研究局密切合作。在此期间,他主持了关于全世界居民传播习惯的一系列范围广泛的调查,对广播节目进行了内容分析,调查了广播节目的收听率,并且对广播听众和印刷媒体读者进行了访问。洛文塔尔与他领导的团队在以美国实证主义传统训练欧洲、亚洲和拉丁美洲的学者进行实证研究方面扮演了重要角色。"美国之音"后被美国新闻署接收,且受到麦卡锡主义的影响,预算减少,人事调动频繁,洛文塔尔最终离开,并在斯坦福高级行为科学研究中心工作了又一个七年。1956 年,他去往加利福尼亚大学伯克利分校社会学系从事文学社会学和大众传播研究,并在那里度过余生。洛文塔尔与传播研究有关的主要著作有《大众偶像的胜利》《欺骗的先知:美国鼓动家技巧研究》《文学、通俗文化及社会》等。

主要理论（方法）贡献

总体而言，洛文塔尔是作为一个文化社会学家广为人知的。

与阿多诺、霍克海默等法兰克福学派的主流人物对通俗文化研究的态度不同，洛文塔尔将目光从研究高雅文学传统转移到了包括报纸、杂志在内的通俗文学产品，大众传播媒介的内容在他的研究中占据了一定的地位。洛义塔尔认为"学院派"没有意识到畅销书、通俗杂志等的冲击，而这恰恰留下了一个具有挑战性的领域，他正是要从印刷机的发展及其成为大众媒介的潜力开始讨论。

洛文塔尔主要通过研究文化作品（包括电台节目）对美国的大众文化进行反思和批判。收入"偏见研究"丛书的《欺骗的先知：美国鼓动家技巧研究》为大众社会研究做出了重大贡献。该书集中研究煽动及其技巧和诉求的意义，成为大众传播领域被大量引用的著作。洛文塔尔分析了鼓动技巧，认为公开煽动会引起神经官能症和精神病行为，并造成对领袖的依赖。汉诺·哈特指出，洛文塔尔的目的是在文本分析的基础上揭露"修辞背后的攻击性和破坏性冲动"，这样的分析可以揭示煽动伎俩中的无意识机制。而在《大众偶像的胜利》中，洛文塔尔分析了当代社会中人们心理中的消费意识。通过对20世纪美国通俗杂志中的传记的比较研究，他发现20世纪初公众崇拜的对象——成功的企业家，到了40年代已让位于娱乐明星和体育健将。从"生产偶像"到"消费偶像"的转变表明，消费已经取代生产成为人们日常生活兴趣的中心，这个分析甚至可以被看成消费社会理论的先驱。尽管分析路径不同，但是洛文塔尔通过对美国的大众文化、大众传播进行研究得出的有关美国社会现状的结论，与法兰克福学派其他成员的《启蒙辩证法——哲学断片》《单向度的人：发达工业社会意识形态研究》等著作的结论有一定程度的相似。不过，洛文塔尔的文学研究思路最终并没有得到研究所的认同。一个有力的证据是《社会研究学刊》在1937年发表了《科纳特·汉姆生：权威主义意识形态的史前史》后再也没有发表洛文塔尔关于艺术或唯物主义美学的文章。魏格豪斯指出，面对两种阐释艺术作品的社会理论解释模式——一种是洛文塔尔的以资产阶级的文化概念为中心的，一种是阿多诺的以审美现代主义为中心的，研究所最终认可了后者。

在研究方法方面,洛文塔尔从20世纪20年代就开始从接受理论和读者反应批评的角度对文学接受和媒介效果等文艺传播问题进行探讨,如他对迈耶尔和陀思妥耶夫斯基的研究。洛文塔尔的文艺研究还从社会学的角度研究了文艺活动与社会结构之间的关系,致力于把文艺研究的方法论从传统的以作家作品为中心的研究范式里解放出来。到达美国后,在美国主流传媒组织的任职经历和与经验传播学派的密切合作对洛文塔尔的研究取向和研究方法产生了重大影响,从此他开始大量借鉴经验方法来研究文艺传播现象。甘峰认为,洛文塔尔的研究具有许多创新性:他是第一个对广播听众和电影观众的来信进行内容分析的社会科学家;他第一次以经验主义的方式探查煽动者的心理状态并且为他研究受众的实际影响问题铺出一条路,从方法论的角度说,这项研究是实验性的,还没有人接触过这一领域。马丁·杰伊认为他是读者反应批评的真正开拓者,这个研究路径无疑对受众研究有重要影响。默顿对洛文塔尔的研究有一个恰当的阐释,即他在一定程度上代表了具有欧洲人文主义传统的批判传播研究和具有美国实证主义传统的经验传播研究这两种取向的糅合。

对传播学学科建制的贡献

洛文塔尔对传播学建制最突出的影响是划定了学科版图中批判学派与经验学派的二元对立格局。1984年,洛文塔尔发表了一系列标题为《传播哲学论稿》的文章,勾勒了传播研究领域的景观,被汉诺·哈特称为"关于批判传播研究的极其卓越的宣言"。如汉诺·哈特所言,洛文塔尔的作品是传播领域知识史的一部分,为传播和通俗文学在社会中的本质和功能作用问题提供了有意义的理论和分析。洛文塔尔是美国传播研究圈子里批判理论领域最引人注目的代表,哈特认为他比一些德国同事更懂得如何弥合美国媒介与社会研究领域的社会科学分析的方法论要求和研究文化或文化生产的性质必需的历史维度这两种研究路径的分歧。

洛文塔尔把经验主义"寻求事实"的癖好看作"盲点",这表明了他对美国实证研究的态度。对于经验研究所披的"客观"和"科学"的外衣,洛文塔尔也看得很清楚,他认为市场研究只是"行政研究",受到行政机构的支持,而批判研究恰恰是作为其对立面存在,要揭示潜藏在文化现象背后的社会功能和心理功能,这才是真正的传播研究。由于经验研究总是忽视研究现象所处的历史语境,洛文塔尔期望批判传播研究能够超越对媒介活动所处的显而易见的社会环境的描绘和分析。

洛文塔尔还对后来文化研究的兴起产生了重要影响。不同于阿多诺或者霍克海默,洛文塔尔反对纯艺术与通俗文化泾渭分明的观点,而宁愿将其视作一个连续发展的序列的两极。他否定了在艺术、洞察力、精英之间画等号,把通俗文化等同于娱乐、大众这样的观点,指出作为受众的精英并非不寻求娱乐,而广大市民阶层也不一定疏离了高雅文化,而且一个作品有娱乐性并不等于否认了它对事物的洞察力。伊娃·依鲁兹将他的《大众偶像的胜利》列为传播学经典文献,原因即在于它为文化研究设定了最基本的发展方略,包括不局限于量化或质性的方法、无视文化等级等。

洛文塔尔对传播学的第三个贡献是培养了一大批优秀的研究人员,他与拉扎斯菲尔德、默顿等美国学界领袖长达二十多年的良好合作哺育了大批年轻学者,如卡茨,而他的众多合作者也在与他的共同工作中获益良多。

原作

〔美〕利奥·洛文塔尔:《文学、通俗文化和社会》,甘锋译,北京:中国人民大学出版社2012年版。

Leo Lowenthal, *Literature and Mass Culture*: *Communication in Society*, Volume 1, London and New York: Routledge, 2017.

Leo Lowenthal, *False Prophets*: *Studies on Authoritarianism*: *Communication in Society*, Volume 3, London and New York: Routledge, 2017.

相关思想史或评传

〔美〕汉诺·哈特:《传播学批判研究:美国的传播、历史和理论》,何道宽译,北京:北京大学出版社2008年版。

〔德〕罗尔夫·魏格豪斯:《法兰克福学派:历史、理论及政治影响》,孟登迎等译,上海:上海人民出版社2010年版。

〔美〕伊莱休·卡茨、约翰·杜伦·彼得斯、泰玛·利比斯、艾薇儿·奥尔洛夫编:《媒介研究经典文本解读》,常江译,北京:北京大学出版社 2011 年版。

赵长伟:《文学、社会与传媒——洛文塔尔批判的传播哲学研究》,北京:人民出版社 2018 年版。

Leo Bogart, "In Memoriam: Leo Lowenthal, 1900—1993," *Public Opinion Quarterly*, 1993, 57(3): 377-379.

(解　佳)

刘易斯·芒福德
（Lewis Mumford，1895—1990）

 学术生平

1895年10月19日,刘易斯·芒福德出生于美国纽约市皇后区的弗拉兴镇。他是一个地地道道的纽约居民,在大城市出生和成长的经历,使之一生对城市研究怀有一种深厚的情感。19世纪和20世纪之交的纽约城,正置身第二次工业革命的浪潮中,芒福德能深刻地体会到科技进步对社会发展的巨大推动作用。芒福德十岁左右时迷上了无线电收音机,梦想成为一名电气工程师。然而,在史蒂文森中学的英语课堂上,他接触到了萧伯纳的作品,并因此放弃了进入工程学校的梦想,转而希望成为一个作家。遗憾的是,也许他注定没有什么文学天分,他在中学毕业后的文学创作始终没有得到任何认可,但这段文学创作的经历让芒福德深受人文主义的熏陶,也为其出色的历史叙事能力奠定了基础。

芒福德先后在纽约城市学院夜校部、社会研究新学院和纽约大学选修了一些课程,并在这些大学的图书馆如饥似渴地阅读各种书籍,但他终身没有获得任何一个大学的学位。纽约城

市学院的生物学阅览室改变了他的一生。在那里，他接触到了苏格兰生物学家、社会学家和城市规划学家格迪斯的作品，后者成为他一生的精神导师。当然，对芒福德产生影响的不仅有格迪斯，还有凡勃伦和杜威。在社会研究新学院选修了凡勃伦的课程后，1919年，芒福德参与了文学批评杂志《日晷》的编辑工作，并因此成为凡勃伦和杜威的同事。此后的整个20世纪20年代，他的主要职业似乎就是专职作家和专栏作家，出版了一系列与建筑史和文学史有关的著作。

从20世纪30年代开始，芒福德开始写作题为"生命复兴系列"的四卷本著作，这给他带来了巨大的声誉。此后，他笔耕不辍，学术声望和知名度不断攀升。在生命的最后三十年，他获奖无数。20世纪60年代，凭借《历史名城》(1961)一书，他获得全美图书大奖，并因参加反战运动而获得总统自由勋章。两卷本《机器神话》(1966/1970)被视作他学术成就的顶峰。他还获得了1972年的全美文学奖章和1986年的全美艺术奖章。从学科的角度来看，芒福德为社会史、技术史、文学史、建筑史、哲学、艺术学、城市社会学、城市规划、传播学等学科都做出了重要的贡献。他被很多人看作20世纪美国最伟大的人文主义思想家。1990年，在94岁高龄之际，他带着各种荣誉离世。在他已经无法写作的时候，他仍然喜欢引用戏剧《尤利西斯》中的一句台词来表达自己的坚定信念："来吧，朋友们！创造一个新世界，犹未为晚。"

主要理论（方法）贡献

刘易斯·芒福德很少将传播媒介作为单独的技术种类加以讨论，但其技术史与城市史研究对传播理论，尤其是媒介理论有诸多启发。

刘易斯·芒福德的技术观在英文世界相当权威。他将德语的technik翻译成英语的technics，该词在学界一直沿用至今，甚至在《奇云》中，彼得斯还强调要用technics一词来构建技术本体论。芒福德把技术的第一阶段看作工具的时代，把技术的第二阶段看作机器的时代，并指出两者最本质的区别在于对使用者的技能和驱动力的依赖程度。工具完全靠手工操作，机器则有赖于自动的动作。所以，在使用工具时，人们需要发挥高超的技艺；而在使用机器时，人们只需要付出机械化和自动化的劳动。芒福德把机器看作一种技术体系,认为这一体系涵盖了基于工业取得的或新技术隐含的知识、技能、技巧等,其中包括各种形式的工具、仪器、设备、实用设施等。

在此基础上,芒福德又将步入机器时代的人类历史划分为三个阶段:他把以水力和木材作为主要资源加以开发和利用的时代称为始生代技术时期,时间从1000年到1750年;他把以煤和铁作为主要资源加以开发和利用的时代称为古生代技术时期,时间从1750年至20世纪初;他把以电力和合金作为主要资源加以开发和利用的时代称为新生代技术时期,时间从20世纪初延续至今。他认为,在蒸汽机发明前至少700年,人类已经逐渐步入机器时代。

通过对具体机器体系的发展的描述,芒福德展开了他的技术史书写。与大多数研究者不一样,芒福德认为现代工业时代的关键机器并不是蒸汽机,而是在工业革命700年前就已经逐渐出现的帮助人们建立起现代时空感的时钟和透视技术。在他看来,时钟是一种完美的技术发明,可以被称为"完美机器"。这一论断使其在不经意间从普通的技术史的书写转入了媒介技术史的书写。时钟和透视技术重新规定了人类的时空观念和秩序感,因此,它们是非常典型的元媒介。芒福德详细地阐述了时钟和透视技术是怎样重塑人们的时空观的:时钟的出现规定了人们的行动的标准化节律,而透视技术及其在标准制图上的运用,建构了空间的距离感,强化了人们在空间中运动的愿望,从而使人原本分离的时空观统一起来,并建构起人们征服时空的欲望和可能性。时空一旦与运动协调起来,想要利用时间和空间的渴望就爆发了。

此后的技术史便是人类征服时空的历史。芒福德认为,在征服时空的过程中,最为有效的技术体系有三种:其一是战争,其二是交通系统,其三就是包括大众传媒在内的通信系统。不过,由于身处即时通信的时代,芒福德对即时通信的理解,感性多于理性。他认为:对于个体而言,瞬时通信所带来的速度的提升,可能浪费更多社交时间;而对于群体和国家而言,这可能会引发群体摩擦和国际冲突。这些观点就事论事,没有从技术的本质入手深究原因。由此可见,关于媒介技术哲学的讨论始终不是芒福德的重点和擅长之处。

在城市史研究中,芒福德以另一种方式陈述传播问题:城市即传播。他认为,城市既是人们交往的空间媒介,又是通过建筑与规划格局无声言说的表达方式,同时还是历史上各种文化习俗、价值观念和生活理想积累、迭代的展陈空间。也就是说,城市既是一种物质性的空间,又是一种表意的符号。它既意味着信息的扩散共享,又意味着信息的贮存和沉积。城市以廓清边界

(中世纪及以前主要是城墙)的方式建构了市民的交流与认同,与此同时将自身与外界区隔开来。甚至高速公路和即时通信技术的出现,也丝毫没有改变传播就是区隔的客观事实,城市因传播变成了一种区隔物。这种对于空间媒介的传播问题的辩证哲理思考,极大地丰富了人们对传播问题的理解。到20世纪60年代,随着媒介技术的不断发展,芒福德的城市观和媒介观也不断发展,他在《历史名城》一书中,直接提出当代的媒介体系已经建构了一个个"无形的城市"。

对于技术与城市这两种人类文明最重要的表征物,芒福德心怀热爱,但也由爱生恨。他认定,机械化和城市化的动力来自资本主义。资本主义为现代技术和现代城市开辟了道路,规定了方向,但也带来了灾难性的后果。城市的发展变得越来越千篇一律,毫无特色,甚至出现了贫民窟这样野蛮的城市功能区。技术的发展并没有增加社会福利,只是增加了私人的利润和统治阶级的权势。应当说,这种结果与芒福德的人文主义立场是格格不入的。因此,他控诉说,正因为资本主义唯利是图,所以机器体系被过分地使用了,而工人被过分地压榨了。在《技术与文明》一书中,芒福德愤怒地控诉古生代机器体系发展带来的后果:这个现象在文明社会中是史无前例的——人类不是由于高级文明的削弱而沦落,而陷入野蛮;正相反,机器体系的发展简直就是朝着野蛮迈进,而驱动力竟是为了完善人类文明而对周围环境的征服。

芒福德一度对新生代技术时期心存幻想,然而,第二次世界大战以后,他的想法有所改变。他发现新技术同样有利于权力的集中,甚至变本加厉。到了20世纪60年代,芒福德在《机器神话》第一卷中写下了这样一段痛心疾首的文字:依靠这种"机器体系",少数统治阶级就能创造出一种千篇一律而又包罗万象的超级全球性组织结构,这种结构还能保障自身的自动运转。然而,在这种结构中,人类不再具有独立的人格,更不能积极发挥独立的职能作用,而只能变成一种消极被动、无目的性、服从机器操控的动物。其最适合的职能,按当今一些技术专家的解释,就是填充机器,或者,就是在严格控制下去为违背人性的机体组织卖命效力。他甚至在《机器神话》第二卷中用"道德沦丧,众叛亲离"的标题来抨击美苏两个超级大国的超级巨型机器体系。他认定,这是一种人类社会的退化。在这里,他的观点已经无限接近马克思主义技术哲学的立场。

最后必须提及的是芒福德修史的方法。芒福德的历史观似乎有一种生态学的视野,他受生态学影响,颇喜欢将其书写对象放到复杂的历史生态环境中去呈现。比如,在《技术与文明》一书中,为了说明推动机械化的种种力量,他不仅提到了冶金、采矿、工程师等与之直接相关的元素,还分析了宗教、寺院、魔法师、资本主义、战争、绘画、文学、建筑等一系列与技术有着千丝万缕的联系的社会元素。他把这些看似无关的元素放到一起,又非常精彩地展现出它们在改变人的观念时如何相互关联,让人既感意外,又觉得熟悉。这种生态学视野下的历史书写对后来传播思想史和传播社会史的写作影响很大。

对传播学学科建制的贡献

传播学学者之所以对芒福德产生兴趣,主要与媒介环境学有关。创立媒介环境学学派的三驾马车之一尼斯特罗姆在其博士论文《媒介环境学初探:研究人类传播系统的一体化概念范式》中将《技术与文明》一书看作媒介环境学的奠基之作。然而,要说清楚媒介环境学与芒福德之间的关系,确实不太容易。应当说,芒福德在《技术与文明》中的许多观点对媒介环境学者有过重要的影响,比如说他关于技术是人体的延伸以及技术的逆转等观点在很大程度上启发了麦克卢汉,又比如说他关于技术分期的观点影响了波兹曼的《技术垄断》一书中关于技术分期的论述,他关于技术标准化的观点极大地影响了波兹曼的世界观。然而,《技术与文明》一书虽然也讨论了媒介与传播,但没有将其作为重要主题加以讨论。纵观芒福德的一生,他始终不认为媒介和传播是值得专门书写的技术,这其实是芒福德技术史研究的重要缺憾。对此,林文刚评论说,芒福德的技术史研究没有单独论述传播媒介,这使他的作品在媒介环境学学派中缺乏迷人的魅力,至少不如其他媒介环境学家的著作那么激动人心。即使如此,林文刚还是将芒福德放在了媒介环境学第一奠基人的位置上。他在《媒介环境学:思想沿革与多维视野》一书中指出:芒福德在媒介环境学领域的光芒被波兹曼、麦克卢汉和英尼斯掩盖了,但芒福德毫无疑问是这个领域的开山鼻祖。

不过,由于深受生态学者格迪斯影响,芒福德并不像媒介环境学学者那样仅仅把生态当作一种比喻,他关心具体而实在的生态。这种态度与麦克卢汉和波兹曼的风格相距甚远,但与英尼斯和社会学芝加哥学派的风格非常相似,这大概是因为英尼斯和芒福德都曾受到杜威和凡勃伦,以及以帕克为代表的社会学芝加哥学派生态社会学思想的影响,他们毫无疑问共同组成了一个无形学院,而这个无形学院标志着北美传播研究的开端。

近年来,随着媒介研究的崛起,芒福德的技术观正在影响越来越多的当代传播研究者。以《奇云:媒介即存有》为代表的一批媒介哲学著作之所以能够极大地扩展媒介的边界,将人、神、动物、天空、地球和海洋等六重宇宙都纳入媒介的范畴,与芒福德对技术和技艺的理解密切相关。

原作

〔美〕刘易斯·芒福德:《技术与文明》,陈允明等译,北京:中国建筑工业出版社 2009 年版。

〔美〕刘易斯·芒福德:《城市文化》,宋俊岭等译,北京:中国建筑工业出版社 2009 年版。

〔美〕刘易斯·芒福德:《机器神话(上卷):技术发展与人文进步》,宋俊岭译,上海:上海三联书店 2017 年版。

〔美〕刘易斯·芒福德:《机器神话(下卷):权力五边形》,宋俊岭译,上海:上海三联书店 2017 年版。

〔美〕刘易斯·芒福德著,唐纳德·L.米勒编:《刘易斯·芒福德著作精萃》,宋俊岭、宋一然译,北京:中国建筑工业出版社 2010 年版。

相关思想史或评传

〔美〕林文刚编:《媒介环境学:思想沿革与多维视野(第二版)》,何道宽译,北京:中国大百科全书出版社 2019 年版。

〔美〕约翰·杜海姆·彼得斯:《奇云:媒介即存有》,邓建国译,上海:复旦大学出版社 2020 年版。

(胡翼青)

路易·阿尔都塞
(Louis Althusser, 1918—1990)

 学术生平

路易·阿尔都塞1918年10月16日出生于法属殖民地阿尔及利亚阿尔及尔近郊的伯曼德里小镇。阿尔都塞在严格的天主教传统中长大,父亲死后,他和妹妹跟随母亲迁居马赛。1937年,阿尔都塞全家移居里昂。由于在中学学业出色,他获准进入巴黎高等师范学院预科班。1939年,阿尔都塞顺利考入巴黎高等师范学院文学院。第二次世界大战爆发后,阿尔都塞应召入伍。很快,他所在部队战败,他本人被俘。1940年9月,阿尔都塞被送进德国北部集中营。在这里,阿尔都塞开始了自己对共产主义的思索,集中营的生活同时给阿尔都塞带来了精神上的疾病。1945年5月,阿尔都塞重回巴黎高等师范学院继续学业,师从加斯东·巴什拉,并结识了雅克·马丁,这两人为阿尔都塞对马克思主义进行结构主义式的解读提供了诸多思想养料。1948年,在巴什拉的指导下,阿尔都塞完成了硕士论文《论黑格尔思想中的内容概念》,10月成为巴黎高等师范学院的助理讲师,讲授柏拉图。在担任教师期间,阿尔都塞指导了

一批著名的学生——米歇尔·福柯、雅克·德里达、皮埃尔·布尔迪厄以及吉尔·德勒兹等,他们此后都成为20世纪思想史上的佼佼者。1948年11月,阿尔都塞加入了法国共产党。1950年,阿尔都塞正式脱离天主教,这也意味着他在思想和实践上都走向了马克思主义。1961年3月,应阿尔都塞的学生阿兰·巴迪乌的邀请,萨特围绕马克思主义和《辩证理性批判》在巴黎高等师范学院发表了一场演讲。在演讲的最后,阿尔都塞对萨特进行了尖锐的反驳,认为他的"实践"概念不过是对笛卡儿"我思"概念的修补。当月,阿尔都塞在《思想》上发表了题为《关于青年马克思(理论问题)》的文章,引起轰动。1961年到1965年间,阿尔都塞几乎每年都会发表一篇备受关注的文章。1965年8月,由这些文章汇集而成的著作《保卫马克思》出版。这期间,阿尔都塞结识了雅克·拉康,并且帮助拉康把他的精神分析讨论班移至巴黎高等师范学院。1965年,阿尔都塞在高师主持阅读《资本论》的讨论班,该讨论班的最后成果是阿尔都塞和学生巴里巴尔合著的《读〈资本论〉》一书,该书于当年11月出版。这本书与《保卫马克思》一道成为科学主义的马克思主义的旗帜性文本,一举奠定了阿尔都塞西方马克思主义大师的地位。1975年6月,阿尔都塞在亚眠大学获得文学博士学位。这之后,他依然笔耕不辍,发表了若干文章。然而好景不长,1980年11月16日,阿尔都塞精神病发作,勒死了妻子埃莱娜。经过两个月的调查,阿尔都塞最终免于审判,被强制送进医院治疗。遭受了近十年病痛的折磨,1990年10月22日,这位马克思主义大师永远地闭上了双眼。

主要理论(方法)贡献

阿尔都塞的理论贡献多集中在哲学领域,尤其在对马克思主义的当代发展和理解方面做出了杰出的贡献。他是"结构主义的马克思主义"或"科学主义的马克思主义"的奠基人。有学者甚至提出:1970年之后再来谈论马克思和马克思主义而不考虑阿尔都塞的观点是不可能的。阿尔都塞一生著作颇丰,其中《保卫马克思》和《读〈资本论〉》可以说是最重要的两本著作。在这两本著作中,阿尔都塞开启了一种截然不同的解读马克思的范式,他的直接对手是"经济决定论"和"人本主义异化论"的解读模式。作为一名西方马克思主义的理论大师,阿尔都塞的贡献绝不仅仅局限于对马克思的解读。阿尔都塞对马克思的征候式解读在一定意义上是理论的突破和创新,他是站在第二国际以来的马克思理论传统的直接对立面上发言的。1933年,当青年马克思第一次被视作人道主义者在《1844年经济学哲学手稿》(这份手稿在1933年第一次出版,引起了学界的广泛讨论,学者们从中看到了一个迥异于晚期马克思的形象,马克思一夜之间成为一个彻底的人道主义者)中发言的时候,阿尔都塞第一个站在结构主义的角度,指责以卢卡奇、萨特为代表的人本主义者对青年马克思的"异化"理论的过度阐释。这种阐释被阿尔都塞视作一种意识形态,而且他认为,马克思本人也会拒斥这种过度阐释。阿尔都塞借用巴什拉的概念来说明马克思与这种意识形态的决裂,他称其为马克思思想历程中的"认识论的断裂"。

这个断裂指出了处于"黎明前最黑暗的时刻"的"青年马克思"与1845年之后的成长和成熟时期的马克思之间的巨大分野。阿尔都塞以"总问题(或问题式)的转换"来标识这种差异。在阿尔都塞那里,从意识形态式的人本主义总问题到对黑格尔辩证法的全新改造是马克思主义真正的价值所在,重要的并不在于历史过程中某一个现象或某一组矛盾的决定作用,而恰恰在于与整个社会和历史结构相关联的"多元决定"。这里的多元决定并不是简单的相互决定,而是指一种结构限制下的最终层次的决定。这种最终层次的决定能否发挥作用,关键在于结构中其他因素的变化,而最终层次的决定"这一孤独的时钟"决不发出声音。阿尔都塞拒斥的不仅仅是一种人本主义和"经济决定论"的意识形态,更重要的是整个西方哲学史中作为意识形态的主体性哲学,这种哲学偏执地把历史的主体从历史和与之对应的社会结构中切割出来,从而赋予其独立和核心的地位。这种对主体性哲学的排斥与阿尔都塞对意识形态的理解紧密相关。

1970年,阿尔都塞在《思想》杂志上发表了《意识形态与意识形态国家机器》一文,这篇文章对马克思的"意识形态"概念做了扩展,提出了(镇压性)国家机器与意识形态国家机器的差别,认为通过意识形态国家机器,意识形态获得了具体的形式,并且在其中进行自身的生产与再生产。这一思想对传播研究影响巨大,当代几乎所有涉及媒介意识形态批判和媒介文化研究的学者都不能忽视阿尔都塞的理论贡献。在阿尔都塞那里,意识形态不仅仅是马克思所说的神秘化的思想形式,还具有活生生的具体形式,即通过意识形态功能发挥作用的意识形态国家机器。这种观念来自葛兰西,但葛兰西的国家理论中并没有讨论(镇压性)国家机器之外的市民社会的具体形式(参见本书安东尼奥·葛兰西词条)。而在阿尔都塞这里,这个具体形式便是各种意识形态的国家机器,其中一个很重要的部分便是传播和文化的意识形态国家机器。阿尔都塞的意识形态概念有着宽泛的理论外延,它首先是一个一般的概念,是对"个人与其实在生存条件的想象关系的表述"。这种表述有其物质形式,即意识形态国家机器,它通过意识形态的仪式,赋予每个存在于这种关系中的个体以主体的形式。"主体"便构成了意识形态的基本范畴,正是由于这种抽象的建构具有"意识形态主体"的功能,所以就其一般性而言,意识形态是没有历史可言的。正如上文提到的那样,阿尔都塞恰恰是反对这种主体性哲学的,他认为所有看似被意识形态传唤为主体的具体个体,都服从于一个默默统治的大写的主体,这个大写的主体才是意识形态的真相,它通过意识形态的镜像功能把无数个人传唤为主体。这也正是为何阿尔都塞会把科学当作无主体的话语,把历史当作"无主体的过程"。而"镜像复制"这种意识形态的功能正是现代大众媒介的真相。

在解读马克思的过程中,阿尔都塞提出了一种全新的解读思想及思想史的方法——征候阅读法。"征候"的概念取自弗洛伊德,原本是精神分析领域的术语。而"征候阅读法"被阿尔都塞指认为马克思本人运用过的一种阅读方法,正是在这种"把所读文本中被掩盖的东西揭示出来且使之与另一篇文章发生联系"的方法的指导下,马克思从古典经济学的"征候"中读出了剩余价值学说。而这种方法也正是阿尔都塞解读马克思的方法。这一方法与阿尔都塞结构主义式的理论思维渊源甚深,简单地说,阿尔都塞希冀通过这样一种文本细读,找到文本字里行间的留白与阙如,发现隐藏在文本之后的"问题式"。这样的解读逻辑是自洽的,因为重要的不是文本说了什么,而是没说什么,因为空白揭示的是问题的结构及"问题式"的转换与继承。

对传播学学科建制的贡献

阿尔都塞对传播研究的影响多体现在具有马克思主义传统的研究领域，如批判理论、文化研究与传播政治经济学。

第一，结构主义的思潮引起了文化研究的关注，霍尔在《文化研究：两种范式》一文中就提出了文化研究中存在"文化主义"范式和"结构主义"范式。在霍尔看来，文化研究的早期学者如霍加特、汤普森、威廉斯等人秉承的文化主义的传统尽管也是马克思主义式的，并且在某种程度上和阿尔都塞一样，是反对"经济决定论"的传统的，但相比于后来的结构主义，它们强调一种经验主义式的文化观，即文化的形式和内容来自经验生活。这样的话，人依然是文化的实践者和创造者，这些传统依然是从文化主体及其直接经验的角度着眼的理论思路。然而，以阿尔都塞为代表的结构主义者带来了一种完全异质的思路。在结构主义的构想中，人不过是承载结构的中介，而经验并非文化的源泉，而是文化结构的结果。结构既是抽象的概念，又有其具体的物质形式。这一观点与对意识形态的定义相联系，形成了一种新的理解文化及传播媒介的思路。大众传播媒介作为意识形态机器的一部分，其重要功能在于"生产关系的再生产"，正如上文所言，这种再生产是通过受众"对现实的想象关系的再生产"实现的。这种对于意识形态和文化的理解带来了文化研究关注点的转变，即从早期的对直接的文化经验的研究转向对于权力运作和文化再现关系的考察。而且，通过阿尔都塞，葛兰西的理论被伯明翰学派认知和消化，产生了一系列研究成果，如"编码/解码"理论等。

第二，阿尔都塞对意识形态概念的扩展对以福柯为代表的后结构主义影响甚大，而后结构主义思想又导致媒介批判研究中从宏观权力到微观权力视角的转变。阿尔都塞的思想与福柯有诸多相通之处，阿尔都塞的"意识形态"与福柯的"权力"，阿尔都塞的"问题式"与福柯的"知识型"，阿尔都塞的"意识形态国家机器"与福柯的"规训机制"都是具有家族相似性的概念。显然，作为阿尔都塞的著名学生之一，福柯深受其师的影响，但相比于阿尔都塞，福柯显得更为激进（参见本书米歇尔·福柯词条）。阿尔都塞更为关心对作为一般概念的意识形态的抽象阐释，福柯则更关心权力背后的机制和微观"治理术"。

阿尔都塞对于传播学的影响主要凝结在其结构主义的思路和意识形态理论中,然而不能忽视的是,阿尔都塞也提出了当代传播思想史研究中一些极具价值的问题。其一便是科学与意识形态的关系问题。对于传播思想史研究来说,科学与意识形态的关系问题是伴随着传播研究诞生,直至今日仍需不断讨论的问题。意识形态色彩甚重的传播研究,在何种意义上能够抛弃自身的否定性的意义形态,科学本身是否必然是脱离主体的,如何在传播研究中划定科学与意识形态的界线,这些都是阿尔都塞的意识形态理论间接提出的思想史问题,这些问题在国内的传播研究中已经萌芽,有待进一步发掘。其二是阿尔都塞提出了对思想史的一种解读模式。尽管对于传播学来说,"征候阅读法"这一方法论工具还不是传播研究的主要方法,但它也提供了研究各种文本,包括传播思想史文本和媒介文本的一种思路,这种思路是与媒介批判研究的本质追求一致的,即发掘文本背后的意义。这种意义不在于文本说了什么,而在于其话语逻辑及其隐秘追求,这与当代媒介研究中话语分析的思路具有逻辑上的承继性。

原作

〔法〕路易·阿尔都塞:《黑格尔的幽灵——政治哲学论文集[I]》,唐正东、吴静译,南京:南京大学出版社2005年版。

〔法〕路易·阿尔都塞:《保卫马克思》,顾良译,北京:商务印书馆2010年版。

〔法〕路易·阿尔都塞:《论再生产》,吴子枫译,西安:西北大学出版社2019年版。

〔法〕路易·阿尔都塞、艾蒂安·巴里巴尔:《读〈资本论〉(第二版)》,李其庆、冯文光译,北京:中央编译出版社2017年版。

Louis Althusser, *Lenin and Philosophy and Other Essays*, trans. by Ben Brewster, New York & London: Monthly Review Press, 1971.

Louis Althusser, "The Future Lasts Forever," trans. by Richard Veasey, *Critical Inquiry*, 1994(Winter), 20(2): 205-226.

相关思想史或评传

〔法〕弗朗索瓦·多斯:《从结构到解构:法国20世纪思想主潮》,季广茂译,北京:中央编译出版社2004年版。

〔日〕今村仁司:《阿尔都塞:认识论的断裂》,牛建科译,石家庄:河北教育出版社2001年版。

张一兵:《问题式、症候阅读与意识形态:关于阿尔都塞的一种文本学解读(第二版)》,北京:北京师范大学出版社2021年版。

Gregory Elliott, *Althusser: The Detour of Theory*, Leiden: Brill, 2006.

Michael Sprinker, "The Legacies of Althusser," *Yale French Studies*, 1995, 88: 201-225.

Peter Starr, *Logics of Failed Revolt: French Theory After May'68*, Standford, CA: Standford University Press, 1995.

(李耘耕)

曼纽尔·卡斯特
(Manuel Castells, 1942—　)

曼纽尔·卡斯特1942年生于西班牙阿巴塞特省赫林镇的一个保守派贵族家庭,其西班牙语名为Manuel Castells Oliván。他在就读于巴塞罗那大学期间因积极参与反佛朗哥独裁统治的罢工罢课运动而被迫流亡法国,并在索邦大学求学。1964年毕业于经济法律系后转向社会学,师从法国著名社会学家阿兰·图海纳,兼任巴黎大学高等实践学院工业社会学研究室研究人员。1967年,卡斯特获得社会学博士学位,随后在索邦大学南泰尔校区任社会学助理教授,他的一个学生便是法国五月风暴的学生领袖丹尼尔·孔-本迪。卡斯特的政治参与热情不减,再度卷入学生运动。为此,他被学校解雇,而后转赴加拿大。1969年,卡斯特在蒙特利尔大学短暂担任社会学助理教授。1970年,在图海纳的帮助下,卡斯特回到巴黎,并在社会科学高等研究院任副教授暨城市社会学研究室主任。1972年出版的法语版《城市问题:马克思主义的视角》为他在城市社会学领域赢得了巨大声誉。1979年,卡斯特受到美国加利福尼亚大学的盛情邀请,迁居美国,成为加利福尼亚大学伯克利分校社会学与城市和区域规划学系的社会学教授,开始研究旧金山的城市社会运动、拉丁裔运动等问题。1983年,他凭借著作《城市与草根》获得了C.赖特·米尔斯奖。在1968年至1983年间,卡斯特是彻底的马克思主义者,他与亨利·列斐伏尔、戴维·哈维等人一道被称为新马克思主义城市社会学的旗手。1998年,他因对城市与社区社会学的贡献获得了罗伯特及海伦·林德奖。此外,精力充沛的卡斯特还受聘为众多著名大学的客座教授并担任诸多国际性委员会的委员与主席等职。他曾经在四十多个国家和地区的三百多家学术机构做过演讲。2001年,他在西班牙巴塞罗那加泰罗尼亚公开大学担任研究教授,两年后,他出任南加利福尼亚大学新闻与传播学院传播学教授,同时是南加利福尼亚大学公共外交中心的开创者。从2008年起,卡斯特成为有欧洲版"麻省理工学院"之称的欧洲理工学院的理事会成员之一。另外,他亦是欧盟执委会委员。至今,卡斯特已经出版了二十余部著作,其代表性作品有:《城市问题:马克思主义的视角》(1972)、《城市、阶级和权力》(1978)、《城市与草根》(1983)、《信息化城市:信息技术、经济重构与城市区域化过程》(1989),以及"信息时代三部曲",包括《网络社会的崛起》(1996年初版,2000年第二版)、《认同的力量》(1997年初版,2004年第二版)和《千年终结》(1998年初版,2000年第二版)。对于卡斯特的三部曲,吉登斯于1996年在给《网络社会的崛起》撰写的书评中评价道:曼纽尔·卡斯特的三卷著作试图描绘出信息时代社会与经济的动力的重要性,它们绝对可以比肩马克斯·韦伯的巨作《经济与社会》。这或许是迄今还未有人写过的社会与经济理论方面的重要作品,是针对当前世界中正在进行的不寻常转化的最有意义的尝试。

主要理论(方法)贡献

卡斯特对传播理论的贡献主要集中于他在"信息时代三部曲"中建构的网络社会理论。虽然他在三部曲之后也出版了一系列关于信息技术与传播的著作,包括《网络星河:对互联网、商业和社会的反思》(2001)、《移动传播与社会:全球化视角》(合著,2006)、《传播权力》(2009)等,但是这些作品很大程度上是对三部曲的延展性阐述。

然而,卡斯特首先是一位城市社会学家,然后才是一位传播学学者,加之他早期的新马克思主义城市社会观念在他后期的网络社会与传播研究中留下了不可忽视的痕迹,因而,对其城市社会学思想的了解可以说是进入卡斯特传播思想体系的钥匙。早年在法国,卡斯特受阿尔都塞的影响,采用结构主义马克思主义的方法,考察了城市结构、城市化进程、城市体系、城市意识形态与空间消费等问题,扩展了城市社会研究的范畴,其提出的"集体消费"和"城市社会运动"学说构成了新城市社会学研究的重要母题。卡斯特立足城市体系进行研究,认为这一"支配性体系"可以将空间结构中存在的所有关系组成一个整体。他指出,集体消费是城市体系建设的基础,当国家无法满足集体消费时社会运动往往会出现。假如说卡斯特在写《城市问题:马克思主义的视角》时是一位正统的马克思主义者,那么到了1978年的《城市、阶级和权力》与之后的《城市与草根》,他变得更加灵活,更多地关注历史联系,并且将重心放在社会运动的个案研究上,以图展现不同的社会阶级力量、不同的性别和种族以及民族运动、国家自治等对城市体系变迁的作用。可以看出,卡斯特的城市社会理论乃植根于马克思的政治经济学,他的"集体消费"与"城市运动"概念也是建构在马克思的阶级冲突理论之上的,而结构主义方法让他更加坚信社会结构支配着社会生产。

1989年的《信息化城市:信息技术、经济重构与城市区域化过程》标志着卡斯特的学术旨趣的转型,他开始把目光投向新兴的通信技术对经济、空间的影响,其研究的关键词变成"信息技术""网络社会""流动空间",而他在20世纪90年代末所著的对全球化与网络化社会进行全景式考察的"信息时代三部曲"也让他在全世界名声大噪。虽然研究对象有了较大的变化,但是卡斯特的思维方式依然遵循着结构主义和政治经济学的逻辑。卡斯特的网络社会(网络空间)理论将网络视为一种能重组社会权力关系和改变社会结构的资源或能量。在他看来,信息技术革命与资本主义的重构已然推动了网络社会的形成。

所谓的网络,在卡斯特看来,就是开放的结构并且能够无限扩展,只要能够在网络中共享一种沟通符码,例如一种价值或目标,那么新的节点就能被整合进来。网络化的社会结构就是一个以网络为基础、具有活力的开放性系统,能够通过创新活动使自身保持平衡。卡斯特认为,信息化社会的关键特色是其基本结构的网络化逻辑。他在三部曲的第一部《网络社会的崛起》中表明：作为一种历史趋势，信息时代的支配性功能与过程日益通过网络组织起来。网络建构了我们社会的新社会形态，而网络化逻辑的扩散实质性地改变了生产、经验、权力与文化过程中的操作和结果。虽然社会组织的网络形式已经存在于其他时空中，新信息技术范式却为其渗透扩张、遍及整个社会结构提供了物质基础。需要注意的是，这个网络化逻辑是重新界定价值与意义判断的排除者的逻辑，会导致较高层级的社会决定作用，甚至是经由网络表现出来的特殊社会利益：流动的权力优先于权力的流动。换言之，在网络空间中是否在场，以及每个网络相对于其他网络的动态关系，都是信息时代的社会支配与变迁的关键根源。卡斯特将这个社会形态胜于社会行动的社会命名为网络社会（the network society）。

卡斯特接着在三部曲的第二部《认同的力量》中清晰明了地描述了他所界定的网络社会：它的典型特征是战略决策性经济活动的全球化，组织形式的网络化，工作的弹性与不稳定性，劳动的个体化，由一种无所不在的、纵横交错的、变化多端的媒体系统所构筑的真实虚拟的文化（culture of real virtuality），以及一种由占主导地位的活动和占支配地位的精英表达出来的由流动空间（space of flows）和无时间的时间（timeless time）造成的生活、时间和空间的物质基础的转变。尽管在卡斯特的网络社会理论中，传统政治经济学中"经济基础"和"上层建筑"的分化已经淡出了他的视野，阶级冲突的论调也被弱化，然而，在其建构的"流动空间"与"地方空间"（space of places）的对立中，精英得以联合，大众却流于疏散，从而继续建构了政治经济学式的"精英"与"大众"的对立。

在阐释网络社会的过程中，卡斯特也为这一理论创造了一个新概念，即真实虚拟（real virtuality）。这个概念结合了符号政治经济学与空间理论的双重向度。一方面，卡斯特认同鲍德里亚在《符号政治经济学批判》中提出的基本观念，即一切传播形式都立足符号的生产和消费。在他看来，信息化时代的新传播系统没有诱发出虚拟实境（virtual reality），反而建构了"真实虚拟"，这意味着作为我们存在背景的媒体构造出了一个新的象征环境，让现实成为虚拟。另一方面，新传播系统深入地改变了人们的空间与时间观念，在全球化的网络社会中，地域性从文化、历史、地理的意义中脱离出来，被重新整合进功能性的网络，使得"流动空间"取代了"地方空间"。在新的语境中，时间的限制也被消除，过去、现在与未来可以共存并且互动，而"流动空间"与"无时间的时间"又共同构成了真实虚拟文化的基础。但是,正是"流动"概念的存在,让本来被人认为颇有乌托邦色彩的卡斯特的思想变得更具有辩证性和批判的力量。在卡斯特看来,流动主导着网络社会的实践活动,资本、信息、技术、组织性互动、形象、声音和符号都是流动的,但是在这个流动空间中占支配地位的是精英。他在《网络社会的崛起》中指出:精英是寰宇主义的(cosmopolitan),而人民是地域性的(local)。权力与财富的空间投射到全世界,民众的生活和经验则根植于地方,根植于他们的文化和历史。由此,全球化与地域性便对立起来,而卡斯特在《认同的力量》中也表示了对此对立的忧虑。

对传播学学科建制的贡献

本来是新马克思主义城市社会学家的卡斯特在信息时代到来之际转型为信息传播学学者,适逢其时地为传播研究开辟了一个新的研究领域——网络社会,不仅拓展了传播学的研究版图,而且将植根于美国的媒介效果研究与来自欧洲传统的政治经济学糅合进这一新的领域。事实上,假如说吉登斯框架内的现代性社会属于第一现代,那么卡斯特则打破了边界,阐述了第二现代的社会形态,并且重新界定了新的社会情境下的权力形式,即网络准入权(networking power)、网络规范权(network power)、网络内控权(networked power)和网络建构权(network-making power)。传播学学者马杰伟和张潇潇直言:卡斯特的《传播权力》一书实则是媒介效果研究,并且佐证的是强大效果论。虽然他一开篇就表明,权力的施与受必经角力、博弈,但他亦强调网络中编程与切换的推手能行使强大权力,达至强大效果。

此外,尽管就传播学理论创新而言,卡斯特并没有做出多大的贡献,但是他为信息政治或媒体政治理论增添了一个新的视角——从空间关系切入。跟大多数北美传播学学者相比,作为城市社会学家的卡斯特具有较强的空间想象力,这也是为什么他会将被信息时代新的游戏规则所影响的现实政治描述为由电子媒体主导的政治空间。在他看来,政治信息已经被媒体空间捕获,权力以"在场"的形式呈现,即在媒体空间缺席就意味着没有机会获得权力。他进一步提出,由于新时代的政治体制为了维持自身的独立性必须握有流动的信息,假如这些政治体制依靠的仍是工业时代的组织形式和政治策略,那么便会遭遇电子媒体政治空间的信息流动的否定,从而导致信息政治危机。

 扩展阅读

原作

〔美〕曼纽尔·卡斯泰尔:《信息化城市》,崔保国等译,南京:江苏人民出版社 2001 年版。

〔美〕曼纽尔·卡斯特:《网络社会的崛起》,夏铸九、王志弘译,北京:社会科学文献出版社 2006 年版。

〔美〕曼纽尔·卡斯特:《认同的力量(第二版)》,曹荣湘译,北京:社会科学文献出版社 2006 年版。

〔美〕曼纽尔·卡斯特:《千年终结》,夏铸九、黄慧琦等译,北京:社会科学文献出版社 2006 年版。

〔美〕曼纽尔·卡斯特:《网络星河:对互联网、商业和社会的反思》,郑波、武炜译,北京:社会科学文献出版社 2007 年版。

〔美〕曼纽尔·卡斯特:《传播力》,汤景泰、星辰译,北京:社会科学文献出版社 2018 年版。

Manuel Castells, *The Urban Question*: *A Marxist Approach*, trans. by Alan Sheridan, London: Edward Arnold, 1977.

Manuel Castells, *City*, *Class and Power*, trans. by Elizabeth Lebas, London and Basingstoke: Macmillan, 1978.

Manuel Castells, *The City and the Grassroots*: *A Cross-Cultural Theory of Urban Social Movements*, Berkeley, CA: University of California Press, 1983.

相关思想史或评传

〔加〕菲利普·N.霍华德:《卡斯特论媒介》,殷晓蓉译,北京:中国传媒大学出版社 2019 年版。

马杰伟、张潇潇:《媒体现代:传播学与社会学的对话》,上海:复旦大学出版社 2011 年版。

Felix Stalder, *Manuel Castells*: *The Theory of the Network Society*, Cambridge, UK: Polity Press, 2006.

(黄佩映)

马歇尔·麦克卢汉
(Marshall McLuhan, 1911—1980)

学术生平

马歇尔·麦克卢汉 1911 年 7 月 21 日出生于加拿大埃德蒙顿,为家中长子。他于 1928 年在加拿大曼尼托巴大学学习工程专业,1929 年转学文学。1933 年,麦克卢汉本科毕业,以优秀毕业生身份获得英语文学和哲学学士学位。同年,他开始撰写硕士论文《作为诗人和诗意小说家的梅瑞狄斯》,论文加工细致,文笔优美,与之后晦涩难懂的行文别若天壤。1934 年,他获得曼尼托巴大学英语文学和哲学硕士学位,赴英国剑桥大学学习,被三一学院录取。这一时期,麦克卢汉开始接触英国画家、小说家和批评家温德汉姆·刘易斯的著作;在校期间受到理查兹、燕卜荪、利维斯、福布斯等的影响。利维斯的《文化与环境》一书给麦克卢汉指明了新批评的方法。曼斯菲尔德·福布斯所热衷的文字游戏和双关语成了麦氏一生的标志。1935 年,麦克卢汉获得剑桥大学学士学位。1937 年 3 月 25 日,麦克卢汉正式皈依天主教,后在圣路易斯大学(天主教大学)任英语教师。1939 年 9 月,麦克卢汉赴剑桥大学攻读英语文学博士学位。1940年,他拿到剑桥大学硕士学位。1943年,他获得剑桥大学博士学位,博士论文为《托马斯·纳什在他那个时代的学术界的地位》。这一年,他晋升为副教授。与此同时,他与温德汉姆·刘易斯结识,麦氏一生崇拜刘易斯。1948年刘易斯的《美国和宇宙人》一书中所写的"地球成了一个大村落,电话横跨东西南北"给麦氏的"地球村"提供了灵感。1944年,麦克卢汉任温莎市阿桑普星学院英语系系主任。1946年,他任多伦多大学圣迈克学院教授,与休·凯纳结识,并在其影响下沉迷于乔伊斯的作品。1947年,他的《论美国广告》在《地平线》发表。20世纪40年代末,麦克卢汉开始与哈罗德·英尼斯交往。1951年,他出版了第一部著作《机器新娘》。1953年5月19日,他与人类学家卡彭特合作申报的跨学科研究项目"变化中的语言模式和新兴的传播媒介"获得福特基金会的赞助。1955年11月,他应邀赴哥伦比亚大学向美国公众讲解媒介新时代,并与罗伯特·默顿发生不快。同月,他在美国全国英语教师研究会上讲话,称书籍的角色已被新媒介取代,教师的工作为运用媒介文化训练学生,在会上与尼尔·波兹曼结识。同年,他编辑出版丁尼生诗选,并计划写作《谷登堡星汉璀璨》。1960年,他受斯科尼亚教授邀请为全美广播电视教育工作者协会完成国防教育法案委员会的资助项目,6月末完成《理解新媒介研究项目报告书》。1962年春,《谷登堡星汉璀璨》全书杀青,同年秋,由多伦多大学出版社出版,该书获加拿大总督非文艺奖(加拿大最高文学奖)。1963年,他在多伦多大学建立"文化与技术研究所"。1964年,麦克卢汉最重要的著作《理解媒介》由麦格劳-希尔出版社出版。1965年,他获得IBM提供的资金,着手进行感知测试研究,并与阿吉尔合作撰写《媒介即按摩》《地球村里的战争与和平》。1966年,他给美国营销协会、美国广告协会、纽约公关协会讲课,与约翰逊总统的二十余位助手、国际笔会作家及编辑交流,频繁接受采访,参加电视节目,到大学讲演。1968年,他成为加拿大总理特鲁多的顾问。1977年,他在纽约城市大学接受了教育创新领导奖。1979年,他患弥漫性中风,语言能力丧失,读写能力被摧毁殆尽。1980年,校方撤销麦克卢汉研究所,以麦克卢汉教学计划取而代之。1980年12月31日,麦克卢汉在睡眠中去世。1981年1月3日,他的葬礼在多伦多圣罗萨利教堂举行;1月29日,多伦多大学礼堂为其举行生平和成就追思会。

主要理论（方法）贡献

麦克卢汉是一位勤奋的学者，总共拿了五个学位，也经历了多次学术转向，从工科、文学、哲学，到文学批评、社会批评，再到大众文化研究，最后到媒介研究，最终成为一位一度家喻户晓的传播学学者。他对媒介技术可能引发的社会影响给了极大关注。他的理论思想主要体现在以下方面：

《机器新娘》是麦克卢汉由文学研究转向传播学研究的重要标志，该书采用的方法是文学批评，但批评对象已经是媒介文化。通过59篇短文，他分析了社会及报纸、广播、电影、广告等传播媒介给人带来的心理压力。该书的副标题"工业人的民俗"点明了主题：随着工业革命到来，民俗的创造者不再是民众，而是实验室、演播室和广告公司。他对由媒介操纵和控制的文化进行了批判。

"地球村"这一概念在1962年《古登堡星汉璀璨》出版时被提出。他引用生物学家德日进的说法，认为由于发现了电磁波，庞大、奇妙的生物机制得以呈现在我们眼前，所有个体因而发现自己可以（主动或被动地）上天下海，同时出现在地球的任何角落。在《古登堡星汉璀璨》中，他以马赛克式的写作风格探讨了从口语传统到手抄书再到印刷术发明，不同时期的媒体形式对人类感官、信息传递、社会形态、思维逻辑等造成的影响。

"媒介即讯息"是麦克卢汉对媒介的定义。他认为媒介绝不仅仅是用来承载内容的，一种新媒介的出现会为人类创设一种全新的生活环境和生活方式，可使人类的意识活动发生显著变化。正是媒介塑造和控制着人类交往和行为的尺度和形式。他认为：在口语时代，人们的感官平衡，人们生活在一种部落式的世界中，内心丰富；进入文明时代，拼音和印刷文字使人们原有的整体性被机械切割，人们从注重听觉转向注重视觉，不再过部落生活；在电子媒介时代，人类的整个中枢神经系统得到了延伸，人类进入"重新部落化"时期。

"媒介是人体的延伸"是麦克卢汉对媒介本质的看法。他认为一切媒介都是人的延伸，这样的延伸是器官、感官或功能的强化和放大。人们的交往推动着需要的增加，为更大规模的交往创造条件。比如，衣服是皮肤的延伸，电话是口耳的延伸，印刷品是眼睛的延伸，电脑是人的中枢神经系统的延伸。由此可见，他笔下的媒介是一个泛指的概念，包括一切人工制造物和各种技术。在《理解媒介》中,他讨论了服装、道路、住宅、汽车等共 26 种媒介,从而将一切人类社会关系还原为信息传播关系。

麦克卢汉提出的"冷媒介、热媒介"的比喻式论断,将媒介区分为两种:冷媒介指的是信息清晰度低的媒介,需要受众较高程度的能动参与;热媒介指的是信息清晰度高的媒介,受众仅需较低程度的参与。如电话是冷媒介,收音机是热媒介;电视是冷媒介,电影是热媒介。

麦克卢汉认为技术是社会变革的动因,人类文明史就是一部媒介技术变迁史。在《理解媒介》一书中,依据传播方式的不同,麦克卢汉将人类历史划分为四个阶段:口语时期、读写文字时期、机械印刷术和机械媒介时期、电子媒介时期。这导致后来许多学者将他归于技术决定论者。随后出版的《媒介即信息》《地球村里的战争与和平》等作品,继续阐发他独特的媒介技术观。

麦克卢汉的研究方法承袭新批评学派的立场,强调有机整体论,喜欢通过感性、直观的方式对事物本质采取只探索不解释的研究方法,行文大量运用类比、隐喻等文学修辞方法,缺少逻辑论证,这使包括默顿在内的一些学者大为恼火。麦克卢汉在叙述其理论时思维跳跃、语言晦涩、论据突兀,引来众多批评。

对传播学学科建制的贡献

虽然今人对麦克卢汉多有贬评,不过应该说,在传播学的学科建制上麦克卢汉做出了不可磨灭的贡献。

麦克卢汉通过建立一系列研究机构、开展一系列研究活动和开设一系列课程,推进了媒介环境学的早期发展。1953 年,麦克卢汉和卡彭特得到福特基金会赞助,发起了一系列跨学科研讨会,研究媒介与文化。麦克卢汉还以课题经费创办了一份学术期刊——《探索》,并在上面发表了许多麦克卢汉式的关于媒介环境学的重要文章。卡彭特担任刊物总编辑,该刊一共出了九期,最后一期由麦克卢汉担任主编。1959 年,《探索》停办。1963 年,麦克卢汉在时任多伦多大学校长比塞尔和圣迈克学院院长凯利神父的帮助下在多伦多大学建立了文化与技术研究所,研究所的宗旨是探究"一切技术的心理影响和社会影响"。1967 年,他经争取在文化与技术研究所开设了"媒介与社会"学位课程。同年,经纽约州议会批准,他受聘为福特汉姆大学施韦策讲座教授,开设"理解媒介"课程。

麦克卢汉哺育了多伦多学派和纽约学派。在他与波兹曼的推动下,纽约大学开设了"媒介环境学"博士班。据莱文森回忆,从1975年到1978年,在纽约大学"媒介环境学"博士点的研讨班上,他与梅罗维茨邻座,波兹曼担任主持人。他们发现彼此对媒介世界的看法基本相似,核心观点都是从麦克卢汉那里学来的。梅罗维茨转向社会学,用戈夫曼的拟剧理论细化、丰富了麦克卢汉学说,莱文森则仿效达尔文的生物进化论和坎贝尔的认识进化论,提出了媒介在人类理性推动下朝着人性化方向发展的媒介进化论观点。

麦克卢汉是媒介环境学的旗手。他将传播效果研究作为靶子,以英尼斯为先导,挑战经验学派,特立独行地开辟了传播学的媒介环境学领域。由于在学界、政界和商界均声名卓著,他将传播学的观念撒播到北美社会的各个阶层。"地球村"等概念人尽皆知。美国传播学学者罗杰斯评价他说,麦克卢汉在使一般公众对传播学产生兴趣方面所做的工作,是无人可以比拟的。

麦克卢汉对感官偏向的研究,将传播学与认知心理学、神经心理学和脑科学等学科连接起来,为跨学科研究打开了窗口。他的"内爆"概念更为鲍德里亚的思考穿针引线。他的技术主义观念引发了实证研究和文化研究领域诸多学者的兴趣与回应。他对未来的预测、对地球村的追问值得后来人进一步研究。

原作

〔加〕马歇尔·麦克卢汉:《机器新娘——工业人的民俗》,何道宽译,北京:中国人民大学出版社2004年版。

〔加〕马歇尔·麦克卢汉:《谷登堡星汉璀璨:印刷文明的诞生》,杨晨光译,北京:北京理工大学出版社2014年版。

〔加〕马歇尔·麦克卢汉:《理解媒介:论人的延伸》,何道宽译,南京:译林出版社2019年版。

〔加〕马歇尔·麦克卢汉著,斯蒂芬妮·麦克卢汉、戴维·斯坦斯编:《麦克卢汉如是说:理解我》,何道宽译,北京:中国人民大学出版社2006年版。

相关思想史或评传

〔加〕埃里克·麦克卢汉、弗兰克·秦格龙编:《麦克卢汉精粹》,何道宽译,南京:南京大学出版社 2000 年版。

〔加〕菲利普·马尔尚:《麦克卢汉传:媒介及信使》,何道宽译,北京:中国人民大学出版社 2015 年版。

〔美〕林文刚编:《媒介环境学:思想沿革与多维视野(第二版)》,何道宽译,北京:中国大百科全书出版社 2019 年版。

〔加〕梅蒂·莫利纳罗、科琳·麦克卢汉、威廉·托伊编:《麦克卢汉书简》,何道宽、仲冬译,北京:中国人民大学出版社 2005 年版。

李洁:《传播技术建构共同体?——从英尼斯到麦克卢汉》,广州:暨南大学出版社 2009 年版。

李明伟:《知媒者生存:媒介环境学纵论》,北京:北京大学出版社 2010 年版。

(戎 青)

马克斯·霍克海默
(Max Horkheimer,1895—1973)

 **学术生平**

马克斯·霍克海默1895年2月14日出生于德国斯图加特的一个工厂主家庭。1911年前后,霍克海默结识了弗里德里希·波洛克,并与这个皮革厂主的儿子结下了一生的友谊。之后,霍克海默和波洛克一起在慕尼黑、弗赖堡、法兰克福等地的大学学习哲学、心理学和社会学。这期间,霍克海默在弗赖堡旁听了胡塞尔的课,并受到海德格尔的影响。1922年,在法兰克福,霍克海默结识了西奥多·W.阿多诺。1923年1月,在导师汉斯·科尔内留斯的指导下,霍克海默完成了题为《判断的二律背反》的博士论文,随后取得了在大学授课的资格。1931年1月24日,霍克海默在取得法兰克福大学社会哲学教授的教席后,出任法兰克福大学社会研究所所长,并在当天发表了正式的就职演说。这个研究所是1923年成立的马克思主义性质的研究团体,第一任所长是维也纳大学教授卡尔·格吕恩堡。霍克海默担任所长之后,他提出以批判的社会哲学作为研究所今后的研究方向,并以《社会研究学刊》取代了《社会主义和工

人运动史文献》作为研究所的学术刊物,该杂志也成为研究所日后最重要的理论阵地。1931年,随着德国纳粹势力的发展,霍克海默着手在瑞士设立研究所的分支机构。1933年3月,纳粹以反国家倾向为由强行关闭了研究所,霍克海默彻底把研究所带到了日内瓦,同时在巴黎设立了分支。在瑞士期间,研究所开始了三项各自独立的问卷调查,这些调查为"权威与家庭研究"提供了经验资料。然而,日内瓦毕竟只是临时驻地。1934年5月,霍克海默前往纽约和哥伦比亚大学校长尼古拉斯·默里·巴特勒会晤,商谈研究所搬迁事宜。在哥大社会学系教授罗伯特·S.林德和罗伯特·麦克伊维尔的帮助下,搬迁事宜非常顺利,研究所的办公地点是第117大道429号。这一年,霍克海默以海因里希·雷吉乌斯的名字发表笔记《黄昏》。在纽约期间,研究所发表了题为《权威与家庭研究》的报告,并且资助了许多流亡学者,包括阿多诺、马尔库塞等。1940年,霍克海默离开纽约移居加利福尼亚。1947年,霍克海默出版了两部重要著作——《理性之蚀》及与阿多诺合著的《启蒙辩证法——哲学断片》,后者把批判理论的锋芒指向整个启蒙理性。1949年,霍克海默担任"偏见研究"(五卷本)项目的研究主持人和主编,这个研究的代表当属阿多诺主持的"权威人格研究"。1948年春,霍克海默受邀重返德国,在法兰克福受到了热烈欢迎。1950年,社会研究所在法兰克福复建。1951年,霍克海默当选法兰克福大学校长。1954年,他被聘为芝加哥大学客座教授。1973年7月7日,霍克海默在纽伦堡逝世。

主要理论(方法)贡献

霍克海默作为法兰克福学派最重要的领导者,其主要的理论贡献大多集中在对马克思主义哲学和他所提出的社会批判哲学的当代阐释之上,尽管霍克海默的理论并没有完整的体系以及具体的理论对象和成果。对于传播学来说,霍克海默的理论影响也远远不如其同事阿多诺和马尔库塞,但霍克海默在理论主题的拓展和创新上做出了杰出的贡献。对于传播研究来说,霍克海默最具有启发性的理论贡献集中在以下两点:

其一,1947年,霍克海默和阿多诺合作撰写了《启蒙辩证法——哲学断片》。根据哈贝马斯的判断,在这部著作中,霍克海默负责撰写了"启蒙的概念"以及"反犹主义要素:启蒙的界限"部分,而阿多诺主要撰写了"文化工业"部分(参见本书西奥多·W.阿多诺词条),这一判断今天已经被大多数学者接受。这部著作想要揭示的问题非常明确——以神话终结者形象自居的启蒙最终在当代走向了自己的反面,成为新的神话,并且事实上,被启蒙摧毁的神话也是启蒙自身的产物。《启蒙辩证法——哲学断片》标志着批判理论发展过程中的一个高潮,在拒绝了传统的资产阶级形而上学之后,《启蒙辩证法——哲学断片》把矛头指向整个工业文明和启蒙理性,这个指向也被后来的马尔库塞和哈贝马斯继承或修正。

其二,作为启蒙辩证法当代的具体表现,对工具理性的批判是启蒙理性批判的焦点。工具理性和价值理性是马克斯·韦伯对现代理性做出的二重区分,也是作为手段的理性和作为目的的理性的二元对立。在霍克海默那里,工具理性的绝对统治是与技术合理性联系在一起的,工具理性统治的过程与理性的主观化的过程是一致的。客观理性的解体也相应带来了理性的自我解体和真理的消逝。霍克海默这种针对工具理性的批判直指整个现代工业文明,既包括法西斯的极权主义,又包括美国式的文化工业。

对传播学学科建制的贡献

霍克海默对传播学的贡献与其对法兰克福学派的贡献是一脉相承的,法兰克福学派的发展壮大和在传播思想史中的重要地位与霍克海默的努力是分不开的,他主要在以下三个方面对今天的传播研究产生了深远的影响:

其一,霍克海默是第一个明确提出批判理论的人。这种批判的社会哲学观念早在霍克海默就任法兰克福大学社会研究所所长之始便已萌芽。在1937年的《社会研究杂志》上发表的《传统的和批判的理论》一文中,霍克海默第一次使用了社会批判理论这个术语,后来法兰克福学派就以这种理论闻名于世。在这篇文章中,霍克海默区分了传统理论和批判理论。他认为,传统理论是一套命题的演绎系统,是关于某一主题的命题总汇,这些命题彼此紧密相连,其中似乎只有几个是基本命题,其余的则是从基本命题中派生出来的命题,而理论假设的有效性是由与经验描述的相符程度来决定的。这种理论的问题在于仅仅关注社会和哲学理论在其自身的孤立领域中的意义,而不关注理论对人类生活的意义。批判理论则不同,它从对人类活动理想状态的分析中,尤其是从那种将会合理地满足整个共同体需要的社会的合理组织观念中推出某些观点,这些观点内在于人类劳动但并未被个体或大众精神正确地把握。相比于传统理论,批判理论同样具有逻辑必然性。在现实必然性上,批判理论的有效性与具体实践本身紧密联系,所以它不是建构性的封闭体系,而是一个开放的主客体的辩证法。这就突出了批判理论的两个特征:对所有社会科学领域研究成果的开放性,以及对社会实践和理论实践的批判性。其手段即是通过批判积极地参与社会再生产过程。批判理论的提出成为今天传播学中批判范式的先声。在今天的传播研究中,广义的批判范式的内涵已经十分丰富,不但包括法兰克福学派的文化批评理论,也包括英美的文化研究、传播政治经济学、结构主义和后结构主义文化理论,以及媒介环境学等。然而,不可否认的是,霍克海默是批判理论的奠基者,批判范式在传播学学科领域的地位确立与霍克海默的功绩密不可分。在霍克海默就任研究所所长的演讲中,他就提出希望研究所成为"能与社会理论中的哲学思考和经验主义并列的有计划的工作领地"。这就需要一种依据当代哲学问题开展有组织的研究的严谨方法,而哲学家、社会学家、经济学家、历史学家和心理学家能够在探究这些当代哲学问题时紧密合作。哲学和经验研究的联盟是霍克海默早在批判理论草创阶段就提出的理念,然而经过传播学史的书写,二者的联盟被对立取代,这也是传播思想史上值得探讨的问题。

其二,尽管不是社会研究所的唯一创始人和首任所长,然而正如理查德·沃林看到的那样:随着岁月的流逝,后来逐渐为人所知的社会研究所,不是卡尔·格吕恩堡的研究所,而是马克斯·霍克海默的研究所。不夸张地说,没有霍克海默的领导,法兰克福大学社会研究所是不可想象的。霍克海默对于研究所的贡献,首先在于其吸引了一批有才华的人物,包括洛文塔尔、马尔库塞、弗洛姆和阿多诺等。此外,霍克海默领导研究所的学者自20世纪30年代开始进行了一系列大规模的经验研究,并发表了重要的成果。在研究所成立初期,霍克海默领导了一系列关于德国工人阶级的研究,并且在1932年主持发行《社会研究学刊》,这份刊物成为日后社会研究所研究成果的汇集地。纳粹上台之后,霍克海默的决策使得社会研究所于1934年得以在美国生根发芽。在美国期间,霍克海默领导社会研究所的一干学者进行了"权威与家庭研究",这个经验性研究旨在揭示在家庭中形成的权威人格和社会结构、国家权威之间的关系。从1939年开始,霍克海默又领导研究所的学者着手研究反犹主义,这个计划在战时得到了美国犹太人协会的支持,部分研究成果还以"反犹主义要素"为题编进了《启蒙辩证法——哲学断片》一书。1950年前后,"偏见研究"丛书包含的著作先后出版,这套丛书是"反犹主义研究计划"的最终研究成果。这些成果共同构成了霍克海默将经验研究与批判理论相结合的最重要尝试。

其三,霍克海默在美国流亡期间,批判理论在与美国的社会科学碰撞后产生了意想不到的理论成果。这一段历史直接促成了传播学学科史上经典的行政研究与批判研究二元对立框架。其中,霍克海默将阿多诺介绍给拉扎斯菲尔德是最重要的标志性事件之一。1937年10月20日,霍克海默给时在英国的阿多诺发去一份电报,邀请阿多诺前往美国,进行为期两年的普林斯顿大学广播项目研究,每月有400美元的收入。阿多诺欣然前往。这个项目是阿多诺和拉扎斯菲尔德的第一次合作,这次合作在传播学史的研究中一再被提及,甚至被视为经验主义范式和批判范式的对立的肇始(参见本书西奥多·W.阿多诺和保罗·F.拉扎斯菲尔德词条)。霍克海默将阿多诺带到美国的举措间接催生了《启蒙辩证法——哲学断片》,阿多诺在美国的经历也成为其"文化工业"理论的最初蓝本。

原作

〔德〕马克斯·霍克海默:《批判理论》,李小兵等译,重庆:重庆出版社1989年版。

〔德〕马克斯·霍克海默、西奥多·阿多诺:《启蒙辩证法——哲学断片》,渠敬东、曹卫东译,上海:上海人民出版社2020年版。

Max Horkheimer, *Eclipse of Reason*, London & New York: Continuum Publishing Company, 2004.

相关思想史或评传

〔德〕H.贡尼、R.林古特:《霍克海默传》,任立译,北京:商务印书馆1999年版。

〔美〕理查德·沃林:《文化批评的观念:法兰克福学派、存在主义和后结构主义》,张国清译,北京:商务印书馆2000年版。

〔德〕罗尔夫·魏格豪斯:《法兰克福学派:历史、理论及政治影响》,孟登迎等译,上海:上海人民出版社2010年版。

〔美〕马丁·杰伊:《法兰克福学派史(1923—1950)》,单世联译,广州:广东人民出版社1996年版。

(李耘耕)

麦克斯韦尔·E.麦库姆斯
（Maxwell E. McCombs, 1938— ）

 学术生平

麦克斯韦尔·E.麦库姆斯1938年出生于美国亚拉巴马州的伯明翰市,在新奥尔良的图兰大学获得新闻学学士学位。1966年,麦库姆斯在斯坦福大学获博士学位,并成为加利福尼亚大学洛杉矶分校的副教授。1967年麦库姆斯来到北卡罗来纳大学,并于1968年与唐纳德·肖一起在美国大选期间对选民关注的议题和传媒强调的议题进行比较研究。1972年二人合作的《大众传播媒介的议程设置功能》一文发表。1985年,麦库姆斯从北卡罗来纳大学转到得克萨斯大学奥斯汀分校。他目前是美国得克萨斯大学奥斯汀分校新闻学院教授,曾任世界舆论研究协会会长。麦库姆斯曾在美国报纸出版协会新闻研究中心从事管理工作长达十年之久,写作或主编过一百多本书。他因为在大众传播研究与教育工作方面做出杰出贡献而获得多伊奇奖,并且因议程设置研究与唐纳德·肖共同获得美国政治科学协会埃德尔曼奖。他从事议程设置理论构建长达四十余年,使议程设置理论从一个需要证明的假说,变为当代政治

学与传播学中最重要的理论场域。因此,洛厄里和德弗勒将议程设置理论研究列为大众传播研究的15个里程碑事件之一。麦库姆斯的主要学术著作有《议程设置:大众媒介与舆论》《美国政治议题的出现》《新闻学的两个W》《传播与民主:议程设置研究的知性边界探索》《大众传播研究》等。

主要理论（方法）贡献

麦库姆斯对于传播学最主要的贡献在于议程设置理论,这是有关大众传播媒介的社会功效的重要理论。

"议程设置"的主要含义是:虽然大众传媒不能直接决定社会公众怎样思考,却可以通过对某些问题或事件的报道,帮助公众确定哪些问题是最重要的和应该关心的。大众传媒越是大量报道或重点突出某些问题或事件,受众便越是重点谈论和关注它们。总的来说,议程设置理论自始至终试图描绘和解释以下三个问题:第一,应该怎样选择、处理和传播消息;第二,媒介议程对公众的影响;第三,"议程安排"可能产生的效果。该假说的灵感最早来自李普曼。李普曼在1922年的《舆论》一书中认为,传媒塑造了公众头脑中"关于世界的图景"。1963年,科恩在对美国报业与外交政策的关系的研究中,提出一种假设。他说,媒体也许不能成功地决定我们怎么想,但是会极其成功地决定我们想什么。为了验证上述假设,麦库姆斯和肖针对1968年美国总统选举期间传播媒介的选举报道对选民的影响展开了一项调查研究。他们在北卡罗来纳州对100个选民进行调查,让被调查者说出他们认为哪些议题是那次竞选中的重要议题。研究者将被列出的重要议题与媒体对这些议题的报道加以比较,发现这两者之间有惊人的对应关系:人们认为最重要的也是媒体报道最强调的,不论竞选人有没有强调。这之后,研究者做出了许多类似的但规模更大、更科学的研究,且得出了相似的结论,议程设置因此成为一个令人信服的研究范式。

麦库姆斯本人在接受采访时,总结出议程设置理论发展的五个阶段。第一阶段主要是基本的议程设置假设——新闻的报道方式影响公众对当时重要议题的感知。第二阶段将媒介效果研究与"使用与满足"研究结合起来,研究问题从原先的"什么是媒介议程对公众议程的效果"变成了"为什么某些选民比其他人更乐于接触特定大众传播媒介上的信息"。第三阶段的研究将议程扩展到公众议题之外,并对比各种不同的议程(包括各种媒介的议程与政府议程)之间的区别。第四阶段的研究则已经将新闻议程由自变量转为因变量。最初的问题"是谁设置了公众议程"已经变为"是谁设置了新闻议程"。最近出现的议程设置研究的第五个阶段,主要考察如下问题:媒介议程设置对于对象及其属性是不是存在显著的影响,即会不会对人们的态度、观念和行为产生影响,也就是将受众纳入了议程设置研究范畴。

在研究方法方面,麦库姆斯的做法是用经验数据来证明理论,媒介内容分析与受众调查相结合是其方法论的特点。他们正是通过这样的方法吸收了李普曼的基本思想和科恩的隐喻,将议程设置的假设真正纳入经验主义的框架进行论述和检验。在1968年的研究中,一方面,研究者对新闻媒体(五家报纸、两家新闻杂志、两家电视台的晚间新闻)进行内容分析,另一方面,采用问卷调查法,随机抽样询问当地未决定投票意向的选民,调查他们认为最重要的议题。他们把内容分析与问卷调查的结果进行对比,发现媒介议题与选民议题非常一致,具有很强的相关性。有了这样成功的先例,他们在1972年美国总统大选期间,在夏洛特进行了一次规模更大的固定样本研究,将媒介提出的政治议题与选民对这些议题重要性的感知进行对比。他们分别在当年的6月和10月访问选民,调查他们认为的最重要的议题。在同一时间,他们对当地报纸和ABC、NBC电视的晚间新闻进行了两次内容分析,计算出6月和10月的媒介议程,然后进行前后相关交叉分析,研究结论是媒介议程影响公众议程,即议程流向是从媒介议程到公众议程。

对传播学学科建制的贡献

麦库姆斯主要从事的是议程设置理论研究,从1976年总统选举,到在《舆论季刊》上公布研究成果,这个理论已经产生了四百多项研究成果。麦库姆斯对于传播理论的贡献远远超出了阐明这个理论本身。他重建了政治传播效果的研究路径,使人们熟知并扩展了李普曼对于舆论的看法。麦库姆斯对于传播学建制的贡献可以归纳为这样几点:

一是麦库姆斯的传播效果研究摆脱了"有限效果理论"的束缚,重新展现了大众传媒的有力影响。麦库姆斯的"议程设置"理论超越了之前的魔弹论和有限效果论或过分夸大或过分贬低大众传播效果的偏颇,对大众传播的社会功效给予了较为客观、适度的认识评价,在传播效果研究方面实现了重大突破。议程设置理论对美国传播效果研究产生的深远影响体现在以下两个方面:一方面,这是第一个由传播学学者根据新闻理论而不是由社会学家或心理学家根据他们的理论提出的研究范式;另一方面,它基本背离了有限的和有选择的影响的研究范式,将目光投向媒体对受众的长期影响。正如麦库姆斯和肖认为的那样:媒介的议程设置功能不是一种立竿见影的主观性功能,而是一种间接的、客观的媒介效果。

二是促进了政治传播学的发展。"议程设置"的核心涉及媒介、社会与受众之间的关系,涉及大众传播媒介的作用、媒介内容分析与公众舆论变化研究的结合等问题。这一理论对于传播学的发展来说影响重大,并日益关联到对当代社会和文化的分析,成为政治传播研究的一个基本形态。议程设置理论在西方的政治传播研究中具有十分重要的地位和意义:它以新的视角启发了人们对大众传媒的政治传播效果的认识;它对政治传播研究具有方法论意义。议程设置理论因发现政府可以通过媒体的议程引导或转移公众的注意力而备受政治学学者与政治传播学学者的关注,它的影响力超越了传播学的边界。

三是议程设置理论带动了各个国家、地区中各领域的实证研究。麦库姆斯等人的实证研究都围绕选举这一主题,这些研究最初是在美国的总统选举研究中得到验证的,打上了很深的政治烙印。在20世纪90年代以来的议程设置研究中,涉及政治领域的研究仍占据主导地位。然而,为了验证议程设置理论,丰富议程设置理论的内涵,研究者将实证研究延展至医疗、卫生、教育、公共事业等领域,以证明其广泛存在。同时,研究者还在世界不同地区开展了多项相关实证研究,涉及不同历史时期。世界各国的媒介生态环境差异明显,议程设置功能在世界其他地区是否适用,在不同的媒介生态中又表现出什么不同的特点,需要实证研究来回答。我国学者张国良、李本乾等也以中国的传播实践为基础展开了实证研究,检验了议程设置理论在中国的适用性及表现上的差异。此外,作为传播学效果研究领域的经典理论,议程设置的概念在网络环境下是否有变化,影响网络议程设置的因素有哪些,成为20世纪90年代后的又一关注热点。在这一领域,中国学者祝建华成就斐然。

在评论麦库姆斯等人的研究时,传播学家 E. E. 丹尼斯是非常中肯的:议程设置是大众传播最重要的效果,抑或不过是通向某种更有说服力的解释的一条并不完整的思路,这是不清楚的。但是,可以确定的是,议程设置为媒介效果研究提供了一片肥沃的土地,这次研究的结果正在触发新的问题。不可否认的是,议程设置的提出为传播学的发展提供了新的方法,从而成为传播学研究中的一个里程碑。

原作

〔美〕马克斯韦尔·麦库姆斯:《议程设置:大众媒介与舆论(第二版)》,郭镇之、徐培喜译,北京:北京大学出版社 2018 年版。

Maxwell E. McCombs, "The Agenda-Setting Approach," in Dan D. Nimmo and Keith R. Sanders(eds.), *Handbook of Political Communication*, Beverly Hills, CA: Sage, 1981.

Maxwell E. McCombs and Donald L. Shaw, "The Agenda-Setting Function of Mass Media," *The Public Opinion Quarterly*, 1972, 36(2): 176-187.

Maxwell McCombs, "Personal Involvement with Issues on the Public Agenda," *International Journal of Public Opinion Research*, 1999, 11(2): 152-168.

相关思想史或评传

李本乾:《中国大众传媒议程设置功能研究》,兰州:甘肃人民出版社 2002 年版。

(柴 菊)

迈克尔·舒德森
（Michael Schudson，1946—　）

 学术生平

迈克尔·舒德森1946年11月3日出生于美国威斯康星州密尔沃斯市。他在哈佛大学获得了文学硕士和社会学博士学位。1976年至1980年，他在芝加哥大学执教，1980年至2009年在美国加利福尼亚大学圣迭戈分校执教。从2005年起，他开始兼职从事哥伦比亚大学新闻学院的教学工作，2009年成为哥伦比亚大学的专职教授。他在攻读博士学位期间便展现出对美国大众传媒的兴趣，1978年他的博士论文《发掘新闻：美国报业的社会史》出版，从此在学界崭露头角。此后，他的研究涉及广告、大众文化、水门事件和文化记忆等各个方面。他在古根海姆博物馆担任研究员，同时是帕洛阿尔托行为科学高级研究中心的研究员，1990年获得麦克·阿瑟基金会奖。2004年，他获得美国政治科学协会和国际传播协会颁发的"默里·埃德尔曼杰出职业生涯奖"。舒德森在《哥伦比亚新闻评论》《威尔逊季刊》《美国展望》上发表了多篇论文，同时在《纽约时报》《华盛顿邮报》《洛杉矶时报》《新闻日报》等报纸开设专栏。2009

年,迈克尔·舒德森和伦纳德·唐尼受邀撰写了长篇文章《美国新闻业的重建》,探讨时下转型中的美国新闻业,引起广泛关注和热烈反响。

舒德森著述甚多,尤其是 20 世纪 90 年代以来,他进入了创作高峰期。他的代表作包括《发掘新闻:美国报业的社会史》(1978)、《广告,艰难的说服:广告对美国社会影响的不确定性》(1993)、《新闻的力量》(1995)、《新闻社会学》(2003)和《为什么民主需要不可爱的新闻界》(2008)等。

主要理论(方法)贡献

迈克尔·舒德森是当代美国最具影响力的媒介社会学学者之一。其论著主要集中在新闻生产和新闻社会学领域,对这些领域的理论推进起到了重要作用。

在 20 世纪 70 年代,美国新闻传播学界掀起了"新闻生产"研究的高潮,知名学者如赫伯特·甘斯(《什么在决定新闻》)、盖伊·塔奇曼(《做新闻》)、托德·吉特林(《新左派运动的媒介镜像》)等人都发表或出版了相关的研究成果。舒德森在哈佛大学社会学系完成的博士论文《发掘新闻:美国报业的社会史》是这一浪潮中的代表作之一。该书主要研究美国新闻业中"客观性"理念的发展历史,通过分析美国现代新闻业与经济、政治、社会、文化生活之间的互动关系,探索新闻客观性的生产机制。在这本书里,舒德森梳理了美国报业发展的历史脉络,从 19 世纪 30 年代的便士报革命写起,历数 19 世纪 60 年代的职业化浪潮和 90 年代的信息模式,以及在第一次世界大战结束后的 20 世纪 20 年代"客观性"理念形成并最终成为新闻业的意识形态的过程。在舒德森看来,民主市场社会神话的破灭和科学权威的兴起使得人们开始怀疑事实、怀疑价值,最终导致对"客观"理念的推崇。而这一"风中的芦苇"之所以能够保持其在新闻业中的主导地位,成为统治性的意识形态,除了必须这样做的实际原因之外,还是一种巧妙的逃避,即以看似专业的"中立"立场,逃避报道新闻可能带来的问题与责任。舒德森由此认为,"客观性"理念实质上揭示的是人们在审视现代社会时的失落感和怀疑。舒德森既不认同它的成立,又不否定它存在的合理性,认为在没有一种新的新闻理念之前,"客观性"仍将是新闻从业者维护其专业与职业的法宝。作为踏入学术界的第一项研究,舒德森对于新闻界的关注在此后贯穿他的学术生涯,而新闻"客观性"也始终是他热衷探讨的话题。在这一领域,他和众多名家一道为"新闻知识生产"研究奠定了基础。

20世纪90年代以来,舒德森将对新闻生产的研究推进一步,集中探讨新闻与社会的关系,着力耕耘新闻社会学研究领域。总体来说,舒德森对于他研究了大半生的美国新闻界持乐观态度,尽管他承认这一研究对象存在种种问题,但他更多地看到了它存在的必要性,并愿意敦促它进步和改良。他坚持以社会学和历史学相结合的立场进行新闻社会学领域的研究,既重视个案分析,又强调理论思辨。在2003年出版的《新闻社会学》中,舒德森延续了自己二十年前的研究,同时往前迈进了一步,开始呼吁新闻改良,并且将视野由美国扩展至其他不同层次的国家,并进行对比。他关注新闻如何影响社会的问题,特别是新闻对政治的影响,试图通过回应大众、学术界和新闻界自身对于媒介的误解,界定问题所在,描绘新闻机构在现代公共意识的形成过程中扮演的角色。该书已经成为新闻社会学领域的扛鼎之作,浅显而又清晰地勾画了学科轮廓和中心概念。2008年舒德森在论文集《为什么民主需要不可爱的新闻界》中,进一步讨论了"新闻"与"民主"之间的关系,意在肯定新闻界对于代议制民主的重要意义。立足扎实的新闻史基础,舒德森借鉴了赫伯特·甘斯的观点,总结出新闻的七大功能。除了传统学界认定的信息提供、调查报道、分析评论、社会同情、公共论坛、社会动员之外,舒德森提出,新闻还有另外一项重要的功能——宣传代议制民主。在书中,舒德森还提出民主对话的显著特征不在于平等,而在于公共。

在研究方法方面,舒德森是将知识社会学的研究视角和方法引入传播学研究的先驱之一。他的社会学教育背景和知识积淀使得他很自然地将社会学领域的重点问题与自己的研究对象相结合。在他的研究中,知识社会学的认识论贯穿始终,他将思想、意识形态与社会群体、文化制度、历史情境、时代精神等纳入对新闻以及广告的考察,开拓了一个新的传播学研究方向。此后,他又将这样的研究方法引入对于"广告"的研究,关注广告作为一种社会行为,如何在社会运行中对消费、文化、表达、艺术产生影响。他的研究首次突破了单纯的定量研究,引入了定性研究的方法,将"广告"这样一个概念置于宏观的社会环境中加以考量,在社会、历史等更复杂的背景下分析广告背后的消费文化的根源。

舒德森的著述为后来的研究者提供了多视角研究的经典文本,他以自身的学术实践推动了美国传播学从狭隘的定量研究向定量研究和定性研究相结合转变。

对传播学学科建制的贡献

迈克尔·舒德森可能是美国新闻社会学理论领域最重要的人物之一,这是他能够跻身新闻学重要思想家行列的最重要原因之一。他在以下三个方面对传播学学科的建制做出了重要贡献:

其一是对新闻生产研究领域的贡献。他的研究丰富和完善了对新闻专业主义的研究,将传统的"把关人"研究推进到知识生产社会学的研究。

其二是他的观念史的开创作用。舒德森对于史学尤其是观念史的关注和重视均折射在他的著述之中。在他之前,由于研究的难度和新闻学科的年轻,这方面的研究鲜见佳作。他在这一领域的代表作《发掘新闻:美国报业的社会史》独树一帜,是具有开创性意义的"观念史"的佳作,通过对美国新闻界"客观性"理念的形成与发展的考察,形成了一种新的制史框架。

其三是对新闻社会学理论的贡献。舒德森虽然是社会学博士,但从学生时代起便以新闻为主要考察和研究对象。在此后的学术生涯中,他成功地将自己的学科积淀与研究对象结合起来,在新闻社会学领域是当之无愧的奠基人之一。2003年,舒德森的《新闻社会学》一书出版,成为该领域具有总结意义的"教科书",他用扎实的例证、严谨的思辨以及开阔的视野为"新闻社会学"这一研究方向勾勒了大致的理论框架和研究对象。

原作

〔美〕迈克尔·舒德森:《发掘新闻:美国报业的社会史》,陈昌凤、常江译,北京:北京大学出版社2009年版。

〔美〕迈克尔·舒德森:《为什么民主需要不可爱的新闻界》,贺文发译,北京:华夏出版社2010年版。

〔美〕迈克尔·舒德森:《新闻的力量》,刘艺娉译,北京:华夏出版社 2011 年版。

〔美〕迈克尔·舒德森:《好公民:美国公共生活史》,郑一卉译,北京:北京大学出版社 2014 年版。

〔美〕迈克尔·舒德森:《新闻社会学(第二版)》,徐桂权译,北京:中国人民大学出版社 2020 年版。

〔美〕米切尔·舒德森:《广告,艰难的说服:广告对美国社会影响的不确定性》,陈安全译,北京:华夏出版社 2003 年版。

Michael Schudson, *Watergate in American Memory: How We Remember, Forget, and Reconstruct the Past*, New York, NY: Basic Books, 1992.

(唐　利)

米歇尔·福柯
(Michel Foucault,1926—1984)

 学术生平

米歇尔·福柯 1926 年 10 月 15 日出生于法国普瓦提埃,其父亲是外科医生,家境殷实。1943 年福柯进入普瓦提埃巴黎高等师范学院文科准预备班,准备高师的入学考试,然而并没能通过这次考试。1945 年,福柯迁居巴黎,进入亨利四世中学。在这里,福柯遇到了让·依波利特,这位黑格尔《精神现象学》的法语译者把福柯引进了哲学的大门。1946 年,福柯如愿考入巴黎高等师范学院。然而,他似乎并不适应学校的集体生活,他喜欢封闭自己,并狂妄地施展自己充满攻击性的才能,甚至多次试图自杀。但与此同时,福柯在高师阅读了大量的哲学和文学著作,包括柏拉图、康德、黑格尔、马克思、海德格尔等的作品。1949 年 6 月,他就以《黑格尔〈精神现象学〉中的历史先验性的构成》为题完成毕业答辩。1948 年,福柯结识了走马上任的年轻辅导老师——阿尔都塞。阿尔都塞对福柯影响至深,福柯甚至一度加入了法国共产党(1950—1953)。1950 年,福柯第一次参加大中学教师资格考试,意外失败。直到 1951 年 6 月,

福柯才终于通过这个考试。1951年,在福柯的要求下,他进入了梯也尔基金会工作。在此工作的一年间,福柯着手攻读心理学研究院的一个新学位。1952年,他获得了精神病理学学位。从1951年开始,福柯应阿尔都塞之邀,担任高师心理学教员,并于第二年开始在里尔大学担任心理学助教,在此期间致力于研究心理学与精神病学。1955年春,福柯出走瑞典,在此之前他已经渐渐远离了法共和马克思主义。在瑞典,福柯结识了宗教历史学家杜梅齐尔。福柯与他保持了数十年的友谊,从他那里学会了不同于传统诠释学的话语分析方法,并描述了其演变及其与结构的关系。在瑞典乌柏沙拉期间,福柯结识了来访的罗兰·巴尔特,尽管二人之间保持着一种审慎的友谊,但是1975年,福柯还是推选巴尔特进入了法兰西学院。福柯于1958年离开瑞典,转战波兰和德国。1960年,福柯返回法国。在瑞典和波兰期间,福柯完成了《疯癫与文明:理性时代的疯癫史》的写作,该书在他返回法国后出版。1960年至1966年,福柯任教于克莱蒙-费朗大学。1966年,《词与物——人文科学的考古学》出版,在法国引起了轰动和争议,此时的福柯转战突尼斯,在突尼斯大学任教。在突尼斯,福柯经历了学生骚乱并在1968年秋短暂返法,而这时的法国已经处在动荡的边缘。1968年年底,福柯结束了在突尼斯的生活,回到法国,担任新创办的万森大学(后改名为巴黎第八大学,1980年校址移到巴黎北郊外的圣丹尼)哲学教授,同时代理哲学系系主任。1970年4月,福柯被正式选为法兰西学院终身讲座教授。1971年2月,福柯发起"监狱情报小组"这一旨在支持绝食政治犯的运动,并开始在实践和理论的层面上关注权力和监狱机制的问题,同时这一运动也成为其1975年出版的《规训与惩罚:监狱的诞生》一书的先声。此后,福柯一边在法兰西学院授课,一边积极投身各种社会活动。1975年4—5月,福柯接受加利福尼亚大学邀请并前往加州。在加州期间,他首次造访了当地的海湾区(Bay Area),并于1979年、1980年和1983年重返海湾区。5月底,在西蒙·瓦德的邀请下,福柯去死亡谷体验服食迷幻药,这一经历促使他改变了其一贯的思考性爱的方式,早已拟好的6卷本《性史》的写作计划被放弃,他开始重新谋划《性史》的写作。该书第一卷于1976年正式出版,第二卷与第三卷于福柯临终前出版。1984年6月25日,福柯去世,终年58岁。

主要理论（方法）贡献

福柯的理论体系庞杂，他兴趣广泛，身后留下众多难以归类的思想作品。总体上说，福柯是一个现代性的理论家，但他的许多理论又具有后现代的特征。他不是马克思主义者，但他关注的许多问题与马克思不谋而合。他反对把自己称作结构主义者，但他是把结构的边界推向极致的人。福柯提出了一种不同于传统主体性哲学的思想，他的所有哲学都建立在对"人"的观念的重新认识之上，即一种谱系学或人文考古学意义上的人之死或主体之死。他并不把理性当作主体的特权，也拒斥所有据此断言的进步、理性的历史。

福柯强调的是基于"知识型"的转换或断裂而产生的整个思想史。"知识型"是一种附加了历史的先天形式，不能直接到达。对于话语实践的规律性分析就是窥探"知识型"的考古学钥匙。话语分析是福柯留给当代文化研究的方法论及认识论的第一个工具。尽管话语并不是福柯的首创，但福柯的《词与物——人文科学的考古学》与《知识考古学》在应用和规定层面留下了当代话语分析领域最重要的遗产。在福柯看来，话语是一组陈述，这组陈述为谈论或表征有关某一历史时刻的特有话题提供了一种语言或方法。这组陈述有着共同的存在条件和规定，话语实践的各种历史形式构成了一个时代总体的"知识型"。由此，对话语实践的分析是洞悉所有真实历史的基础。第一，话语分析的重点在于对各组陈述之间的微妙关系的揭示。这些关系促成了话语的形成，福柯拒绝简单地把这些关系界定为"科学"或"意识形态"，而更愿意称其为话语的形成规则。第二，陈述形式的可能性并非由语义逻辑决定，它无法摆脱陈述与分化空间之间的关系，这也是陈述之间的差异的由来。福柯的考古学就是建立在"陈述—话语实践—知识—科学"这一轴线之上的认识论及方法论。

后期的福柯把自己的关注点从话语转向了知识/权力，他把知识看作话语和权力的产物，是一种"发明物"，而非被发现的真理。福柯出版于1975年的《规训与惩罚：监狱的诞生》重新定义了权力观念及其运作模式。此种权力观念不同于任何传统的定义。他不把权力当作一种具有明确中心的强制力，或者是某种隐蔽的霸权，而把这种权力概念扩展为一个无中心的网络结构。这个网络结构中的任何个体都同时是权力的施动者和被动者，这种微观的权力通过这个网络不断地生产与再生产自身。在《规训与惩罚:监狱的诞生》中,福柯借用了边沁的"全景敞视监狱"的概念。全景敞视监狱(圆形监狱)通过设在中央的监视塔对整个监狱进行监视和控制,而监狱的每个隔间彼此孤立,并对整体毫不知情。福柯借此来表征现代权力的运作模式。

对传播学学科建制的贡献

福柯并没有单一地关注传播问题,但传播问题无疑是他关注的权力治理术的重要环节。福柯对于传播学的影响并不像美国的许多学者那样直接,但他对广义的传播研究尤其是文化研究影响巨大。与其说福柯给传播研究提供了可供使用的现成理论,不如说他为传播研究提供了诸多可供借鉴的新视角和新观念。比如,福柯关于权力的全新观念在某种程度上形塑了当代研究者对媒介权力的认识;又比如,福柯关于历史断裂的观念激发了基特勒关于话语网络与媒介技术关系的讨论。

第一,话语分析的方法被广泛运用于文化研究,霍尔、费斯克等人就运用话语分析的方法解析了诸多在英美世界流行的大众文化文本及现象,话语分析使得文化研究能够通过大众文化文本的符号表象看到话语背后的意识形态关系。英国文化研究的重要代表人物斯图尔特·霍尔在《表征——文化表征与意指实践》一书中把文化研究最重要的研究对象之一——表征的理论解释分为三类:反映论的、意向性的和构成主义的。在霍尔看来,福柯的理论就是构成主义路径的最重要的理论源泉,这个源泉来自三个主要的观念:话语概念、权力与知识的话题以及主体问题。话语概念对于文化研究的影响需要结合表征的另外两个理论路径来理解,所谓表征就是一种通过表象(尤其是语言)来表达意义的文化实践。反映论的路径认为意义是客观存在的,表象是对客观意义的真实反映。意向性的路径以从索绪尔到罗兰·巴尔特的语言学、符号学为代表,认为意义是由符号的能指与所指之间的关系构成的。它是言说者的独特意义的表达。此外,个人表达与共享语言惯例和符号相联系,形成个体间意义的交流,所以符号是一个社会系统。而构成主义的话语观(福柯的话语观)否认意义是客观存在的。福柯承认表征系统的社会性,但并不认为意义的产生仅与符号系统相关联,它还是话语实践的产物。意义或者符号系统并非根本的东西,依然是表象,是话语实践的产物。正如上文所说,话语实践本质上是权力的运作。福柯的话语概念的范围要比语言宽泛得多。坚持这种理论路径的文化研究者在面对一个文本的时候,更倾向于分析一个文本或一种文化实践所隶属的话语构成体,并且将知识的生产与权力的运作同对肉体的规训相联系。因为在福柯看来,文化实践本质上就是一种知识生产,正如我们对于人的认识是伴随着排斥"不正常的人"开始的,而这种排斥又与权力的运作息息相关,这种权力正是我们提到的微观权力,以对自然肉体的规训为手段来建构知识和文化。在表征中,主体是如何被建构的始终是话语分析中不可忽视的核心问题。简单地说,话语建构主体及其位置。在一个文本中,只有通过对主体的建构,话语才能发挥作用。福柯的思想拓展了文化研究的认识论路径。

第二,话语分析也被运用于新闻框架研究。尽管框架理论与话语分析并不完全等同,除了关注新闻文本本身的意义建构之外,框架理论同时关注受众对于框架的认知,但是话语分析的方法被广泛地运用于框架理论的研究。通过话语分析,研究者可以清晰地看到不同的新闻框架背后的话语策略以及意识形态。

第三,大众传媒向来是和"权力"紧密相连的,关于媒介与权力的各种理论都是围绕着媒体与受众之间的霸权或反抗关系展开的。相比于这种权力观,福柯的权力观显然没有这么绝对。按照福柯的理解,权力向来不是自上而下的线性运作模式,而是一个无中心的网络。正因为如此,媒介和受众都处在这个网络之中。他们诚然处在一定的权力关系之中,但这种权力关系既不是绝对的霸权,又不是绝对的反抗,权力如何运作取决于不同的话语实践或情境。正是在这个意义上,福柯并没有提出一个关于媒介权力的固定理论,而是提供了一个重新审视媒介权力的视角,这个视角在诸多方面和效果研究的当代发展不谋而合。然而,在福柯的理论中,媒介不仅是话语或权力的渠道,其本身就是话语和权力的一部分,是微观权力运作的重要一环。正是在这个意义上,电视成为"反向的圆形监狱"。福柯并没有给予权力本身任何价值判断,但他显然反对绝对的权力,所以不管是绝对的霸权或是绝对的反抗,甚至是两者间绝对的平衡互动都是不可接受的。当然,福柯这种泛权力观在媒介研究中的适用范围是一个可以探讨的问题,但最重要的是,福柯的这些观念给我们提供了一个视角,即知识有效性或权力有效性的动态视角,这种思路在传播研究中的运用是一个值得深入探索的问题。

原作

〔法〕米歇尔·福柯:《规训与惩罚:监狱的诞生》,刘北成、杨远婴译,北京:生活·读书·新知三联书店 2003 年版。

〔法〕米歇尔·福柯:《知识考古学》,谢强、马月译,北京:生活·读书·新知三联书店 2007 年版。

〔法〕米歇尔·福柯:《福柯读本》,汪民安主编,北京:北京大学出版社 2010 年版。

〔法〕米歇尔·福柯:《词与物——人文科学的考古学》,莫伟民译,上海:上海三联书店 2016 年版。

〔法〕米歇尔·福柯:《疯癫与文明:理性时代的疯癫史》,刘北成、杨远婴译,北京:生活·读书·新知三联书店 2019 年版。

〔法〕米歇尔·福柯:《权力的眼睛:福柯访谈录》,严锋译,上海:上海人民出版社 2021 年版。

杜小真编选:《福柯集》,上海:上海远东出版社 2003 年版。

相关思想史或评传

〔法〕吉尔·德勒兹:《福柯(修订译本)》,于奇智译,上海:上海人民出版社 2021 年版。

〔英〕斯图尔特·霍尔编:《表征——文化表征与意指实践》,徐亮、陆兴华译,北京:商务印书馆 2013 年版。

〔美〕詹姆斯·米勒:《福柯的生死爱欲》,高毅译,上海:上海人民出版社 2005 年版。

汪民安等编:《福柯的面孔》,北京:文化艺术出版社 2001 年版。

Gary Gutting, *Foucault: A Very Short Introduction* (second edition), Oxford & New York: Oxford University Press, 2019. Sara Mills, *Michel Foucault*, London & New York: Routledge, 2003.

(李耘耕)

尼尔·波兹曼
(Neil Postman, 1931—2003)

学术生平

尼尔·波兹曼1931年3月8日出生于美国纽约,1955年和1958年在哥伦比亚大学师范学院分别获得硕士学位和博士学位。他于1959年进入纽约大学执教,在这所学校默默耕耘长达45年之久。1971年,在麦克卢汉的建议下,他在纽约大学斯坦哈特教育学院创办了媒介环境学专业和博士点。在此后的三十多年里,媒介环境学专业培养了数十位博士和硕士。1986年,他获得美国英语教师学会授予的"乔治·奥威尔奖",1988年获得纽约大学杰出教授奖,此后长期担任文化与传播学系系主任。1998年9月,以他为精神领袖的"媒介环境学会"正式成立。波兹曼是一位非常成功的教育家,一些知名传播学家,如保罗·莱文森、约书亚·梅罗维茨等都是他的学生。波兹曼一生著述颇丰,有25种存世,重要的有:《美国的语言》《发现你的语言》《语言与现实》《疯话,蠢话》《教育的终结》《认真的反对》等。其中,《童年的消逝》《娱乐至死》《技术垄断:文化向技术投降》是他著名的"媒介批评三部曲",均已有中文译本,对中国传播学界影响深远。何道宽这样总结他的学术研究：终其一生，波兹曼始终高擎人本主义的大旗，相信新技术永远无法取代人的价值。

主要理论（方法）贡献

波兹曼是美国传播学媒介环境学派的中流砥柱，在传播学领域，他最为人称道的作品是"媒介批评三部曲"，这三部作品支撑起了他的技术批评理论体系。他的作品中一以贯之的主题就是探讨技术对人类社会、文化、心理和行为等方面的影响，这也是他在传播学领域思考的核心问题。具体而言，波兹曼对传播学的理论贡献主要体现在他对电视媒介特性的研究上，他关注的是技术偏向的社会后果。

波兹曼针对电视技术对儿童的影响提出了独树一帜的观点。他从历史学、词源学等角度入手，分析了"童年"这一概念的产生、发展、稳定以及在电视媒介的冲击下逐渐消逝的过程。在他看来，以电视为代表的音像媒介打乱并破坏了印刷媒介时期建立的秩序和规范。由于音像简单易得且便于理解，成人不再能够进行知识垄断，儿童与成人世界的界限就此消弭，于是"童年"消逝了。波兹曼对此提出了批评和改正意见，他强调用教育对抗和消弭电视技术对于儿童的不良影响。

1968 年，美国传播学学者格伯纳以"暴力内容"为主要指标考察电视技术对社会的影响，提出了"涵化理论"，由此开创了一个新的研究方向（参见本书乔治·格伯纳词条）。此后的学者在这一领域多有开拓，波兹曼以一个教育学学者的眼光考察了以电视技术为代表的电子媒介技术，他选择以"娱乐"为主要内容，试图描述电视技术影响下的娱乐供应机制，以及这种机制对于人类社会的发展趋向的影响。波兹曼认为，电视媒介本身作为一种隐喻和社会生产机制，使得整个社会的文化氛围发生了改变。他站在历史的高度，批评电视媒介用大量廉价而低俗的娱乐腐蚀了人们的逻辑思维能力，电视画面的直观性又戕害了原本作为生存技能的读写能力。通过呈现娱乐化社会的状态，波兹曼提醒公众：真正可怕的不是人们被剥夺信息、剥夺自由，而是人们自动在享乐之中放弃自由，渐渐爱上压迫，崇拜那些使他们丧失思考能力的工业技术。

在以上成果积累的基础上,波兹曼开始搭建自己的"技术批评"理论。他时时在著作中讨伐技术对于文化乃至文明的侵蚀,提醒人们要以清醒的头脑抵制"技术崇拜"。他绕过导师麦克卢汉的"技术决定论",走上了英尼斯开创的批判道路。在波兹曼的技术批评理论体系中,他将人类技术的发展分为三个阶段:工具使用、技术统治和技术垄断。与此相对应,人类文化也可以分为三种类型:工具使用文化、技术统治文化和技术垄断文化。在三个不同的阶段,技术和文化的关系发生了变化。在第一个阶段,技术是从属于文化和社会的;到了第二阶段,技术向文化发起了攻击;而在第三个阶段,技术导致信息泛滥,从而征服了文化。

机器意识形态和唯科学主义是波兹曼批评的重点。波兹曼认为,技术正在以极快的更新速度、复杂精密的设计但是又简单方便的操作征服文化,并且逐步建立起一套直观的机器意识形态,从而使技术垄断成为可能。技术垄断出现的表征是:其一,任何技术都能够代替我们思考问题;其二,一切形式的文化都臣服于技艺和技术的统治。在这样的意识形态的包围下,人类会逐渐放弃思考,成为"思想死亡"的孤立个体。现代医疗技术、电脑技术都是机器意识形态的典型例证。由于信息泛滥,世界变得难以驾驭和把握。唯科学主义是波兹曼批判的另一种由技术发展带来的意识形态,这是一种相信自然科学方法可以解决一切问题的科学观,主张自然科学的一切方法应该用于一切研究领域,认为只有通过自然科学的方法才可能有效获得知识,科学知识是人类知识的典范,是必然正确的。波兹曼指出,唯科学主义通过对人类思维模式的渗透,将"科学"变成了人类的一种新信仰。具体的表现如对专家的依赖和对数据的信服,极大地侵害了人类自身发展的丰富性和文化的多样性。在《技术垄断:文化向技术投降》中,波兹曼以统计学为例,论证了唯科学主义对人类思想以及人类社会的消极影响。

概括而言,波兹曼的技术批评理论的核心是"反标准化"。他尊重并推崇人作为个体的多样性,在他看来,技术正是以一种标准的、流水线式的生产模式逐步侵占人类的生产、生活乃至思想和行为的方方面面。这种趋势使得个体逐步趋同,进而影响文化的多元化。波兹曼指出了现代社会"符号大流失"的现状,呼吁人们做坚定的爱心斗士,以强烈的道德关怀和博爱之心去对抗技术垄断,不屈服于简单机械的机器意识形态,反对文化向技术投降。

对传播学学科建制的贡献

尼尔·波兹曼对美国传播学学科建制贡献极大。这主要体现为：

其一，在纽约大学创建了第一个媒介环境学学科点。波兹曼主动追随加拿大著名学者马歇尔·麦克卢汉，将自己的研究聚焦在人、社会、文化与技术的关系上。1971年，在麦克卢汉的建议下，他在纽约大学创建了美国第一个媒介环境学专业和博士点，将这一新的研究方向以教育的形式引进美国大学，丰富了学科设置和传播学的教育版图，从此为美国传播学培养了大批杰出的媒介环境学学者。从1988年开始，波兹曼担任文化与传播学系主任，对于推动媒介环境学在教育领域的完善和发展起到重要作用。

其二，牵头组建了媒介环境学会（Media Ecology Association）。20世纪末，在波兹曼的努力之下，北美的多伦多学派和纽约学派整合为媒介环境学派，组建了媒介环境学会。经过多年经营，这一学派变得越来越令人瞩目。作为一个非营利组织，学会为媒介环境学这一学科提供了思想交流和信息交换平台，鼓励该领域进行的研究，并且致力于促进媒介环境学在政治、社会、文化、教育、批评、艺术等方面的应用。学会拥有自己的专刊，定期举办相关的学术研讨，是推动媒介环境学发展的重要后盾和保障。

其三，建立媒介环境学派，开拓了新的研究方向，丰富了传播学的版图。媒介环境学派可以上溯至英尼斯、麦克卢汉，并以他们的研究成果为养料，但是直到波兹曼才正式成为一个独立的学派。在他的推动下，这一学派已经成为与经验学派和批判学派鼎立的第三学派。媒介环境学派研究传播媒介如何影响人的感知、感情、认识和价值，研究我们和媒介的互动如何增加或减少我们生存的机会。波兹曼将研究引向微观，强调以具体的例证糅合宏观的理论，追求以小见大的学术研究方向。作为媒介环境学派的精神领袖，波兹曼上承该学派的灵魂人物麦克卢汉的衣钵，下启新一代媒介环境学派的精英人物，如保罗·莱文森、约书亚·梅罗维茨和林文刚等。

原作

〔美〕尼尔·波斯曼:《技术垄断:文化向技术投降》,何道宽译,北京:中信出版社2019年版。

〔美〕尼尔·波兹曼:《娱乐至死》,章艳译,北京:中信出版社2015年版。

〔美〕尼尔·波兹曼:《童年的消逝》,吴燕莛译,北京:中信出版社2015年版。

相关思想史或评传

〔美〕林文刚编:《媒介环境学:思想沿革与多维视野(第二版)》,何道宽译,北京:中国大百科全书出版社2019年版。

李明伟:《知媒者生存:媒介环境学纵论》,北京:北京大学出版社2010年版。

（唐　利）

保罗·F. 拉扎斯菲尔德
(Paul F. Lazarsfeld, 1901—1976)

学术生平

保罗·F. 拉扎斯菲尔德1901年2月13日生于奥地利维也纳,1925年毕业于维也纳大学,以一篇与万有引力理论和行星运动相关的博士论文获得了应用数学博士学位。博士毕业后,他在维也纳高级中学教学,随后受聘在维也纳大学心理学系教授统计方法、社会心理学以及应用心理学方面的课程。1925年,拉扎斯菲尔德在维也纳开办了应用心理学研究中心。他是最早在奥地利开展实证社会学研究的学者之一,考察经济萧条期间失业人群行为的马林塔尔研究是他早期坚持社会学和统计学相结合的典型案例。拉扎斯菲尔德在第一任妻子扬霍达及其他中心成员的帮助下通过调查住户、进行个人访谈、从事深度案例探讨等方法分析了马林塔尔当地失业者的日常生活情况,最终得出了一个重要结论:失业个人的反应并不是革命的,而是冷漠的。拉扎斯菲尔德通过这一调查做出推论:如果这些垮掉的奥地利失业者被某个煽动者允诺住处、食品和工作,那么不管这个煽动者的政治方案多么极端,他们都会跟随他。几年之后,如他所预言,奥地利对于希特勒的占领持不抵抗态度。这项调查使他获得美国洛克菲勒基金会的关注。1933年至1935年,在该基金会的资助下,他前往美国访学。1935年年底,拉扎斯菲尔德正式移居美国,被任命为纽瓦克大学研究中心执行主任,随后被聘为普林斯顿广播研究项目的研究主管。在此期间,他邀请流亡英国的阿多诺参与这一项目,但因为双方在个人风格和学术追求上有冲突,这次合作最终没能成功。在洛克菲勒基金会的压力下,拉扎斯菲尔德终止了与阿多诺的合作。1939年,拉扎斯菲尔德被任命为哥伦比亚大学社会学系讲师,并于翌年带领其团队开展了一项关于当年11月美国总统选举的专题研究"伊里调查",由此与贝雷尔森等人合作写出了传播学史上具有开创性意义的著作《人民的选择:选民如何在总统选战中做决定》,大众传播"有限效果理论"自此肇始。

1939年9月,对美国传播学日后发展意义非凡的洛克菲勒传播研讨班开始活动,拉扎斯菲尔德与拉斯韦尔、坎特里尔、林德、马歇尔等其他11位学者一起,定期在洛克菲勒中心举行目的为"向马歇尔提供关于传播理论的一般指导"的研讨活动。然而,随着整个大环境的变化以及学者研究兴趣的转向,洛克菲勒研讨班开始关注大众传播效果,并开始重点研究联邦政府如何能够利用传播来应付日益临近的第二次世界大战。洛克菲勒研讨班最后一期结束之后,以作为重要成果的《舆论与非常时期》为起点,洛克菲勒研讨班成员开始与司法部、国会图书馆、海军部、联邦通信委员会等美国政府机构代表接触,这直接导致第二次世界大战开始之后,以拉斯韦尔、拉扎斯菲尔德、霍夫兰为代表的学者进入"战时状态",通过研究传播效果为参战的美国政府和军方助力。

1941年,拉扎斯菲尔德与默顿被同时任命为哥伦比亚大学社会学系副教授,由此开启了两人长达数十年的合作和友谊,他们被后世称为"双子星"般的学者搭档。1944年,普林斯顿广播研究所更名为"应用社会研究局",开始被逐步纳入哥伦比亚大学体制,并在20世纪40年代末至60年代中期迎来了它的鼎盛期。1955年,拉扎斯菲尔德与卡茨合著的《人际影响:个人在大众传播中的作用》正式出版。这部著作以1945年的迪凯特市研究调查报告为核心内容,承袭《人民的选择:选民如何在总统选战中做决定》中的基本假设,对"意见领袖""二级传播"进行进一步研究,通过群体行为和舆论领袖连接大众传播与人际传播,稳固了"传播效果研究"的理论基石。从1937年到1960

年,应用社会研究局是美国最活跃的学术研究机构。第二次世界大战爆发后,从陆军部对于有关军事训练的电影的评估研究开始,美国政府对应用社会研究局进行了大量资助,在 1951 年到 1952 年政府资助甚至占据研究局总预算的 91%。另外,拉扎斯菲尔德与斯坦顿良好的个人关系一方面使得哥伦比亚广播公司在相当一段时期内倚重研究局的受众调查,另一方面也使研究局能够及时从哥伦比亚广播公司的研究预算中得到资金支持。标志性合作包括 1939 年关于广播突发事件效果的"火星人入侵"研究,以及 1946 年关于 C. 史密斯战时公债马拉松广播节目的"消防站研究"。鼎盛时期,研究局从外界获得的研究资助达到每年近 100 万美元。

拉扎斯菲尔德相继被任命为哥伦比亚大学社会学系副教授、教授、系主任(因此辞去应用社会研究局局长职务)以及"社会科学的凯特尔教授"。随着与学院教学和管理工作的逐步贴近,他后期的研究兴趣渐渐从应用型的小型研究项目转向社会学理论与方法研究。但因为他是从应用的角度涉足社会学的,因此直到 1960 年,在经历三度竞选之后他才当选为美国社会学协会主席。1976 年 8 月 30 日,他因癌症在纽约去世。拉扎斯菲尔德是传播学"有限效果研究"的开创者和传播学史上难得的研究工具发明者,是美国大众传播研究领域的代表性人物,被学者施拉姆誉为"大众传播四大奠基人"之一。他具有代表性的著作和论述有与贝雷尔森等人合著的《人民的选择:选民如何在总统选战中做决定》(1944)、与卡茨合著的《人际影响:个人在大众传播中的作用》(1955)、《社会科学中的数学思考》(1954)、《应用社会学导论》(1975)、《论行政的和批判的传播研究》(1941)以及与默顿合作的《大众传播、流行趣味和社会行为整合》(1948)等。

主要理论(方法)贡献

通过研究总统选举这一政治性事件(伊里调查)以及购物、观影等活动(迪凯特市调查),拉扎斯菲尔德及其团队提出和发展了大众传播领域中的数个重要概念,如意见领袖(舆论领袖)、政治既有倾向、二级传播等。意见领袖在伊里调查中被研究者定义为"在某一领域内对某一公共问题最为关心并对之谈论最多的人"。在迪凯特市调查之后,关于意见领袖的假说被进一步证实和补充：不为人们感知的意见领袖，有可能在生活的方方面面影响人们做出决断。二级传播是在伊里调查中通过观察发现的重要现象，即信息是从广播和印刷媒介流向意见领袖，再从意见领袖传递给那些不太活跃的人。在迪凯特市调查之后，二级传播的概念被进一步发展成为多级传播，即意见领袖的出现导致信息（意见）流发生二级甚至多级传播，大众传播媒介难以直接对人们的选择和决断产生重要影响。政治既有倾向指数，是拉氏及其团队在伊里调查中发明的研究指数，其作用是将受访者按照等级排序、分类，并在统计中合理运用社会经济地位等级、宗教关联和居住地三个因素，以便更好地观察哪些因素会对受访者的政治态度产生影响。以上研究和概念的提出直接颠覆了以往社会和学界对于大众传播媒介强效果的看法，二级传播理论代替"魔弹论"重新明确了传播媒介在大众传播过程中的地位，效果研究在相当长的时间内成为美国大众传播研究的主流范式。

1941年，为回应霍克海默的《传统的和批判的理论》一文，拉扎斯菲尔德写下了《论行政的和批判的传播研究》。他将自己定量的、经验性的研究看作为政府和大众媒体机构服务的重要途径，并将之命名为"行政的传播研究"。他希望能够在这种"行政研究"和批判的学术思想之间架起一座桥梁。在拉扎斯菲尔德看来，行政研究与批判研究是能够互补的。批判研究虽然具有思辨的特质，却在"有关建设性的实情调查"方面贡献甚微，但它可以作为经验主义传播研究的前提和补充。拉扎斯菲尔德形成这种想法，与他和法兰克福学派学者的接触不无关系。第二次世界大战开始之后，依托拉氏和霍克海默的既有交情，应用社会研究局迎接了一批法兰克福学派的流亡学者，包括阿多诺、洛文塔尔、纽曼等人。拉扎斯菲尔德希望批判的学术思想能够与美国式的经验主义研究相融合。然而，批判学者大多并不认同他的这一看法，认为批判研究的目的并不是"实际效用"或者"获利"；并且在当时，很少有人应和"行政研究"的概念，因为在许多学者看来，学术研究并非因为服务某一组织和机构而具有意义。

在研究方法方面，有着扎实数学功底的拉扎斯菲尔德讲究严格的社会统计程序和专业操作过程，并且提倡将定量方法和定性方法紧密结合起来进行具体研究。借助他所设计的定量研究方法，在大范围内科学地获取和分析数据以进行实证研究成为可能，大众传播领域的效果研究因此得以大步向前迈进。拉氏善于设计研究工具，基于S. A. 斯托弗介绍的四重相依表，他设计出用于确定研究变量之间的关系的三重变量相依表。在"广播研究项目"中,他还与斯坦顿一起发明了拉扎斯菲尔德—斯坦顿节目分析仪(俗称"小安妮")。这是一种资料收集和媒体效果测度仪器,通过记录实验对象的喜好来了解广播听众的行为和广播节目的效果。在广播研究项目之后,它被广泛运用到军方、哥伦比亚广播公司以及广告机构以获取意见和评估节目。他在伊里调查中使用的政治调查研究方法被密歇根大学社会研究所的学者采纳,并在此后的每次总统大选中都开展相似的全国性样本调查。"焦点小组"访谈法的最终形成和成熟得益于他与默顿在理论和实践上的完美合作,这种研究方法受到小组动力学的影响,立足访谈和抽样并以说明和解释数据为目的。它填补了定性研究领域的空白,并且由于在应用社会研究局诸多课题中的广泛使用而逐步在大众传播乃至整个社会学研究领域获得广泛认可,在当今社会科学研究领域中扮演着重要角色。

值得一提的是,作为"焦点小组"访谈法的重要发明和推广者之一,拉扎斯菲尔德多次强调和提醒单一使用这种研究方法的弊端。尽管所学专业为统计数学,但拉扎斯菲尔德使用研究方法的视野并不狭隘,他意识到单独使用定量或定性方法对研究结果可能造成不利影响,并且在自己主持的研究项目中极力避免这种情况发生。这也是他在自己的研究项目中积极引入默顿、阿多诺、米尔斯等学者的原因。他与默顿的友谊以及对其研究能力和学术观点的由衷钦佩,使得应用社会研究局在长时间内以定性与定量研究相结合的方式产出了大量成果,并在美国大众传播学研究领域独占鳌头。

对传播学学科建制的贡献

拉扎斯菲尔德是传播学学科建制史上最为重要的人物之一,这不仅仅是因为他长期以来与拉斯韦尔、霍夫兰、勒温一道,被看作美国大众传播学的四大奠基人之一。虽然拉扎斯菲尔德后期的学术研究逐渐脱离传播领域,但他仍然直接或间接地影响了美国传播学研究组织以及传播学学科的主要内容和发展方向,其中最重要的一点是,他创造了美国传播领域研究机构的原型。这直接影响了其后传播学研究机构的设立模式,其中包括推进传播学建制形成的最大功臣施拉姆所创立的传播研究所。罗杰斯认为,拉扎斯菲尔德对施拉姆的最大启发,是创立新型研究建制的必要性。拉扎斯菲尔德被称作"学院型的企业家",跨越了大学对于理论和研究的学术侧重与政府和私人企业的应用兴趣之间的界限。在担任一名大学教授的同时管理一个研究机构,在同时代的学者中很少有人如他那样游刃有余。他先后建立和参与筹建了维也纳"心理学研究所"、纽瓦克大学研究中心以及哥伦比亚大学的应用社会研究局,在研究机构的设立和管理方面有着非常丰富的经验。他所设立的挂靠大学院系的社会研究机构相比于传统的院系内研究机构具有以下特点:(1)更加灵活,受约束少;(2)研究更有侧重点;(3)研究多采用团队合作的形式,研究方法和流程精确、标准;(4)不会让研究经费的困窘影响研究进度。

以此为原型的研究机构在拉氏之后广泛出现在伊利诺伊大学、斯坦福大学等地,学术成果在这些机构开枝散叶的过程中被大批生产出来。其中尤其值得注意的是,第二次世界大战前后应用社会研究局与美国政府和军方的合作,使学术研究寻找到了一种与行政研究结合的途径。在此之后,大学的结构和性质开始发生重大变化,在系所之外出现了拥有社会关系的研究机构,它们可能参与商业行为和市场化活动,并且相当一部分往往会走上行政研究的道路。学术研究和组织管理渐行渐近,专家、技术官僚开始出现,这一切逐渐瓦解了从欧洲传承下来的象牙塔式的大学模式。

拉扎斯菲尔德是"有限效果论"的奠基者之一,也由此对大众传播效果研究做出了重要贡献。在关于大众传播效果研究的一系列调查中,拉扎斯菲尔德提出的意见领袖、二级传播等重要概念,粉碎了传统传播研究中的"魔弹论"认知,将人们从对传媒效果的盲目崇拜中拉了出来。在他的影响和带动下,后续的伊里调查得以在大众传播效果方面更进一步,并在最终报告《人际影响:个人在大众传播中的作用》中重提"小群体传播"(人际传播)在信息流动和意见改变方面的重要性。在这些研究的基础之上,1960年克拉珀在著作《大众传播效果》中提出了大众传播效果五项定理,正式提出有限效果理论,丰富和发展了大众传播效果研究的内容,在大众传播效果研究历程上是重要的阶段性转折点。

拉扎斯菲尔德是传播研究领域的拓荒者之一,在施拉姆着手创设传播学建制之前,以他和霍夫兰等人为代表的学者已经在社会学和社会心理学方面开始早期的传播研究以及传播领域的研究生教育。他带领的应用社会研究局培养出了年轻一代的传播研究者,如卡茨、科尔曼、肯德尔、克拉珀等人,这些人才的成长也在客观上丰富了有限效果理论的内涵。他的研究工具和研究方向也影响了同时期进行传播问题研究的大批学者,学者凯瑞将其看作早期大众传播研究生教育的典范。与此同时,他也在各种著述中多次提到"传播研究领域""传播研究学科"等话语,以表达他对"传播研究足以构成一个专门领域"的认可。

对于拉扎斯菲尔德的评价,学界莫衷一是。西尔斯认为他是现代的列奥纳多·达·芬奇,在很大程度上忽略了传统的知识专业化,试图通过将人和思想结合起来发现新的真理。施拉姆、贝雷尔森等人将其列为传播学研究领域的奠基人,并高度评价他在研究方向和学科建制两方面带给美国传播学的重要影响。然而,无论是拉氏生前还是身后,对他的批评也从未停止过。其中,吉特林和米尔斯的观点和态度极具代表性(前者的观点和立场在目前看来尚有争议)。前者认为拉氏所从事的研究是关于媒体内容的特殊的、可测度的、短期的、个人的、态度的和行为的效果的研究,并得出媒体在舆论的形成中并非非常重要的结论,而后者将拉氏及其拥趸所进行的研究定义为"抽象的实用主义",并认为这些研究不具备任何实质性的命题或理论的特色。但即使如此也不能否认,拉扎斯菲尔德是一座桥梁,促进了欧洲与美国社会学和传播学领域研究的相互影响。他出生和求学于被哲学思辨包围的欧洲,又在美国接受了行为主义的重大影响。当时美国学界对欧洲移民带来的社会问题的考察热度开始消退,新崛起的大众传播媒介及其效果问题取而代之。这一问题难以用形而上的研究方法去研究,只有通过科学的统计方法,从数据中找寻关联。拉扎斯菲尔德正是站在这一承前启后的轮轴之上——芝加哥学派在逐渐衰落,而他这个"来自欧洲的实证主义者"在带领哥伦比亚学派崛起——这是传播学史上不可逾越的一环。

扩展阅读

原作

〔美〕保罗·F. 拉扎斯菲尔德等:《人民的选择:选民如何在总统选战中做决定(第三版)》,唐茜译,北京:中国人民大学出版社 2012 年版。

〔美〕伊莱休·卡茨、保罗·F. 拉扎斯菲尔德:《人际影响:个人在大众传播中的作用》,张宁译,北京:中国人民大学出版社 2016 年版。

Paul F. Lazarsfeld and Morris Rosenberg(eds.), *The Language of Social Research*:A

Reader in the Methodology of Social Research, New York, NY: Free Press, 1955.

Paul F. Lazarsfeld and Robert K. Merton, "Mass Communication, Popular Taste, and Organized Social Action," in Lyman Bryson (ed.), *The Communication of Ideas*, New York, NY: Institute for Religious and Social Studies, 1948.

相关思想史或评传

〔美〕大卫·E. 莫里森:《寻找方法:焦点小组和大众传播研究的发展》,柯惠新、王宁译,北京:新华出版社2004年版。

〔美〕E. M. 罗杰斯:《传播学史——一种传记式的方法》,殷晓蓉译,上海:上海译文出版社2012年版。

〔美〕伊莱休·卡茨、约翰·杜伦·彼得斯、泰玛·利比斯、艾薇儿·奥尔洛夫编:《媒介研究经典文本解读》,常江译,北京:北京大学出版社2011年版。

胡翼青:《传播学科的奠定:1922~1949》,北京:中国大百科全书出版社2012年版。

伍静:《中美传播学早期的建制史与反思》,济南:山东人民出版社2011年版。

张国良主编:《20世纪传播学经典文本》,上海:复旦大学出版社2003年版。

(何　瑛)

保罗·莱文森
(Paul Levinson, 1947—)

 学术生平

保罗·莱文森1947年出生于美国,从位于布朗克斯的哥伦布高中毕业后进入纽约市立大学读书,1975年获新闻学学士学位,1976年获媒体研究硕士学位,师从约翰·卡尔金。读本科时,他与大多数学生一样被指定阅读麦克卢汉的著作,但未接触麦克卢汉本人。硕士期间,莱文森专修了一门关于麦克卢汉的课程。1976年至1979年,他在纽约大学攻读媒介生态学博士学位,其间经导师波兹曼介绍,与麦克卢汉结识。之后他与麦克卢汉交往密切,成为亲密朋友。1979年,他以博士论文《人类历程回放:媒介进化理论》崭露头角,独创了"人性化趋势"和"补救性媒介"理论,奠定了其媒介理论家的地位。1982年,他编辑了《追求真理:波普尔哲学纪念文集》,走上了哲学研究的道路。1985年,莱文森在自己的事业蒸蒸日上时与妻子一起创办了"联合教育公司",从事远程教育。二十多年的网络教学经历让他充分体会了网络传播的神奇。1988年,他以《思想无羁:技术时代的认识论》一书巩固了自己媒介理论家和哲学家的地

位。1997年《软利器:信息革命的自然历史与未来》的出版使他成为世界级的媒介理论家。1998年至2001年,他任美国科幻协会会长,屡次获奖,他的科幻作品有二十余种,影响较大的长篇共有五部。他曾在纽约新学院大学、菲尔莱·狄更斯大学、霍夫斯特拉大学、圣约翰大学等校担任过教职。自1998年开始,他担任福特汉姆大学传播学教授,并在2002年至2008年担任系主任。1999年,《数字麦克卢汉:信息化新千纪指南》一书使他成为公认的"数字时代的麦克卢汉"、新千年的明星学者。新千年以来,他进入了创作爆发期,每年至少有一部有影响的理论专著或科幻小说问世。2003年的《真实空间:飞天梦解析》提出:人必须在真实世界和虚拟世界里出入;人类必须飞出地球。2004年的《手机:挡不住的呼唤》以灵动的文字,从哲学、社会学和传播学的角度剖析手机热。2006年的《拯救苏格拉底》成为他科幻创作的巅峰。2009年,《新新媒介》出版。从1998年起,莱文森的社科和文学作品被陆续翻译成14种文字,他成了世界级的多栖学者和作家。福特汉姆大学副校长约翰·霍尔维茨这样评价莱文森:他是"杰出教师""行政天才""著名学者""批评家",以及"摇滚乐人"。

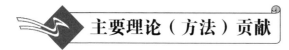

主要理论(方法)贡献

莱文森是尼尔·波兹曼的博士,梅罗维茨的同学,与麦克卢汉及其家人有多年的交情,也是麦克卢汉思想在当代的发扬光大者,他坚信人类有驾驭技术的能动性。他的理论贡献如下:

"媒介进化论"是他对媒介整体发展趋势的判断。莱文森认为,技术是人类为了生存而选择保留的最符合需求的东西,信息技术以及媒介形态都是自然界动态进化后被保留下来的。因此,莱文森认为,媒介进化是一种系统内的自调节和自组织,其机制就是补救媒介,即后生媒体对先生媒体有补救作用。补救性媒介理论是莱文森媒介进化论的核心观点。他认为媒介进化能满足人的渴求和幻想。媒介成为人的感觉的延伸是基于人的需求,并随着技术和社会的进步在不断满足人的需求中发展、演进。人类借助发明媒介来拓展传播,以超越耳闻目睹的生理极限,满足幻想中的渴求。他认为媒介进化还能对人们失去的东西有所弥补。他将整个媒介进化过程看成补救的过程——广播是对报纸的补救,电视是对广播的补救,互联网综合了对报纸、书刊、广播、电视等媒介的改进,是"所有补救性媒介的补救媒介"。他针对媒介发展历史归纳了一些规律。比如,"玩具、镜子、艺术"的论断认为一种媒介初入社会时往往只是一种用于娱乐的玩意儿(玩具),然后会发展成为一种写实的工具(镜子),最后将随着新媒介的崛起变成一种稀有的艺术品(艺术)。他在《思想无羁:技术时代的认识论》中从进化论的哲学高度论证了技术、进化与思想之间的关系。他认为一切技术都是思想的外化和物化,进化催生了思想,思想通过技术表现为具体的物质,反过来影响进化。技术的故事实际上是三个主人公——进化、思想和技术——的故事。在该书中,他借鉴坎贝尔的生物进化三步骤提出了知识成长三部曲:生成或创造新思想—借助批评和检测淘汰那些不正确的思想—通过教育和大众媒介传播那些尚未被证明为不正确的思想。

软媒介决定论是莱文森在《软利器:信息革命的自然历史与未来》中关于信息技术与社会结果之间关系的主要论点之一。与有些媒介学家认为信息系统对社会具有必然的、不可抗拒的影响的硬媒介决定论不同,他认为,媒介很少导致绝对不可避免的社会结果,相反,它们提供事件发生的可能性,事件的状态是诸多因素发挥作用的结果,而不仅仅是信息技术发挥作用的结果。软决定是一种系统,它认为技术只决定事物可能发生(没有技术就不可能出现相应的结果),而不认为技术会导致不可避免的绝对结果。在这样的系统中各种因素共同起作用,也就是说其他的关键因素同样对结果的产生起作用。在他看来,人的选择以及人对于媒介理性的、有意的决定和计划是我们分析媒介的影响时始终要考虑的因素。

莱文森解读麦克卢汉并为之辩护,特别是麦克卢汉的独特表达方式和一些重要命题。莱文森对麦克卢汉的捍卫从题为《麦克卢汉被误读》的论文即可看出。《数字麦克卢汉》一书集合了莱文森对麦克卢汉的解读和辩护,能帮助人们进一步理解麦克卢汉。如莱文森认为麦克卢汉的"媒介即讯息"不是对传播内容的完全否定,而是指传播内容遮蔽了人们对媒介的注意力。用讯息来比喻媒介,既是对媒介的强调,又是对传播内容的强调。它是要解放一切媒介。他还指出麦克卢汉的"冷热媒介"这一说法来源于爵士乐,如铜管乐是热的,速写乐是冷的。麦克卢汉的说法强调的不仅是媒介的问题,还是社会文化环境的温度。莱文森补充说,用这个论断来分析同一类媒介时效果最佳,最好把电影和电视、散文和诗歌、漫画和照片进行比较,而不是把跨类别的媒介进行比较。在该书第七章,他描绘了网络传播在教育、政治、商务、城市等领域引起的非集中化效应,从而修正了麦克卢汉的"地球村"思想。他认为把世界变成"地球村"的不是麦克卢汉所说的电视,而是网络传播。在《新新媒介》中,他探讨了 Blogging、Twitter、YouTube 以及其他新新媒介传播形态,提出了当代媒介的三分说——旧媒介(互联网之前的一切媒介)、新媒介(互联网上的第一代媒介)和新新媒介(互联网上的第二代媒介),提出了对新新媒介八大特性的定义。

对传播学学科建制的贡献

莱文森集科学、文学、哲学修养于一身,是北美媒介环境学派第三代学者的代表人物,也是当代纽约学派的领军人物。他的学术成果丰硕,发表的论文有一百多篇,大多关注传播和技术的历史和哲学,出版媒介理论专著七部,文学科幻作品二十多部,其中长篇五部,社会批评著作一部。《捍卫第一修正案》一书巩固了他社会批评家的地位。

莱文森继承并捍卫了麦克卢汉,他自认为与麦克卢汉结成朋友是他的生平大事。他不但与麦克卢汉保持着亲密关系,还对麦氏的传播思想进行学习、研究和传授。莱文森开设麦克卢汉研究班几十年不辍,在传授、发扬麦克卢汉思想的过程中不断深化自己的理解。无论是他的论文、专著还是他的科幻小说,无不留有麦克卢汉的痕迹。李明伟认为,莱文森将媒介环境学推至数字社会的努力,已经足以让他无愧于"数字时代的麦克卢汉"之美誉。作为尼尔·波兹曼的博士生,他与媒介环境学派的第二代代表人物有着显著的传承与超越关系。莱文森批评麦克卢汉的技术决定论,提出人性化趋势;批评波兹曼的媒介悲观主义,旗帜鲜明地鼓吹自己的媒介乐观主义和人类沙文主义。1988 年 8 月 4 日,媒介环境学会在纽约成立,兰斯·斯特拉特担任会长,林文刚担任副会长,莱文森被推举为顾问,他们沿着英尼斯、麦克卢汉等人的思想研究传播技术的社会影响。

莱文森还是网络教育的先驱和新媒介理论的践行者。他是大学教授中率先使用、研究最新潮的电子媒介和新新媒介者。1985年,他率先"触网",创建"联合教育公司",与传统大学合作,开设网络课程,并授予传播学硕士学位。2009年,他入选高等教育"十大学术Twitter用户"。他就此率先将媒介环境学的视角延伸到新媒体领域。

扩展阅读

原作

〔美〕保罗·莱文森:《思想无羁:技术时代的认识论》,何道宽译,南京:南京大学出版社2003年版。

〔美〕保罗·莱文森:《手机:挡不住的呼唤》,何道宽译,北京:中国人民大学出版社2004年版。

〔美〕保罗·莱文森:《真实空间:飞天梦解析》,何道宽译,北京:中国人民大学出版社2006年版。

〔美〕保罗·莱文森:《莱文森精粹》,何道宽编译,北京:中国人民大学出版社2007年版。

〔美〕保罗·莱文森:《软利器:信息革命的自然历史与未来》,何道宽译,上海:复旦大学出版社2011年版。

〔美〕保罗·莱文森:《新新媒介(第二版)》,何道宽译,上海:复旦大学出版社2014年版。

〔美〕莱文森:《数字麦克卢汉:信息化新千纪指南(第2版)》,何道宽译,北京:北京师范大学出版社2014年版。

相关思想史或评传

〔美〕林文刚编:《媒介环境学:思想沿革与多维视野(第二版)》,何道宽译,北京:中国大百科全书出版社2019年版。

李明伟:《知媒者生存:媒介环境学纵论》,北京:北京大学出版社2010年版。

(戎 青)

保罗·维利里奥
(Paul Virilio, 1932—2018)

学术生平

保罗·维利里奥于1932年生于法国巴黎,是一位杰出的建筑学家、城市学家和哲学家。维利里奥经历了1939年纳粹德国对南特城的大轰炸和1940年惨烈的法国战役,整个少年时代都生活在战争的阴霾下。1950年,维利里奥在索邦大学受到莫里斯·梅洛-庞蒂及其现象学的影响和启发,开始了他的哲学式写作尝试。在维利里奥的学术版图中,战争、城市与技术构成了一个等边三角形,因为他深知技术对战争的作用,也曾目睹战争对城市、建筑的破坏与摧毁。从1958年起,维利里奥进行了一系列关于军事建筑的研究,代表作之一是他对"大西洋防线"(Atlantic Wall)的现象学解读,这项研究与他对法国建筑的研究共同构成了其早期建筑理论与文化哲学的基础。在建筑实践中,维利里奥表现出极高的天赋和超强的创造力,他深受瑞士建筑学家勒·柯布西耶的影响,但又勇于颠覆权威的建筑理念。1963年,他与克劳德·帕朗提出著名的"建筑原则",即以非水平的方式来设计城市建筑,由此打破了战后以垂直、正交的机械方式重建城市建筑的单一风格。从1968年起,维利里奥执教于巴黎建筑专业学校,其间笔耕不辍,出版了大量以建筑、城市、技术、哲学等为主题的学术作品。直到1999年退休,他依然高度关注巴黎城市中的流浪者居所问题。维利里奥早期关于军事设施与建筑原则的思考汇集在他1975年出版的《地堡考古学》一书中,同年,与该书同主题的建筑展览在巴黎装饰艺术博物馆举行。20世纪70年代以后,维利里奥的写作重点转移到速度与技术上,不过,他依然是在军事与哲学的框架内讨论这些话题。事实上,维利里奥更广为人知的作品是他在1980年出版的《消失的美学》,这一关于艺术和美学的批评性研究为他赢得了广泛而良好的学术声誉,并激起了一波又一波讨论热潮。1983年,他出版了《纯粹的战争》一书。该书被翻译成英文后,他的其他作品也开始在英文世界广泛传播。2018年9月10日,维利里奥在家中突发心脏病去世。

主要理论(方法)贡献

维利里奥是20世纪中后期开始在学术界大放异彩的理论家、哲学家、建筑学家和艺术批评家。他在学术上涉猎广泛,既关注军事战争与社会政治空间的问题,又关注艺术与美学的相关议题,同时,他勤耕于建筑领域,在城市空间设计与空间规划上有着较高的造诣。在某种程度上,维利里奥甚至可以被称为媒介学者或技术哲学家,因为他擅长从批判性的视角检视技术的深层逻辑,并将这种技术观应用在对电影、电视、广播等视觉媒介的分析上,进而勾勒了自己独特的学术理论脉络。

战争与军事建筑是维利里奥早期学术研究的重头戏。他以戏谑的口吻称自己为"战争之子",不仅因为战争在他心里打上了深刻的烙印,而且因为他的很多作品都受到自身战争经历的启发。在第一部长篇著作《地堡考古学》中,维利里奥对德国在大西洋沿岸的防御碉堡进行了细致的考古分析。他跳脱了已有研究对战争的短视理解,将战争与城市的起源、社会政治空间的建构甚至个体的知觉经验联系在一起。在维利里奥的认知中,战争的突出表现之一是对冲突空间的规划与设计,例如纳粹德国在大西洋沿线设计的防御碉堡。但在后期,这一建筑沦为单纯的地域边界,脱离了军事防御策略。

因此，维利里奥指出：这种建筑空间实际上起到形塑社会政治空间的作用，在更大程度上代表着纳粹德国对城市空间的组织化控制与占用，折射出德国的军事野心与政治权威；就此而言，碉堡的象征作用已然远远超越它在战事意义上的实际作用。在这一基础上，维利里奥提出了对战争逻辑的新阐释——战争从来都不只是特定时期的炮火与杀戮，它长期、持续地存在于人类的生活世界，具有不同的表现方式。这种理解源自维利里奥对第二次世界大战及冷战的犀利观察。他认为：战争从未停歇，和平不过是战争的另一种表现形式，正如二战时期的碉堡对人产生的震慑作用，战后大规模杀伤性武器的兴起实际上接管了这种"战争恐惧"。在这里，维利里奥事实上将技术引入了关于战争的讨论——技术在军事领域的入场改变了战争的形态，由此衍生出一种非冲突性的、形而上的、隐秘作用于社会现实的"纯粹战争"。

维利里奥的战争研究也带有浓厚的哲学色彩，因为他始终将战争与人的身体和知觉紧密联系在一起。他区分了战争中的两种后勤形式：物资后勤与知觉后勤。前者指代常规战争对军备物资的需求；后者则指代战争作用于人之感官的方式，例如人的视觉、听觉等感官或心理如何为战争利用、调动。也就是说，战争往往通过操纵一系列可视化媒介作用于人的知觉和经验。维利里奥痴迷于分析摄像、电影、电视等媒介对军事事件的影响，在他眼中，电影是将战争转化为可视化景观的视觉机器，这种被媒介化的影像持续作用于人的视觉感官，影响人们关于战争的感受，并让人们在集体中形成一种新的战争经验。可以说，维利里奥打通了战争与电影、电视等媒介之间的屏障，并发现了区别于海、陆、空战争的第四类战争形式，即总体电子战（electronic war）——战场从传统的军事场所转移到电子媒介和数字化技术掌控的媒介场域。

上述观点只不过是维利里奥关于信息传播与技术的观点的冰山一角，他尤其喜欢创造新的术语和概念来表达自己的想法，并对视觉技术、电子媒介、虚拟空间等问题做出了创造性的解读。在他笔下，"视觉机器"（vision machine）既是一种可视化技术，又是影像在社会中被生产和传播的整个过程，这种虚拟的影像世界不仅作用于人的行为，还潜在地影响了人们原有的时间与空间观念。基于此理念，手机、电视等电子媒介正是通过俘获人的视觉和听觉来改变人之行为和观念的——当人随时随地都能穿行于不同的场景，可视听媒介塑造的空间感实际上替换了现实的、物理的空间经验，人的实地在场被实时在场取代,随之而来的后果便是场所与地理空间的消逝。他用"极惯性"(Polar Inertia)一词描绘了技术发展与视觉文化的相互关系,并始终认为日益发展的视觉技术打乱了人本身的移动速度,人沉浸在光怪陆离的虚拟世界中而漠视周围的环境,陷入一种"失明"状态。这一观点似乎与梅罗维茨所述的"消逝的地域"和麦克卢汉的"感官截除"有相似之处,但与媒介环境学学者一贯推崇的"媒介形塑社会文化与文明"的观点相比,维利里奥在这里秉持批判性的悲观视角,他将手机等媒介视为控制人自身的"万能遥控器",强调人的精神与情感世界在"万能遥控空间"中被俘获,动物性的人之身体彻底为视觉技术所接管、掌控。

其实,与其说维利里奥是一个悲天悯人的理论家,不如说他由始至终都对技术持有审慎的态度。这种批判性的消极视角可见诸他后期对艺术、美学等问题的分析。21世纪初,维利里奥热衷于用自创的"事故"理论来阐释个人对当代艺术状况的不满与批评。他曾忧心忡忡地表示,技术(尤其是视觉技术)让影像、图案和形状的复制易如反掌,在这一过程中,艺术逐渐脱离了物质存在和现实具象,转而沦为一种无休止的、空洞肤浅的外观展示。需要明确的是,维利里奥的这一认知立足于一个基本前提,即艺术原本便脱胎于人的现实生活世界,根植于人的具身经验与感性认知,因而,当视觉技术强势介入艺术场域,新的视觉形式便开始不断驱赶原有的观看模式,同时削弱艺术与物质之间的联系,导致了一场艺术脱离人之经验的"事故"。显然,无论是维利里奥对艺术的原初定义,还是他对"艺术事故"的具体分析,最终的落脚点都再次回到了人与知觉经验本身,这种略带人本主义色彩的分析模式也体现在他对传统艺术与新兴艺术的划分上。如上文所述,传统艺术是一种"显现的美学"(Aesthetics of Appearance),需要依靠物质载体来显现自身,例如雕塑是形状显现的载体,画布是图像呈现的载体;现当代艺术更像是一种"消失的美学"(Aesthetics of Disappearance),典型的例子是电影的放送,它的实现方式可以被理解为一帧图像在极短的时间内取代另一帧图像,一帧帧图像只是短暂地停留在人的视网膜上为人所感知。借助"消失的美学"这一概念,维利里奥回应了他关于视觉机器的观点,即电影等视听媒介作用于人的感官世界,无形中改变了人观看世界、认识世界以及与世界相处的模式。

维利里奥学术理论的另一个重要组成部分是"竞速学"(dromology),这是他从 20 世纪 70 年代起持续思考并不断更新和深化的学术理论。在他眼中，无论是社会政治空间的发展，还是军事空间的形成，都受制于移动载体及与移动相伴的传输速度，速度塑造了人的生活空间与经验空间。正如高速铁路、公路取代了马背运输，移动数字技术取代了传统电话、广播技术，社会总是在不停歇的技术加速中推动现代化的进程。上述观点也许并不新颖，但维利里奥对速度问题的思考远非如此。他的"竞速学"是一种从现象学视角来思考速度及其作用的理论，在这一视角下，速度与事物的显现、人的知觉经验以及人与世界的关系勾连了起来。维利里奥坚持将速度与传统中的移动区别开来，他认为：速度是世界上诸多现象相互关联的一种方式，它使现象可被人感知，并显现于人面前；速度往往通过直接作用于人的身体与知觉经验来影响人与世界的关系。在《否定视限》一书中，维利里奥以"汽车挡风玻璃"为例证饶有趣味地阐释了以下观点——原本静止的事物在汽车的移动中被激活，诸事物（现象）经由挡风玻璃快速显现或消逝，速度由此为人知觉。此时，速度化身为一种"竞速复制"的中介，将人的视觉感知、知觉空间与身体的空间移动、事物之消显最大限度地集合于一个共通的场域。事实上，维利里奥笔下的速度，不仅与空间的移动相关联，还影响着我们对时间的感知和经验。他反对将时间视为一种线性的、连续的秩序，而将其理解为一种基于速度逻辑的"曝光"（exposure）秩序，即"光—时间"（light-time）。这个意义上的时间就好比光敏胶片成像曝光的那一瞬间，是由无数速度之光划过的密集瞬间构成的。

不难看出，维利里奥在写作时热衷于使用大量简短的关键词，又喜欢创造新的术语和概念，还常常忽略语法上的连贯性与严谨性，因而形成了一种电报式的晦涩文风。不过，在后续的写作中，他往往反复、持续地使用这些术语，并不断扩充、修正这些概念的内涵，形成了一套独特的、自洽的逻辑结构。例如，他在 1980 年提出"消失的美学"之后，又将这一原本属于艺术领域的概念扩充到了其他领域：在建筑领域，它表现为用透明可视的玻璃材料替代混凝土追求建筑"隐身"的设计潮流，建筑因此在消失中呈现自身；在现代战争中，迷彩服、掩体等实际上也应用了这种"消失"的概念。更为关键的是，维利里奥将技术导致的整体加速视为"消失的美学"产生的原因，即是说，高速发展的社会一如一帧帧图像不断更替的电影，人总是快速地从一种体验跳跃到另一种体验，在稍纵即逝的社会景观中逐渐麻木，丧失个性。如此看来，维利里奥学术拼图中的战争、速度、技术、知觉等多个领域实际上总是相互缠绕、相互补充的,因而更显得耐人寻味。

对传播学学科建制的贡献

维利里奥对传播研究的贡献之一体现为:他的战争、美学理论和技术观点启发并革新了传播研究中的诸多观念。尽管维利里奥并未集中论述传播理论和媒介理论,但他别具一格的美学话语确实为传播研究与媒介文化研究提供了新的论证素材和思考方向。事实上,许多研究媒介的学者都尝试从维利里奥的概念里汲取养分,佐证自己的观点。例如,德国学者基特勒在《光学媒介》中引用了维利里奥的战争概念,集中论述了这一概念的合理性,并指出战争中的影像再现是如何作为重要媒介影响现实的冲突模式的;澳大利亚文化与传播研究学者斯科特·麦奎尔则在论述电影对人之知觉模式的影响问题上直接引用了"知觉后勤"概念并扩充了其内涵;法国思想家斯蒂格勒关于技术如何改写人之记忆进而作用于社会集体经验的观点很大程度上也受到了维利里奥的影响……可以说,维利里奥为传播学的诸多研究领域提供了丰富的学术养料和有益的学术视角。

与此同时,维利里奥关于速度、时间与空间的精彩论述也足以为传播研究领域中争论不休的时空问题提供新的思路——现象学方向。在维利里奥这里,人的时间经验与空间经验是相互联系、相互作用的,而打通二者的关键是速度与知觉。维利里奥始终认为:一方面,"速度—空间"是由光照亮的、非物理性的概念,它与所感知对象相对于人的身体的移动相关,速度决定了空间和空间中的物体为人感知的方式(如上文挡风玻璃的例子);另一方面,"光—时间"也并非传统的物理意义上的时间,无限快的速度改变了人关于时间的经验。时间与空间由此以速度为"中介"与人的经验和现象的显现紧紧勾连在一起。所以说,当传播学学者还在乐此不疲地争论"时间压倒空间"还是"空间压倒时间"时,维利里奥或许已然提供了另一种思考时空关系的方向,等待我们去挖掘、参考与借鉴。

 **扩展阅读**

原作

〔法〕保罗·维利里奥:《解放的速度》,陆元昶译,南京:江苏人民出版社 2004 年版。

〔法〕保罗·维利里奥:《战争与电影:知觉的后勤学》,孟晖译,南京:南京大学出版社 2011 年版。

〔法〕保罗·维利里奥:《视觉机器》,张新木、魏舒译,南京:南京大学出版社 2014 年版。

〔法〕保罗·维利里奥:《无边的艺术》,张新木、李露露译,南京:南京大学出版社 2014 年版。

〔法〕保罗·维利里奥:《消失的美学》,杨凯麟译,郑州:河南大学出版社 2018 年版。

相关思想史或评传

〔英〕伊恩·詹姆斯:《导读维利里奥》,清宁译,重庆:重庆大学出版社 2019 年版。

〔英〕约翰·阿米蒂奇:《维利里奥论媒介》,刘子旭译,北京:中国传媒大学出版社 2019 年版。

(姚文苑)

菲利普·J.蒂奇诺
(Phillip J. Tichenor, 1931—)

 学术生平

菲利普·J.蒂奇诺1931年生于美国。他的学士和硕士阶段是在美国威斯康星大学麦迪逊分校度过的,后来在美国明尼苏达大学继续他的研究,最后在斯坦福大学获得博士学位。1956—1966年在明尼苏达大学工作期间,蒂奇诺和当时明尼苏达大学社会学系教授多诺霍、助教奥利恩多次合作,这个三人组即著名的"明尼苏达小组"。该小组在一系列实证研究的基础上,于1970年在《舆论季刊》上提出了"知沟理论",之后就"知沟"假设持续发表了多篇有广泛影响力的学术论文,其主要特点是从宏观社会结构角度分析知沟现象,开启了世界范围内大众传播"知沟"现象研究的先河。蒂奇诺的主要教学和研究方向是舆论研究、大众传播研究方法和社区媒体系统,他致力于新闻学研究长达三十多年,并且有七年专业的农业传播学研究经历。他目前是明尼苏达大学新闻和大众传播学院的名誉教授,主要学术论著有《大众媒介传播与知识增长差异》(1970)。

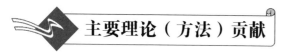

主要理论（方法）贡献

蒂奇诺对传播学的主要贡献是提出了知沟假说。"知沟理论"（Knowledge Gap Theory）是关于大众传播与信息社会中的阶层分化这两者关系的理论。该假说认为：当流入社会系统的大众传播信息流量增加时，社会经济地位高的群体汲取信息的速度要比社会经济地位低的群体快，因此这两类人的知识差距会出现逐渐拉大的趋势。在"知沟研究"中被当作典型案例的著名儿童节目《芝麻街》，便是20世纪60年代末为实现受教育机会平等而特别开设的。它试图通过电视媒体，用信息和娱乐内容吸引众多儿童观众，尤其是贫困家庭的学龄前儿童。但相关的传播效果调查一再表明，原本有着良好意愿的宣传活动，在社会经济地位较低的群体中收效甚微，而社会经济地位较高的群体获益甚多，因此反而加剧了原有的社会不平等。大众传播中受众的社会地位与知识获取之间的关系，引发了明尼苏达小组的研究兴趣，他们开始思考受众的社会地位与传播效果的关系问题。他们的关注点从传统上仅仅考察媒介对个体或受众整体的影响，转向媒介效果对不同社会阶层的作用力。1970年，蒂奇诺等人在一系列实证研究的基础上，提出了这样一种理论假设：由于社会经济地位高者通常能比地位低者更快地获得信息，因此，大众媒介传送的信息越多，这两者之间的知识鸿沟越有扩大的趋势。知沟理论就此诞生。

除了接触媒介和学习知识的经济条件外，蒂奇诺认为，还有五个因素导致了"知沟"的扩大：第一，传播技能上的差异。受教育程度高的人具有较强的理解能力和较大的阅读量，这有助于他们获取公共事务或科学相关知识。第二，信息储备上的差异。从先前的大众传媒和正规教育渠道得来的知识越多，对新事物、新知识的理解与掌握也就越快。第三，社会交往方面的差异。社交越活跃，交往范围越广，获得的知识和信息就越多，速度也越快。第四，对信息的选择性接触、接受、理解和记忆方面的差异。也就是说，个人生活的水准、层次与大众传媒的内容越接近，对媒介的接触和利用程度就越高。第五，发布信息的大众媒介系统性质上的差异。"知沟理论"认为，当上述五个因素中的一个或多个起作用时，社会经济地位高的阶层都处在有利的地位，这是"知沟"不断扩大的根本原因。因此，当大众媒介流量继续增加时，传播技能、知识储备、社会交往等都在一定程度上发挥了作用，"知沟"也随之扩大。

由于知沟假说是从社会结构的角度解释大众传播功能的大胆假说，因此忽略了许多细节问题。针对最初理论框架的抽象性，1975年蒂奇诺等人对知沟理论进行了反思——除了大众媒体的报道量、个人知识量、社会经济地位（受教育程度）、时间以外，又加入了议题性质、冲突程度、社区结构和媒体报道模式四个变量，讨论了社会环境对知沟的影响。结果发现，除第四个变量没有得到证明以外，前三个变量均会对知沟产生影响。在这个修正的过程中，蒂奇诺等人认为，当信息引起人们广泛关注或者社会同质化程度高、人们交流比较多时，大众媒体导致的知沟会缩小，这一结论也得到了许多创新扩散研究的支持。

知沟理论揭示"知沟"出现的根源是人们的社会经济地位不同，从宏观的社会结构角度出发，提出了社会经济地位对媒体信息认知产生影响。在知沟的形成过程当中，大众传媒扮演了诱因的角色：大众传媒不是导致知沟产生的最根本原因，却是促使知沟扩大的重要因素。

对传播学学科建制的贡献

"知沟理论"对传播学的贡献不仅仅在于开辟了传播效果的一个全新的研究领域，还在于创立了效果研究的新模式。经典知沟假说，采用结构功能主义的理论框架来解释知识为何在不同群体中分布不均，将其归因于社会经济地位等结构性因素。该假说认为，知沟的存在是大众传播社会结构的产物，权力的不平等是导致知识分配失衡的根源和必然结果。将这一现象置于社会变迁、社会控制等概念中加以考察，为大众传播以宏观社会系统框架观察传播效果开辟了新视野。该理论从宏观社会结构角度对传播的功能进行了批判与反思，成为美国20世纪60年代中期至80年代中期大众传播"中度效果模式"的一个典范。

围绕知沟理论,衍生出许多相关的理论。其中比较重要的是"上限效果"假说和"信息沟"理论。1977年,詹姆斯·S.埃特玛和F.杰拉德·克兰提出了与"知沟理论"假设相反的观点,即"上限效果"假设。其基本观点是:个人对特定知识的追求并不是无止境的,在达到某一"上限"(饱和点)后,知识量的增加就会减慢乃至停下来。社会经济地位高者获得知识的速度快,其"上限"到来得就早;社会经济地位低者虽然知识增加的速度慢,但随着时间的推移,最终也能赶上社会经济地位较高的个体。1974年,N.卡茨曼从新传播技术发展的角度着眼,提出了"信息沟"理论,其主要观点包括:(1)新传播技术的应用必然会使整个社会的信息流量和信息接触量有所增加,但并不是每个社会成员都能够均等地获得新技术应用所带来的利益。(2)现有的信息富裕阶层通过及早采用和熟练使用这些先进的信息处理机器,能够拥有相对于其他人的信息优势。(3)在社会信息化过程中,新的媒介技术会不断出现并以逐步加快的速度更新,因而"信息沟"的发展趋势可能会是"老沟"未平、"新沟"又起。卡茨曼提出的"信息沟"理论,实际上可以被理解为"知沟"理论的扩展。随着数字技术革命的发展,由于部分人能够拥有最先进的信息技术,能够使用计算机、网络接入、电信设备,他们就会比缺乏这些条件的贫困者拥有更多获得信息的机会,能够享受到信息技术带来的便利和发展个人能力的机会,更有研究者在此基础上提出了"数字鸿沟"的概念。

原作

C. N. Olien, G. A. Donohue, and P. J. Tichenor, "Structure, Communication and Social Power: Evolution of the Knowledge Gap Hypothesis," *Mass Communication Review Yearbook*, Beverly Hills, CA: Sage, 1983.

P. J. Tichenor, G. A. Donohue, and C. N. Olien, "Mass Media Flow and Differential Growth in Knowledge," *Public Opinion Quarterly*, 1970, 34(2).

P. J. Tichenor, G. A. Donohue, and C. N. Olien, *Community Conflict and the Press*, Beverly Hills, CA: Sage, 1980.

相关思想史或评传

〔英〕丹尼斯·麦奎尔:《麦奎尔大众传播理论(第六版)》,徐佳、董璐译,北京:清华大学出版社2019年版。

丁未:《社会结构与媒介效果——"知沟"现象研究》,上海:复旦大学出版社2003年版。

张国良主编:《20世纪传播学经典文本》,上海:复旦大学出版社2003年版。

(柴　菊)

皮埃尔·布尔迪厄
（Pierre Bourdieu，1930—2002）

皮埃尔·布尔迪厄1930年8月1日出生于法国东南部小镇当吉恩的一个普通家庭。20世纪40年代末，他搬往巴黎，进入巴黎高等师范学院。他对当时主流的萨特的存在主义理论并不是很满意，于是转向了认识论研究，同样吸引他的还有胡塞尔和梅洛-庞蒂。20世纪50年代中期从巴黎高等师范学院毕业后，他在法国中部一个小镇的高中教哲学。此后，他被法国国防部征召入伍，但因为常常挑战军事权威，被送去阿尔及利亚参加法国对阿尔及利亚的战争。在阿尔及利亚的日子改变了布尔迪厄的学术轨迹，他对当地社会产生了浓厚的兴趣，进行了大量田野调查，并于1957年出版了第一本书——《阿尔及利亚的社会学》。这本书被看作历史学、民族学和社会学视角的综合。此书令他在法国获得声誉，并于1962年在美国被译成英文出版。20世纪50年代后期，他在阿尔及尔大学文学院教授哲学。20世纪60年代初，布尔迪厄和人类学家阿兰·达贝尔等持续在阿尔及利亚进行田野调查。1960年他返回法国,作为一个自学成才的人类学家,参加了列维-斯特劳斯在法兰西学院举办的研讨会以及在人类学博物馆开设的人类学课程,并深受结构主义思想的影响。回国后,他先在索邦大学任助理,然后转至里尔大学担任讲师教授社会学,直到此时他才系统阅读了涂尔干、韦伯、马克思、舒茨和索绪尔的著作,并开始研究英国的人类学和美国的社会学。其间,他还担任过著名哲学家雷蒙·阿隆的助手。1964年,他回到巴黎任高等研究实践学院第六部门研究主任,继续对包括故乡当吉恩在内的地区进行社会学经验研究。1968年,布尔迪厄继雷蒙·阿隆之后成为欧洲社会学研究中心主任。1968年至1988年,他担任法国国家科研中心教育文化社会学中心主任。1975年,他和费尔南·布罗代尔创办了学术刊物《社会科学的研究行动》,并担任总编辑。继早期人类学意蕴较浓的一系列著作后,布尔迪厄70年代最重要的著作为《实践理论大纲》,该书阐述了他重要的概念:反思(reflexivity)。20世纪70年代末到80年代初,布尔迪厄之前的理论和经验研究最终在两本杰作中完美融合——他提出了关于社会结构(social structure)和社会行动(social action)的理论。《区分:判断力的社会批判》和《实践感》的先后出版为布尔迪厄赢得了世界范围内的声誉,他于1981年进入著名的法兰西学院讲授社会学,这是其学术生涯的巅峰。1982年4月,布尔迪厄荣任法兰西学士院院士。1996年,随着布尔迪厄的两次关于电视的电视讲座的播出和《关于电视》及《记者场与电视》的发表,他再次成为众人瞩目的焦点,他讲座的内容及参与电视节目的方式都引起了学术界乃至社会的争议。晚年,布尔迪厄在世界范围内获得的殊荣不胜枚举,如1996年加利福尼亚大学伯克利分校颁发给他戈夫曼奖,以表彰其对社会学理论的贡献,2000年英国皇家人类学会颁发给他代表了国际人类学界最高荣誉的赫胥黎奖章。国际社会学协会还把他的著作《区分:判断力的社会批判》评为20世纪最重要的十部社会学著作之一。对布尔迪厄的重要性的阐释,他在理论上的劲敌,社会学家阿兰·图海纳说得最为到位:他的去世是一个震动,因为知识界整体,尤其是我的工作范畴,当然不是全部,但有一部分是围绕布尔迪厄开展的,无论正面的还是负面的,他是一个必不可少的参照。

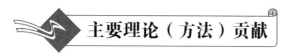

主要理论（方法）贡献

布尔迪厄一生都在试图超越社会学经典范式中社会物理学和社会现象学的二元对立，前者过于注重社会结构的宰制性力量，而后者对个体之于社会结构的建构性力量强调过多。布尔迪厄建构了一个客观的社会空间，这个空间可以被看作各种相互区别又关联的场域（Field）的聚合，而每一个主体在社会空间中的位置取决于社会空间中各种有形和无形资本的分配。他还引入了这个空间中诸多行动者的直接体验，这些体验受制于行动者在社会空间的位置，这种结构性的制约并非直接作用于个体，而是通过"惯习"（Habitus）发挥作用。与此同时，"惯习"依然仅是一种实践倾向而非规律，所以"惯习"具有创造性，它通过行动者的实践以及社会空间中各个主体间的相互作用持续建构着社会空间。这便是布尔迪厄着力刻画的社会运作的实践逻辑。为了说明实践逻辑是如何形塑"场域"的，布尔迪厄将马克思的资本概念与权力相关联，并且将资本的概念从经济领域推广到了社会和文化领域，其中和媒介研究关系最为紧密的是"文化资本"的概念。在布尔迪厄那里，文化资本是指与语词能力、文化意识、审美偏好以及受教育水平等相关的权力资源。文化资本、社会资本和经济资本是可以相互转化的，文化资本在形塑"新闻场"的过程中以及在新闻生产中的作用至关重要。

布尔迪厄在 1965 年与他人合作出版的《中产趣味的艺术：论摄影艺术的社会功能》一书可以被看作他最早关于媒介的研究。该书在 1990 年被译成英文。此书将摄影术与阶级分析、家庭关系等连接起来，分析摄影术在家庭中的功能和社会阶层区隔中的作用，例如布尔迪厄通过对照片的社会用途的分析试图说明社会符码是如何渗透进摄影艺术的。

布尔迪厄对媒体的集中分析收录在 1996 年出版的《关于电视》中。以整个法国社会为背景分析电视的生产机制可以被看作此书的主要框架。"场域"的概念对于理解布尔迪厄的理论至关重要。在此书中，布尔迪厄指出：一个场就是一个有结构的社会空间，一个实力场同时是一个为改变或保存这一实力场而进行斗争的战场。在这个天地里，每一个人都将他所具备的（相对）力量投入与别人的竞争，正是各人的实力决定了每个人在新闻场中的地位，从而也决定了他将采取何种策略。因此，《关于电视》一书也可以被看作布尔迪厄对于法国电视"新闻场"特殊运行机制的分析。该书第一部分"台前幕后"主要就电视业、"新闻场"内部的生产机制进行了考察,而第二部分"无形的结构及其影响"的重点是揭示新闻场是如何与限定它的外部世界互动的,而这个外部世界又是由一个个互相牵制而又独立的场构成的。

就"新闻场"的内部机制而言,布尔迪厄将分析重点放在了对电视场的"符号暴力"的产生机制的分析之上。布尔迪厄认为权力和文化资本可以转化为无形的符号系统,这种符号系统一旦形成,会对社会空间中的行动者产生其意识不到的影响,这种影响即符号暴力,而"新闻场"(电视场)是生产此种符号暴力的主要场域。在他看来,电视本应成为民主的非凡工具,但事实上电视在逐渐蜕变为象征的压迫工具。布尔迪厄借此反驳了两种关于电视的观点:第一,布尔迪厄反驳了电视是自由媒体的观点。最显而易见的理由就是审查。政治干涉和政治控制意义上的审查当然存在,但是另一种"绝妙的审查"却是经济审查,它更为隐蔽和危险,因为有影响力的媒体都属于大企业,而这往往并不为人所知。第二,布尔迪厄反驳了今天的电视是民主媒体的观点。首先,他指出电视演播台上的对话者并不处于平等的地位,电视通过建构出来的可见的平等,掩盖了进行建构的社会条件。而且就各媒体之间的关系而言,新闻机构间的竞争与各新闻机构在经济实力和象征力量的对比关系中的地位密切相关。其次,布尔迪厄深刻地揭示了"收视率心理"的危害。布尔迪厄认为收视率崇拜是市场对于民主的侵蚀的表现,受制于收视率的电视向受众施加市场的压力,从而生产出满足市场需求的"符号暴力"。电视在收视率的制约下,比文化生产的其他所有领域都承受着更大的商业压力。新闻场内部评判的力量被削弱,"严肃"的记者和报纸不得不向商业电视引入市场及营销逻辑,商业逻辑取代了由专业场强加的专业认可标准。最后,各种权力机构(包括司法机构、科学机构),尤其是政府机构,不仅以其能采取的经济束缚手段来施加影响,还借助合法的新闻手段(如答记者问、开发布会等)来控制新闻界的议事日程以及报纸的事件报道等级。

在布尔迪厄看来,新闻场与其他场之间的互动最大的危害在于自主性的消失。布尔迪厄将场域分为"自治的"(autonomous)和"他治的"(heteronomous)两极。一方面,布尔迪厄将"新闻场"看作一个高度"他律"而低度"自律"的场域,认为它的运作受到经济和政治场域的影响和挤压;另一方面,受商业逻辑影响的新闻场也有可能侵蚀其他的文化场,从而削弱其他文化场域的自治性。比如在法国,媒介凭借特殊的中介角色极大程度地介入了法律和学术场域,放宽了这些场域的入场限制,从而干预了这些场域的自治。

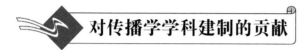
对传播学学科建制的贡献

从哲学到人类学再到社会学,布尔迪厄就广泛的主题既进行经验研究又进行理论建构。1968年布尔迪厄担任欧洲社会学研究中心主任以后,他和同事主要有三个研究方向:(1) 关于文化、权力和社会不平等之间关系的研究;(2) 对于美国社会学的经验研究传统和法国学术环境中对于文学性模型的兴趣这两种思路的批评和综合,希望发展出一种带有系统性观察的严密理论;(3) 一方面研究对于社会的"双重客观性"(double objectivity)的认同,包括物质财富分配和社会地位,另一方面研究行动者如何象征地和主观地感知这个世界。华康德认为布尔迪厄对于媒体的研究总体上可以被归于第一大类,这种研究从20世纪60年代开始,一直持续到90年代。布尔迪厄出版的自己的文字与摄影作品《阿尔及利亚影像:出自内心》证明他不仅对这个话题有理论研究的兴趣,对于亲身实践也是乐在其中。尽管除了《关于电视》之外,布尔迪厄几乎没有直接关于媒介研究的论著,但是他的思想给予当代媒介研究丰富的灵感,甚至催生了一个大型媒介学者共同体,他们的研究都受惠于布尔迪厄的社会学思想。最典型的例子,就是布尔迪厄的思想对北欧媒介化理论的影响和对德布雷媒介学的启发。

布尔迪厄对当代媒介研究最重大的影响莫过于"场域理论",尤其是他对"新闻场"的精彩分析启发了后来的关于新闻生产的研究,这一系列研究成为媒介社会学的典范。罗德尼·本森曾提出布尔迪厄的"新闻场"研究在以下几个重要方面启发了当代媒介研究:第一,聚焦中观层面的"场域"概念,在媒介研究的宏观"社会"模式(政治经济、霸权、文化和技术理论)和微观"组织"模式之间架起了桥梁;第二,场域理论侧重研究新闻机构和受众之间的联系,不像以往的媒介研究各执一端;第三,场域理论注重研究媒介场域自身的变化以及此种变化对其他社会场域的影响;第四,布尔迪厄建议并实施了一个将政治和知识分子的行动混合在一起的项目,这与英美学者严格区分学术研究与政治的趋势相反。"新闻场"的提出使得对于新闻生产的特殊机制的研究成为可能,并且此类研究提醒我们将权力、经济以及文化场域中影响新闻生产的要素纳入考虑范围。近年来,已经有学者开始有意识地应用"场域"理论研究中国的媒介场的"自治性"和新闻生产问题,如刘海龙认为,场域理论虽然诞生于西方语境,但在勾连宏观与微观的媒介研究方面具有一定的适用性,中国的媒介场域研究在借鉴西方理论的同时还需要结合具体实际。

原作

〔法〕布尔迪厄、〔美〕华康德:《反思社会学导引》,李猛、李康译,北京:商务印书馆2015年版。

〔法〕皮埃尔·布迪厄:《实践感》,蒋梓骅译,南京:译林出版社2012年版。

〔法〕皮埃尔·布尔迪厄:《区分:判断力的社会批判》,刘晖译,北京:商务印书馆2015年版。

〔法〕皮埃尔·布尔迪厄:《实践理论大纲》,高振华、李思宇译,北京:中国人民大学出版社2017年版。

〔法〕皮埃尔·布尔迪厄:《关于电视》,许钧译,北京:北京大学出版社2020年版。

相关思想史或评传

〔美〕罗德尼·本森、艾瑞克·内维尔主编:《布尔迪厄与新闻场域》,张斌译,杭州:浙江大学出版社2017年版。

刘海龙:《当代媒介场研究导论》,《国际新闻界》2005年第2期。

Loïc Wacquant, "The Sociological Life of Pierre Bourdieu," *International Sociology*, 2002, 17(4): 549-556.

(解 佳)

雷蒙·威廉斯
(Raymond Williams,1921—1988)

学术生平

雷蒙·威廉斯1921年8月31日生于一个与英格兰交界的名叫潘迪的威尔士小村庄,工人阶级家庭,父亲是铁路信号员,活跃的工会会员。少年时,他便在家乡参加过支持英国工党选举的工作。受益于高等教育改革,他通过奖学金制度升入剑桥大学三一学院主修文学。当时的剑桥大学贵族学生居多,来自工人阶级的威廉斯热情质朴,与上流中产阶级的作风反差很大。在校期间他积极参加左派社会主义学生的政治活动,参加"社会主义俱乐部",并主编《剑桥大学报》。1939年年底,威廉斯加入英国共产党,入伍后又脱离共产党。1941年应征入伍,曾多次参加著名战役,并成为反坦克部队指挥官。1945年10月,威廉斯重返校园完成了学业。战后至1961年,他任教于牛津大学成人教育班。这期间,他一边认真执教,一边写完了《文化与社会:1780—1950》(1958)、《漫长的革命》(1961)两部理论专著。1961年,他被母校剑桥大学耶稣学院英文系聘为讲师。这期间他集中撰写文学评论方面的著作,包括《从易卜生到布莱希特的戏剧》(1968)、《英国小说：从狄更斯到劳伦斯》(1970)等。1974年，他被聘为剑桥大学戏剧专业教授。1976年《关键词》一书出版，这本书的雏形是《文化与社会》的附录部分。1977年，《马克思主义与文学》由牛津大学出版社出版发行，书中收录了他在斯图尔特·霍尔主编的《新左派评论》上发表的与欧陆马克思主义进行对话的理论文章。1983年他提前退休，同年《迈向公元两千年》出版。1988年1月26日，威廉斯在位于萨弗伦沃尔登的家中猝然辞世。在长达三十多年的学术生涯中，他独立或与他人合作完成了三十多部理论著作，发表学术论文及其他文章数百篇，还从事小说与电视剧创作。他去世以后，他的遗孀和女儿将他未完成的著作整理出版。

主要理论（方法）贡献

雷蒙·威廉斯是英国文化研究的开拓者之一，取得了巨大成就，他在传播学领域做出的革命性探索亦不容忽视。威廉斯的传播思想主要体现在以下方面：(1) 对文化的重新定义；(2) 对"大众"的解构；(3) 对传播模式的分析；(4) 意识到当代文化与大众传播的紧密结合，对报纸、电视、广告等大众媒介进行考察；(5) 提出了词源学和新批评的研究方法。

威廉斯对文化进行了重新定义，突破了阿诺德开创的英国精英主义的文化传统。威廉斯认为其老师利维斯的文化定义忽略了其他的知识形式、制度、风俗、习惯等，夸大了语言与文学的作用。他在《文化与社会》中通过梳理"文化"一词从工业革命直到当代的意义演变过程，归纳出文化的四层意思：心灵的普遍状态或习惯，与人类追求完美的思想观念有密切关系；整个社会中知识发展的普遍状态；各种艺术的普遍状态；一种由物质、知识与精神构成的生活方式。紧接着在《漫长的革命》中，威廉斯进一步发挥，将文化的定义方式分为三类："理想"的文化定义方式、"文献记载"的文化定义方式和"社会"的文化定义方式。在《文化与社会》中，他将物质生活方式纳入文化的范畴，使文化成为一个更加具有包容性的概念。威廉斯强调文化作为一种存在的整体性，虽然可分作物质的、知识的和精神的，但它们都统一于一个整体的生活方式。威廉斯是马克思主义的文化批评家，他认为要将"文化"的生活方式要素纳入分析范围，比如生产组织、家庭结构、表现或支配社会关系的体制结构、社会成员借以交往的典型形式等。这就是他的文化唯物主义。但是，文化也不是纯粹的物，它还是一种"生活方式"，即关于生活的观念和生活的意义。在《漫长的革命》里，他将文化定义为对一种独特生活方式的描述，之后解释使用"独特"一词的原因在于它能够表达"某些意义和价值"，这就意味着他将文化定义为一种指意系统。创造意义不是少数人特有的活动，所有人都参与其中。

威廉斯考察了 mass 和 masses 两个词的用法后指出，工业革命以来，城市化进程加速，工人集中于工厂，形成了新的生产关系，也形成了新的阶级。"那一群人"就被统治者指认为"大众"——大众是这样的一群人，容易受骗、反复无常、狭隘有偏见、低级趣味。威廉斯认为：实际上没有大众，有的只是把人看成大众的那种看法。把真正的大众（popular）文化纳入虚假的、商业的"大众"（mass）文化，才是问题所在。进一步地，他认为，媒介是中性的，关键在于如何使用。传播的目的应该是教育、传递信息或见解，其前提是传播的对象是理性的个体。但现实是，受群氓的偏见的影响，传播被用于操纵、说服。

威廉斯非常重视传播，在《漫长的革命》中他认为，在建立一个新的共同体的过程中，传播手段一定要被考虑进去。它是当代社会一个居于中心位置的问题。在《传播》中，威廉斯区分出三种传播模式，分别是权威主义的传播模式、家长制的传播模式、商业化的自由市场模式。他把权威主义的传播模式和家长制的传播模式都称为支配性的传播模式，而商业化的自由市场模式使得新闻媒介不可能真正做到对社会负责。所以，这三种模式都不利于创造共同文化和民主共同体。于是，他提出了第四种传播模式——民主的模式，以确保实质性的传播自由。他将目光转向介于市场和国家之间的公共服务机构。他希望通过这种理想的传播模式来更好地推进社会民主化进程。

威廉斯意识到当代文化与大众传播的紧密结合，认为大众文化可以和高级文化一起塑造人类共同经验，并对大众媒介进行了考察，最早将电影与戏剧和其他再现形式联系起来。他梳理了英国大众报业自 19 世纪以来的发展历程，指出大众报纸发展到今天的过程伴随着其读者从中产阶级扩大为包括工人阶级在内的全社会，伴随着报纸内容从文学作品演变为新闻再到现在的丰富内容。大众报业的发展得益于印刷技术、发行手段的革新；得益于社会动荡、工业化、民主化；得益于报纸以广告为独立的经济来源。威廉斯的结论是，英国报业不是为民主服务的，它仍然是一个"大众"概念主导下的传媒市场,报纸依然为寻找"卖点"而努力。某些小报在各个阶层都受欢迎,程度远超《时代》。威廉斯不满英国报业发展的格局,希望报纸成为推动民主化的动力。威廉斯论述得最详细的媒介是电视。20世纪60年代电视的影响力凸显,威廉斯敏锐地意识到电视这种科技手段是引发社会变化的原因。他在美国和英国对电视做了系统的考察,撰写了一系列电视评论,最终沉淀为《电视:科技与文化形式》一书。威廉斯跳出传统的拉斯韦尔5W模式,分析了电视产生和发展的原因。在批判技术决定论和技术表征论的同时,他提出了技术发展过程中的"个人意向"问题。他认为电视等科技的出现,是由于"个人意向"聚合后形成了社会需求。在书中,他把电视节目划分为商业类节目和公共服务类节目。商业类节目包括电视系列剧、电视连续剧、电影和通俗娱乐;公共服务类节目包括新闻片、特别报道、纪录片、教育节目、艺术和音乐节目、儿童节目、戏剧等。公共服务类节目一直是英国电视业的主流,但在受众市场上,商业类节目更受欢迎。威廉斯肯定了以美国为代表的商业电视节目,因为它们允许公众参与节目制作,如电视连续剧和游戏节目等。威廉斯多次对广告进行论述。在《传播》中,威廉斯通过对英国1961年到1965年间九大报纸的对比,指出了报纸在内容上的变化:除《卫报》中广告内容所占比例稍有下降外,其他各大报纸中广告所占比例都有不同程度的增加。这表明广告这种文化形式已经深入人心,在人们的日常生活中占有重要的地位。在《漫长的革命》中,他对广告进行批判:每年在广告发布上投入天文数字般的金钱,但有多少广告表现了一种理性的服务呢? 大多数广告使人感到身处一个满是推销和幻觉的世界。他甚至建议建立一个公众研究和信息服务机构,在各个城镇建立足够的办公和展示场所,普通消费者到这里获取信息从而决定他们要购买什么。在《文化是平常的》一文中,威廉斯提出,广告应该起到它在经济学中的作用(从供需角度提供信息),而现在的广告大多是为了刺激消费,都是"假广告"。

在研究方法上,威廉斯的贡献有两点:一是将文学新批评的方法纳入传播学研究,在上下文语境中解释文本,推广了文本研究中的语境文本解读法。威廉斯受其老师利维斯的影响,仍以文学研究的经验主义方法为主。和同时代的研究者不同,威廉斯将研究对象拓展到大众文化领域后,把政治经济学、文本分析及受众研究并入社会文化批判理论的架构,从历史和社会语境的角度出发,形成了他的文化唯物主义的传播思想。二是将词源学的方法引入传播学。他所创造的"关键词"研究方法,讲究历时性和语境化,从词语的角度对社会文化整体进行分析,具有独创性。

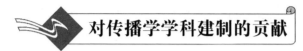

对传播学学科建制的贡献

雷蒙·威廉斯被视作"文化研究"的理论先驱,伯明翰学派的开创人之一。英国文化研究源自 20 世纪六七十年代的英国伯明翰大学当代文化研究中心,雷蒙·威廉斯对中心的成立给予了很大支持。雷蒙·威廉斯的学术生涯大致经历了早期的利维斯文化主义者、"新左派"理论家、"文化研究"的思想奠基人、开创"文化社会学"等几个阶段。威廉斯的学生、西方著名马克思主义文学批评家特里·伊格尔顿认为,威廉斯是战后乃至 20 世纪英国最重要的文化思想家,是英国左派知识阵营中最具有智慧和独立思考精神的知识分子,并将他与哈贝马斯相提并论。

威廉斯突破了利维斯主义的影响,引领了英国文化研究的发展方向。他将文化视作"指意系统",也就是将人类的所有表意实践视作"文化",包括大众文化,英国文化研究的意识形态批判维度由此滥觞。也是由威廉斯开始,文化研究学派开始聚焦于文化与权力之间的关系,把文化视为意识形态斗争的战场。

威廉斯较早地开始批判麦克卢汉。他认为麦克卢汉的技术决定论是为各种主导性的社会关系寻找意识形态上的理由。麦克卢汉对传播媒介的分析,脱离了更为广阔的社会学和文化的语境,使媒介分析去社会化。他的分析脉络与斯图尔特·霍尔的论点相联系,霍尔认为麦克卢汉对大众传播媒介这一文化不抱批判态度。米勒在对麦克卢汉的经典研究中持与威廉斯类似的观点,认为意义并不受制于各种意义的技术派生物,而是取决于语言实践。

威廉斯借鉴和超越了美国经验主义传播研究模式。美国学者由于受到实证主义哲学的影响,主张通过对现象的观察和总结归纳得出科学定律。传播学同样受到影响,学者们利用自然科学的研究方法,开展了大量的实证主义研究,对大众传播效果进行具体测量和统计,取得了丰硕的成果,这使得美国"行为主义"和实证研究成为传播研究的典范。20 世纪五六十年代,威廉斯也在研究中使用量化研究方法,如在《传播》中对英国报纸的分析等。但他在某种程度上超越了经验主义的研究范式,提出在文化研究的大背景下重新界定媒体研究。他认为对大众传播的研究不应该与社会研究、文化研究与政治研究相隔离。

从源头上讲,在英国,关于文化的讨论显然更早。从马修·阿诺德的《文化与无政府主义》到艾略特的《关于文化定义的笔记》,再到利维斯等人的著述,在所谓的保守主义者内部形成了逐渐明晰的"文化的观念"。阿诺德是维多利亚时代最后一代文化伟人的代表,他心仪的文化是"世界上最优秀的知识和思想",同时意指对人性所有方面都加以发展的和谐的完美。阿诺德对底层大众的态度是鄙夷的。阿诺德的精英主义文化观,深深影响了以 F. R. 利维斯为首的剑桥大学英文系的《细绎》团队。不同的是,阿诺德醉心的是希腊和罗马的古典文化,而利维斯注重英国本土资源,对 19 世纪英国工业革命之前存在的"有机共同体"文化充满深情的眷恋。

威廉斯及同被视为伯明翰学派开创者和奠基人的理查德·霍加特、爱德华·帕尔默·汤普森,都与他们所继承的传统发生了决裂。霍加特和威廉斯与利维斯主义分手,汤普森与马克思主义的机械论和经济论的形式分道扬镳。

原作

〔英〕雷蒙德·威廉斯:《现代主义的政治——反对新国教派》,阎嘉译,北京:商务印书馆 2002 年版。

〔英〕雷蒙德·威廉斯:《马克思主义与文学》,王尔勃、周莉译,开封:河南大学出版社 2008 年版。

〔英〕雷蒙德·威廉斯:《政治与文学》,樊柯、王卫芬译,开封:河南大学出版社 2010 年版。

〔英〕雷蒙德·威廉斯:《漫长的革命》,倪伟译,上海:上海人民出版社 2013 年版。

〔英〕雷蒙·威廉斯:《关键词:文化与社会的词汇》,刘建基译,北京:生活·读书·新知三联书店 2016 年版。

〔英〕雷蒙·威廉斯:《文化与社会:1780—1950》,高晓玲译,北京:商务印书馆 2018 年版。

相关思想史或评传

〔英〕尼克·史蒂文森:《认识媒介文化:社会理论与大众传播》,王文斌译,北京:商务印书馆2013年版。

张华主编:《伯明翰文化学派领军人物述评》,济南:山东大学出版社2008年版。

张咏华:《媒介分析:传播技术神话的解读(第二版)》,北京:北京大学出版社2017年版。

(戎 青)

雷吉斯·德布雷
（Régis Debray,1940—   ）

 **学术生平**

1940年9月,德布雷出生于法国巴黎一个律师家庭。他以第一名的成绩考入巴黎高等师范学院,师从路易·阿尔都塞,在其影响下阅读了大量马克思、列宁的著作。随着非殖民化运动的兴起,青年德布雷响应革命的号召,积极投身各种政治运动与社会活动,并在此后很长一段时间内因此闻名于世界。

20世纪60年代,德布雷的文章《卡斯特罗主义:拉丁美洲的长征》发表在《现代》杂志上。这篇文章辗转被切·格瓦拉、卡斯特罗读到。1965年,正在中学教授哲学的德布雷被卡斯特罗邀请出席即将于古巴召开的三大洲会议。由此,德布雷开始了长达八年的拉美革命生涯,一边在古巴的哈瓦那大学担任哲学教授,一边作为切·格瓦拉的同盟战友,参与游击战训练。1967年,他完成了《革命中的革命》一书,分析了当时在拉丁美洲社会主义运动中盛行的战略战术理论,与格瓦拉的游击战手册形成呼应与互补。1967年4月,德布雷在玻利维亚被捕,并因曾是格瓦拉游击队成员被判处30年监禁。在萨特、戴高乐将军以及教皇保罗六世等人组织的国际运动的声援下,德布雷于1970年获释,并前往智利避难。其间,他采访了智利总统萨尔瓦多·阿连德,并完成《智利革命》(1972)一书。1973年智利发生政变后,德布雷返回法国。1981年起,德布雷一直在法国政府担任各种职务,如总统外交事务官方顾问、法国最高行政法院行政委员会名誉顾问等,致力于通过合法方式推动社会改良。90年代中期以后,德布雷对政治实践彻底失望,选择重回高校继续学术生涯。1996年,德布雷出版了自传《赞美我们的主》,回忆了他从拉美到法国的峥嵘岁月。

德布雷于20世纪80年代左右进入媒介研究领域。1979年,德布雷出版了《法国的知识力量》一书,首次提出了"媒介学"这一概念。1991年,德布雷出版了《普通媒介学教程》一书,系统地论述了媒介学的基本概念与学科边界,被视作媒介学领域的奠基之作。该书于2001年获得法兰西学术院颁发的莫朗文学奖,并于同年再版。1993年,他向巴黎第一大学提交了哲学博士学位论文《图像的生与死:西方观图史》。1994年,他提交了申请博士生导师资格的论文《媒介学宣言》。1996年,德布雷创办了以"媒介学"为核心主题的学术期刊《媒介学手册》。

尽管不再涉足政治实践,但投身学界的德布雷仍然展现了令人熟悉的激情与活力,表现出了对政治、宗教等议题的持续关注。2010年,德布雷应邀访华讲学,以"知识分子与权力"为题进行演讲,引发强烈反响。德布雷曾与中国学者赵汀阳就革命问题进行了六组通信,并结集出版《两面之词:关于革命问题的通信》(2014)一书,在其中表达了对政治革命的缅怀以及对技术革命的关注,展现出了其多年未变的理想主义思想底色。

主要理论(方法)贡献

德布雷的主要理论贡献集中体现为创立"媒介学"(médiologie,英译 mediology),他在《普通媒介学教程》《媒介学宣言》《媒介学引论》等一系列著作中对这一理论设想进行了集中阐述。

何为媒介学?德布雷在为《媒介学引论》中文版所做的序言中,开宗明义地提出,媒介学不是一门理论科学,只是一种工具,一个正在形成的研究领域。媒介学无法被划入任何既有学科范畴。它与历史学不同,因为媒介学关注的是历史转化而非历史年表;它与符号学、心理学、社会学甚至是大众传播学也不同,因为媒介学关注的是技术、材料与工具之于主体的意义,而不是主体的心理、文本与行为。

在德布雷看来,媒介学并不等同于以往的大众传播研究。事实上,媒介学处于多学科交叉地带,它试图回答:抽象的观念、话语和精神如何获得物质力量,成为实体。

德布雷认为需要借助技术和文化之间的互构关系来解答上述问题,因此媒介学就是要思考媒介技术如何成为文化的物质性与符号性载体,从而发挥社会功能,构成并改变社会的存在与秩序基础。譬如印刷术的兴起推动了印刷工艺流程中质检规范的形成,进而催生了现代工商职业伦理以及理性主义。因此,媒介学将研究对象锚定为"传承"(transmission),而非"传播"(communication)。在德布雷看来,传播指的是长时段中的时刻和巨大整体中的片段,而传承指时间上的价值与知识在代际的传送。传播更偏重空间而传承更强调时间。传播属于社会心理学范畴,以传受双方的话语行为为出发点,往往因缺乏历史纵深而陷入解释力有限的困境,无法进行持续的文化建构;而传承属于历史学范畴,以技术性能为出发点连接社会并延续文化,可用于反思数字时代标准化大众文化的破坏性,是一个与繁殖、教育相关的过程性概念。

媒介学的核心概念之一即为"媒介"(médio),指的是"媒介方法的动态整体和介于符号生产与事件生产之间的中间体",其重点是中介行为(médiation),强调动态的中介过程。媒介的集合先于并大于媒体(médias),无论是一张餐桌还是一杯咖啡,只要能够作为感觉的介质与社交性的媒介,作为意识形态得以反制社会存在的前提,作为传承发生的载体与条件,就能够进入媒介学的领域。

媒介学的另一核心概念是"媒介域"(médiasphère),指媒介技术所创造的环境系统。德布雷提出了理解媒介域的几大要点:思想活动不能与使之得以可能的记录、传递和存储的技术条件分开,记忆工具是其中的首要条件;占统治地位的媒介系统是一个特定时代、特定社会中媒介域的组织核心;每个媒介域都嵌入了不同时代的技术网络,并形成特有的时空组合。简明扼要地说,德布雷认为媒介系统的特征指向了时代特征,因此他尝试用媒介域这一概念来类型化媒介技术与时代精神文化之间的具体关系,即从媒介的视角进行文明史分期。德布雷将文明史划分为三个媒介域:逻各斯域(logosphère)、书写域(graphosphère)和图像域(vidéosphère)。逻各斯域指神学时代,文字经由上帝口授、人类记录再口授而形成,此时人类的精神尚未形成,口头文化仍占主导。书写域指活字印刷时代,人们用眼睛阅读文字,德布雷又称之为"形而上学时代"。德布雷本人是书写域的坚定拥护者。在图像域中,可见的图像而非不可见的上帝或圣人成为权威,电视等视听媒体在激发情感、幻觉方面优势显著,从而得以取代书籍的主导地位。三种媒介域之间并非线性替代的关系,比如手抄本在印刷时代仍然流通。德布雷指出,当代同时具有所有时代的特征,在我们的灵魂中,既有一个书法的东方、一个印刷的欧洲,又有一个大屏幕上的美国。

德布雷还运用生态学方法论给出了三条媒介学分析原则。"互动原则",即生物总是与无生命环境相联系,媒介学亦强调象征现象与物质技术环境之间的互动,主张从关系而非实体的视角出发关注"中间状态";"种群原则",即主张关注集群现象,把对个体的考察放置于生态系统中;"一个种类、一个小生境原则",即观念的存活依赖媒介域的环境本身,而一个特定的媒介域消亡会导致它培育和庇护的社会意识形态的衰退。

图像媒介学思想是德布雷对媒介学的一次重要应用与推进。在《图像的生与死:西方观图史》一书中,德布雷使用媒介学的视角研究图像,打破了学科边界,将图像视作一种媒介来重构西方艺术史与思想史,勾勒出每个时代的视觉历史并找到其中的变更与断裂。德布雷相信,图像的力量会随时代变迁,图像的"生"与"死",即图像作为媒介如何实现或断绝与观看者的沟通。《图像的生与死:西方观图史》一书首先讨论了图像的起源问题。德布雷提出图像源于丧葬,原始的图像是死者的替代品,因此人们对图像的需求是非常迫切的,图像作为此岸抵达彼岸的媒介可以拒绝虚无、延续生命并驾驭恐惧。德布雷强调:图像的工作不是简单地反映,而是加工与升华;生者通过图像控制死者,在虚拟的图像中建构起尊严、荣誉与等级,寻求达致突破时间的永恒;神学中的圣像亦内含了类似的运作机制,不可见者或超自然者才是权力之所在。上述功能的实现涉及图像的象征性。德布雷认为,图像是一类特殊的符号,可以被诠释,但不能被阅读。这是在说图像相较于文字的有限符号组合方式而言是无限开放的,读解图像的任务近乎无法完成,甚至可以说所有的视觉文献都是想象的作品。

19世纪之后,随着造像技术的发展,机械复制时代与视觉时代终于到来,图像从宗教和其他神秘的领域转入世俗领域,转入行政与公共空间管辖的范畴。德布雷认为,图像的神圣特性被抹杀了。图像不再致力于沟通心灵,而是成为一种具有世俗效力的重要工具,旨在取得某些特定的传播效果。比如,铸币就是制作图像,实现政治霸权除了拥有军事力量之外也要拥有整套的图像装备。德布雷划定了图像观看的三个时期——偶像体系时期、艺术体系时期和视像体系时期,它们并非线性发展的不同阶段而是有所重叠,视像体系时期的电视与偶像体系时期的圣像提供的内容可能是相通的,只不过将宗教崇拜转化为资本崇拜而已,图像在自我神圣化中丧失了超验与沟通的能力。德布雷从以下几方面对大众媒介尤其是电视主导的视像体系时期进行了反思:首先,大众媒介通过图像对个体实施控制,其结果是人们习惯于通过亚特兰大和好莱坞提供的图像去观察生活,各国都在以美国的眼睛看世界,从而走向闭目塞听。其次,视像并不可靠,镜头的安放、启动和关停的背后都有主体操纵的痕迹,镜头语言往往是有倾向性而非平衡的,更关键的是,镜头无法使如自由、平等等抽象之物可视化,因而无助于想象与沉思。最后,他辩证地提出一系列有关视像的命题:电视为民主服务又祸害民主,电视向世界开放又遮蔽世界,电视同时是真相与假象的制造者。

关于德布雷的思想来源,尽管很多时候他本人并未言明,但我们还是能够从其文本中捕捉到许多学者的影子,比如阿尔都塞的结构主义、布尔迪厄的场域理论、麦克卢汉的媒介观,以及福柯的话语理论等。更为重要的是,德布雷传奇的革命实践和他后期的学术实践宛如明暗双线,始终处于交缠状态。可以说,媒介学就是一种回应革命实践的传媒理论。

对传播学学科建制的贡献

德布雷敏锐地捕捉到了媒介的巨大力量，认为媒介可以将一种观念转化为物质力量，从而得以和社会存在、时代精神以及文明传承相联系，媒介议题的重要性也就上升到了存在论的高度。通过德布雷的努力，媒介概念的内涵与外延均得到了拓展，被处理为一种整体性的隐喻。因此，媒介研究领域得到了极大的扩展，符号及其意义，以及"记录和储存的物理载体""同流通方式相对应的传播设备"等都得到了关注，这些话题汇入了当下正热的关于媒介物质性议题的讨论。

德布雷关注"物"不是关注物本身，而是关注物在中介过程中所连缀的关系。他所建构的意义，展现出了一种打破二元论的努力。德布雷主张将视线转移到技术工具与物质载体上，毕竟"思想只有通过物质化才能存在"，但这种调整不是要走向另一极端，而是意在提倡一种"文化的物质性"，即打破精神/物质、文化/技术等一系列二元对立。德布雷提出：我们需要同时考察思维主体与物质客体。如若只考虑主体而忽视客体，只考虑人性而不顾技术性，只考虑"高贵的"文化史而不考虑"次要的"技术史，技术伦理将永远是落后的。这也展现出德布雷充满人文关怀的技术观，同时考察技术与文化正是为了消解技术的标准化与文化的独特性之间存在的矛盾与张力。

尽管德布雷本人极力澄清媒介学与传播学之间的关系，但其实媒介学就是一种传播研究的新兴视角，它提供了一种方法论，呼吁我们关注技术物在中介人与世界的关系的过程中扮演的角色。媒介学对物质性问题的高度关注极大地激发了当下传播研究的想象力，也与当代许多具有媒介物质性色彩的传播理论产生了共鸣，如媒介学与马修·富勒所倡导的媒介生态学（Media Ecologies）不约而同地借鉴了大量生态学术语，均主张从系统、关系的视角出发理解媒介。作为一种融合了欧陆诸多思想遗产的理论创想，媒介学较之美国主流传播研究的异质性是如此之强，对于正在成形的媒介理论版图而言，它无论如何都是一块不可或缺的拼图。不过，对德布雷本人来说，他自陈倡导媒介学并没有什么要建构总体性学科的野心，而只是在媒介技术高度发展的背景下，试图去填充传统的历史学和社会学遗留至今的知识空缺罢了。

原作

〔法〕雷吉斯·德布雷:《普通媒介学教程》,陈卫星、王杨译,北京:清华大学出版社2014年版。

〔法〕雷吉斯·德布雷:《媒介学引论》,刘文玲译,北京:中国传媒大学出版社2014年版。

〔法〕雷吉斯·德布雷:《图像的生与死:西方观图史》,黄迅余、黄建华译,上海:华东师范大学出版社2014年版。

〔法〕雷吉斯·德布雷:《媒介学宣言》,黄春柳译,南京:南京大学出版社2016年版。

相关思想史或评传

Frédéric Vandenberghe, "Regis Debray and Mediation Studies, or How Does an Idea Become a Material Force?," *Thesis Eleven*, 2007, 89(1): 23-42.

(谌知翼)

罗伯特·E. 帕克
(Robert E. Park,1864—1944)

 学术生平

罗伯特·E. 帕克1864年2月14日出生于美国宾夕法尼亚州。在明尼苏达大学学习了一年之后,帕克转学前往密歇根大学。在密歇根,他遇到了杜威,并由杜威介绍给后来《思想新闻》的筹办者之一福特,这一际遇对帕克后来的生活产生了决定性的影响。1887年,帕克毕业后并未留在大学任教,也没有接管父亲的生意,而是成为一名新闻记者,在11年的时间内先后为多家报社工作。记者的经历塑造了日后帕克研究的主要兴趣。1898年,帕克在哈佛大学哲学系进一步深造,师从罗伊斯和詹姆斯,跟随明斯特伯格学习心理学。1899年,帕克获得哈佛大学硕士学位,前往柏林大学深造,又到斯特拉堡、海德堡跟随文德尔班学习,并在文德尔班的指导下开始写作博士学位论文《群众与公众》。在德国期间,帕克上过齐美尔的课,后来帕克对于社会的认识,对社会冲突、边际人、社会距离等观念的论述都来自齐美尔授课的启发。1903年,帕克回到哈佛大学并担任了一年助教。1904年,他认为自己的兴趣还是参与社会事

务,于是又返回业界。帕克投身黑人运动,结识了塔斯基吉学院(一所专为南部非洲裔美国人开设的职业培训学校)院长 B. T. 华盛顿,并成为华盛顿的助手。在担任华盛顿的助手的七年时间里,帕克漫游了整个美国南部,观察黑人的生活,思考种族问题。他也和华盛顿一起去欧洲考察,《最底层的人》即为考察成果。帕克曾经对伯吉斯表示,他跟华盛顿学到的东西比跟其他任何老师学到的都多。

1912 年,帕克组织的黑人问题国际会议在塔斯基吉召开,在这次会议上他结识了 W. I. 托马斯。由于托马斯研究城市中的欧洲移民,帕克关注黑人问题,二人很快成为好友,罗杰斯称他们在塔斯基吉会议上的会面不仅仅是两位社会学大师的会面,而且是正在改变美国社会的两股相关力量中的一流专家走到了一起。托马斯建议帕克回到学院,同时建议芝加哥大学社会学系系主任斯莫尔聘用帕克。由于教职编制的问题,帕克是作为一个边缘教师重新开始他的学术生涯的。在成为芝加哥大学社会学系的成员后,帕克足足当了九年的编外讲师,薪水不足以养家,所幸他继承的遗产使他不用为经济问题担忧。直到 1923 年,帕克才被正式任命为终身教授。由于长期关注城市生活中的社会底层人士,尤其是移民和有色人种的生活状态,1922 年帕克出版了《移民报刊及其控制》。1929 年,帕克受邀参与佩恩基金研究项目的设计,然而这一项目因为他前往中国访学而交给了布鲁默,后者因此开启了传播效果研究的大门。

帕克在燕京大学访学期间,通过言传身教,对吴文藻、费孝通等中国著名学者产生了重要影响。帕克指导费孝通等人在北平天桥观察下层人民的生活,以实地考察的方法研究社会问题,从而形塑了燕京学派的风格。

在芝加哥大学期间,帕克成为鼎盛时期芝加哥学派的核心人物。他对研究生的指导一反只定选题随后由学生闭门造车的传统,而是不断与学生交流意见,亲自指导学生的论文。布鲁默认为,没有其他教师能像帕克那样启发、调动和指导学生。帕克也关心学生们毕业后的发展,帮助他们在美国的大学里获得教职。

帕克不算是多产的学者,在博士论文之后只写过一本专著,另与伯吉斯合作完成了《社会学导论》(该书在美国社会学发展初期被誉为这一领域的《圣经》),与伯吉斯、麦肯齐合著论文集《城市社会学》,还与托马斯合作《旧世界特征的迁移》。但这些著作无一不在当时甚至是现今的学界颇有影响力。帕克与他带领的芝加哥学派在学术上取得了很大成功,帕克本人曾担任美国社会学协会主席、太平洋关系协会代表等,还曾出任芝加哥城市联合会首位主席。帕克影响了自他以后一大批在传播学史上有重要影响的学者,包括伯吉斯、布鲁默、拉斯韦尔、英尼斯等人。帕克从芝加哥大学退休以后,芝加哥学派也开始衰落。帕克的代表性著作有《社会学导论》(1921)、《移民报刊及其控制》(1922)、《城市社会学》(1925)。

主要理论(方法)贡献

到20世纪20年代,芝加哥大学社会学系已经完成了一系列对城市社会问题的研究,帕克是公认的芝加哥学派代表人物。如果说杜威的思想是芝加哥学派的基石,米德是芝加哥学派的精神导师,那么帕克则是芝加哥学派的核心人物。正是在帕克的领导下,芝加哥学派走入了历史上最辉煌的时期。

帕克对报业的关注来自杜威的启发,也来自他11年的从业经历。他的《移民报刊及其控制》是对报业进行研究的经典著作。帕克集中讨论了报刊的作用以及如何控制移民报刊、同化移民。帕克和李普曼一样,发现了现代社会中舆论的重要性。他认为:要了解舆论的性质及其同社会控制之间的关系,首先需要研究目前已经被用来控制舆论、启发舆论和利用舆论的机构和措施,首要的便是新闻事业。帕克自己也承认,"控制"与自由主义的内涵相悖,但他认为有必要了解影响报纸的因素,并把移民报刊引上正确的轨道。传播技术有助于实现社会控制,重视报刊的管理又可以减少美国城市中的问题。帕克进一步提出控制移民报刊的方案,包括获得与美国本土报刊同等的发展条件、刊登美国产品的广告等。此外,帕克还研究了报刊的内部控制,即新闻如何被生产出来。帕克比勒温、怀特更早注意到并讨论了新闻编辑部内部的"把关"。报刊不仅"对外"有控制与同化的作用,报刊内部也存在控制行为。传播技术的发展成为信息过量的原因,因此编辑需要挑选新闻。移民报刊的特点使报刊本身具有不同的价值取向,编辑也会据此选择内容不同的新闻信息。注意到报纸能够影响民意,帕克已经发现了媒介议程设置的功能——报刊能够捕捉人们的注意力,因此,帕克认为报刊已经成为社会控制机构,并能推动社区的行动,成为社会意识的中心。

从研究移民报刊开始,帕克进一步探讨了传播的社会功能——控制。这与帕克对社会的认识有关。帕克认为,社会是一个控制组织,社会控制指的是制约和引导集体行为的机制。在面对纷繁的城市问题时,帕克认为,传播有助于解决社会失序的问题。他在研究如何控制移民报刊时,更深一层的目标在于实现移民的"美国化"。移民报刊在移民群体中备受青睐,因此控制移民报刊的内容也就能够培养移民的文化认同。基于库利"初级群体"的概念,帕克看到,传统社会的秩序通过面对面的人际传播就可以得到控制。城市化进程以及移民的大量涌入改变了美国社会的结构,打破了原有的秩序,"社会距离"由此形成。如何使不同种族的移民在进入美国社会后尽快适应美国城市生活,成为帕克研究的主题之一。帕克的《移民报刊及其控制》受到了托马斯与兹纳涅斯基的著作《身处欧美的波兰农民》的影响。托马斯在著作中也研究了移民报刊对农民的影响。这个思路促使帕克从报刊的角度研究了移民的社会生活问题。环境的限制、移民后身份的转换以及对现实的不适应等,是移民普遍遇到的问题。在这些方面,移民报刊首先展现了协调功能,即移民能从移民报刊上获取信息,以适应新环境。其次,移民报刊维系了个人与移民群体的关系。最终,移民报刊会使移民美国化,促成大共同体的秩序,发挥"控制"功能,解决移民问题。据此,帕克指出了移民报刊对于解决移民问题的重要性——控制移民报刊是建立社会新秩序的重要一环。在如何控制方面,帕克也做出了相应的阐述,他反对严厉专制的措施,认为政府应当给予移民报刊与本地报刊同等的发展条件,最终使移民通过移民报刊融入并参与美国公共生活。

城市生活一直是帕克关注的重点,在研究城市问题时,帕克讨论了传播技术与城市生活的关系。帕克在密歇根大学时期是杜威的学生,从杜威和库利那里,帕克接受了他们对于传播的思考。在帕克所处的年代,对于层出不穷的社会问题,传播是解决问题的一个方案。1904年,在德国深造的帕克受齐美尔的影响,对城市生活产生了兴趣,他的博士论文《群众与公众》首次展现了传播与社会、传播与民意这样的主题。在其博士论文中,帕克提出群众是初级的社会组成形式,不会对社会问题进行深入思考,而在公众之中,人们通过讨论形成观点。当群众成为具有反思意识的公众时,新的社会实体就此形成。在社会变迁的过程中,传播技术是推动社会发展的力量。因此,对于帕克来说,传播技术是社会进步的原动力。1921年,帕克与伯吉斯、麦肯齐出版论文集《城市社会学》,集中展现了其对城市社会学的研究,并指出了媒介对城市生活产生的影响。在《城市:对于开展城市环境中人类行为研究的几点意见》一文中,帕克指出,城市是一种心理状态,是由各种礼俗和传统构成的整体,是人类属性的产物。帕克把城市看作有机体,考虑到城市生活的多样性,提出从四个方面研究城市的具体组织及其文化:城市规划与地方组织、工业组织与道德秩序、次级关系和社会控制、气质和城市环境。而传播技术包括交通和通信、报纸、广告等,促使城市人口频繁流动并高度集中。由于电报、电话、摄影、电影技术的发展,个体相较过去更容易获得大量信息。人口的流动不仅依靠交通技术,还依靠信息流通。传统社区稳定、亲密的人际关系被打破,人们的接触变得偶然、短暂。城市的范围随之扩大,媒介使现代社会形成的速度加快,人们需要更多的信息以适应城市生活。例如报刊这样的媒介,给予人们大量日常生活需要的信息,并且塑造着人们的价值观。和杜威一样,帕克也认为公众可以通过媒介带来的信息进行充分讨论并形成舆论,进而参与政治。

帕克的研究建立了报刊生态学。帕克认为,以报刊为代表的大众媒介增强了人们认识世界的兴趣和能力,以及民主参与意识,新闻流通的程度决定了社会成员自身政治参与的程度。对于报刊的研究与关注,建立在帕克的社会学思想上。帕克划分了社会过程,借用了齐美尔"社会距离"的概念,论述了如何维持社会秩序。帕克在《社会学导论》中将社会学定义为集体行为的科学,类似的,社会是个体互动的产物。帕克认为,社会过程主要有竞争、冲突、顺应和同化这四种。竞争是社会互动的最基础、最普遍的形式。在社会中,由于思想的交流,无意识的竞争可能转化为有意识的冲突。在某些手段的控制下,上层、下层的关系暂时确定,冲突中断。这种中断就是顺应。同化则发生在人们的思想渗透、聚合的过程中,共同的文化或经历将个体结合为一体。帕克关注的是一个共同体形成的过程。他认为,社会控制分为三种方式——传统的个体受群体及他人的影响、舆论以及制度控制。对舆论的控制有赖于传播技术的发展,而舆论又是共同体形成的基础,因此,对传播技术尤其是报刊进行研究就十分必要。

在研究方法上,帕克对传播学学科的发展有重要贡献。帕克十分推崇细致的经验研究,但区别于后来的定量统计方法,帕克欣赏并教育学生采用的是定性研究方法,这也成为芝加哥学派第一代兴盛时期的标志性方法。刘易斯·科塞评价帕克进行研究时"就像人类学家研究原始部落一样对细节极其关注"。帕克倡导的研究方法影响了芝加哥大学社会学系的方法取向,进而影响了整个美国社会学学科。后来以戈夫曼为代表的芝加哥学派第二代崛起时依然能看到帕克方法的生命力。

对传播学学科建制的贡献

帕克是社会学芝加哥学派最有影响力的学者。然而,传播学学科在奠基之初对芝加哥学派的整体忽视使帕克没有获得传播学史上应有的地位。帕克的新闻从业经历使他自然而然地将传媒与社会问题结合在一起思考。在传播学理论上,帕克对各个学派都做出了巨大贡献。

其一,帕克是符号互动论领域承前启后的重要人物。帕克与多数芝加哥学派成员一样,关注自我与社会角色的问题。自我的形成基于个体在社会中的地位及在社会中扮演的角色。自我正是由个人对自身角色的理解构成的。帕克在《种族与文化》中提出了"边际人"的概念,反映了他关于"自我理解"的观点。他对于角色与互动的阐述,同样对戈夫曼产生了重要影响。

其二,帕克的学术思想对美国发展传播学做出了很大贡献。帕克对报刊的研究论述了传播与社会发展的关系,并提出了发展传播研究中的重要问题。作为芝加哥学派的一员,早在密歇根大学时帕克就受到杜威与库利的影响,对传播与人和社会的现代性问题充满真知灼见。在他看来,区别于传统社区,城市生活要求人们增加社会经验、拓宽视野,媒介使人们对信息的需求量增大,并融入现代的生活方式。现代社会中的个体需要依靠舆论参与政治,舆论仍然要依靠传播形成。帕克认为,传播直接决定了公众参与政治的程度,并培育了他们的现代政治意识。

其三,帕克的理念对媒介环境学的生成有很大启发,直接或间接地影响了英尼斯、麦克卢汉等媒介环境学派的学者。帕克的传播观建立在传播革命改变社会的基础上。传播技术的发展使传统社会的人际传播发生断裂,城市生活渗入美国社会的角落。从传播技术出发理解社会变革的视角,极大地启发了英尼斯的媒介技术观。麦克卢汉同样认为,媒介影响了社会存在的性质,加快了原有乡村的分裂。因此,在这个意义上,帕克也可以被看作媒介环境学的先驱。

其四,帕克对媒介的研究,开启了传播效果研究的思路,亦是新闻社会学的开端。帕克对传播的"控制"功能和经验研究的强调奠定了传播学的主流基调。在已有的传播学著作中,帕克的《移民报刊及其控制》依然是经典之作,对传播的功能分析得精致、透彻。这一著作讨论的问题至今仍然是传播学领域的重要课题。移民报刊如何影响移民生活、书面语言与口语的政治意味、报刊的经营管理与社会控制等,在一定程度上也是传播学主流范式效果研究中最引人关注的课题。帕克对传播的"控制"功能的研究与探讨,为"把关人"理论奠定了基础。另外,帕克将新闻置于社会的框架中,使新闻成为社会学研究的对象,媒介社会学在理论和操作的层面上真正启动,新闻生产社会学就此拉开序幕。

原作

〔美〕罗伯特·E. 帕克:《移民报刊及其控制》,陈静静、展江译,北京:中国人民大学出版社2011年版。

〔美〕罗伯特·E. 帕克:《社会学导论》,北京:中国传媒大学出版社2016年版。

相关思想史及评传

〔美〕刘易斯·A. 科塞:《社会思想名家》,石人译,上海:上海人民出版社2007年版。

胡翼青:《再度发言:论社会学芝加哥学派传播思想》,北京:中国大百科全书出版社2007年版。

胡翼青:《传播学科的奠定:1922~1949》,北京:中国大百科全书出版社2012年版。

Ralph H. Turner, *Robert E. Park on Social Control and Collective Behavior*, Chicago, IL: University of Chicago Press,1967.

(吴 越)

罗伯特·K. 默顿
（Robert K. Merton, 1910—2003）

罗伯特·K.默顿 1910 年 7 月 4 日生于美国费城南部的一个贫民区，其父母是东欧移民。默顿的社会学启蒙老师为乔治·辛普森。默顿在 1931 年获得天普大学学士学位，此后凭着优异的成绩获得哈佛大学奖学金，成为社会学专业的首届研究生，不久又成为当时最著名的社会学家索罗金的研究助手。1936 年，默顿以论文《17 世纪英格兰的科学、技术与社会》获得哈佛大学哲学博士学位，指导老师是著名的科学史学家萨顿。除了索罗金和萨顿，在哈佛大学期间，结构功能主义创始人帕森斯对默顿的影响也不可小觑，不过默顿对早期功能主义的批判也影响了帕森斯对拉德克利夫-布朗和马林诺夫斯基的理解。1938 年，默顿博士论文的出版标志着科学社会学的诞生，默顿也成为公认的科学社会学之父。1936—1939 年，默顿在哈佛大学任讲师。在 20 世纪 30 年代的哈佛大学校园，出现了一个由默顿、I. B. 科恩和 B. 巴伯组成的三人小组。默顿称之为三重奏，指他们三人对社会学与科学史之间可能存在的关系具有共同的兴趣。1939 年,默顿离开哈佛大学去往图兰大学任教授和社会学系主任。从 1941 年起,默顿长期在美国哥伦比亚大学社会学系执教,担任过系主任,并被授予哥伦比亚大学荣誉教授和特殊贡献教授称号。在哥伦比亚大学,默顿与同事保罗·拉扎斯菲尔德进行了长达 35 年的友好合作,取得了丰硕的成果(参见本书保罗·F. 拉扎斯菲尔德词条)。两人的合作主要是在拉扎斯菲尔德建立的哥伦比亚大学应用社会研究局中从事与传播/媒介相关的应用项目的研究,如在第二次世界大战期间两人一起参加了美国战争信息局发起的由社会学家斯托弗领导的对美国士兵的研究。1943 年,默顿成为应用社会研究局副局长;1957 年,他当选为美国社会学协会主席;1974 年,他从哥伦比亚大学退休。拉扎斯菲尔德称默顿为"这个国家的社会学先生,优秀得令人难以置信"。1994 年,为了表彰默顿对社会学所做的杰出贡献,美国总统克林顿向默顿颁发了国家科学奖章,他也成为美国历史上第一位获得此项殊荣的社会学家。默顿还先后获得哈佛大学、耶鲁大学、芝加哥大学等二十多所美国及国外大学的荣誉头衔,成为若干学术团体的主席和数十家美国国内外学术研究机构的名誉成员,被选为美国科学院院士。2003 年 2 月 23 日,默顿因病逝世。默顿被视为 20 世纪最有影响的社会学家之一,亦有"美国的涂尔干"之称,在他身上可以见到涂尔干的理论和方法论取向,而且他试图"站在巨人的肩上",在为古典社会学传统辩护的同时指明了新的研究方向。曾任哥伦比亚大学教务长的乔纳森·科尔说,假如社会学界也有诺贝尔奖,默顿必定得奖。默顿的一生,涉足的领域有社会学、传播学等,独著或合著的著作有二十多部,包括最常被引用的《社会理论和社会结构》(1949),撰写学术文章二百多篇,其中与传播学密切相关的作品包括和拉扎斯菲尔德合作的《广播和电影宣传研究》(1943)、《大众传播、流行趣味和社会行为整合》(1948)、《作为社会过程的友谊:实质性和方法论分析》(1954),和 M. 菲斯克、柯蒂斯合著的《大众说服:战争结合驱动力的社会心理》(1946),以及和 M. 菲斯克、P. 肯德尔合作的《焦点访谈》(1956)。

主要理论(方法)贡献

作为社会理论家的默顿,虽然没有被赋予奠基人之名,但是他在与拉扎斯菲尔德长达35年的合作期间，不仅参与了应用社会研究局的多项研究，还梳理、综合了传播研究领域的知识，使之系统化，是传播研究领域的"概括者"与"实质性理论家"。

默顿对传播学理论的贡献首先在于他给后来的学者留下了诸多富有启发性的概念和假设。他在提出、澄清、阐述概念方面具有与生俱来的才能，对于那些模糊的或者未被认识或分析的思想或经验有着敏锐的洞察力，并且能够通过对它们的命名来拓展社会学的研究范畴，比如具体的无知、潜在关联性、角色丛和地位丛、显功能和潜功能等，更具传播学色彩的二级传播、意见领袖、人际网络、创新扩散等概念的形成也有默顿的功劳。对概念的聚焦实际上也体现了默顿本身的学术理念：理解社会而非批判社会，通过梳理概念、分门别类，认识关于社会模式的规律与法则。

然而，与其他社会理论家不同，默顿在具体的传播研究实践中引入新概念或者完善旧概念，使得其理论思想在简明的概念框架与复杂的范式中得到了更好的阐释。1943年，默顿领导了由《时代》杂志委托的罗维尔研究项目，通过对以滚雪球方式抽中的86名来自不同社会、经济阶层的男女进行调查分析后，经过数年的推敲，于1949年发表了研究结果——《影响的模式：一项关于地方社区的人际影响和传播行为的调查》，将舆论领袖划分成"地区类型"与"世界类型"两种。前者指一心想着当地的事情，不考虑也不致力于参与外部大世界的事的人物，其影响力依赖一个精心建立起来的人际关系网；后者指与社区保持联系同时密切关注外部世界，并把自己视为外部世界的主要部分的人物，其影响力来自他们所知的事物。另外，默顿指出，在阶级、权力和声望等级中的地位是发挥人际影响的潜在条件，但不决定影响的大小。这些观点后来成为著名的迪凯特研究的起源，而且默顿对处于同一社会阶层结构中的有影响力的人的发现以及对其中的人际传播的研究，为卡茨和拉扎斯菲尔德在1955年出版的《人际影响：个人在大众传播中的作用》奠定了理论基础。通过研究广播明星凯特·史密斯在1943年9月发起的推销美国战时债券的广播节目对受众购买债券的决策的影响，默顿与菲斯克、柯蒂斯于1946年出版了《大众说服：战争结合驱动力的社会心理》。在书中，默顿不仅丰富了"公共形象"（public image）这一概念的内涵，赋予其政治传播意义，还提出了"伪共同体"（pseudo-Gemeinschaft，也译为"假礼俗"）这一概念，即指假装关心他人以期更有效地操纵他人。

不过,对说服过程的关注也使得默顿更加坚信短期可见的传播效果的有限性。在上述研究中,默顿发现:100 名调查对象中承诺购买公债的 75 人大多原来就有购买意愿,该节目不过强化了这一倾向;有 28 人本来是摇摆不定,节目只是帮助他们下定决心;只有 3 人本来没有这个打算,在收听广播的过程中发生了本质的态度改变。可以说,这项研究成果验证了拉扎斯菲尔德于 1940 年出版的《人民的选择》得出的结论,即大众传播在短时间内更多的只是固化了受众已有的态度而非改变其态度。到了 1948 年的《大众传播、流行趣味和社会行为整合》,默顿将这一观点进一步深化,并与拉扎斯菲尔德一起提出了有效宣传的三个条件——垄断(monopolization)、渠道(canalization)与补充(supplementation)。

结合亲身参与的多项宣传研究,默顿引入了"回飞镖效应"(the boomerang effect)这一概念,以指称人们以与预期相反的方式对宣传作出回应。他为这个概念进行了类型划分:对接受者本身的精神状态做出了错误的心理评价导致的"专家"回飞镖效应、作者必须向一群具有异质心理的接收者进行宣传导致的难以从根本上避免的回飞镖效应、同一宣传材料的各个主题自相矛盾地起作用导致的结构的回飞镖效应、错置例证的谬误(受众自身经验与宣传的例证存在明显差别)导致的回飞镖效应。针对这一问题,默顿提出了解决方案——技术性的宣传或对事实的宣传,即让事实说话,而不是让宣传者说话。

除了概念方面的贡献,由默顿提炼创造的焦点小组访谈法也成为传播学研究方法的重要构成部分。在对美国士兵进行研究的项目中,在霍夫兰领导的实验小组里,由于控制实验需要相关可靠的定性资料,默顿和肯德尔等人为了获得调查对象的真实态度与反应,不仅使用了"拉扎斯菲尔德—斯坦顿节目分析仪",还首次尝试"焦点小组访谈法"。相较于其他访谈法,焦点小组访谈法要求访谈对象事先对某一特定的情境有一定的了解,如看过某部电影。其次,研究者需要事先对这一具体情境中的重要元素、模型以及整体结构等进行内容分析,并提出具体情境的意义与效果影响之间的一组假设。再次,研究者需要设定访谈范围并做出假设。最后,在访谈过程中,研究者需要聚焦于被访谈者的主观体验,通过分析他们对具体情境的反应以检验假设或提出新假设。而今,作为一种深入考察调查对象的特殊经历、对媒体信息的理解与态度的开放的研究方法,焦点小组访谈法不仅被传播学学者应用于媒介效果研究,比如利贝斯和卡茨关于美国电视剧《达拉斯》的受众研究,而且受到了排斥定量方法的文化研究学者的青睐,例如戴维·莫利在研究BBC的电视节目《全国新闻》的电视观众时便采用了这一方法。今天,这一方法更是深受商业市场研究机构的钟爱。有意思的是,焦点小组访谈法在默顿看来并不是独立的方法,而是"进一步探索的起点或者对由其他方法收集到的数据的一种检查"。

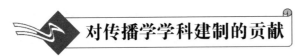

对传播学学科建制的贡献

默顿对传播学学科建制的影响在某种意义上超越了他给传播学理论与方法带来的贡献。

首先,默顿为美国主流传播学的社会学取向铺垫了理论基石,他与拉扎斯菲尔德一道将传播研究定位于应用学科,开创了结构功能主义范式的媒介效果研究。而且,必须强调的一点是,深受涂尔干与马克思影响的默顿也将反思社会控制的思想引入传播研究,为这一应用性学科增添了批判色彩。在他与拉扎斯菲尔德合写的文章《大众传播、流行趣味和社会行为整合》中,默顿将大众传播研究置于广阔的社会历史结构背景中进行考量,指出大众媒介作为一种社会建制实际上顺从社会结构,为现存社会和经济体制服务,并且通过微妙的"心理剥削"进行社会控制。由默顿所写的关于大众媒介的社会功能的篇章,更是成为结构功能主义范式的最佳注脚。在这里,默顿指认了在当时美国的社会条件下大众媒介具有的三大功能,即地位确认功能、社会规范的行使功能以及麻醉的负功能。这三大功能假说与后来许多传播理论假说均有思想顺承关系,比如地位确认功能之于"议程设置"、社会规范的行使功能之于"涵化"理论、沉默的螺旋理论等,麻醉的负功能更是反驳吉特林等人的指责的重要理论观点,因为这证明默顿与拉扎斯菲尔德意识到了大众媒介意识形态的存在。默顿不仅将结构功能主义思想贯穿其对应用社会研究局的工作指导,同时对外捍卫这种范式。1955年,默顿与麦克卢汉的一场争论即是明证。当时作为麦克卢汉演讲听众的默顿指出麦克卢汉的思想非常混乱,处处是疑问。

其次,默顿开创了社会学研究理论与经验相结合的传统,提出了社会学中指导经验研究的中层理论。假如没有默顿,在哥伦比亚学派中占据主导地位的实证研究很有可能停留在注重经验细节的层面。在默顿眼中,支撑宏大理论体系的理论和经验基础尚未具备,社会学理论要想获得有意义的进步,必须将主要关注点放在适用于有限概念的中层理论之上。为实现这一构想,他在批判传统功能主义的基础上给出了经验功能分析的研究方案,即从描述经验单位(个体或群体)的行动模式入手,指出行动的被支配模式和被排斥模式,进而通过阐释以及评价行动的意图,使行动模式的显功能得以呈现,继而辨别经验单位的顺从倾向和越轨动机,发现隐藏在这些模式背后的结构或规则,也就是潜功能。从理论上看,正是在这一分析过程中,社会结构与个人经验之间的隔阂被打破了,显功能与潜功能的关系也构成了默顿思想的框架。为了获得中层理论,实证研究是重要的途径之一。在默顿看来,实证研究并非一种操作技术,而是属于认识论范畴。正是在默顿的指导下,具有中层理论取向的传播实证研究也在应用社会研究局迅速开展起来,例如拉扎斯菲尔德提出的二级传播理论。尽管后来中层理论也遭到如罗伯特·比尔施泰特等学者的质疑,而且实证研究渐渐脱离了中层理论的指导,但是这不妨碍中层理论成为此后多数美国传播学学者的主要学术追求。

最后,在人才培养上,默顿与拉扎斯菲尔德联手开设研究生班,培养出一大批具有良好理论素养又精通经验分析的学者,如詹姆斯·科尔曼、刘易斯·科塞、罗斯·科塞、彼得·布劳、西摩·马丁·李普塞特、阿尔文·古尔德纳等,他们后来都成为美国社会学界举足轻重的人物。此外,默顿还通过在哥伦比亚大学设立专门的"科学社会学研究项目",培养了哈里特·朱克曼、科尔兄弟、托马斯·吉林等专业人才。

原作

〔美〕罗伯特·金·默顿:《十七世纪英格兰的科学、技术与社会》,范岱年等译,北京:商务印书馆2009年版。

罗伯特·K.默顿:《社会研究与社会政策》,林聚任等译,北京:生活·读书·新知三联书店2001年版。

〔美〕罗伯特·K.默顿:《社会理论和社会结构》,唐少杰、齐心等译,南京:译林出版社2015年版。

〔美〕R. K. 默顿:《科学社会学——理论与经验研究》,鲁旭东、林聚任译,北京:商务印书馆2003年版。

Paul F. Lazarsfeld and Robert K. Merton, "Mass Communication, Popular Taste, and Organized Social Action," in Lyman Bryson (ed.), *The Communication of Ideas*, New York, NY: Institute for Religious and Social Studies, 1948.

Robert K. Merton, *On the Shoulders of Giants: A Shandean Postscript*, Chicago and London: The University of Chicago Press, 1993.

Robert K. Merton, Marjorie Fiske, and Alberta Curtis, *Mass Persuasion: The Social Psychology of a War Bond Drive*, New York, London: Harper & Brothers, 1946.

相关思想史或评传

〔波〕彼得·什托姆普卡:《默顿学术思想评传》,林聚任等译,北京:北京大学出版社2009年版。

〔美〕E. M. 罗杰斯:《传播学史——一种传记式的方法》,殷晓蓉译,上海:上海译文出版社2012年版。

Lewis A. Coser (ed.), *The Idea of Social Structure: Papers in Honor of Robert K. Merton*, London and New York: Routledge, 2017.

(黄佩映)

罗伯特·W. 麦克切斯尼
（Robert W. McChesney，1952—　）

学术生平

　　罗伯特·W. 麦克切斯尼 1952 年出生于美国俄亥俄州克利夫兰，与后来著名的激进记者、《每月评论》主编约翰·福斯特一起就读于长青州立大学。大学毕业后，他先是担任了联合国际社的体育记者，而后进入西雅图的华盛顿大学学习，并分别于 1986 年和 1989 年获得传播学的硕士和博士学位。1988 年到 1998 年，他任教于威斯康星大学麦迪逊分校，1999 年进入伊利诺伊大学厄巴纳-香槟分校担任传播学院教授。麦克切斯尼的研究集中在传播学史和传播政治经济学领域，强调媒介在资本主义民主社会中扮演的重要角色。他自认受到米克尔约翰的民主自治理论，麦克弗森的政治理论，米尔斯和哈贝马斯的政治社会学，以及英尼斯、麦克卢汉和波兹曼的技术批判理论的影响。他的学术生涯从 20 世纪 80 年代开始。作为一位多产的学者，麦克切斯尼出版了 17 本著作，撰写了 150 多篇论文和书籍章节，以及 200 多篇新闻报道、杂志专栏文章和书评，它们被翻译成 18 种文字。他的主要著作有《全球媒体：全球资本主义的新传教士》(1997)、《财团媒体及其对民主的威胁》(1997)、《富媒体,穷民主:不确定时代的传播政治》(2000)、《媒介的问题:21世纪美国的传播政治》(2004)、《传播革命:紧要关头与媒体的未来》(2007)、《媒体政治经济学:持久的问题,新兴的困境》(2008)等。其中,《富媒体,穷民主:不确定时代的传播政治》一书在2008年获得国际传播学会研究员图书奖,彰显了其为传播学研究,乃至整个社会科学领域做出的卓越贡献。同时,麦克切斯尼也是少有的集批判与建构于一身的公共知识分子。除了等身的著作之外,他还参与组织了多个非营利组织和非商业媒体的活动。2000年到2004年,他担任左翼杂志《每月评论》的负责人和编辑;2002年,他与乔什·希尔文一起创办了致力于媒介改革与民主化的组织"自由新闻界";他还是伊利诺伊大学公共广播电台的主持人,通过多元的访谈节目传播其研究成果并推动媒体民主化进程。2008年,《优涅读者》将麦克切斯尼评为50位改变世界的梦想家之一。

主要理论(方法)贡献

麦克切斯尼在接受《华尔街日报》的创立者约翰的访问时称自己是一个社会主义者,并毫不隐讳自己对马克思主义的崇尚。在马克思主义传统的影响下,他倾向于将学科内的诸多问题归结到政治经济力量上。对他来说,所有权是至关重要的。围绕所有权这个核心问题,他在传播政治经济学领域的研究试图揭示传媒业放松管制的实质,力图将传媒机构政策、实践和组织结构的变更与更为宏观的权力、民主以及社会正义等问题联系起来,旨在促进传播政策的改良,调动民众的积极性,从而推动媒体民主化运动。

麦克切斯尼的主要议题之一就是批驳"媒体管制放松"的名不副实。在他眼中,媒体仍处在政府认可的寡头垄断之下,被少数高利润的企业实体所拥有。在《富媒体,穷民主:不确定时代的传播政治》中,麦克切斯尼指出,截至1999年,六个传媒集团控制着美国国内甚至全球绝大部分的媒体市场,而并非那些乐观主义者所认为的媒介频道的增多意味着更加多样的竞争。在麦克切斯尼看来,《1934年通信法》更是从根本上倾向于加强媒介集团的垄断经营。他认为,以《1934年通信法》的颁布为标志,传媒公司牟利的潜力开始成为美国联邦通信委员会颁发广播经营许可证的主要标准。他针对这个问题提出了四项解决方案：一是建立非营利的、非商业化的媒介组织；二是建立与发展非商业化的、非营利的公共广播与电视系统；三是商业广播涉及公共利益时，由政府加以规范；四是建立富有竞争性的市场，改变公司垄断市场的格局。2000年以来，麦克切斯尼将其对媒介所有权的关注放在全球化的语境下，指出了超越国家壁垒的、国际性的通信寡头垄断出现的可能性。

除了描述性地指出当前的传媒业仍然受到寡头垄断的控制，麦克切斯尼还不断追问一个通信系统被少数公司控制的代价是什么，以及这种控制将会如何影响高效且多闻的公民性所需要的信息与论断的多样性。在这一点上，麦克切斯尼可以被看成法兰克福学派的民主理论在当代的继承者。

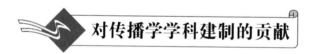

对传播学学科建制的贡献

麦克切斯尼对于传播学科的重要贡献突出地体现为他将传播政治经济学的研究与媒介改革运动紧密地联系在了一起，他自己也成为美国媒介改革运动的中坚人物。

在他所引领的诸多运动中，最为重要的就是2002年"自由新闻界"的创立。作为一个旨在推动媒介改革的全国性、无党派、非营利性组织，"自由新闻界"从其创立开始就成为美国媒介改革运动的中心。今天，"自由新闻界"已经成为美国最大的媒介改革组织，拥有近50万名会员，由其主办的媒介改革年会每年都会吸引数以千计的学者、媒介活动家、政客以及工会。同样在2002年，麦克切斯尼与丹·希勒一起发起了《伊利诺伊全球信息与通信政策倡议》，旨在为全球信息与通信政策提供一个理论基础，同时为该领域的专家、学者提供一个国际性的交流平台。其中一个重要的项目就是培养国际媒体政策学者、记者与活动家。

麦克切斯尼对于在中国传播与普及传播政治经济学理论也起到了一定的推动作用。在赵月枝的组织与安排下，他多次与丹·席勒等传播政治经济学学者在中国讲授传播政治经济学，在中国学界有一定的影响。

扩展阅读

原作

〔美〕罗伯特·W.麦克切斯尼:《富媒体 穷民主:不确定时代的传播政治》,谢岳译,北京:新华出版社 2004 年版。

〔美〕罗伯特·W.麦克切斯尼:《传播革命》,高金萍译,上海:上海译文出版社 2009 年版。

Edward S. Herman, Robert W. McChesney, *The Global Media: The New Missionaries of Corporate Capitalism*, London: Cassell, 1997.

Robert W. McChesney, *Telecommunications, Mass Media, and Democracy: The Battle for the Control of US Broadcasting, 1928—1935*, New York, NY: Oxford University Press, 1995.

Robert W. McChesney, *Corporate Media and the Threat to Democracy*, New York, NY: Seven Stories Press, 1997.

Robert W. McChesney, *The Problem of the Media: US Communication Politics in the 21st Century*, New York, NY: Monthly Review Press, 2004.

William S. Solomon and Robert W. McChesney (eds.), *Ruthless Criticism: New Perspectives in U. S. Communication History*, Minneapolis, London: University of Minnesota Press, 1993.

相关思想史或评传

刘晓红:《西方传播政治经济学研究》,上海:上海人民出版社 2007 年版。

(张晓星)

罗兰·巴尔特
（Roland Barthes，1915—1980）

学术生平

罗兰·巴尔特 1915 年 11 月 12 日出生于法国诺曼底的瑟堡市，母亲信奉新教，而父亲是一名天主教徒。1924 年，巴尔特随母亲迁居巴黎。1935 年至 1939 年间，巴尔特在索邦大学学习古典文学和法国文学。巴尔特一生深受病痛折磨，尤其是始发于 1934 年的肺病伴随了他一生，这使他在 1937 年被免去兵役，从而有时间到希腊和匈牙利游历一番。巴尔特于 1939 年取得古典希腊文学学士学位，并于 1941 年在索邦大学取得高等研究资质。1940 年至 1941 年，巴尔特在中学教书。1942 年，由于旧疾复发，巴尔特在接下来的五年中持续出入各大康复机构。在疗养期间，巴尔特对存在主义产生了兴趣，并且开始为加缪的《战斗报》写稿。健康状况好转以后，巴尔特辗转任教于罗马尼亚和埃及并最终回到巴黎。1952 年，巴尔特进入国家科学研究中心工作，研究词汇学和社会学。1953 年，巴尔特的第一部著作《写作的零度》出版，接着又分别出版了《米什莱》（1954）和《神话学》（1957），所有这些著作都显示了他对索绪尔结构语言学的创新性应用。1960年,巴尔特进入巴黎高等研究实践学院并于1962年担任"记号、符号与表征的社会学"研究项目主任,这使他成为由乔治·弗里德曼牵头成立的"大众传播研究中心"的核心成员,并和弗里德曼、莫兰一起成为这个法国传媒研究学派的支柱。事实上,20世纪60年代以后,巴尔特在符号学和结构主义领域的探索已经使他声名鹊起。1966年,巴尔特与其他法国知识界的领军人物(包括雅克·德里达)一起参加了在约翰斯·霍普金斯大学举行的著名会议——"结构主义之争:批评的语言与人的科学"。这之后,巴尔特进入了写作的高峰期,《S/Z》(1970)、《符号帝国》(1970)、《萨德/傅立叶/罗耀拉》(1971)、《新批评论文集》(1972)、《文本的愉悦》(1973)相继出版。1977年,巴尔特获得在法兰西学院讲授"文学符号学"的教职。《恋人絮语》在1977年出版以后很快就成了畅销书。然而不幸的是,1977年,巴尔特的母亲谢世,他深受打击。1980年2月25日,巴尔特被一辆卡车撞倒,这场车祸引发了他肺部的旧疾。3月26日,巴尔特离开了人世。

主要理论(方法)贡献

罗兰·巴尔特是大器晚成的思想家,他的成名得益于将索绪尔以来的符号学理论在文学理论和社会理论领域加以拓展。另一方面,罗兰·巴尔特也将符号学的理论和方法成功地应用于文学批评、媒介分析和社会理论建构等方面。巴尔特的作品和理论很少建构一个完整的逻辑体系,而是把符号学的分析应用于多样的实践,从而展示每个文本内涵之丰富性与表意的层次。符号学对文化研究产生了很大影响,几乎成为当代文化研究进行文本分析的一个基本分析工具。

在《符号学原理》一书中,罗兰·巴尔特为符号学勾勒出一个基本的轮廓,这是他的著作中少有的体系化的努力。在这部著作中,他把符号学的研究对象扩展为任何符号系统,这个符号系统并不局限于语言,可以是任何产生意义的事物、仪式、举止、景观以及这些简单事物的复杂组合。他总结了这些事物的基本方面,并按照结构语言学的方法将其划分为四种二元对立:语言和言语,所指和能指,系统和组合段,直指和涵指(也译为"直接意指和含蓄意指")。符号学并不研究符号系统的社会或经济意义本身(尽管在日后的发展中,这一点有所改变),而是关注在哪一个语义系统层次上,经济、社会与符号发生了关联。也就是说,符号学研究的是意义是如何通过符号产生的,这里的符号可以扩展为整个文本,从而有助于探讨意义产生的层次性与多义性,以及意识形态问题。

在罗兰·巴尔特建构的符号学理论体系中,"所指和能指"是索绪尔已经指出的,而"直指和涵指"是巴尔特对符号学具有原创意义的拓展,这两个部分也是整个符号学对媒介理论影响最大的两个方面。"所指和能指"标明的是符号本身具有的直接意义结构,"能指"是可直接感知的表达形式,而"所指"是与"能指"关联的内容,二者通过意义联结起来。"直指和涵指"则是意指化实践的第二个序列,第一个"能指与所指"序列构成的意义系统整体构成第二个序列中的"直接意指",这个"直接意指"的意义指向一个更难以被察觉的"含蓄意指",而各种形式的意义形态就依赖这层"含蓄意指"。巴尔特利用这种结构分析了当代资本主义社会的诸多文本,尤其是媒介文本。在《广告信息》一文中,巴尔特分析了特定广告的"直指"和"涵指",从而展示了媒介"叙事"中可能隐含的意识形态实践。

巴尔特建构的"第二序列的符号系统"与其后来诠释大众文化的"神话系统"紧密相关。神话的结构包含两个相互交错的符号学系统,巴尔特用下面这个直观的表加以描绘。

语言 神话	1. 能指	2. 所指	
	3. 符号(意义) Ⅰ 能指(形式)		Ⅱ 所指(概念)
	Ⅲ 符号(意指作用)		

在神话的层面,"Ⅰ能指"被称作"意义"或"形式",它是第一语言的"能指和所指"整体,正是它把语言和神话系统联结起来;"Ⅱ所指"被称作"概念",它赋予形式以当下的历史内涵,使之包含丰富的内容;"Ⅲ符号"是神话的"意指作用",是"形式"和"概念"的关联,也就是神话本身,它的存在基于形式与概念的可类比性。巴尔特用神话结构来分析大量具体的大众传播形式,比如肥皂剧、电影、新闻摄影以及服饰时尚。这样的分析旨在解释当代资本主义的意识形态(包括左翼和右翼)如何寄生于媒介神话,通过意指系统使

自身自然化。在《神话——大众文化诠释》一书中,巴尔特分析了一个广为人知的神话案例,这个案例是一本《巴黎竞赛画报》的封面——一个穿着法国军服的年轻黑人在向一面法国国旗敬礼。这个图片的形状、颜色和所指构成了整个神话的形式,这个神话之所指或者说概念是法国、军队以及黑人的混合,意指法国伟大的帝国性,这是通过能指(黑人向法国国旗致敬)呈现所指(法国的帝国主义社会)的神话典型。

对传播学学科建制的贡献

  罗兰·巴尔特是法国传播学学科建制的主要推动者之一。1962年,他和埃德加·莫兰、乔治·弗里德曼一起牵头在法国社会科学高等研究院创立了"大众传播研究中心",这是法国最早将大众传播视为核心研究领域的机构之一。巴尔特等人以符号学和文化主义切入传播研究的路径在今天依然深刻影响着法国的大众传播研究,并成为其主导范式。从19世纪70年代开始,罗兰·巴尔特和罗伯特·埃斯卡皮、让·梅里亚等学者向法国大学咨询委员会建议在法国创立关注传播研究的新学科。1972年,这些学者在法国人文科学之家开会,决定将这一新学科命名为"传播与信息科学"。1975年1月,在这些学者的努力之下,"传播与信息科学"正式作为新的研究学科被大学咨询委员会批准创立。自此,传播学作为一个学科正式在法国的研究机构中建制。

  除了对法国传播研究建制的推动之外,罗兰·巴尔特所推崇的符号学的方法被文化研究所采用。符号学既隶属于霍尔所说的文化研究的结构主义范式,同时是表征(文化研究术语,指通过语言产生意义)理论的构成主义途径。尤其在表征理论中,符号学的方法是最常用的分析文化文本的工具。构成主义强调语言的社会性,认为语言既不是真实世界的简单投影也不是个别个体的独特意义,而是由各种表征系统构成了其意义。在这个基本前提下,符号学理论和话语理论都可以被归类为这种路径,然而两者之间依然存在差别。巴尔特的符号学理论相较于索绪尔已经扩展到更为广泛的社会意义领域,但他依然回避了主体的阐释问题以及更为广泛的权力问题,这也是他为了使符号学成为一门确定的科学而回避的问题。在福柯那里,表征不仅仅和符号相关,而且和历史及权力相关,所以福柯重新把主体问题纳入其话语理论,探讨奠基于历史的话语关系,尤其是知识和权力的关系。这一点是符号学理论与话语理论最深刻的区别。

符号学对文化研究的另一个重要影响在于它启迪了"编码/解码"模式。巴尔特的符号学关注媒介文本如何通过符号表征生产意义的问题,却没有进一步解释受众的解读问题。尽管巴尔特的研究涉及神话的阅读问题,但在其语境中,对神话的解读并不取决于受众的主体性,而是神话把自然历史化的基本功能,这使得受众可以在隐蔽的能指下解读出神话强加的意义。但在霍尔那里,事实并非如此。由于表征意义具有多义性,而且意义并不是由文本的直接意指实现的,因此受众对于文本意义的解读需要一个解码的过程,并且这个过程受受众主体的知识框架以及生产关系、技术基础等因素的制约,这就是霍尔的"编码/解码"理论对于巴尔特的重要补充(详见本书斯图尔特·霍尔词条)。

最后,符号学的方法对鲍德里亚消费社会的思想具有重大启发,在《流行体系》《符号帝国》等著作中,罗兰·巴尔特已经开始运用符号学的方法分析当代社会中普遍存在的各种消费符码,如服饰、广告、媒介景观等。通过将索绪尔的"语言学"推广到文化领域,巴尔特将当代社会的消费符码看作广义的语言,并且指出流行就是利用消费符码进行意义表达的体系。鲍德里亚将这种符号学的分析方法糅合进德波对景观社会的分析,描述了一个被"物体系"控制的消费社会,由此,消费社会便是一个充斥各种消费符码之能指而无实质所指的"仿真"世界。

原作

〔法〕罗兰·巴尔特:《写作的零度》,李幼蒸译,北京:中国人民大学出版社2008年版。

〔法〕罗兰·巴尔特:《符号学原理》,李幼蒸译,北京:中国人民大学出版社2008年版。

〔法〕罗兰·巴尔特:《明室:摄影札记》,赵克非译,北京:中国人民大学出版社2011年版。

〔法〕罗兰·巴尔特:《符号帝国》,汤明洁译,北京:中国人民大学出版社2018年版。

〔法〕罗兰·巴尔特:《显义与晦义:文艺批评文集之三》,怀宇译,北京:中国人民大学出版社2018年版。

〔法〕罗兰·巴特:《神话修辞术》,屠友祥译,上海:上海人民出版社 2016 年版。

〔法〕罗兰·巴特:《流行体系》,敖军译,上海:上海人民出版社 2016 年版。

〔法〕罗兰·巴特:《S/Z》,屠友祥译,上海:上海人民出版社 2016 年版。

〔法〕罗兰·巴特:《文之悦》,屠友祥译,上海:上海人民出版社 2016 年版。

〔法〕罗兰·巴特:《恋人絮语》,汪耀进、武佩荣译,上海:上海人民出版社 2016 年版。

相关思想史或评传

〔法〕路易-让·卡尔韦:《结构与符号——罗兰·巴尔特传》,车槿山译,北京:北京大学出版社 1997 年版。

〔美〕乔纳森·卡勒尔:《罗兰·巴特》,陆赟译,南京:译林出版社 2014 年版。

Peter Starr, *Logics of Failed Revolt: French Theory after May'68*, Standford, CA: Standford University Press, 1995.

Philip Thody/Piero (Illustrator), *Introducing Barthes: A Graphic Guide*, London: Icon Books Ltd, 2012.

(李耘耕)

斯拉沃热·齐泽克
(Slavoj Žižek, 1949—)

学术生平

斯拉沃热·齐泽克1949年3月21日出生于斯洛文尼亚卢布尔雅那。大学本科期间,他广泛接触了拉康、海德格尔和德里达等人的德国和法国哲学,并于1971年出版了研究海德格尔和德里达思想的《差异的痛苦》,获得文学学士学位。1975年,他硕士毕业,硕士论文的主题是法国结构主义理论及欧陆哲学。其间,他对拉康式精神分析产生了浓厚兴趣,并决定要在斯洛文尼亚学术界推广拉康的精神分析学。他成立了"理论精神分析协会",开设拉康研究课程,召开多次国际研讨会,极大地促进了精神分析学在本国的传播与发展。1981年,齐泽克在卢布尔雅那大学获得博士学位,彼时他的博士论文还是对海德格尔的研究。在此之后,他应邀赴法国巴黎第八大学做访问学者,师从拉康的女婿雅克·阿兰·米勒,全面进入精神分析领域,并于四年后获得博士学位。1989年,齐泽克出版了《意识形态的崇高客体》。该书将拉康式的精神分析应用于对德国古典哲学、后现代哲学和意识形态理论的解读,开辟了新的意识形态研究路径，因而在国际学术界一炮而红。20世纪90年代，齐泽克在美国纽约州立大学精神分析与艺术研究中心、明尼苏达大学、哥伦比亚大学、普林斯顿大学、密歇根大学等学校进行了访学与讲学活动，同时在世界范围内参加哲学、精神分析和文化批评领域的研讨会，对各国的学术研究产生了深远的影响。在斯洛文尼亚，以齐泽克为代表的拉康派学者还热衷于各项政治民权运动——1999年，齐泽克参选斯洛文尼亚共和国总统，但以第五名的排名落选。2001年，他在一场关于列宁的学术研讨会上猛烈抨击资本主义，左翼激进分子的形象呼之欲出。齐泽克的另一个鲜明特点是热衷电影与电影艺术。在2005—2012年间，他相继参演了本·怀特执导的讲座纪录片《虚拟的现实》、阿斯特拉·泰勒执导的《齐泽克!》，以及自导自演的《变态者的电影指南》《变态者意识形态指南》等，其浓重的东欧口音、具有视觉冲击力的外表、出口成章的本领以及略显夸张怪异的举动颠覆了受众对传统学者形象的认知。在2007年与2010年，齐泽克分别在中国的南京大学和上海大学举办学术讲座，激发更多中国学者围绕自己的理论展开讨论。齐泽克是一位兢兢业业的高产学者，他的理论既因颠覆传统而艰深难懂，又充满日常笑话，因而他被戏称为"文化理论界的猫王""最嬉皮的哲学家"。他的代表性学术著作有《意识形态的崇高客体》（1989）、《斜目而视：透过通俗文化看拉康》（1991）、《敏感的主体》（1999）、《延迟的否定》（1993）、《视差之见》（2006）、《暴力》（2008）等。

主要理论（方法）贡献

齐泽克的理论吸收了马克思主义、德国古典哲学、海德格尔存在主义哲学、法国结构主义等不同思想。在他的学术版图中，精神分析学占据着至关重要的地位——他是拉康式精神分析哲学的拥趸，孜孜不倦地将该理论与文化研究、艺术批评、意识形态研究、社会学、政治学等诸多领域结合在一起。他对传播学理论的贡献是将精神分析的方法广泛应用到对媒介文化、媒介景观的分析中，进而丰富了文化研究的内容，实现了媒介研究与意识形态理论、主体性哲学的无缝接合。

把握齐泽克理论的第一个重要切口是意识形态理论。在以往的研究中，马克思将意识形态视为与社会生产方式相对的"虚假意识"，因此意识形态归属上层建筑的范畴,与统治阶级的权力和意志有着紧密的联系。阿尔都塞继承了马克思的这一观点,只不过,在他那里,意识形态除了具有观念层面的存在形式,还具有一定的物质性,即意识形态往往是通过"意识形态国家机器"这一物质存在而获得具体形式的。齐泽克的意识形态理论的独创性表现在,他借用黑格尔的哲学观点,将意识形态划分为三个阶段:自在的意识形态、自为的意识形态、自在自为的意识形态。在他看来,马克思主义的意识形态是作为观念、意识、信念存在的概念,属于"自在的意识形态"的范畴;而阿尔都塞提出了意识形态绕过观念和话语层面的意义来发挥作用的另一种他性的、外化的实体形式(比如宗教机构、仪式),即"自为的意识形态"。与二者相比,齐泽克将精神分析的"幻象"逻辑引入意识形态研究领域。他认为,意识形态并非遮蔽社会现实与真理的虚幻物,而是潜移默化地在无意识层面参与建构社会现实的"幻象"。这种幻象既非要回到"自在的意识形态"的观念表征层面,又否定了"自为的意识形态"的物质形式,是一种"自在自为的意识形态",强调主体在现实中的感知而非行动,且这种感知往往是先验性的、先在的、抽象的,它悄无声息地制定了社会活动的意义规则,并铺设了主体行动的文化语境。

齐泽克对"自在自为的意识形态"的界定打碎了传统认识论和方法论的桎梏,显示出精神分析学在理论阐释层面的强大张力,这种张力亦可见于齐氏对当代媒介景观与意识形态的关系的分析。齐泽克尖锐地指出,媒介具有与神经症、精神病一样的特质:无视现实,极具欺骗性。正如意识形态总是悄无声息地渗透到社会活动中,当前的媒介景观充斥着博人眼球的色情事件和闹剧,实际上"阉割"了一部分需要人们关注的社会现实。在齐泽克眼中,媒介事实上是作为一种意识形态的崇高客体而运作的,它们常常被政治力量操纵和掩饰,而意识形态正是通过诸如电影、真人秀等看似温和无害的文化形式产生了强大的社会影响力。也就是说,媒介扮演着齐氏所述"大他者"的角色,它们常常以一种符号秩序(象征秩序)的方式将意识形态去崇高化,使之成为自然而然的日常生活话题。

其实,齐泽克本人从不排斥与媒体的深层接触,甚至可以说,他本身就极为擅长利用媒体中介进行学术表演。这种现实的媒体经验与他的理论形成了有趣的回路,二者相互映照,耐人寻味。在2008年出版的《暴力》一书中,齐泽克集中论述了暴力的主客观形式:人们往往更多地关注现实中与非暴力状态相对立的纯粹暴力形式,这种暴力极易归咎于个体自身,是最浅层的主观暴力;但人们常常对另一种无形的、隐藏在政治经济秩序面具下的客观暴力视而不见,例如符号暴力和系统暴力。齐泽克发现,媒体的话语和描述常常是片面的、细碎的,它们关注显而易见的主观暴力及其造成的震惊体验,由此遮蔽了媒介景观之下的客观暴力要素。他以《时代》杂志对刚果政治暴动的遇冷报道为例,开宗明义地阐明媒体"诉诸个体"的报道实际上更能吸引大众关注,其背后的人道主义因素却被置换、掩盖。这一点与学界关于齐泽克的争议有相似之处:部分人指责齐泽克在演讲、写作时使用格调不高的笑话和段子,却忽视了这些话语形式背后独具慧眼的理论观点。

　　了解齐泽克的另一个切入点是他的文化理论。齐泽克广泛关注电影艺术、赛博空间、虚拟文化与快感等问题。这些理论延续了他一贯以来的拉康式精神分析风格。在他早期的作品中,分布着对电影、艺术等的分析,哪怕是只言片语,也足以管窥他的洞见。比如他借用康德的"凝视"概念,将电影的镜头视为"作为客体的凝视",以此说明主体的欲望是被"中介"后的欲望,主体只能在客体提供的框架内进行观看。在齐泽克看来,电影是"终极变态的艺术",因为它揭示了象征界、实在界与想象界的复杂关系,让我们进入象征界的叙事网络来洞察实在界的分裂与不一致。显然,齐泽克的观点充满拉康式术语。但是,若说齐泽克完全在效仿拉康是不公允的,因为他是基于自己的理解、以自己的风格来阐释和使用拉康的概念:拉康的镜像阶段强调个体通过他者的目光来建构自身的主体意识,齐泽克则引入"大他者"的概念来阐述一种影响社会活动规则和主体行为的象征秩序;拉康将能指与象征网络的符号秩序联系在一起,齐泽克则进一步用"主人能指"的概念阐明了固定文本意义的具体方式。在赛博空间与虚拟文化的问题上,齐泽克这种对拉康理论的创造性使用可见一斑。齐泽克认为,赛博空间的骇人之处不在于它的虚拟性,而在于它真实地揭露了现实生活的虚拟性,而这种虚拟性又可以被划分为想象的、象征的和真实的三个维度。这一观点延续了拉康式"想象界—象征界—实在界"的三元划分思路。齐泽克认为,现实生活与主体行动都离不开"大他者"的隐形在场,它在社会象征层面发挥效力(比如,社会权力体系往往通过不同的身份体现出来,而这种身份的权威和威慑力往往是虚拟的、象征性的)。这种效力同时要依赖"主人能指"的功能——缝合漂浮的意识形态要素,固定事物的意义,统一意识形态秩序。但是,在赛博空间中,人们面对的是"没有虚拟性的现实"(a reality without virtual),他们可以随心所欲地切换虚拟身份、改写文本意义、直面内心的欲望与幻想,因而再也不存在一个能将漂浮的意义固定下来的"主人能指",随之而来的后果便是现实与虚拟的边界模糊,"大他者"失效,主体陷入无所适从的困境。与那些因赛博空间与中介化交往的出现而感到欣欣鼓舞的传播研究者不同,齐泽克清醒地认识到,赛博空间只不过是在表面上使主体交往实现了自由,但实际上,主体在狂轰滥炸的信息与漂浮的意义网络中越来越难分辨自我与他者、虚拟与幻象、现实与象征,并且始终受制于数字网络的政治经济逻辑,实际上受到的是更深层的绑架与禁锢。

对传播学学科建制的贡献

齐泽克是斯洛文尼亚拉康学派的重要创始人和代表。他曾经在纪录片《齐泽克!》中旗帜鲜明地表示,自己是一个毋庸置疑的拉康主义者并且要矢志不渝地将精神分析学推广到其他不同领域。就传播领域的表现而言,齐泽克将"大他者""阉割自满情结""主客观暴力"等精神分析概念独具匠心地应用到对当前媒介景观的分析中,为后续的媒介研究与文化研究提供了有益的学术视角。

与此同时,齐泽克的"视差之见"与传统哲学的诸多定式思维划清了界限,这一思路强调的是,真理并非在不同的观测视角的转换过程中得出,而产生于不同视角在转换瞬间所造成的失衡与断裂之处——正是客体内部的结构要素的对抗与分裂,造就了主体与客体间的"视差"。基于此,齐泽克点明了真理、现实与认知的深层关系:现实无法脱离主体认知而存在,相反,它动态地存在于主体的视差转换中,始终与主体的认知运动相互建构。这种观点对文化研究学科建制的启示在于:其一,齐泽克跳出了学术研究中"换个角度看问题""从不同角度看问题"的庸俗思路,提醒我们关注客体自身裂变的、不平衡的、对抗性的结构。落实到具体的研究问题,正如一些过于强调语境、背景、情境等视角变化的文化研究思路往往忽略了原本就存在于客体结构中的对抗性因素,"视差之见"促使我们反思既有认知框架的局限性,启示我们关注存在论层面的事物自身。其二,长期以来,文化研究习惯性地将意识形态的存在视为必然,始终关注权力与意识形态的运作模式,例如,阿尔都塞的"征候式解读"模式、福柯的"话语—权力"模式……殊不知,这些思路实际上默认了意识形态的统摄作用而不自知。这正是齐泽克对意识形态的严厉批判——人们并非不知道意识形态的存在,而是任由自己被操纵。在这个意义上,齐泽克的"视差之见"是对传播研究问题意识的一次反思,提醒我们关注意识形态的内在结构及其与主体相互建构的具体过程。

原作

〔斯洛文尼亚〕斯拉沃热·齐泽克:《意识形态的崇高客体》,季广茂译,北京:中央编译出版社 2002 年版。

〔斯洛文尼亚〕斯拉沃热·齐泽克:《实在界的面庞》,季广茂译,北京:中央编译出版社 2004 年版。

〔斯洛文尼亚〕斯拉沃热·齐泽克:《暴力:六个侧面的反思》,唐健、张嘉荣译,北京:中国法制出版社 2012 年版。

〔斯洛文尼亚〕斯拉沃热·齐泽克:《视差之见》,季广茂译,杭州:浙江大学出版社 2014 年版。

〔斯洛文尼亚〕斯拉沃热·齐泽克:《延迟的否定:康德、黑格尔与意识形态批判》,夏莹译,南京:南京大学出版社 2016 年版。

Slavoj Žižek, *Trouble in Paradise: From the End of History to the End of the Capitalism*, London: Penguin Books, 2014.

相关思想史或评传

〔英〕保罗·A.泰勒:《齐泽克论媒介》,安婕译,北京:中国传媒大学出版社 2019 年版。

戴宇辰:《遭遇"视差之见":齐泽克与文化研究》,上海:华东师范大学出版社 2020 年版。

韩振江:《齐泽克意识形态理论研究》,北京:人民出版社 2009 年版。

韩振江:《齐泽克:新马克思主义批判哲学》,北京:人民出版社 2014 年版。

Ian Parker, *Slavoj Žižek: A Critical Introduction*, London: Pluto Press, 2004.

(姚文苑)

斯图尔特·霍尔
(Stuart Hall, 1932—2014)

学术生平

斯图尔特·霍尔 1932 年 2 月 3 日出生于牙买加首都金斯敦,父亲是会计师。1951 年,他随母移民英国,定居布里斯托尔。1951 年,他获得罗德奖学金,进入牛津大学默顿学院读书至文科硕士毕业。1956 年,他放弃了以美国小说家小亨利·詹姆斯为研究内容的博士学位攻读计划。1957 年,霍尔创办了《大学与左派评论》。1959 年,《大学与左派评论》与 E. P. 汤普森创办的《新理性者》合并为《新左派评论》,霍尔成为《新左派评论》的第一任主编,直到 1961 年退出编辑部。1961 年,他进入伦敦大学切尔西学院讲授媒体、电影和大众文化研究方面的课程,开始学术生涯。1962 年至 1964 年,他与沃内尔完成了英国电影研究中心开展的关于电影的研究,出版了《通俗艺术》一书。1964 年,他应霍加特之邀加盟伯明翰大学当代文化研究中心。1968 年,他成为霍加特之后当代文化研究中心第二任主任。1971 年,他完成了联合国项目"文化规划的革新和衰退"。1972 年,他启动了有关种族、法律、秩序与监控的研究项目,成果于1976年以《通过仪式抵抗:战后英国青年亚文化》为名出版。1979年,他离开当代文化研究中心到英国开放大学任社会学教授。1997年,他从开放大学退休,仍兼任伦敦金史密斯学院传播学院教授,同年被评为全英国百名伟大黑人之一。这一年,他还担任英国拉尼美德委员会委员及文化经营组织"署名"和"国际视觉艺术中心"的主席。2007年10月3日,他参加了"来灵屯国际视觉艺术中心"揭牌仪式,那里后来成为霍尔的办公室。退休后,他仍然密切关注社会文化。2007年7月布朗政府上台后,他发表文章《布莱尔之后的英国生活是否将有所不同?》来反思新工党的十年执政生涯。2014年2月10日,长期受病痛折磨的霍尔逝世,享年82岁。纵观霍尔的一生,英国文化研究最终蔚成一大思想学术流派应当归功于他卓越的思想才能和组织领导才能。他的代表性学术作品有《电视话语中的编码与解码》(1973)、《作为媒体的电视及其与文化的关系》(1975)、《文化研究和文化研究中心:一些成问题的问题》(1980)、《艰难的复兴之路:撒切尔主义和左派危机》(1988)、《文化身份与流散》(1990)、《表征——文化表征与意指实践》(1997)。

主要理论(方法)贡献

作为当代文化研究的鼻祖,斯图尔特·霍尔对传播学的贡献是其思想中最熠熠生辉的部分之一。他的名望很大程度上来源于他的传媒研究。

"编码/解码"理论是霍尔对传播学最直接的贡献。他继承了马克思主义文化理论,吸收了阿尔都塞的结构主义意识形态理论和葛兰西的文化霸权理论,以及民族志、语言学、符号学等多种研究方法,以文化研究的视角研究大众传播和大众文化。他早期最具代表性的文章《电视话语中的编码与解码》,将传播按"生产、流通、分配/消费、再生产"的过程来分析,提出信息的话语形式在传播中占有一个特殊的位置,"编码"和"解码"的诸多环节是确定的环节。他认为一个未经加工的历史事件必须在电视话语的视听形式范围之内符号化,经过编码成为可传播的事件,在编码过程中可以清楚地看到意识形态在话语中以及对话语的积极介入。霍尔批评"选择性感知"理论是一种残存的多元论,避开了高度结构性的过程冲击。他认为观众的解码行为是在一定界限内发挥作用的,并假想了三种受众地位来建构电视话语的解码过程。

这一改过去的传媒研究只停留在文本分析上的状况,突出了对受众解读文本的方式的研究。他提出的三种解码过程是:(1)倾向式解码,即编码与解码一致;(2)协商式解码,即认可宏大意义上霸权性界定的合法性,但在一个更有限的、情境的层次上制定自己的基本规则;(3)对抗式解码,即观众有可能完全理解话语意义,但以一种全然相反的方式去解码。霍尔提出的三种解码方式,使传媒研究的关注点转向了多元的受众。

在《控制危机》一书中,霍尔运用民族志的方法,分析了大众媒体对青年亚文化和黑人青少年犯罪的担心所导致的社会道德恐慌,以及这种恐慌如何在大众媒体和社会心理层面表现出来。在研究中,他们对"主要解释人""次要解释人"做了极为重要的区分。主要解释人是在组织中占主导地位的集团,他们能够给媒介提供暗示;媒介作为事件的次要解释人而行事,对从主要解释人那里接收到的信息进行筛选和阐释。《控制危机》对受众研究启发极大,并由此开启了一系列关于"道德恐慌"的研究。

在研究方法上,民族志与文本分析相结合的方法经霍尔的运用逐渐成熟。在研究取向上,跨学科甚至是反学科是霍尔及其文化研究团队的学术实践特色。他不拘泥于经验主义模式和理论抽象模式,而是把问题与特定历史时期相联系,并力图突破学科疆界进行跨学科对话。

对传播学学科建制的贡献

文化既是传播的内容,又是传播的手段,因此不包含文化的传播研究和不包含传播的文化研究都不完整。斯图尔特·霍尔的名字就是文化研究的同义词。在他的学术生涯中,他关注社会文化,著述甚多,涉及范围广,影响大,跨越了多学科领域。他在英国文化研究领域是当之无愧的领袖。霍加特称赞他是"优秀的领导人""为集体合作而工作的伟人",以及"在该中心的研究能力和开拓精神独一无二"。他对传播学学科建制的贡献表现在以下四个方面:

其一,他同霍加特一起将伯明翰大学当代文化研究中心办成了举世瞩目的研究机构,为文化研究提供了研究机构,并为学生授予相关学位。伯明翰大学当代文化研究中心的成立曾面临来自伯明翰大学副校长等的阻力和英语系、社会学系的微词,霍尔以研究员的身份坚持协助霍加特维持中心运作,中心任务繁忙以致他不得不放弃写作博士论文。对霍尔的回报是,在伯明翰大学当代文化研究中心的平台上,形成了赫赫有名的伯明翰学派,并进一步孕育了世界范围内的文化研究思潮。

其二,他言传身教,培养和影响了大批学者。他的"编码/解码"理论探究文化传播过程中意义的生产和再现,反击了法兰克福学派受众被动接受的观点,开启了积极受众研究的路径。在他的理论的影响下,20世纪70年代末80年代初兴起了新的受众研究浪潮。他的学生戴维·莫利沿着他的路径对三种解读方式进行了验证研究。约翰·费斯克更是将受众的创造性放大为"符号的民主"。霍尔1976年出版的《通过仪式抵抗:战后英国的青年亚文化》影响了亚文化研究,书中各篇目的作者日后大都成为亚文化研究领域的佼佼者。如赫伯迪格进一步深入研究了书中"摩登派的意义"后,于1979年出版了《亚文化:风格的意义》,具有女性主义研究取向的安吉拉·麦克罗比出版了《女孩与亚文化》。他的全球化后现代理论也是当代传播学关注的热点话题,后继者众。

其三,他区分了文化研究的两种范式:文化主义与结构主义。霍尔在1981年的《文化研究:两种范式》一文中将英国文化研究的发展划分为两个范式,即文化主义范式和结构主义范式。前者主要是指威廉斯和汤普森的文化理论,他们认为文化产生于人的整体生活方式。文化主义在20世纪50年代到60年代中期占据主导地位。而从60年代中期开始,结构主义范式从欧洲大陆传入,它强调文化的结构与意识形态特征,认为人不是文化的创造者。结构主义范式在此后相当长的时间里占据文化研究范式的主导地位。围绕着文化主义与结构主义的争论,在英国形成了两种文化研究范式、两代新左派的矛盾与对立,它们共同推动英国本土马克思主义传统的发展。

其四,霍尔突破了英国文学研究旧例,继承了法兰克福学派的文化批判传统,以跨学科的研究方法进行了关于阶级、文化和传播交流的研究,为传播学融合人文学科取向和社会学科取向做出了突出贡献。以霍尔为领导的文化研究团队,掀起了跨学科研究的热潮,力图摆脱现有学科体制的束缚,为传播研究带来了更多学术活力,为传播学作为一个研究领域的学科定位提供了先例。不同学科领域的理论和方法,为传播研究提供了大量资源,增强了传播研究的批判力。

扩展阅读

原作

〔英〕保罗·杜盖伊、斯图尔特·霍尔等:《做文化研究:随身听的故事(第二版)》,杨婷译,北京:中国传媒大学出版社2017年版。

〔英〕斯图尔特·霍尔编:《表征——文化表征与意指实践》,徐亮、陆兴华译,北京:商务印书馆2013年版。

〔英〕斯图亚特·霍尔等:《管控危机》,黄典林译,上海:华东师范大学出版社2022年版。

〔英〕斯图亚特·霍尔、保罗·杜盖伊编著:《文化身份问题研究》,庞璃译,开封:河南大学出版社2010年版。

〔英〕斯图亚特·霍尔、托尼·杰斐逊编:《通过仪式抵抗:战后英国的青年亚文化》,孟登迎等译,北京:中国青年出版社2015年版。

相关思想史或评传

〔英〕安吉拉·麦克罗比:《文化研究的用途》,李庆本译,北京:北京大学出版社2007年版。

金惠敏:《积极受众论:从霍尔到莫利的伯明翰范式》,北京:中国社会出版社2010年版。

武桂杰:《霍尔与文化研究》,北京:中央编译出版社2009年版。

张亮、李媛媛编:《理解斯图亚特·霍尔》,北京:北京师范大学出版社2016年版。

(戎 青)

西奥多·W.阿多诺
(Theodor W. Adorno, 1903—1969)

 学术生平

西奥多·W.阿多诺1903年9月11日出生于德国法兰克福一个犹太酒商家庭,家境富裕。由于母亲是一名歌唱家,阿多诺从小受到良好的音乐教育。从15岁开始,阿多诺便在西格弗里德·克拉考尔的指导下研读康德、卢卡奇和布洛赫,早早地进入了哲学领域。1921年,阿多诺进入法兰克福大学学习哲学、心理学、社会学和音乐。在这里,阿多诺和霍克海默在一个研讨班上结识。1924年,在汉斯·科尔内留斯的指导下,阿多诺以一篇关于现象学的论文——《胡塞尔现象学中物和意向的先验性》获得哲学博士学位。1923年,在克拉考尔的介绍下,阿多诺认识了本雅明,并和他结下了一生的友谊。1925年,阿多诺前往维也纳学习作曲。在此期间,阿多诺发表了众多关于音乐批评和音乐美学的文章。1925年6月,阿多诺在维也纳拜访了卢卡奇。1931年,在蒂利希的指导下,阿多诺以论文《克尔凯郭尔:审美对象的建构》(1933年发表)获得了授课资格,并开始在法兰克福大学讲课。由于和霍克海默的关系密切,阿多诺一

直和法兰克福大学社会研究所保持着非正式的关系,并在研究所的刊物上发表文章。1933年,随着纳粹的上台,犹太血统的阿多诺被禁止授课。1934年,阿多诺不得已离开德国,辗转来到牛津大学。1938年年初,在霍克海默的斡旋下,阿多诺接受了由拉扎斯菲尔德提供的一个工作机会——"普林斯顿广播研究项目"中的音乐研究子项目。但由于种种原因,1940年,洛克菲勒基金会终止了对这个子项目的资助,这次合作宣告结束。1941年到1949年间,阿多诺移居加利福尼亚,他和霍克海默合著的《启蒙辩证法——哲学断片》于1947年出版,产生了广泛的影响。在此期间,他还参与撰写了五卷本的"偏见研究"丛书中的《权威人格》。1949年11月,阿多诺和霍克海默一起重返法兰克福,着手重建社会研究所。1958年,阿多诺接替了霍克海默的所长职位,并于1963年当选为德国社会学学会主席。1966年,阿多诺出版了晚期最重要的著作之一《否定的辩证法》。1968年革命爆发之后,阿多诺由于反对学生运动,遭到了学生的声讨和围攻。1969年8月6日,阿多诺在瑞士度假时因心脏病发作猝死,留下了未完成的遗著《美学理论》。

主要理论(方法)贡献

阿多诺是法兰克福学派第一代学者中的佼佼者,他的思想在哲学、社会学和传播学领域都具有广泛的影响。其一,对于传播学来说,阿多诺不仅仅是批判理论的代表,也是文化工业批判的奠基人。文化工业批判这一母题对传播研究影响巨大,批判范式下几乎所有理论流派都或多或少地卷入过对这个议题的讨论。其二,阿多诺流亡美国期间,曾经与拉扎斯菲尔德有过一次广为人知的合作。这次合作在传播思想史上影响巨大,甚至在一定程度上影响了今天传播理论范式的格局。这次合作还引发了传播学科史上旷日持久的方法之争,这一争论直到今天还被不断书写。

阿多诺对于文化工业这一母题的关注是从其对音乐的关注开始的,因为出身音乐世家,阿多诺从小就钟爱音乐。在1931年之前,阿多诺对于哲学的思考几乎都与音乐直接相关。在1938年与拉扎斯菲尔德的合作中,阿多诺负责的子项目也是广播音乐研究。1949年,阿多诺返回法兰克福之后,又撰写了大量音乐美学方面的专著,这其中包括未完成的《美学理论》。阿多诺的音乐美学中包含着一种对拯救的渴望,在他眼中以勋伯格为代表的现代音乐是在艺术领域唯一能够拯救人们在现实中绝望的灵魂的东西。马丁·杰伊认为,阿多诺并不像一个单纯的音乐研究者,而更像一个音乐社会学家。在阿多诺那里,音乐从来就不是自我封闭的领域,而是受制于社会的。现代资本主义的工业化实践把传统音乐纳入流行体系,文化工业使听众不再关注作为整体的音乐而强调音乐的音调和某些适合传播的局部特征。传统音乐由于无视这种由社会性"强制机械"带来的病变,在现代音乐消费实践中就失去了存在的社会根基。和马尔库塞对"单向度社会"的批判类似,阿多诺认为这种音乐实践使得音乐中革命的因素被剔除,而旋律的重复成了音乐的本质特征。阿多诺对文化工业的关注是从爵士乐开始的,在英国期间,他就发表了题为《论爵士乐》的文章。他否定了爵士乐是某种音乐形式上的革命的论点,而称之为加强了异化的商品。在美国,阿多诺进一步了解了流行音乐的威力。1938年和1941年,阿多诺又相继在《哲学与社会科学研究》杂志上发表了《论音乐的拜物特性和欣赏的退化》《论流行音乐》等文章。在这些文章中,阿多诺依然没有改变对流行音乐的敌视态度,认为资本主义拜物教精神已经全面渗透进流行音乐,流行音乐依靠标准化和制造虚假的个性来控制大众。这些论点已经具备了文化工业批判的雏形。

在《启蒙辩证法——哲学断片》中,"文化工业批判"是最精彩的章节。"文化工业"的概念是阿多诺对"大众文化"的否定性用法,文化的含义在阿多诺那里也是极其丰富的。在他看来,文化不仅仅是一种艺术形式,它甚至是当代资本主义的一种存在方式。阿多诺坚持一种辩证的文化观,即把文化放置于其与当代社会的互动之中去考察。阿多诺并不是反对所有形式的文化,而是反对那些参与了社会进程却隐藏意识形态控制的虚假艺术形式。他认为,现代大众媒介与文化工业是共谋的关系,在资本主义社会,大众媒介已经完全商品化和资本化了。电影、广播和杂志制造了一个系统。这个系统正是整个资本主义控制系统的延伸。观众在享受文化商品的同时,也在接受资本主义的奴役。事实上,阿多诺关注大众媒介承载的内容而非媒介技术本身,但他的批判把这二者之间的界限模糊了,大众媒介成为文化工业的罪魁祸首。他认为文化工业带来了以下三个重要的后果:

(1) 制造了虚假的个性,用标准化的技术复制磨平了文化之间的差异。
(2) 艺术成为文化工业的一部分,艺术因意识形态渗透和受商品化裹胁而不可能自律。

（3）文化工业成为社会控制的终极形式。文化工业使得人们的闲暇时间也被控制，艺术和广告技术的差别基本消失，追求赢利成为文化工业赤裸裸的目的。

阿多诺和本雅明针对文化工业这一主题曾经有过精彩的争论。阿多诺与本雅明结识于1923年，本雅明对阿多诺的思想影响至深。二人对于相似问题的见解虽然常有不同，但友谊一直保持至本雅明逝世。在对于大众文化的看法上，本雅明并没有阿多诺那么激进。在《机械复制时代的艺术作品》中，本雅明试图在对电影的意识形态化的批判中找到一种新的革命形式，这种革命形式提供给了观众新的知觉形式（特写和高速镜头带来的知觉深化）和互动形式（观众可以与文本进行积极的互动），而其中都隐藏着解放的可能性，尽管这种可能性是和控制的可能性并存的。这番议论对阿多诺震动很大。事实上，阿多诺早年诸多对于流行音乐的批判都是对这种议论的回应。阿多诺和本雅明的根本分歧在于对"大众文化"（阿多诺称之为"最低级的艺术"）和"自律的艺术"（阿多诺称之为"最高级的艺术"）这一二元形式的认识。本雅明试图将二者辩证地结合起来寻找突破的可能性，而阿多诺把二者对立起来并聚焦于自律的艺术形式，尽管他同样承认二者"都带有资本主义的伤痕，都含有变革的种种因素"，但显然，在阿多诺那里，"自律的艺术"带有更大的解放可能性。

阿多诺是批判理论的代表性人物。对于实证主义的经验研究方法，阿多诺的态度表现出了一定的复杂性。一方面，他从参与普林斯顿广播研究项目时期起就批判以拉扎斯菲尔德为代表的实证研究，并且在20世纪60年代与波普尔就实证主义的问题有过重要的争论；另一方面，阿多诺本人不但参与了社会研究所在20世纪40年代开展的涉及"反犹主义"的经验研究，并且负责撰写了"偏见研究"丛书中《权威人格》一书，这部分研究大量采用了通过应用心理学量表、问卷调查等手段获得的经验研究材料，因此成为整个研究计划中最精彩的部分。回到德国以后，阿多诺也将美国实证研究的经验在欧洲推广。20世纪50年代，阿多诺支持并参与了研究所的一系列经验性研究，如群组实验研究以及对曼内斯曼公司的研究，这些研究都推动了经验社会学研究在德国的发展。但总体上看，阿多诺对于以实证主义理念为核心的经验研究是批评多过赞扬。在参与普林斯顿广播研究项目期间，阿多诺与拉扎斯菲尔德曾经在研究方法的问题上发生过争论。据魏格豪斯的记述,拉扎斯菲尔德批评阿多诺关于广播音乐的论文充满带有偏见的批评,无视经验研究的事实,而阿多诺坚持认为自己的批判符合经验研究的要求,指责拉扎斯菲尔德的行政研究取向将"以当前广播的组织方式,如何使好的音乐吸引尽可能多的人"作为研究问题是毫无意义的。1961年,在德国图宾根的一次社会学研讨会上,阿多诺与卡尔·波普尔针对社会学中的科学主义和实证主义问题发生了争论。早在1957年,阿多诺就撰写了《社会学与经验研究》一文阐述自己的立场。在他看来,注重总体批判的社会理论和注重经验的社会学研究不是一回事。只有前者才具有真正的批判性,而后者只具有方法上的客观性而忽视社会客观性。这一观点由于在1961年的大会上对波普尔的《社会科学的逻辑》一文的批判而得到了深化。虽然阿多诺和波普尔都反对以维也纳学派为代表的"科学主义",主张从"问题"而非经验材料入手研究社会问题,但是阿多诺反对将"问题"仅仅看作具有研究程序和方法论上的优先性,他认为社会本身就构成了"问题",而无须从科学实证的角度提出可以证实或证伪的"问题"。在阿多诺之后,这一争论的范围迅速扩大,在20世纪60年代的德国演变成一场关于实证主义的大讨论,哈贝马斯、马尔库塞、弗赖尔等人都被卷入其中。

 对传播学学科建制的贡献

法兰克福学派对于传播研究影响巨大,虽然其中大多数学者都在第二次世界大战期间有留美的经历,但直到20世纪60年代以后,法兰克福学派才作为一个影响卓著的整体被美国学界关注并很快产生了巨大的影响。对于传播学来说,以法兰克福学派为代表的批判范式在今天已经成为传播学研究的主导范式之一。与霍克海默相比,阿多诺直到20世纪50年代末才成为这个学派的领导者,然而他是整个学派第一代学者中影响最大的一位。阿多诺对传播研究的影响主要体现在以下三个方面:

首先是阿多诺与拉扎斯菲尔德的那次广为人知的合作。这次合作始于1938年年初,终结于1940年夏天,整个过程持续了不到两年。然而,这次合作在传播思想史上意义重大,后来的传播学学者如大卫·莫里森、罗杰斯等都不断地重提二者的合作以及思想上的分歧,这种分歧被看作传播研究中经验主义范式和批判研究范式之间的冲突,也是传播学史上一桩被不断书写的经典公案。这次合作是法兰克福学派和哥伦比亚学派唯一的正式学术合作(尽管在此之前,拉扎斯菲尔德参与过法兰克福学派20世纪30年代的经验研究,但那时的拉扎斯菲尔德还没有进入哥伦比亚大学领导正式的经验研究)。在这次合作中,阿多诺对拉扎斯菲尔德的研究取向提出了尖锐的批评。多年之后,阿多诺回忆起初次接触美国大众传播研究的情景时说:总体上看,只靠经验研究的发现是不能够完全实现对社会进行理论思考的。这一方面可以被看作两种不同的研究取向之间的分歧;另一方面,这些评论也表明阿多诺并不是完全拒斥经验研究的方法,他反对的只是那种为澄清"社会客观性"而仅仅关注经验的"行政研究"的取向。"行政研究"这一术语是拉扎斯菲尔德在1941年发表于《哲学与社会科学研究》上的著名文章《论行政的和批判的传播研究》中提出的,这篇文章的出炉也得益于他和阿多诺的这次合作。在这篇文章中,拉扎斯菲尔德提出了传播研究中"行政研究和批判研究的区分"。文中带有二元对立意味的描述构建了传播研究历史上最为著名的范式对立,这也是阿多诺和拉扎斯菲尔德的合作的意外副产品。

阿多诺对传播研究的另外一个重要影响集中在大众文化批判领域。阿多诺的"文化工业批判"理论对于后来的大众文化研究影响深远,这种影响后来分裂为两种趋势:其一是对于阿多诺理论的借鉴与融合,比如英国的文化研究;其二是对文化工业的反驳,强调大众文化解放的力量,比如费斯克等的研究。关于阿多诺文化工业理论的争议一直延续至今。在文化研究那里,对于大众文化的判断也渐渐分裂为两种趋势:其中一派融合了"文化工业"理论、"意识形态"与"霸权"理论,着眼于对大众文化的控制形式的研究(详见本书斯图尔特·霍尔词条);而以费斯克为代表的乐观派认为大众文化的文本为大众提供了反抗"宰制性文化霸权"的武器(详见本书约翰·费斯克词条)。这两种针对"大众文化"的讨论路径都可以被看作"文化工业"这一母题的延续,而作为这个母题的开创者,阿多诺对于大众文化的研究无疑为后来的学者提供了一个不可忽视的参照系。

最后,阿多诺的思想还启发了"使用与满足"理论。"使用与满足"理论的先驱之一赫佐格早在20世纪30年代就与法兰克福大学社会研究所有过合作。在研究所40年代进行的"反犹主义"的经验研究中,拉扎斯菲尔德和赫佐格领导的应用社会研究局为此研究的量化分析提供了大量的帮助。1941年,赫佐格出版了自己针对日间广播肥皂剧听众的研究成果《论借来的体验》。在这部论著中,赫佐格打破了短期效果研究的桎梏,通过访谈、焦点小组等方法呈现出一群充满活力和主动性的肥皂剧受众。这部论著可以说是对阿多诺描述的美国"文化工业"宰制下的受众的一个经验性考察。在经典的传播学视野中,这项研究被看作"使用与满足"理论的先驱,它描述了诸多依照自己的喜好接触和使用媒介的主动受众形象。然而,泰玛·利贝斯指出,这部著作延续了法兰克福学派的传统,它通过对真实读者进行案例研究,完善了法兰克福学派关于消费主义文化如何折磨、欺骗受众的观念。这种受众形象与阿多诺描述的在"文化工业"宰制下,文化产品通过程式化、伪个性化以及生产虚假需求来控制的受众形象并无二致。但不可否认的是,阿多诺的"文化工业"理论的确启发了"使用与满足"理论的研究者从受众的角度去解答"文化工业"所提出的问题,由此,"使用与满足"的一系列研究都可以被看作对"文化工业"宰制下的受众形象的经验性描绘。

原作

〔德〕阿多尔诺:《否定辩证法》,王凤才译,北京:商务印书馆2019年版。

〔德〕马克斯·霍克海默、西奥多·阿多诺:《启蒙辩证法——哲学断片》,渠敬东、曹卫东译,上海:上海人民出版社2020年版。

〔德〕特奥多尔·W.阿多诺:《音乐社会学导论》,梁艳萍等译,北京:中央编译出版社2018年版。

Theodor W. Adorno, *The Culture Industry: Selected Essays on Mass Culture*, edited and with an introduction by J. M. Bernstein, London & New York: Routledge, 1991.

Theodor W. Adorno, Hans Albert, et al., *The Positivist Dispute in German Sociology*, trans. by Glyn Adey and David Frisby, London: Heinemann Educational Books Ltd, 1976.

相关思想史或评传

〔德〕罗尔夫·魏格豪斯:《法兰克福学派:历史、理论及政治影响》,孟登迎等译,上海:上海人民出版社2010年版。

〔英〕罗斯·威尔逊:《导读阿多诺》,路程译,重庆:重庆大学出版社2016年版。

〔美〕马蒂亚斯·本泽尔:《阿多诺的社会学》,孙斌译,北京:北京师范大学出版社 2020 年版。

〔美〕马丁·杰伊:《法兰克福学派史(1923—1950)》,单世联译,广州:广东人民出版社 1996 年版。

（李耘耕）

托德·吉特林
（Todd Gitlin，1943—2022）

 **学术生平**

托德·吉特林1943年出生于美国布朗克斯的一个犹太家庭。吉特林在纽约市公立学校读书，并作为学生代表在布朗克斯科学高中毕业典礼上致辞。吉特林在哈佛大学主修数学，获得学士学位，在密歇根大学获得政治学硕士学位，在加利福尼亚大学伯克利分校获得社会学博士学位。大学时代的吉特林是新左派运动的积极参与者，在20世纪60年代担任了两个学期的"学生争取民主社会组织"的主席。1964—1965年，他当选为全国委员会委员，参与了1965年的"曼哈顿游行计划"和华盛顿反战大游行。在20世纪60年代，吉特林还是《旧金山快报》的编辑和自由撰稿人。因此，20世纪60年代新左派运动的实践经历为他的博士论文《新左派运动的媒介镜像》提供了丰富的素材。在加利福尼亚大学伯克利分校，吉特林担任了长达十六年的社会学教授和大众传播研究项目负责人。此后，吉特林在纽约大学任文化、新闻和社会学教授。从2002年起，他开始担任哥伦比亚大学新闻学和社会学教授。他是2011年公共

政策博世柏林奖获得者,柏林美国学会会员。2022年2月5日,吉特林去世,享年79岁。吉特林一生出版了16部著作,发表了大量文章,是《纽约观察者》《旧金山考察者》的专栏作家。作为美国著名的社会学家、传播学者,吉特林的学术代表作有《新左派运动的媒介镜像》(1980)、《60年代:希望的年代和愤怒的日子》(1987)、《不受限制的媒介》(2002)等。

主要理论(方法)贡献

吉特林是当代美国著名的社会学家、作家、文艺评论家。他的大量著作与媒介研究有关,其中《新左派运动的媒介镜像》无疑是吉特林关于传播研究的最重要的作品之一。

吉特林对媒介的功能与本质做了深入分析。《新左派运动的媒介镜像》是吉特林的博士学位论文,是解读20世纪60年代美国媒介与学生运动关系的一本著作,也是关于新闻本质、来源及其影响的代表性研究。有学者认为,在美国知识界,立志于进行媒介批评与媒介研究的批评家或学者,都无法绕开事件层出不穷的20世纪60年代。在20世纪60年代,发生了猪湾事件、古巴导弹危机、越南战争、肯尼迪总统遇刺、黑人民权运动、妇女解放运动、同性恋运动等事件,技术日趋成熟的大众传播媒介将这些事件呈现给所有公众。然而,大众媒介所做的不是简单地呈现事件,而是在一定程度上参与建构了这些构成媒体盛宴的素材。吉特林认为,媒介是建构现实不可缺少的一部分,并影响了人们的思考。在研究对新左派运动的媒介报道时,吉特林剖析了媒介与事件相互作用的关系,发现媒体经常扭曲真相,甚至是捏造事实。在大众媒介渗透进各个角落的社会中,媒介和事件本身构成了一场公共文化领域的冲突。吉特林本人是新左派学生运动的参与者和见证者。他曾经是"学生争取民主社会组织"的核心成员,并参与了"曼哈顿游行计划"(1965年3月)和华盛顿反战大游行(1965年4月)。在参加反战运动的同时,吉特林也为"地下报纸"当过撰稿人。媒体内部的实践使吉特林对媒体提出了疑问:为什么媒体选择这种方式而不是其他方式进行表达?20世纪70年代中期,吉特林针对这些疑问进行了学术上的讨论。受亲身体验的影响,吉特林在分析新左派运动时尽可能地选择了文本分析的方法,参阅了大量60年代运动时期的资料,包括引用当时的一些个人信件、学生组织的工作目录、宣传册等。在对新闻报道的选择上,吉特林主要选择了美国哥伦比亚广播公司和《纽约时报》的新闻报道。通过对相关报道的分析,吉特林阐述了大众媒介如何对待运动、媒介如何对新左派运动进行报道、报道产生了何种影响。在叙述过程中,他进一步试图回答政治运动为何按照此种方式开展,媒体在其中起了什么作用,而新左派运动与媒体之间的关系在多大程度上适用于其他运动。通过对整个运动的主要报道的分析,吉特林描绘了新左派运动的媒介形象。在新闻媒介的报道中,新左派运动被重新建构与消解,媒体在传播运动观念时参与并操纵了运动。而这种操纵之所以存在,吉特林认为,是因为新闻业中存在一个惯例——用常规的组织程序筛选社会现实,界定报道内容,其基础是经济利益与政治兴趣。媒介框架是记者、编辑选择要报道的事件的过程,是选择、强调和表达的原则,它保证记者能以常规方式迅速地处理大量信息。

吉特林通过阐述媒介框架分析了新闻的知识生产。他通过回答媒介框架是什么来表明媒介框架对现实世界有很大影响。媒介组织通过媒介框架对信息进行选择,激发意识形态领域的力量,从而发挥自己的作用。吉特林在《新左派运动的媒介镜像》一书的导言中阐述了社会背景,说明当时的人们愈发依赖大众媒介来寻找并试图发现自我,人们的日常生活日益受控于媒介建构的文化事实,大众媒介为人们编织了信仰、价值和集体认同。在这样的背景下,吉特林由对事件本身的论述和分析出发,展开了对媒介霸权和意识形态的批判。由于霸权意识深入人们的日常生活和思维,媒介象征性地采取抵制态度,将社会运动这样的事件进行重新包装并加以传播,其中的一个策略就是制造"新闻事件",媒介框架中的惯例使"大众媒介成为支配意识形态的核心体系"。媒介和社会组织之间存在着相互利用和背叛的矛盾关系。媒体的关注引起了人们对新左派运动的注意,接着媒体又放大了组织的行动以供人评判。吉特林认为,所有深层的社会冲突,在某种程度上都是关于"新闻是什么"的冲突。新闻业界一向标榜的客观性原则到20世纪60年代已经普遍遭到质疑,新闻记者的日常工作维持了媒介框架,新闻与整个社会制度因而得以保持一致。

吉特林在美国率先将霸权理论引入了媒介研究。吉特林认为,通过对葛兰西霸权理论涉及的问题进行讨论,可以结合新左派运动的报道,认识推动新闻报道框架形成的根源问题。吉特林认为葛兰西的理论确定了媒体与运动二者关系发展的历史。所谓霸权,指统治阶级(或联盟)通过加强意识形态在日常生活中的渗透,来实现对被统治阶级的支配。这是一个对大众进行操纵、使他们对既有秩序形成认可的过程(参见本书安东尼奥·葛兰西词条)。吉特林亦讨论了雷蒙·威廉斯与斯图尔特·霍尔对霸权的阐释。他指出,霸权是统治阶级与被统治阶级共同作用的结果。对于现代社会体系来说,政权与文化在某种程度上的分裂与专业化,使得意识形态位居中心位置。霸权在新闻机构中有效运行,并无意识地传递新闻。主流媒介的所有者和经营者为了获得市场利益和规避风险,制定了一些政策,以确保现行制度得以在其主要框架内运行。吉特林认为,新闻运作的合法性在很大程度上依赖其雇员所拥有的自主权。媒介高层管理人士允许他们的新闻操作以自主的形式出现,暗地里进行间接的、不易察觉的社会控制。霸权在媒介组织中的作用是为日常的新闻报道制定标准。新闻运作的常规为新闻事业解决了大量实际问题。而新闻记者把新闻置于一个同整个社会制度相一致的框架内,并通过日常的重复工作维持这个主体框架。记者的自主,亦是霸权体系约束下的自主。

对传播学学科建制的贡献

吉特林将框架理论和文化霸权理论引入新闻传播研究领域,对媒介文化研究的转型有重要影响。他以个案研究的方式分析了媒介与社会环境的互动,指出了媒介框架的存在及其影响。在对新左派运动的报道中,吉特林总结了媒体主要采取的框架,指出媒介通过这种认知框架以及报道惯例与运动本身相互建构。新闻报道处于各种文化与意识形态交织的场域中,因此吉特林主张对新闻的研究不应局限于新闻及其机构本身,应当进入政治和历史的范畴。他使用葛兰西的霸权理论对媒介框架进行了深入的剖析。吉特林在新闻的本质与功能上有深刻的洞察。他指出媒介在事件报道中可能采取的措施以及媒介系统对现实的影响,并且认为,大众媒介已经成为支配意识形态的核心体系,这促使人们重新思考媒介和民主的关系。媒介与民主的复杂关系并非简单地赋予媒介以民主责任就能解释清楚。吉特林指出,媒介对意识形态有重要影响,包括在政治选举、战争等领域,而人们很容易对媒介营造的社会现象习以为常,并因此对现实社会的认识流于褊狭。

吉特林批判了以"效果研究"为主导范式的传播研究,引发人们对占据霸权地位的经验研究进行深入反思,这对传播学科的发展具有重要意义。吉特林指出了以拉扎斯菲尔德为代表的"行政研究"的缺陷,尖锐地表明了主导范式的弊病。吉特林认为,主导范式以特定的行为主义方式研究媒介的效果,寻找可靠的数据验证"效果",由此把人们的注意力从大众媒介生产的更广泛的社会意义上转移开。由于强调媒介对"态度""行为"的影响,传播研究忽略了商业利益、国家管制对大众媒介的牵制,把现存的制度看作理所当然,传播研究因此绕开了一些实质性的评价问题,诸如媒介对制度的迎合是否影响了人们的知情权和社会利益。吉特林认为,大众媒介理论的发展应当被理解为历史的过程。研究者需要面对社会现实与理论现实。社会公认的理论视角往往是取得了意识形态地位的社会科学观,主导范式的"效果"观正是来自行为主义的观点。如此,大众媒介的效果存在于表面,研究的最终目的就是形成受众反应理论,预测受众的行为,本质即通过获取充足的信息以控制受众的态度或行为,这大大限制了传播研究的发展。吉特林针对《人际影响:个人在大众传播中的作用》,分析了五个基本假设如何被运用、产生的误导作用及其不能自圆其说的缺陷。吉特林质疑《人际影响:个人在大众传播中的作用》中理论假设的起点,认为研究中存在着商业与政治勾结的意识形态倾向,因此,吉特林称拉扎斯菲尔德的研究为"行政研究"。在批判"行政研究"的过程中,吉特林毫不客气地指出此类研究从指挥机构的利益出发探究如何增强控制或使控制合理化的问题。他认为,主导范式的研究已经承担起巩固资本主义富人政体和使之合法化的任务。尽管吉特林对拉扎斯菲尔德的批判亦有偏颇,但他的洞察与剖析对传播学科的反思与发展具有重要意义。

〔美〕托德·吉特林:《新左派运动的媒介镜像》,张锐译,北京:华夏出版社 2007 年版。
Todd Gitlin, *The Sixties*: *Years of Hope*, *Days of Rage*, Toronto: Bantam Books, 1993.
Todd Gitlin, *The Twilight of Common Dreams*: *Why America is Wracked by Culture Wars*, New York, NY: Henry Holt & Co., 1996.
Todd Gitlin, *Inside Prime Time*, Berkeley, CA: University of California Press, 2000.

Todd Gitlin, *Media Unlimited: How the Torrent of Images and Sounds Overwhelms Our Lives*, New York, NY: Henry Holt & Co., 2002.

Todd Gitlin and Nanci Hollander, *Uptown: Poor Whites in Chicago*, New York, NY: Harper & Row, 1970.

(吴　越)

安伯托·艾柯
(Umberto Eco, 1932—2016)

 **学术生平**

安伯托·艾柯1932年1月5日出生于意大利西北部皮埃蒙蒂州的小山城亚历山大。与意大利其他地区不同,小城亚历山大的氛围更接近法国式的冷静、平淡,这深刻地影响了艾柯的一生。艾柯的父亲古里奥是一名会计,一生中三次被政府征召参加战争,与其妻子乔瓦娜共育有12名子女。年轻的艾柯遵照父愿进入都灵大学学习法律,随后辍学,并不顾父亲反对改学中世纪哲学与文学。1954年,他获得博士学位,博士论文研究的是基督教神学家托马斯·阿奎那。其后,艾柯任教于都灵大学,并兼职进入新闻传媒行业,在意大利国营广播公司负责编辑电视文化节目。这份兼职工作为他从传媒角度观察现代文化提供了一个平台,他也因此结识了一批前卫的画家、音乐家与作家。5年后,艾柯离开意大利国营广播公司,到米兰一家期刊社兼职担任非文学类栏目编辑。他从事这份工作长达16年之久,在此期间也为其他几家报纸开设专栏,并撰写了大量杂文作品。艾柯在研读了罗兰·巴尔特的杂文后深感"无地自

容",并受其作品启发,将前卫文化、大众文化、语言学和符号学的视角融入自己的作品。

1962年,艾柯出版了成名作《开放的作品》,并因此成为意大利后现代主义思潮的主将。1963年10月,由意大利一批新先锋派文人组成的文艺团体"六三学社"成立,艾柯成为团体的中流砥柱。从1964年开始,艾柯在米兰大学任建筑系教授,讲授"可视交往理论",关注建筑中的"符号"问题,即建筑传达特定社会与政治含义的方式。1964年对于媒介符号研究而言是一个重要的年份。这一年,罗兰·巴尔特出版了《符号学原理》,标志着符号学研究进入新阶段;马尔库塞出版了《单向度的人:发达工业社会意识形态研究》、麦克卢汉出版了《理解媒介》,开辟了媒介符号研究的新领域;而艾柯出版了《启示录派和综合派》,自觉尝试使用符号学方法研究媒介文化问题。1968年,《不存在的结构》出版,此书为艾柯数年研究建筑符号学的成果,也是他第一部纯学术的符号学著作,奠定了他在符号学领域的重要地位。1980年,艾柯著名的长篇小说《玫瑰之名》出版,这令他迅速蜚声世界,跻身第一流后现代主义小说家之列。更为有趣的是,一系列论文和专著开始讨论并阐释"玫瑰之名",几乎引发了20世纪末的一场"玫瑰之争"。此后,艾柯陆续发表了四篇长篇小说:《傅科摆》(1988)、《昨日之岛》(1994)、《波多里诺》(2001)和《洛阿娜女王的神秘火焰》(2004)。1990年,在剑桥大学的丹纳讲座上,艾柯与理查德·罗蒂、乔纳森·卡勒和克里斯蒂娜·布鲁克-罗斯这三位学者就阐释的有限性问题展开辩论,阐释学逐渐为人所知,辩论内容被整理成文集《阐释与过度阐释》。艾柯一生的大部分时光都在米兰和里米尼度过。2016年2月19日,艾柯在米兰的公寓中与世长辞,享年84岁。

主要理论(方法)贡献

艾柯在散文、小说等文学创作领域有所成就,但其主要的学术成就集中在符号学和阐释学两个领域。这两个领域相辅相成:符号学理论是基础,阐释学理论是符号学理论的发展和延伸。

艾柯的符号学理论首先承袭了索绪尔"能指—所指"的二元符号论,发展了叶尔姆斯列夫关于形式、内容与实质多维性的多重二元符号论,并将叶尔姆斯列夫提出的"与语形系统对应的内容系统"发展为具有辐射广度的意义结构或语义场。在索绪尔和叶尔姆斯列夫的理论的基础上,艾柯又引入了皮尔斯三分法中最关键的因素:解释项。因为解释项具有连接符号与指代客体的表意作用,所以在符号语义场中形成了动态关系。艾柯打破了符号学中二元论与三元论的隔膜,采取圆融的态度在以索绪尔为代表的结构系统观和以皮尔斯为代表的行为动态说之间取中间立场,建构了组织形式、表达内容、解释意义三位一体的符号理论模式,实现了从索绪尔的语言符号学到皮尔斯的逻辑符号学的过渡。

同时,艾柯的符号学理论关注符号生产的过程。他认为符号可以分为两大类:意指符号和交流符号。前者是符号与存在之间的关系,即符号与指称对象之间的关系,是交流行为尚未发生时等待进入交流过程的符号,是功能性话语;后者是符号与符号之间的关系,是进入交流过程的符号,是实际操作性话语。二者分别对应两个理论。与意指符号对应的是代码理论。于艾柯而言,"代码"首先是规则系统之意。代码作为一种意指系统,当按照社会约定和惯例,用接受者熟知的事物代表他物时,意指行为就产生了。与交流符号对应的是符号生产理论。艾柯认为各种各样的符号具有各种各样的符号生产方式,这些方式以三合一的形式联系在一起:符号载体与其他符号载体之间的区别和联系、符号载体与它们的所指的关系、符号载体与诸如其接受者等外界事物之间的连接。此外,艾柯的符号生产理论还探讨了社会成员使用符号的行为对符号意义的建构和影响。

艾柯还将符号学研究延展至整个文化符号系统。以文化阐释为目的,他提出文化研究的两种假设:全部文化都可以作为一种符号学现象被研究;文化的所有方面都可以作为符号学活动的内容被研究。由此我们可知,符号在社会惯例中产生,由接受者进行解释,并被接受者放置于文化语义场中发挥意指和交流功能,这一动态过程让符号拥有了无限的衍生意义。这让我们想到艾柯对于"玫瑰之争"的回应——"玫瑰就是玫瑰就是玫瑰",作为符号的第一朵玫瑰和最后一朵玫瑰的意义可能迥异。但是,艾柯并未放任符号或者文本的意义无限地延伸下去,而是在其阐释学理论中进行了相应的约束和限制。

艾柯的阐释学理论发轫于其1962年出版的《开放的作品》,主要包括提倡阐释、阐释的历史维度、反对过度阐释三个方面。20世纪60年代,读者反应批评开始盛行,强调阅读过程和读者的能动作用,艾柯的"开放的作品"理论便是在那个时代应运而生的。结构主义创始人克洛德·列维-斯特劳斯认为作品一旦完成，它的结构与性质也就完全固定了，而且可以运用分析法对作品进行分析和解剖。艾柯并不赞同这种观点，他认为作品并非一个不可变动的固定结晶体，还要进入下一个环节——理解与解释，才能完成创作过程，而实现理解和解释的主体就是：读者。

艾柯提倡阐释，认为有美学价值的作品必定可以经受住以不同方式进行的理解和考察，而只有通过这样的理解和考察，作品才能展示其不同方面的魅力，引起共鸣。他认为，作品的开放性是指创作者的艺术作品与欣赏者的诠释之间的一种辩证关系。在提倡阐释的同时，艾柯也关注阐释的历史维度。由于历史语境的变化、读者队伍的更替，文本阐释不可避免地具有多样性和无限性，各种误读和过度阐释也随之出现。因此，时空与历史语境对于阐释者来说是一把双刃剑：它们为阐释的自由与意义提供了空间，而一旦逾越了某些界限，便会导致误读和过度阐释。当意义的本质和诠释的可能性深陷国际化的争执和讨论之时，在 60 年代热衷于探讨读者在意义生成过程中的作用的艾柯却对当代批评思潮中某些被过度阐释的极端观念表现出怀疑和担忧，特别表现出对受到德里达激发而自称"解构主义者"的美国批评家的那套批评方法的忧虑。也是在此背景下，艾柯在 1990 年剑桥大学的丹纳讲座上提出了著名的"反对过度阐释"的观点，自此阐释理论开始风靡全球。

在"反对过度阐释"和"为阐释设限"的讨论中，艾柯提出了经验作者/经验读者、标准作者/标准读者等概念。他认为真正的阐释既不能一味偏向作者的意图，也不能落入完全的读者意图的窠臼，而是要遵从"文本意图"。文本意图则是"在解读过程中，根据文本的连贯性，由文本独立表达出来、与作者意图无关的东西"，这是文本阐释的根基。同时艾柯提出，文本意图由文本决定，而若要证明文本意图是否正确，需要验之于文本的连贯性整体，而完成这一动作的是"标准读者"，这样就能在文本意图和读者意图之间保持某种辩证的关系。面对"阐释过程中作者、读者和文本三者到底谁起决定性作用"这一争论，艾柯基于"文本意图"概念提出了一种调停原则，这一原则也给阐释行为规定了一种"限度"。但即使是艾柯，也未能尽善尽美。标准读者将文本意图在文本连贯性整体中加以验证的过程呈现了一种"文本意图—标准读者阐释—文本意图"的无限循环。可见，艾柯所说的文本意图尚处于理论阶段，仍缺乏批评性和实践性。尽管如此,它对于阐释学的发展仍有重大意义。综上,艾柯理论的特点可归纳为两个方面:一是将符号学理论和阐释学理论整合为一体;二是强调符号具有开放的意义,但必须为意义的阐释设限。

对传播学学科建制的贡献

艾柯的理论成就主要集中在符号学和阐释学领域。与马尔库塞、麦克卢汉一样,他为媒介研究引入了符号学研究方法,主张用符号阐释文化现象,同时关注符号的交流和生产功能,并为文化研究提出了动态的假设:文化现象可被视为动态的符号传播行为。

艾柯的理论大体形成于20世纪五六十年代这个特殊的历史时期,此时期学界的发展经历了双重变化:1945年以来西方世界高等教育体系的急速膨胀给诸多问题赋予了新的定义;欧洲大陆哲学体系与盎格鲁-撒克逊经验传统发生了激烈的碰撞。英国文化研究同样是在高等教育改革的背景下形成并在欧陆理论被译介入岛内后发生了研究范式转型,其间我们可以窥见艾柯与文化研究之间的紧密联系。

文化研究接受并广泛运用了符号学的研究方法,这启迪了多位学者:罗兰·巴尔特的符号学理论探讨了媒介文本如何通过符号表征生产意义;霍尔进一步解释了受众的解读问题,提出了"编码/解码"理论和三种解读模式,并指出阶级是影响解读模式的重要因素;戴维·莫利在《全国新闻》等研究中对除阶级之外的性别等因素进行了更深入的研究;约翰·费斯克走得最远,他几乎抛弃了霍尔的"偏好式阅读"和"妥协式阅读",极度赞颂受众的能动性,落入了民粹主义窠臼……但值得注意的是,这些文化研究学者的关注点大多都是受众的主体性和能动性,并未能提供一种合适的、标准的解读模式,或者说并未回答何种解读/诠释模式是合理的、解读的限度在何处。如果说巴尔特等思想家启迪了文化研究的一众学人,那么在20世纪90年代使阐释学广为人知的艾柯则为伯明翰学派的受众研究与文本解读模式提供了新资源。艾柯提出的"反对过度阐释"和"为阐释设限"是对文学批评中的"读者中心论"的一种纠偏,同时对于文化研究的受众研究和文本解读而言是一副难得的清醒剂。

扩展阅读

原作

〔意〕安伯托·艾柯:《开放的作品》,刘儒庭译,北京:中信出版社2015年版。

〔意〕安贝托·艾柯等著,〔英〕斯特凡·柯里尼编:《诠释与过度诠释》,王宇根译,北京:生活·读书·新知三联书店2005年版。

〔意〕翁贝尔托·埃科:《符号学与语言哲学》,王天清译,天津:百花文艺出版社2006年版。

〔意〕乌蒙勃托·艾柯:《符号学理论》,卢德平译,北京:中国人民大学出版社1990年版。

相关思想史或评传

James L. Contursi, *Unberto Eco: An Annotated Bibliography of First and Important Editions*, Minneapolis, MN: Minnesota Bookman Publications, 2005.

(宗益祥　陈洁雯)

文森特·莫斯可
（Vincent Mosco, 1948—　）

 学术生平

　　文森特·莫斯可1948年出生于美国曼哈顿下城,毕业于乔治城大学,在哈佛大学拿到社会学博士学位。师从美国著名批判社会学家丹尼尔·贝尔,于1975年和1979年在其指导下先后完成《美国广播的规制》《美国广播的创新挑战和组织控制》两篇论文。作为北美社会传播领域的重要学者,他出版了多部关于传播、通信技术和社会的论著,并担任加拿大皇后大学社会学系传播与社会研究员。他是民主传播联盟的创始成员,并长期担任哈佛大学信息资源政策研究领域的助理学者,在学术研究生涯中参与了多项与政府相关的信息政策研究课题,具体合作部门包括美国白宫电信政策办公室、美国国家研究委员会、美国国会技术评估办公室以及加拿大几个部委。他的代表作《传播政治经济学》,自出版以来已成为传播政治经济学领域的重要著作之一。1990年,莫斯可参加了国际大众传播研究协会在斯洛文尼亚布莱德湖畔召开的会议,与学者的交流激发了他梳理传播政治经济学变化态势的热情。通过对珍妮特·瓦

斯科、赫伯特·席勒、詹姆斯·哈洛伦、彼得·戈尔丁、格雷厄姆·默多克、托马斯·古贝克、尼古拉斯·加汉姆等传播政治经济学领域的重要学者的采访,莫斯可深入掌握了传播政治经济学的发展历程和研究前景。这项研究获得了加拿大社会科学与人文研究会的资助,莫斯可最终在1996年正式出版了在国际传播学界具有重要意义的《传播政治经济学》一书。此后,他又在2009年出版了该书的第二版。他与在加拿大卡尔顿大学的同事(也是他的妻子)凯瑟琳·麦克切尔合作完成了《获取信息:传播劳工与全球价值链》《传播劳动:全世界知识劳工联合起来?》《信息社会的知识劳工》等著作。2000年,莫斯可被卡尔顿大学学生会授予"年度教师"称号。2004年,他出版了《数字化崇拜:迷思、权力与赛博空间》一书,该书获得当年"奥尔森文化研究年度图书奖"。同年,因为在传播学领域中取得了杰出成就,他获得了"达拉斯·斯迈思奖"。近年来,莫斯可依旧笔耕不辍,连续出版了《云端:动荡世界中的大数据》(2014)、《数字资本主义时代的马克思》(2015)、《数字化变局:迈向互联网社会》(2017)和《数字世界中的智慧城市》(2019)等著作。

主要理论(方法)贡献

莫斯可的首要贡献在于对传播政治经济学这一研究领域的发展历程、研究成果进行了系统梳理。莫斯可受到唐纳德·坎贝尔和西蒙尼的影响,认为传播政治经济学分析的基础是一种现实主义的、兼容并蓄的、批判的认识论,并由此认为,理论性的实践和经验性/解释性的实践彼此影响,并且均会受到它们所处的社会实践大环境的制约,因此理论和经验性/解释性实践应该是互相建构的。在此基础上,莫斯可认为传播政治经济学应当具有三个起点——商品化、空间化和结构化,这三个本质概念构成了分析全球传播政治经济学的理论框架。这个框架并不是静止的,其特定运行形式取决于具体社会结构中的时空或历史/地理因素。在《传播政治经济学》一书中,他选择以区域为基础来勾勒传播政治经济学的概况,主要划分了北美、欧洲和第三世界三部分。三个主要研究地域与商品化、空间化和结构化这三个概念相互交织,构成了全书的框架。在这一框架内,他考察了传播政治经济学的发展,并在历史和文化语境中集中分析了印刷媒介、广播电视和新电子传播中的商品形式、受众的角色和功能以及社会控制等问题。彼得·戈尔丁认为，大众传播媒介及传播研究中的政治经济学取向是时下最具有建设性和启发性的研究领域之一，莫斯可的工作勾勒了它的学术历史和制度历史，可以在学术研究中被称为"史诗"。

莫斯可的主要研究兴趣在于探讨全球范围内人们如何应对技术变革的挑战，尤其关注其中的政府行为和跨国企业行为。20世纪80年代初，莫斯可对斯迈思的"受众商品论"进行了补充性解释，提出"控制性商品"（Cybernetic Commodity）的概念。他认为大众传媒生产的产品，并不是实际的受众（所谓的受众的人头数），而是关于受众的信息（受众的多少、类别、使用的媒介的形态），而且受众这种商品是一个延伸的商品化过程。商品化过程延伸到了机构领域，如公共教育、政府信息、媒介、文化、电子传播等领域，涉及公共空间的转型，甚至身体和身份的转型。

莫斯可还注意到了信息技术全球化过程中的种族问题。从全球视野来看，在资本主义的发展过程中不同种族在媒体介入后出现了分化，种族是决定国际劳动分工格局的核心要素之一。资本主义大众媒介通过一系列社会实践，总是在种族冲突和政治经济变迁中挑战、修正、重塑阶级、性别、种族，建构和再生产白人种族主义，种族问题因媒介的介入愈显复杂。与此同时，种族也借助对传播公司所有权和职位的控制进行自我呈现。莫斯可主张传播政治经济学深入社会经验维度，理解种族在大众传播媒介中的显著性，解释媒介塑造种族的过程和后果。

莫斯可的相当一批研究是围绕着"技术神话"这一论点展开的。作为北美传播政治经济学的代表人物，他的基本主张在于将政治经济学定义为对社会关系，尤其是权力关系的研究。因此，他反对信息技术时代终结意识形态的论断。他将信息技术从神坛上拉下，将其重新划入平淡无奇的寻常世界，作为社会和经济变迁的动力来观察和讨论。如果说他的同事丹·席勒更加侧重从马克思主义理论入手阐释信息时代种种表象下的本质，莫斯可则在"揭露表象"这一点上做得更为彻底。他历数人类社会发展历史上种种具有"终结"意义的神话符号——电报、电气化、电话、广播、电视等阶段性新兴技术力量，通过它们的发展历程来探寻为什么今日的先进技术会带给人们"终结者"的暗示。也就是说，他从传播史的文化起点出发，解释赛博空间的神话含义，梳理网络神话与历史神话的关系，并在知识考古学范畴内分析这种神话背后的政治动力、经济动力和文化动力。

对传播学学科建制的贡献

莫斯可搭建了传播政治经济学学科的框架并划定了这一学科的边界。莫斯可的《传播政治经济学》在历史和地理维度上详尽呈现了传播政治经济学的产生和发展状况，通过介绍代表性学者，对传播政治经济学的研究内容和边界进行了初步的定义。"媒介的非中心化"是这一研究领域的基础，而马克思主义理论、阶级权力、社会结构等成为影响这一领域中研究者关注方向的基本元素。经过他的努力，达拉斯·斯迈思、格雷厄姆·默多克的研究领域奠基人地位被正式确立，同时被确立的还有传播政治经济学所关注的主要议题，包括传播的商品形式、空间意义上的传播行为以及社会结构等概念。

与此同时，莫斯可划定了传播政治经济学与文化研究的边界，并认为二者应相互借鉴。他认为政治经济学应该学习文化研究的哲学路径，坚持现实主义的认识论，坚持历史研究的价值，考虑具体的社会统一性，突破社会研究和社会实践的分野。政治经济学研究应该像文化研究一样关注普通人，怀抱道德义务，对社会机构负责，不回避和忽视对劳动和劳动过程的研究。他对于传播政治经济学的建议是：开始于一个现实主义的、包容的和批判的认识论，采取一个本体论的姿态，坚持一个以商品化、空间化和结构化为切入点的坚固立场。

扩展阅读

原作

〔加〕文森特·莫斯可：《数字化崇拜：迷思、权力与赛博空间》，黄典林译，北京：北京大学出版社 2010 年版。

〔加〕文森特·莫斯可：《传播政治经济学》，胡春阳等译，上海：上海译文出版社 2013 年版。

〔加〕文森特·莫斯可：《云端：动荡世界中的大数据》，杨睿、陈如歌译，北京：中国人民大学出版社 2017 年版。

Vincent Mosco, *Becoming Digital: Toward a Post-Internet Society*, London: Emerald Publishing Limited, 2017.

Vincent Mosco and Catherine McKercher, *The Laboring of Communication: Will Knowledge Workers of the World Unite?* Lanham & New York: Lexington Books Press, 2008.

Vincent Mosco, Catherine McKercher, and Ursula Huws (eds.), *Getting the Message: Communications Workers and Global Value Chains*, Pontypool: The Merlin Press, 2010.

【相关思想史或评传】

曹晋、赵月枝主编:《传播政治经济学英文读本》,上海:复旦大学出版社2007年版。

刘晓红:《西方传播政治经济学研究》,上海:上海人民出版社2007年版。

(何 瑛)

瓦尔特·本雅明
(Walter Benjamin, 1892—1940)

学术生平

瓦尔特·本雅明1892年7月15日生于德国柏林一个富有的犹太商人家庭。祖母布鲁涅拉·梅耶尔与诗人海因里希·海涅是同一母系的表兄妹。1905年至1907年间,他在思想上深受德国教育革新家古斯塔夫·维内肯的影响。他于1912年到1919年先后在弗赖堡大学、柏林大学和慕尼黑大学学习哲学和语文学。1915年,他结识了后来成为犹太文化研究学者的格肖姆·肖勒姆,并与之保持终身友谊。第一次世界大战爆发后,本雅明迁居瑞士伯尔尼,1919年以论文《德国浪漫派中的艺术批评概念》通过博士论文答辩。1923年,他结识了西奥多·阿多诺,翻译了波德莱尔的作品《巴黎风光》并出版。1924年,他在意大利卡普里岛旅行了六个月,认识了恩斯特·布洛赫、阿尔弗雷德·佐恩-雷特尔、拉脱维亚女共产党人阿西娅·拉西斯以及其他左翼知识分子。1924年,他经阿西娅·拉西斯介绍认识了贝托尔特·布莱希特,开始研读马克思主义理论,尤其是卢卡奇的文章。同年,本雅明写下了授课资格论文《论德国悲剧的起源》的大部分。在本雅明1925年最终回到法兰克福之前，他在伯尔尼与海德堡已无取得授课资格的可能性，而论文递交到法兰克福大学之后，审查受到汉斯·舒尔茨和汉斯·科尔内留斯的阻挠。巧合的是，后者恰是阿多诺的博士学位指导老师。本雅明最终撤回申请，他的学院生涯也就此结束。

之后，他以一名独立知识分子的身份积极参与了刚刚兴起的大众媒介的实践工作。本雅明在20世纪20年代的这一转变与他和一批聚集在柏林的先锋艺术家、建筑师、电影工作者的密切接触大有关系。在1922年末1923年初，这批影响了20世纪的文化的艺术家出版了自己的杂志《G》(德文 Gestaltung 的首字母，表示"形式"或"结构")，本雅明经常参与他们的讨论。他既利用可即时播出的电台这一新媒介(德国在1923年才有了定期播出的广播电台)，又使用适于报刊文艺评论的文章体裁。一方面，为电台制作节目、为报纸写稿成为其主要经济来源；另一方面，深受布莱希特的影响，本雅明将此前构想的对批评家的认识融入了新的实践，利用诸多媒介面向更为广泛的公众，探索新的媒介技术为政治变革带来的可能性，并在实践中反思媒介史、媒介与人和社会发展的关系。本雅明对于摄影和电影等的分析则受到马克思主义的影响，这主要是布莱希特促成的(后来由于本雅明对布莱希特替希特勒与斯大林签署苏德条约做辩护印象不佳，因而与其在政治上分道扬镳)。不过，无论是本雅明的好友肖勒姆还是深受本雅明思想影响的阿多诺，都非常反对布莱希特对于马克思主义的阐释。肖勒姆认为布莱希特给本雅明带去了灾难性的影响，阿多诺认为布莱希特信奉的是所谓的庸俗的马克思主义。但本雅明认为，布莱希特对自己影响甚大，至关重要，他们两人分享了对作者、作品与读者这些因素的功能性联系的特定理解。

1923年前后，本雅明认识了《法兰克福报》文艺评论专栏的编辑西格弗里德·克拉考尔。自1927年起，他由友人恩斯特·肖恩推荐，为法兰克福西南德意志电台制作文艺频道的广播节目，同时为柏林电台制作儿童与青少年广播节目。他的活动并没有限定在制作人这一身份上，在供职早期还做过部门负责人、播音员、主持人等。本雅明还与他人合作发展了广播剧的形式，一共创作了六部广播剧。在此期间，本雅明发表了不计其数的杂志和报纸文章，相当数量的译著，许多集会发言，90多次广播演讲，其他重要作品还有《莫斯科日记》《拱廊计划》《单行道》。但是自1933年年初希特勒掌权之后，本雅明在其中定期发表作品的电台和很多报纸都对纳粹趋之若鹜,中断了与作为一名左翼知识分子和犹太人的本雅明的合作。他丧失了经济来源,于同年离开德国,前往巴黎。

20世纪30年代中期,经阿多诺介绍,本雅明从法兰克福大学社会研究所所长霍克海默那里获得了一笔资助,用于写作《拱廊计划》,由此他正式成为研究所成员。在此期间他的重要作品还有《经验与贫困》(1933年发表)、《1900年前后的柏林童年》(写于1934年,终稿于1938年完成,身后发表)、《巴黎,19世纪的首都》(写于1935年,身后发表)、《机械复制时代的艺术作品》(写于1935年,初版面世于1936年)。1939年,本雅明被剥夺德国公民权,9月至11月被当作敌对国侨民拘禁在法国。1940年,他构思了《论历史概念》一文的提纲,并且在霍克海默的斡旋下获得担保及赴美国的签证。6月,他离开巴黎前往卢尔德。9月26日晚,他在逃避纳粹的路上在西班牙一个边境小镇自杀身亡。

好友汉娜·阿伦特在回顾其一生的学术经历时说,否定性的描述比肯定性的描述或许更恰当、丰满些,如:他的学识是渊博的,但他不是学者;他研究的主题包括文本及其解释,但他不是语言学家。而如果必须给一个肯定性的描述,只有哲学家或思想家这一评价较为接近他。

主要理论(方法)贡献

本雅明的研究涉及美学、语言学、哲学、历史学等许多领域。他关于语言的观点深受浸染神秘主义色彩的德国传统哲学的影响,认为所有的语言都"表达其自身",精神就在语言中,而不是通过语言表达,并以此来批驳强调语言工具性的观点。提出这一观点归根到底在于本雅明深信有一种包含总体精神的"元语言"的存在,翻译的功能也是恢复这种元语言。

本雅明对德国早期浪漫派的艺术批评的研究有两点值得重视。其一是关于"批评"的概念的形成。他认为早期浪漫派的艺术批评有两条原则:一是具有建设性,二是具有内在针对性。作品因为批评呈现出艺术底蕴,又与批评互相作用从而得到重塑,这种不断的重塑在一定程度上是对终极和绝对的"真""美"等艺术价值的永无止境的追求。其二是强调艺术品的独特性、封闭性、孤立性,此时他反对任何强调读者接受心理的批评观。在《翻译家的任务》中,他认为:没有一首诗是为读者而写,没有一幅画是为观赏者而作,没有一部交响乐是为听众而谱的,相应地,在鉴赏、评论艺术作品或者艺术形式时,顾及接受者的反应从来就不会有什么益处。

在20世纪30年代所写的一系列论文中,本雅明力图从新的角度来分析现代艺术与历史和现实的关系、现代艺术及艺术家的地位与作用等问题,这与他积极参与媒介实践和受马克思主义影响密切相关。在《作为生产者的作者》中,他认为艺术创作是一个生产过程,技术在其中起着异常重要的作用,这一观点影响了后来对于摄影、电影等大众媒介的性质和功能的探讨。对布莱希特创新的教育剧的分析则显示出他在受众角色认知上的改变。他指出,受众不是被动地接受作品,而是积极地发现作品。据此,本雅明要求知识分子不应(以启蒙者的姿态)传递信息,而应视艺术的冲突为创新经验之地,这种经验能发挥政治效果。斯文·克拉默指出,本雅明在很大程度上将自己的媒介理论同感知的历史联系起来,认为所有人都具有感知能力。他不是将媒介理解为外在的东西、脱离人的东西,而是将其深深地置入意识过程。

本雅明对大众媒介技术的研究源于《摄影小史》(1931),他在其中追踪了绘画与摄影之间的竞争给这两种形象性媒介所带来的变化。他借助人物照中人物神情的变化史指出人与技术之间确实存在交互关系。摄影的真正新颖之处在于记录了现实,而不是处理了现实,一种对艺术品的直观性的感受因而再现。此时他还提出了后来影响力巨大的"灵韵"(aura)的概念:灵韵是什么?是独特的时空之线,是显得如此之切近的那唯一的遥远现象。灵韵是神秘的、模糊的、独特的和不可接近的。灵韵的概念在本雅明于1936年发表的《机械复制时代的艺术作品》中得到了充分的发展。本雅明回顾了复制技术发展史并认为艺术品具有两重价值:崇拜价值和展示价值。与崇拜价值相连的灵韵使得传统艺术品的纯正性与唯一性得到保证,因此在本雅明的分析框架中灵韵与可复制性是对立的。现代复制技术条件下艺术品的展示价值对崇拜价值的挑战使得灵韵不复存在,但本雅明对此并不悲天悯人。一方面,在世界历史上,机械复制第一次把艺术作品从其对宗教意识的寄生状态中解放出来;另一方面,他在复制技术推动下的展示价值的展开中看到一种希望——技术使得复制现象变得如此广泛,因而在一定程度上复制物相对于本体同样获得了意义。

进一步地,本雅明展开了他关于电影性质和功能的论述。电影结合了可复制技术和蒙太奇手法,因而在电影当中,我们拥有一种形式,其艺术特征首次完全由可复制性来决定。他追踪了电影从生产到被接受涉及的导演、演员表演、观众观影等过程。在电影院里进行集体性消费的观众变成了品评者,按照《作为生产者的作者》中的想法,观众最终要成长为作者,在政治领域成长为参政者。被摄影技术召回的无意识的直观的感受力在电影中也被加强了,集体感知能力与先进技术(电影)在交互中各自发展。由此可见,本雅明所尝试的是对技术做出解放式反应,他需要解释人不是技术盲目自我运动的承受者,而是与技术势均力敌。在此有两点值得指出:第一,他常常以爱森斯坦、维尔托夫等先锋导演在20世纪20年代拍摄的俄国革命电影为例,但是并没有据此一味贬损主流电影,而是尝试通过论述大众文化给观众施加的影响来论证大众文化的价值。第二,虽然蒙太奇本身不具有革命性,但是它可以重构看待世界的方式并以此重构意义,于是电影便拥有了开辟意识新领域的可能。他说,电影摧毁了灵韵,克服了技术对生活的征服。不过必须指出的是,本雅明已经部分地认识到一切创造性潜力都会受到资本和大规模工业生产的威胁,即电影是作为工业品而非艺术品被生产,因此本雅明要求剥夺电影资本。归根结底,本雅明对于电影具有的可能的"革命性"的论述主要根植于电影的技术层面。鉴于纳粹的节节胜利(纳粹的摄影、电影作品极大地影响了大众),本雅明在论文《机械复制时代的艺术作品》中提出了著名的论点,即共产主义要用"艺术的政治化"来回应法西斯主义的"政治的审美化"。

对传播学学科建制的贡献

本雅明对于摄影、电影等新的媒介技术的论述肯定了媒介和人的知觉之间的互相影响的关系,由肯定媒介的技术价值,进而肯定媒介对社会和政治具有革命和解放的潜力。本雅明还从肯定大众受到电影等艺术的影响的角度来肯定大众文化具有一定的正面意义,这与以阿多诺为代表的法兰克福学派的文化精英主义立场截然不同。阿多诺撰写的《论音乐的拜物特性和欣赏的退化》(1938)正是对本雅明《机械复制时代的艺术作品》一文全面、细致的反驳(参见本书西奥多·W.阿多诺词条)。

本雅明的观点被认为对大众文化研究有重要影响。派迪·斯坎内尔指出,20 世纪 70 年代文化研究学派在霍尔的带领下将文化的意义"重新理论化"时,本雅明的著作恰好被翻译成英文,即被纳入西方马克思主义的理论框架。文化研究学派的重要代表人物约翰·费斯克在书写文化研究的历史时,将阿多诺和霍克海默的"文化工业说"与本雅明的技术乐观态度对立起来,而对"通俗文化"(popular culture)持乐观态度的费斯克自然站在本雅明的一方,且将其观点发展为重建作者、作品与受众的关系,即传播(作品)的意义其实是由作者和受众共同决定的,在消费社会的语境下,受众很可能就是作者本身。

斯坎内尔指出,及至 20 世纪 80 年代,学界开始将本雅明视为对"现代性"展开文化分析的先驱。本雅明针对巴黎日常生活未完成的研究引起了学者的广泛兴趣。到了 90 年代,随着数字媒介与网络的兴起,本雅明在《机械复制时代的艺术作品》中的论述再次受到重视。本雅明强调新技术对视觉艺术的冲击,而图像的数字化又面临"真实性"等老问题,同时网络改变了大众媒介时代的传受关系,因此他关于新技术如何影响艺术、政治与文化之间的关系的讨论再次引起关注。

扩展阅读

原作

汉娜·阿伦特编:《启迪:本雅明文选》,张旭东、王斑译,北京:生活·读书·新知三联书店 2014 年版。

〔德〕瓦尔特·本雅明:《机械复制时代的艺术:在文化工业时代哀悼"灵光"消逝》,李伟、郭东编译,重庆:重庆出版社 2006 年版。

〔德〕瓦尔特·本雅明:《写作与救赎——本雅明文选》,李茂增、苏仲乐译,上海:东方出版中心 2009 年版。

〔德〕瓦尔特·本雅明:《摄影小史》,许绮玲、林志明译,桂林:广西师范大学出版社 2017 年版。

〔德〕瓦尔特·本雅明:《巴黎,19 世纪的首都》,刘北成译,北京:商务印书馆 2017 年版。

〔德〕瓦尔特·本雅明:《德国浪漫派的艺术批评概念》,王炳钧、杨劲译,北京:北京师范大学出版社 2014 年版。

〔德〕瓦尔特·本雅明:《单行道》,姜雪译,北京:北京师范大学出版社 2020 年版。

相关思想史或评传

〔以〕G.肖勒姆:《本雅明:一个友谊的故事》,朱刘华译,上海:上海译文出版社 2009 年版。

〔德〕罗尔夫·魏格豪斯:《法兰克福学派:历史、理论及政治影响》,孟登迎等译,上海:上海人民出版社 2010 年版。

〔德〕斯文·克拉默:《本雅明》,鲁路译,北京:中国人民大学出版社 2008 年版。

〔美〕伊莱休·卡茨、约翰·杜伦·彼得斯、泰玛·利比斯、艾薇儿·奥尔洛夫编:《媒介研究经典文本解读》,常江译,北京:北京大学出版社 2011 年版。

刘北成:《本雅明思想肖像》,北京:中国人民大学出版社 2012 年版。

（解　佳）

沃尔特·李普曼
（Walter Lippmann，1889—1974）

学术生平

沃尔特·李普曼1889年9月23日出生于美国纽约市一个富足的家庭。1906年李普曼进入哈佛大学，跟随雨果·明斯特伯格、巴雷特·温德尔、乔治·桑塔亚纳等著名教授学习。在哈佛大学期间，李普曼撰文批评了温德尔教授的《特权阶级》所表达的权贵思想，由此引起了威廉·詹姆斯的注意和欣赏。李普曼曾说，他与詹姆斯的谈话是他在哈佛的生活中最了不起的事情。詹姆斯的实用主义、反对教条的精神都吸引着李普曼，也激起了李普曼对科学与实验的兴趣。在李普曼即将取得哈佛大学哲学硕士学位时，他去了波士顿的一家报社工作，进入了新闻行业。作为美国最负盛名的专栏作家，李普曼从1913年起参与创办美国自由派刊物《新共和》，持续写作60年，其专栏文章影响了美国三代人对于政治事务的观点，是美国新闻界的重要人物。李普曼早年的知识积累以及对现实的关注，使他从未间断对美国社会现实与民主秩序问题的思考。1913年，李普曼出版了《政治序论》，批判了传统进步主义，也表达了某种科学管理的信念。1914 年,《新共和》问世并很快成为美国政治首脑的案头读物。西奥多·罗斯福总统赞扬了这份杂志,并邀请李普曼和他的同事共进晚餐。《新共和》创刊后,李普曼又出版了《放任与驾驭》。针对现代生活中的诸多弊病,李普曼提出的解决办法是由国家进行控制,赞同罗斯福的新国家主义,而不是回到自由竞争的工业结构中。他在 1920 年出版的小册子《自由与新闻》中表达了对民主危机的担忧。罗斯福评价说:凡是想认真研究我们当前的社会、工业和政治生活的人,都不能不反复读这本书,并对它进行思考和消化。1922 年,李普曼出版了《舆论》,这部著作成为大众传播研究的奠基之作。值得一提的是,这本书中关于民主的观点被哲学大师杜威称为"有史以来对民主最严厉的控告",而杜威与李普曼关于新闻与民主的争论事实上构成了美国大众传播研究的二元框架(参见本书约翰·杜威词条)。1925 年,李普曼出版了《舆论》的续篇——《幻影公众》,进一步论述了他对公众与民主的看法。1924 年,李普曼成为《世界报》的社论主编,后在《纽约先驱论坛报》开辟了"今日与明日"专栏。他在新闻界的显赫名声使其成为白宫的座上宾。1964 年,约翰逊总统在李普曼 75 岁生日前授予其自由勋章,表彰他以精辟的见解和独特的洞察力,对这个国家和世界的事务进行了深刻的分析,进而提升了人们的思想境界。李普曼于 1958 年、1962 年两次获得普利策新闻奖,但在传播学史上被看作学院派的"局外人"。

主要理论(方法)贡献

李普曼作为传播研究领域的"局外人",在如今传播学思想重新溯源的过程中,逐渐被公认为奠基人。他在新闻媒体的从业经历使他对传播研究中的许多重要议题都有敏锐的洞察力。

李普曼早年在新闻业界的工作使他首先注意到了人们如何认识周围的世界,论述了"外部世界与我们头脑中的景象"。在第一次世界大战时,李普曼参与了战时新闻宣传工作。在工作中,他发现了被歪曲和压制的事实,认为报界歪曲新闻报道的行为很常见。因此,为了检验公众能否了解事实真相,李普曼与查尔斯·梅尔茨就《纽约时报》对布尔什维克革命的报道进行了调查研究。结果表明,一向以精确报道著称的《纽约时报》对该问题的报道存在偏见,消息来源不可靠,被新闻编辑左右。1920年,在《自由与新闻》中,李普曼根据其经验与观察分析了新闻检查与宣传、失实报道等问题。李普曼认为:有关政治的传统理论已经过时,因为这些理论没有考虑到舆论的力量;事实面临被新闻生产过程中的宣传扭曲的危险,但公民在了解事实的基础上,仍然可以理智地对公共事务做出判断。因此,新闻需要为公民提供客观事实。舆论有决定国家事务的力量,因此必须确保公众可以获得可靠的消息,保护舆论的信息来源亦是保护民主的基础。由此,李普曼指出了新闻界存在的问题,并提出了改革的途径。到1922年出版《舆论》时,李普曼从"外部世界与我们头脑中的景象"开始论述,注意到人们常被自身对外界环境的看法误导,原因在于没有充分了解相关事实的环境,以及受到自身偏见的影响。在这本书中,李普曼不得不放弃原有的信念,即报界客观地提供事实,公民有理性并了解事实,进而可以做出明智的判断。在《舆论》中,李普曼认为,对舆论进行分析的起点,应当是认识活动的舞台、舞台形象和人对舞台上的形象做出的反应之间的三角关系。

《舆论》不仅是李普曼对美国民主现实的思考,也成为美国大众传播研究的奠基之作。事实上,对于李普曼来说,《舆论》亦是他本人认为"真正严肃认真"的著作。在20世纪初社会心理学的萌芽阶段,李普曼提出了"拟态环境"与"刻板印象"的概念,而这二者使公众往往不具备正确判断事实的能力。陈规陋俗、偏见和宣传等都侵蚀着大众政府的根基。李普曼认为,大众传播媒体不仅是"拟态环境"的主要营造者,而且在形成、维护和改变一个社会的刻板成见方面具有强大的影响力。在对外部世界的研究中,李普曼指出对信息的审查、保密以及传播符号和意义的模糊等因素都造成了外界景象的残缺,人们在面对复杂的现实环境时需要"重构"一张地图。对于公众来说,多数情况下人们是"先定义后理解",刻板印象使人们以想象来弥补并构建自身看不到的事物。因此,李普曼认为舆论并不可靠。

李普曼分析了新闻生产过程中的内部控制。由于拟态环境与刻板印象造成了民主的弊病,因此新闻并不能解决相应的民主危机。李普曼随即分析了新闻的缺陷,认为报界无法满足民主的要求。对于报纸来说,首先要赢得公众。报纸依靠广告收入获得独立,发行量影响着新闻机构的发展。除了经济因素,新闻本身也不能反映事实真相。在新闻生产过程中,新闻机构会把重要事件进行标准化处理。为了抓住稳定的读者群,报纸必须涉足社会层面的各种新闻,包括购物、烹饪、娱乐以及党派偏见等。就新闻的性质来说,报纸没有打算照看全人类。进一步地,李普曼区分了新闻与真相——新闻的作用在于突出一个事件,真相则用来揭示被隐藏的事实。新闻受到内部的重重控制,无法提供民主主义者希望其天生就能提供的真相。报纸在承担对人类生活进行解释的责任时显得很脆弱。

李普曼指出了民主的困境,认为社会科学必须发展为政策科学。由于人们所认识的世界是传媒建构的图景,而且人们自身带有成见,因此,舆论赖以生存的信息环境就受到歪曲,在此基础上的民主不正确也不可靠。李普曼提出的解决方案是,由专家提供精确材料,客观呈现事实,从而引导舆论。李普曼认为,专家应该尽可能地搜集信息,发现并阐释事实,将对公众事务进行决断的负担由公众转移到管理者身上,公众只应关注程序性的问题。李普曼对大众民主感到幻灭,对宣传和已然不可信赖的新闻界很警觉,所以他提出的办法也有些勉为其难。也正是因此,杜威认为李普曼的"舆论"与"民主"是打着民主的旗号控制民意。而李普曼提出的舆论的问题及解决问题的方式,是把新闻业的理论思考置于宏观的社会背景与框架中。在这个意义上,不仅"把关人"、议程设置理论等从李普曼那里获益匪浅,后来兴起的大众传播研究的主流方向与思路都可以在李普曼的思想中窥见一斑。20世纪20年代的新闻业危机,引发了人们对行业内客观性原则的思考与质疑,这也是美国社会生活与公共社会的危机。在这个意义上,李普曼从新闻之客观性出发,阐述了政府、社会、媒体和公众的关系,而这种阐述恰恰打开了大众传播研究的大门。

1925年出版的《幻影公众》进一步体现了李普曼的精英主义思想。因为他对于《舆论》中表达出来的悲观主义并不满意,《幻影公众》作为《舆论》的续篇面世。在这本书中,李普曼进一步阐述了他对民主的理解以及应对民主危机的方法。在这本著作中,李普曼描述了民主的尴尬:一方面,民主意味着通过任何规则都需要获得多数的认可;另一方面,要解决民主制中最大的问题需要利用违反多数同意的原则实行集权管理。对于李普曼来说,公众只需要介入程序问题。他认为选民不可能生来就胜任管理公共事务,他们缺乏时间和兴趣来把握问题,解决这个问题的办法是承认公众没有能力也缺乏管理社会的兴趣,他们仅仅是一个幻影,是对某些事务感兴趣的一些人,而他们所能做的就是支持或者反对那些有权力与知识并能采取行动的人。自李普曼起,媒体与民主之间的关系成为传播研究者关注的重要内容。对于李普曼本人来说,尽管他分析了通行的民主理论的不可行,但他对美国民主怀抱的信念从未消失。

对传播学学科建制的贡献

在传播学重要理论、传播研究的方向上,李普曼都有重要贡献。李普曼在新闻业界的声名使历届总统都不能忽视他的观点。作为12位美国总统的顾问,以及与各国元首商讨国际事务的名作家,他对现实问题的看法不仅影响公众与政界,也成为学界关注的问题。

《舆论》无疑是李普曼传播思想的代表作,是不少传播学学者心目中的传播学奠基之作。彼得斯认为:从理论的视角来看,美国大众传播理论和研究,只是李普曼《舆论》的一系列注脚。《舆论》的确在传播理论研究上为后人打开了一扇门,媒介与民主、媒介环境、受众研究、效果研究等都可以从此书汲取养分。

在分析宣传与舆论方面,李普曼的贡献可以与拉斯韦尔比肩。《舆论》对新闻媒介的剖析、对新闻如何产生的论述,可以说开创了议程设置理论的研究传统,框架理论亦能从中汲取营养。李普曼的思想直接影响了拉斯韦尔对政治、宣传的理解。尽管《舆论》并未提出议程设置的概念,但李普曼已经表达了基本思想:大众媒体提供了人们头脑中的象征性的想象,这些想象有可能与现实世界完全不同;大众媒体是现实世界中的某个事件和人们头脑中对这个事件的想象之间的主要连接物。而议程设置过程展现了舆论在一个民主制社会中如何发挥作用。对议程设置理论的溯源,可以回到李普曼。作为最早探讨大众传播宏观效果的学者之一,他对该理论的产生和发展做出了很大的贡献。

有关大众传播媒体与民主的关系,李普曼与杜威的那场著名的争论最具代表性,也建立了美国大众传播研究的二元框架。李普曼在分析了公众的不可靠性之后,也瓦解了原有的民主的基础,进而提出精英、专家治国的方案。这一观点透出了某些意识形态操控的味道。杜威的民主建立在公众交流的基础上,而大众媒介就是提供交流的可能的平台。事实上,李普曼的民主理论作为一种社会控制理论尽管在学界受到批判,却成为整个美国大众传播研究的主导思想,也是统治阶级与精英阶层认同的观点。这场争论也把大众媒介置于现代西方民主社会秩序重构的背景中,新闻成为社会科学研究的对象。这种考察新闻与其他社会因素的关联、反思新闻主体的行动,开启了媒介社会学、媒介政治学的研究方向,大众传播研究由此展开。

李普曼的思想成为日后兴起的大众传播研究的主流方向。他关于民主问题的解决方案暗示了科学与实证主义相结合的研究方式。尽管李普曼没有亲自进行"民意测验",但他在论述民主与科学时,已经表达了以科学、经验的方法进行民意测验的想法。李普曼对新闻媒介的考量,与后来传播控制研究的思想相契合。通过可操作的定量研究方法,研究传播以解决社会现实问题,进行社会控制,这正是美国主流传播研究范式,即实证主义的路线。在这个意义上,李普曼可以被称作传播学的奠基人。

原作

〔美〕沃尔特·李普曼:《舆论》,常江、肖寒译,北京:北京大学出版社2018年版。

〔美〕沃尔特·李普曼:《幻影公众》,林牧茵译,北京:北京联合出版公司2020年版。

Walter Lippmann, *Drift and Mastery*: *An Attempt to Diagnose the Current Unrest*, New York, NY: M. Kennerley, 1914.

Walter Lippmann, *Liberty and the News*, Princeton, NJ: Princeton University Press, 2008.

相关思想史或评传

〔美〕罗纳德·斯蒂尔:《李普曼传》,于滨等译,北京:中信出版社2008年版。

(吴 越)

沃尔特·P. 戴维森
（Walter P. Davison, 1918—   ）

 学术生平

　　沃尔特·P. 戴维森1918年出生于美国纽约州西部小镇巴斯，现居华盛顿。他的硕士、博士学位都是在哥伦比亚大学获得的，学生期间就受到拉扎斯菲尔德、默顿等人的影响，甚至与他们有过合作。1954年，戴维森在哥伦比亚大学取得社会学博士学位，1965年至1986年在哥伦比亚大学任教。此外，他还有在其他大学任教的经历：1948年至1949年，在普林斯顿大学担任讲师；1957年至1958年，在麻省理工学院政治学专业担任访问教授。此外，他还长期为具有美国军方背景的兰德公司、纽约市外事部门等机构服务：1951年至1961年在华盛顿兰德公司社会学部担任高级研究员，1961年至1965年在外交委员会开展相关研究，1956年至1980年担任华盛顿社会科学研究局董事，1966年至1977年在哥伦比亚大学应用社会研究局担任项目负责人。少见的是，他经历并参与了第二次世界大战、越战等几次20世纪美国重要的战争。这些经历使他熟悉了美国的心理调查分析与舆论研究的运作模式，因此，他对传播学研

究、人的心理行为模式等产生了浓厚的兴趣。他在传播学方面的研究重心是舆论研究。1971年至1972年,戴维森担任美国舆论研究协会主席,1978年获终身成就奖。他的代表性学术成果是《传播中的第三人效果》。

主要理论（方法）贡献

戴维森最为人熟知的传播学理论贡献毫无疑问是第三人效果理论。1983年,戴维森在《舆论季刊》上发表了《传播中的第三人效果》,提出这一著名假说。第三人效果理论认为,受众倾向于认为媒介对其他人的影响大,对自己的影响小。具体来说,人们倾向于高估大众传播信息对他人在态度及行为层面的影响,当受众接触到说服传播（不论这一传播是否为有意的说服）的信息时,会预期该信息对他人所造成的影响大于对自己所造成的影响。而且,不论自身是否是信息的直接受众,人们都会针对传媒影响他人的预期采取某种行动。

这个理论实际上包括两个基本假说:(1)知觉假说:人们感到传媒内容对他人的影响大于对自己的影响。(2)行为假说:作为第三人认知的后果,人们可能采取某些相应的行动,以免他人受传媒内容影响后的行为影响到本人的权益和福利;人们可能支持对传媒内容有所限制,以防止传媒对他人产生不良影响。由此可见,第三人效果理论引入了对"他人"的认知——"对传媒影响他人的效果的预期"成为人们采取行动的一个认识基础。任何传播效果与其说基于直接受众的反应,不如说基于那些预期或自认为观察到了他人反应的人的行为。至于"第三人"的命名,有两种不同的立场:从那些试图评价传播效果的受众的角度来看,最大的影响不是对"你"和"我",而是对"他们"——第三人;从宣传者或其他说服传播者的角度来看,"第三人"是那些直接接收信息的受众所参照的个体。第三人效果理论被认为是"持久而有生命力的",特别是在20世纪90年代,不少学者在主流专业期刊上发表论文,用调查或实验的方法证明或补充了这一结论,研究的内容从新闻报道、政治运动、诽谤性信息、暴力信息、色情信息,到电视剧、广告等,范围十分广泛。

为了便于读者理解,在《传播中的第三人效果》一文中,戴维森举了这样的例子:第二次世界大战中,日本军队通过空投宣传单,呼吁美军黑人士兵撤离小岛,这导致美国白人士兵因担心黑人士兵受到影响而选择了主动撤退。那么,为什么会存在第三人效果呢？李普曼在《舆论》一书中,提出并深刻论述了"外部世界与我们头脑中的景象"。他说,媒体构建的"拟态环境"是受众想象世界、采取行动的主要依据。同样,在评价传媒信息对他人的影响时,我们更多的是依靠观念思考,而不是通过与他人的交流来做出判断。这样的状况就会导致第三人效果的出现。戴维森还指出,对第三人效果的认知可能会影响若干政策的制定,比如审查制度。当政策制定者接触到负面的媒介信息时,为了防止负面信息对其他受众造成不利影响,便会主张对媒体内容进行限制。

第三人效果对个人行为的影响,在一定程度上也促进了其他传播效果的形成,尤其是民意的形成。比如,我们可以用第三人效果理论来解释沉默的螺旋的形成过程。当媒体报道一项有争议的议题,并指出主流意见取向,或报道选情,指出某一政党有领先趋势时,对议题抱持非主流意见或支持声势较弱的政党的民众,在公开场合就可能不愿表达个人意见,以免遭到孤立。这是沉默的螺旋理论的主要内涵。依照第三人效果假说,当民众从大众媒介中了解到有关某一公共议题的意见气候时,许多民众或许不认为媒介内容会对自己产生多大影响,但会认为媒介所呈现的意见气候会对其他社会成员造成相当大的影响。当然,如果自己对该项议题的意见正好和媒体所主张的主流意见契合,那就不必担心自己会因公开陈诉个人意见而遭到孤立;相反,如果发现自己的意见和媒介所宣扬的主流意见相左,基于第三人效果认知,会认为多数社会成员会受到媒介影响,支持主流意见,因此为了避免遭到他人的孤立,就会改变自己的意见,或者避免公开宣传自己的立场,转而沉默下去。

除了第三人效果理论以外,舆论研究也是戴维森研究的重点。1972年,他出席美国舆论研究协会年会,在会长致辞《作为传播的舆论研究》中系统阐明,"舆论研究就是传播"。他进行舆论研究的基本假设是:受众基于对其他人的预期而调整自己的态度与行为。在戴维森看来,舆论的形成是社会互动的结果,公众因社会互动而存在,互动的桥梁是"个人抽样",即个人在确定自己的立场与行为时一般会观察其他人或者媒体的态度与观点。人们从有限的信息源了解到的信息构成了受众对部分甚至整个人群的预期,并根据这种预期调整自己的行为。应当说,戴维森关于舆论的思路帮助他形成了关于传播效果的独特视角,从而催生了第三人效果理论。

对传播学学科建制的贡献

戴维森为美国传播学研究开辟了一个新的研究领域,即第三人效果研究。第三人效果理论是当下大众传播效果研究的热点之一,继戴维森之后出现了许多验证第三人效果的实证研究。从目前已有的针对第三人效果假说两个层面的理论研究来看,这些研究较多关注认知层面,且研究结论大都证实了第三人效果的客观存在,而在行为层面进行的实证研究不仅数量有限,且不同研究得出的结论显示,传播行为和第三人效果之间的关联性还有待进一步厘清。

第三人效果理论也为传播效果研究提供了一个新的视角,它关注大众传播过程中的一种心理过程,展示了大众媒介信息对受众产生影响的强大效果。无论是有限效果论还是强效果论,以往的大众传播效果研究都是直接考察媒介信息对受众态度的影响。虽然第三人效果也承认大众传媒中的信息的确对人们产生了强有力的影响,但它扭转了传统效果研究的思路,并不是把重点放在媒介对人们的影响上,而主要考察人们对媒介效果的看法,即受众先判断他人是否受到了媒介信息的影响,再根据自己的判断行动,由此造成的影响是更为长期和深远的。

原作

W. Phillips Davison, "The Public Opinion Process," *Public Opinion Quarterly*, 1958, 22(2): 91-106.

W. Phillips Davison, "A Public Opinion Game," *Public Opinion Quarterly*, 1961, 25(2):

210-220.

W. Phillips Davison, "Public Opinion Research as Communication," *Public Opinion Quarterly*, 1972, 36(3): 311-322.

W. Phillips Davison, "The Third-Person Effect in Communication," *Public Opinion Quarterly*, 1983, 47(1): 1-15.

Walter Phillips Davison and Leon Gordenker(eds.), *Resolving Nationality Conflicts: The Role of Public Opinion Research*, New York, NY: Praeger, 1980.

（柴　菊）

威尔伯·施拉姆
(Wilbur Schramm, 1907—1987)

学术生平

威尔伯·施拉姆1907年8月5日生于美国俄亥俄州的马里塔,5岁时因扁桃体切除手术的副作用患上口吃,尽管后来采取了各种手段进行恢复,但口头表达方面的问题还是成为施拉姆的终身遗憾。1928年,他在马里塔学院获文学学士学位。1930年,他在哈佛大学获"美国文明"专业的硕士学位,并选读了著名哲学家怀特海的课程。由于当时美国治疗口吃最权威的教授特拉维斯在艾奥瓦大学任教,施拉姆便离开哈佛大学前往艾奥瓦大学边治疗口吃,边攻读博士学位。1932年,施拉姆在艾奥瓦大学获得英国文学专业的博士学位,此后又跟随心理学家西肖尔进行了两年心理学博士后研究,并学会了社会科学的定量研究方法。1935年到1942年,施拉姆在艾奥瓦大学英语系担任助理教授,并于1939年担任艾奥瓦写作(研究生)班的教师,一度成为一位小有名气的小说家。施拉姆参加了勒温在艾奥瓦大学创办的"夸夸其谈俱乐部",并认识了费斯汀格、贝弗拉斯等后来以群体动力学研究闻名的顶尖社会心理学家。

1942年年初,随着美国卷入第二次世界大战,施拉姆自愿到统计局和战时新闻局服务,前后历时15个月。在那里,由于接触到了拉扎斯菲尔德等人,施拉姆渐渐形成了对传播研究领域的兴趣并确立了自己的传播学观。他本人在各方面都深受拉扎斯菲尔德的影响。他不仅因此跻身顶尖社会科学家俱乐部,而且成为美国军方安插在学界的情报人员。1943年,施拉姆回到艾奥瓦大学并离开了文学院成为新闻学院院长,在那里开设了传播学的博士课程。1946年,他又模仿应用社会研究局的模式在该校设立了传播研究机构"受众研究局"。1948年,该校授予了人类历史上第一个大众传播博士学位。1947年,施拉姆前往伊利诺伊大学出任传播研究所所长、出版社总编辑与校长助理,并于1950年成为传播部主任,该部统摄新闻与传播学院、图书馆学院、大学图书馆、校广播电视台、大学宣传处、出版社和传播研究所等多个机构。1955年,施拉姆前往斯坦福大学就任传播研究所所长,在1973年退休之前,培养了大量的传播学博士。此后,他迁居檀香山就任夏威夷大学东西方文化中心传播研究所所长,在此期间还到中国香港短暂访学。他在供职东西方文化中心时,曾经访问中国,对中国传播学的兴起发挥了关键性的推动作用。1987年12月27日,因心脏病发作,施拉姆在檀香山的家中去世。他去世以后,他的夫人将他的相当一部分手稿和藏书赠送给兰州大学新闻传播学院。对于施拉姆在传播学领域的成就,有许多不同的观点。他的弟子和追随者给他以很高的评价,比如罗杰斯说:施拉姆在传播学史中发挥着关键的作用。他就是这个领域的奠基人,是第一个将自己认作一个传播学者的人;他最早在大学中创办以"传播"命名的博士课程;他培养了第一代传播学学者。但由于在学术上成绩平平,他和他的理论已经不再是当前美国传播学关注的中心。有人称施拉姆是一个"伟大的概括者",这一评价恰恰说明施拉姆不是一个以原创见长的传播学学者。也有一些学者认为,他所开创的传播学建制其实束缚了传播学的发展。他的研究成果多为教材,重要的包括《大众传播学》(1949)、《大众传播的过程与效果》(1954)、《报刊的四种理论》(1956)、《大众传播的责任》(1957)、《世界报业的一天》(1959)、《电视对儿童生活的影响》(1961)、《传播媒介与国家发展》(1964)、《新媒介》(1967)、《传播与变化》(1967)、《从电视中学习》(1968)、《男人、女人、信息、媒介:人类传播概览》(1973)等。

主要理论（方法）贡献

由于不是一个以原创见长的学者，因此施拉姆对传播研究的理论贡献乏善可陈，他的学生坦卡德曾评价说：施拉姆对这门学科最大的贡献或许并不在于他自己的理论观点——尽管这些理论观点很重要，而在于他针对传播学核心问题所勾勒的学说框架。施拉姆的视野非常开阔，有很强的理论整合能力和编辑能力。在研究方法层面，施拉姆更是谈不上有什么贡献。尽管他强调定量研究的重要性，可他的定量研究只停留在交叉分析的水平。可以归在他名下的学术贡献主要有以下三个方面：

其一是搭建了发展传播学研究的框架，并提出了早期理论。施拉姆是早期发展传播学理论的代表人物。有人认为，尽管勒纳可以被看作发展传播学的拓荒者，但直到施拉姆的《传播媒介与国家发展》出版以后，这一领域才真正开始出现系统性的研究。这本专著是施拉姆在1962年承接的联合国教科文组织的课题的最终成果。与勒纳一样，施拉姆对大众媒介在发展中国家经济社会发展过程中所扮演的积极角色表示高度肯定。施拉姆认为，大众媒介在国家发展中的五种具体作用是：能够把大量有用的信息充分地传播到发展中国家的人民中；能够开阔大众的眼界，助长移情作用；能够让人们把注意力集中在发展的目标和面临的困难上；能够树立个人和民族的雄心；能够创造发展的气氛。一言以蔽之，大众媒介具有传递信息、拓宽视野、集中精力、树立信心和创造环境的作用。在此基础上，施拉姆指出了大众媒介在国家发展进程中应当承担的几项任务：第一，大众媒介应当塑造一种国家情感；第二，大众媒介应当成为国家计划的喉舌；第三，大众媒介应当担负教育责任，让人们学会必要的技能；第四，大众媒介在扩展市场方面也可以发挥积极的作用；第五，大众媒介应当帮助民众适应计划成功所带来的各种社会变化；最后，大众媒介还应当教育民众具备主权意识。如果说勒纳想用他的研究证明大众媒介与国家发展之间的正相关关系，那么施拉姆所做的贡献主要是通过提出具体的建议，来帮助发展中国家利用大众媒介实现国家发展。

其二是推动了"使用与满足"理论的发展。施拉姆对"使用与满足"理论的发展主要体现为1958年至1960年间做的11项关于儿童与电视的研究，最终成果是其于1961年出版的专著《电视对儿童生活的影响》。这一研究被德弗勒看作"使用与满足"理论的一次里程碑式的经验研究。施拉姆本人对此书情有独钟,认为那是他这一辈子最能称得上具有理论贡献的著作。在1979年的一次口述史访谈中,他被问起最希望得到理解的著作是哪一部,他回答说:那可能要算是《电视对儿童生活的影响》。这项研究先后在美国和加拿大访问了5991名小学生和1958名家长,其主要理论贡献就是强调儿童的电视收视行为通常不是被动的,是儿童在使用电视而非电视在利用他们。他们认为电视是一个自助餐厅,儿童看电视就如同在自助餐厅选择所需。一般来说,儿童选择电视是因为电视可以满足如下三种需要:第一是娱乐,也就是逃避日常问题及解闷;第二是获得信息,也就是学习知识;第三是增进社会交往,为儿童提供与他人交往时的话题和交往的机会。施拉姆等人认为,儿童不是孤立的,每个儿童都会根据自己的需要、固定的价值观及其认知和情感的特征选择电视节目,他们也会因为自己生存于其中的那张社会网络而选择电视节目。这种因社会与个性需要而产生的电视节目选择,会最终影响传播的效果。这一研究承袭了赫佐格、贝雷尔森和卡茨的理论传统,基本指明了"使用与满足"理论日后的发展方向。

其三是在传播体制方面提出带有冷战色彩的二分法。施拉姆与他在艾奥瓦大学的同事西伯特、彼得森一起建构了传播的四种体制,他们一起出版了新闻学和传播学的名著《报刊的四种理论》(又译为《传媒的四种理论》)。他们把世界上的传播体制分成两大类:自由的与集权的。这就建立了一种基于冷战思维的传播体制格局。

对传播学学科建制的贡献

相比于理论方法方面的贡献,施拉姆在美国传播学学科建制方面的贡献确实可以用伟大来形容。他在传播学学科建制的每一个方面都做出了自己的贡献。

第一,施拉姆在美国创立了第一批传播学高等教育机构,并因此让美国的大学接纳了传播学。这些机构后来都成为美国传播学教学与研究重镇,对美国传播学的发展起到了巨大的推动作用。1943年,施拉姆成为艾奥瓦大学新闻学院院长并在该学院建立了受众研究局,开设了大众传播博士课程;1947年,他又应邀在伊利诺伊大学成立了传播研究所,并在那里继续开设传播学博士课程;1955年,他在斯坦福大学传播研究所担任所长,并将该研究所变成美国传播学界支配性的研究中心。斯坦福大学传播研究所的建立被认为对美国传播学意义重大。它不仅培养了大量美国传播学界的重量级学者并由他们开辟了更多的传播学专业,而且提升了传播学的地位。这些研究机构到目前为止仍然是美国传播研究的重镇,为传播学的学科发展提供了重要的支持。退休以后,施拉姆在夏威夷大学东西方文化中心传播研究所担任所长并开始潜心研究国际传播直至去世。其间,他还于1977年至1978年在香港中文大学担任"胡文虎讲座教授",对中国的传播学研究起到了相当大的推动作用。

第二,施拉姆在这些办学点培养了大批传播学博士,这些科班出身的学者后来成为美国传播学领域最重要的有生力量。这其中就包括著名的传播学学者多伊奇曼、麦库姆斯、查菲、丹尼尔森等。这些传播学学者发表了大量传播学论文,也创立了诸如议程设置这样的重要传播学理论。这些学者不仅自身在学术上颇有建树,还在美国的各所大学开设了新闻传播类专业,极大地推动了传播学在美国各地的繁荣,使传播学成为美国大学中最热门的专业之一。他的两个中国弟子朱立和余也鲁成为第一批播种者,分别在台湾和香港推动了中国传播研究和教学的进程。而他本人1982年对中国的访问与演讲在中国新闻研究界引起了巨大反响。随着1984年《传播学概论》一书的中文译本问世,施拉姆完成了在中国的传播学知识普及并培养了一批中国的知识主体来传承和发展其传播理论。

第三,施拉姆为美国传播学学科的教材建设做出了巨大贡献,先后撰写了十多部各类传播学教材。这些教材勾画了这个学科的知识地图,成为一个代代相传的知识共同体。1949年,他为传播学专业的新进入者提供了第一本体系化的教材——《大众传播学》。该书实际上是一个读本,施拉姆将他认为的传播学学者的作品选入教材。这本教材一版再版,对美国当代传播学影响巨大。1954年,他又为美国新闻署编撰了另一本选读性的传播学教材——《大众传播的过程与效果》。到他的最后一部重要教材《男人、女人、信息、媒介:人类传播概览》为止,施拉姆通过教材将美国传播学的学科知识体系建立起来,并为这一领域知识的规范和代代传承奠定了基础。施拉姆对于美国的各种传播理论都有很强的归纳、整合能力,他的视野很开阔,能够将不同的理论尽可能体系化,因此他也被看作美国传播学的集大成者。

第四,施拉姆为美国传播学的学科边界做了最为清晰的界定。通过对研究框架、研究方法的倡导以及对这一领域中的代表学者的选择(学科史的写作),施拉姆将美国传播学确立为以"五W"为研究框架和主要研究领域、以定量的方法为研究手段、以行政研究的取向为基本价值立场的一门学科。他不仅在自己的教材中按照上述原则来确立传播学的体系,还通过建构四大奠基人的神话从学科史的角度使这种建制设计变成"事实"。他所选择的传播学的奠基人——拉扎斯菲尔德、拉斯韦尔、霍夫兰和勒温,基本上都符合他设计的传播学建制体系的特征。而他排除的传播研究领域的重要先驱学者——如杜威、米德、阿多诺、洛文塔尔、哈贝马斯、斯迈思、英尼斯、席勒——的研究风格,则完全与他设计的这个研究体系不同。通过这两种方法,施拉姆从空间和时间两个向度定义了美国传播学的边界。

第五,施拉姆强化了拉扎斯菲尔德以来的社会科学研究模式,并将传播学发展成为一门为政界和业界服务的应用性学科,从而使行政研究的学科范式成为学科主流。拉扎斯菲尔德在哥伦比亚大学社会学系通过建设应用社会研究局,初步奠定了以行政化和商业化的项目和科研带动学科发展的当代社会科学教研模式。施拉姆看到了这种学科发展模式的前途,在创建各种传播学院的同时,牢牢地遵循这种"一系一所"或"一院一局"的模式,并因此为传播学学科带来了大量的课题、资金和社会声望。施拉姆对于这种学科发展模式的坚持与推动,不断被其他新闻传播学院效法。而这种学科发展模式的价值取向——学科发展依赖并受制于行政与商业主体——也渐渐地渗透到美国传播学学科发展的基调中,传播学学科的实用性与应用性色彩越来越明显。

原作

〔美〕弗雷德里克·S.西伯特、西奥多·彼得森、威尔伯·施拉姆:《传媒的四种理论》,戴鑫译,北京:中国人民大学出版社2008年版。

〔美〕韦尔伯·施拉姆:《大众传播媒介与社会发展》,金燕宁等译,北京:华夏出版社1990年版。

〔美〕韦尔伯·施拉姆著,〔美〕斯蒂芬·查菲、艾弗雷特·罗杰斯编:《美国传播研究的开端:亲身回忆》,王金礼译,北京:中国传媒大学出版社2016年版。

〔美〕威尔伯·施拉姆、威廉·波特:《传播学概论(第二版)》,何道宽译,北京:中国人民大学出版社2010年版。

Wilbur Schramm (ed.), *Communications in Modern Society*, Urbana, IL: University of Illinois Press, 1948.

Wilbur Schramm (ed.), *Mass Communications: A Book of Readings*, Urbana, IL: University of Illinois Press, 1949.

Wilbur Schramm, Jack Lyle, and Edwin B. Parker, *Television in the Lives of Our Children*, Palo Alto, CA: Stanford University Press, 1961.

相关思想史或评传

〔美〕E.M.罗杰斯:《传播学史——一种传记式的方法》,殷晓蓉译,上海:上海译文出版社2012年版。

〔美〕汉诺·哈特:《传播学批判研究:美国的传播、历史和理论》,何道宽译,北京:北京大学出版社2008年版。

〔美〕希伦·A.洛厄里、梅尔文·L.德弗勒:《大众传播效果研究的里程碑(第三版)》,刘海龙等译,北京:中国人民大学出版社2009年版。

〔美〕辛普森:《胁迫之术:心理战与美国传播研究的兴起(1945—1960)》,王维佳等译,上海:华东师范大学出版社2017年版。

胡翼青:《传播学科的奠定:1922~1949》,北京:中国大百科全书出版社2012年版。

伍静:《中美传播学早期的建制史与反思》,济南:山东人民出版社2011年版。

(胡翼青)

威廉·斯蒂芬森
(William Stephenson, 1902—1989)

学术生平

英裔美国物理学家、心理学家和传播学家威廉·斯蒂芬森1902年出生于英格兰北部诺森伯兰郡。斯蒂芬森1920年进入杜伦大学从事核物理学研究,当时学界正在经历"物理学革命",围绕量子理论发生了各种科学论战。青年斯蒂芬森深受影响并于1926年获得物理学博士学位。在杜伦大学期间,斯蒂芬森还拜访了格式塔心理学的重要奠基人之一库尔特·考夫卡。在物理学与心理学的双重影响下,斯蒂芬森来到伦敦大学学院师从查尔斯·斯皮尔曼教授从事心理测量学研究。1929年,斯蒂芬森获得心理学博士学位并成为一名临床心理医生。1935年,在一封写给《自然》杂志的信中,斯蒂芬森正式宣布了一种具有革命意义的Q方法论的诞生,这是一种可以客观测量个体主观性的科学方法。同年,斯蒂芬森加入英国精神分析学研究委员会并从事相关研究工作。自1936年起,斯蒂芬森受邀先后担任牛津大学"实验心理研究所"主任助理及主任职务,其间他继续从事心理测量学、格式塔心理学、精神分析学以及现象学心理学研究。第二次世界大战爆发后,斯蒂芬森投笔从戎,加入了英国皇家医疗军团,并在远驻印度的英军中担任一名随军心理医师。战后,斯蒂芬森曾以英军准将身份短暂复归学界。

1948年,斯蒂芬森离开牛津大学来到芝加哥大学心理学系任教,在此期间受到约翰·杜威、乔治·赫伯特·米德、詹姆斯·安吉尔等人的思想的熏陶。正是在芝加哥,斯蒂芬森的Q方法论开始影响美国心理学界和社会学界,包括人本主义心理学家卡尔·罗杰斯在内的一些学者也尝试将其应用到相关研究领域当中。1953年,斯蒂芬森出版了系统介绍Q方法论的《行为研究》一书,在书中他反对当时主导芝加哥大学心理学系的旧行为主义研究。1955年,斯蒂芬森选择离开学界并进入广告营销界,随后开始尝试利用Q方法推动广告营销研究朝向心理统计学与受众态度细分研究的革命性转变。

1958年,斯蒂芬森以广告研究特聘教授身份加盟密苏里大学新闻学院,自此他正式涉足新闻传播学术领域,这次跨界促使其转向心理学与新闻传播学的交叉研究。基于丰富的实践经验,斯蒂芬森尝试将Q方法应用于新闻传播理论研究,涉及新闻阅读、舆论、公共关系和信息理论等多个主题。看似门外汉的斯蒂芬森在多次跨界之后,又创造性地将"游戏"(play)元素加入传播研究,早在1964年就发表了《新闻阅读的乐得理论》一文,1967年出版了《大众传播的游戏理论》一书。此后,斯蒂芬森持续进行新闻传播理论研究,从密苏里大学退休后又受聘为艾奥瓦大学客座教授,他在这里创办了名为《操作主观性》的学术期刊,该刊物致力于Q方法论的研究、推广与运用。

从杜伦大学、牛津大学到芝加哥大学、密苏里大学,从核物理学到心理学再到新闻传播学,从广告总监到新闻学教授,这些经历给斯蒂芬森带来了诸多跨学科体验和学术研究的多维视角,并促使他提出了独树一帜的传播游戏理论。

主要理论(方法)贡献

1958年,斯蒂芬森闯入当时"行将枯萎"(伯纳德·贝雷尔森语)的传播学界,很快就敏锐地发现:大众传播研究早期成果的共同缺憾就是对"游戏"元素的严重忽视。斯蒂芬森断言,如果不考虑游戏元素的话,那么社会科学研究将无法理解社会控制(social control)与趋同选择(convergent selectivity)二者的意义。

为什么偏偏是"游戏"？因为在斯蒂芬森看来，复杂、精妙的主观游戏闪烁着神话与幻想的迷人色彩。它关乎人的各种自我心理状况，而不是人的本能反应或者整体冲动。斯蒂芬森提出了一个核心概念——"传播快乐"(communication-pleasure)，该概念直接源自美国精神病学家托马斯·萨斯的反精神病学研究。萨斯认为，游戏主要为游戏者带来自我提升而非物质利益。与之相对应的则是"传播痛苦"。"传播快乐"与"游戏"相伴，"传播痛苦"与"工作"相连。"游戏"和"传播快乐"属于"趋同选择"，该术语直接取自美国社会学家赫伯特·布鲁默的相关研究。"工作"和"传播痛苦"则属于"社会控制"，该术语取自美国社会学家理查德·拉皮尔的相关研究。施拉姆在《传播媒介与国家发展》一书中将大众传播与传授工作技能、读书识字、开拓市场等"苦差事"联系在一起，而斯蒂芬森更加推崇的是"无用之用"的传播游戏。在斯蒂芬森看来，倘若我们以游戏的视角看待大众传播的话，那么或许可以说一个社会发展自身文化的形式恰恰就是大众传播的游戏形式——对于人类而言，这种传播的游戏形式培育忠诚的品质，塑造斑斓的梦想，讲述迷人的神话，与反复灌输功利主义的"传播工作"形式截然不同。斯蒂芬森明确反对施拉姆的乐趣理论，后者曾提出传播乐趣的两大原理，即"当下乐趣"原理与"延缓乐趣"原理。斯蒂芬森批判施拉姆滥用弗洛伊德的精神分析学说，因为弗氏的乐趣与现实原理基于人类的深层无意识机制，而斯蒂芬森认为受众在面对大众媒介之时具备一种鲜明的自我意识。因此，按照斯蒂芬森的观点，传播研究必须将"自我意识"或者"自我参照"作为起点，这构成了游戏理论的第一公理，而"游戏"恰好呈现了主体的积极能动状态。

另外，游戏还是一个扎根历史的文化人类学概念，荷兰学者约翰·赫伊津哈是游戏理论的集大成者。斯蒂芬森的游戏理论主要受惠于赫伊津哈，而后者看待"游戏"的文化视角和对"游戏"的理解方法同样在传播游戏理论当中得到延续和拓展。从文化的视角出发，斯蒂芬森在大众传播研究领域开辟了一片新天地。斯蒂芬森与赫伊津哈都是强烈反对纳粹极权统治的和平斗士，前者曾直接参与反法西斯战争，后者曾因猛烈抨击纳粹行径而被德军逮捕、囚禁。可以说，"游戏"代表了反对奴役、追求自由的"忠诚"、"梦想"和"神话"。与主流结构功能主义的传播观念不同，斯蒂芬森认为：大众传播的最妙之处,是允许受众沉浸于主观游戏。换言之,斯蒂芬森认为,大众媒介绝非只是一种说服和统治工具,而受众的主观游戏就是要跳出结构功能主义的窠臼,走向人的自由存在境界。斯蒂芬森重新划定了传播研究的范围,明确反对主流学界生搬硬套信息理论的单位和范畴(例如"信息比特"),提出要从最为主流传播学界忽视的"人内传播"和"个体主观性"出发,采用科学测量个体主观性的 Q 方法来从根本上颠覆主流传播研究。

Q 方法是一种个体用以描述自我对一些复杂话题、问题或情境的心理态度的方法。该方法首要关注的是一个人进行自我描述的主观性,而不是通常情况下的以一种旁观者的立场进行间接推测。基于 Q 方法的一切心理测量都是以个人主体为中心,该方法的具体操作步骤是:搜集 Q 母体、选择 Q 样本、选择 P 样本、执行 Q 分类、建立 Q 因素模型,最后再进行因素分析以及因素解释。简言之,该方法首先测量一个人的自我描述(涉及一系列自我参照陈述),然后再将其与其他人的自我描述进行比较和分析,最后对所有这些自我描述进行因素分析。Q 方法是斯蒂芬森对传播研究乃至整个社会科学研究最具开创价值的学术贡献。该方法是对"物理学革命"、"现象学运动"、格式塔心理学、精神分析学等 20 世纪早期兴起的前沿思潮的一次汇聚和提炼。比如,斯蒂芬森尤为推崇丹麦物理学家尼尔斯·玻尔的"互补原理"和英国物理化学家、科学哲学家迈克尔·波兰尼的"意会哲学",他也认为 Q 方法践行了胡塞尔"悬置"理论成见的"回到事物本身"的研究理念。

斯蒂芬森认为 Q 方法可以贯穿传播研究的一切领域,即实现人内传播、人际传播、组织传播和文化传播的有机融合,其中人内传播是考察一切传播问题的关键起点。斯蒂芬森强调 Q 方法的"主观立场"和"直接经验"。他主张我们必须关注个体所视、所听与所读——并且并不是我们在观察他们,而是一切都是他们的自我观察,个体的自我确保一切观察源自内在经验。斯蒂芬森还直接引用了美国心理学家雅各布·坎特的交互行为心理学中的"事件"(events)概念,即"个体""社会机制""信息"三者之间的交互作用,这里对于"事件"的强调明显具有一种格式塔心理学的"场论"意味。斯蒂芬森强调主观性是一种自我参照,他反对身心二元论,认为心理事件不是一个客观实体而是情境关系下的主观意义,并且特殊性比普遍性更重要。斯蒂芬森强调特殊情境下的主观意义,反对旨在追求普遍客观因果解释的旧行为主义的"刺激—反应"模式。斯蒂芬森坚持"小样本主义"的个案研究方法,这就与主流的大样本主义方法格格不入。斯蒂芬森认为 Q 方法为我们提供了测量个体主观性的基石,这种关注个体主观性的方法看上去与科学客观性的要求相悖,因此该方法获得学界普遍接受的速度非常缓慢。在斯蒂芬森看来,Q 方法是美国实用主义哲学家查尔斯·皮尔斯提出的"溯因推理"的具体实现,皮尔斯认为只有溯因推理能表现科学认识中的主体能动性,而演绎法与归纳法都不是新知识的推理形式。总体来看,无论是传播的游戏论还是 Q 方法都未能撼动主流经验主义传播研究,因此斯蒂芬森曾不无遗憾地指出:"我只是推开了一扇门而已。"

 对传播学学科建制的贡献

首先,自斯蒂芬森进入密苏里大学新闻学院以来,具备相同理论旨趣和研究方法特色的传播研究"密苏里学派"逐渐形成。该学派成员除了斯蒂芬森这个核心人物之外,还包括斯蒂芬森培养的一批博士生弟子,比如斯蒂文·布朗和唐纳德·布伦纳等人,他们坚持运用 Q 方法研究舆论动力学、传播策略、广告受众、主观性框架等问题,相关研究成果收录在题为《科学、心理学与传播学:献给威廉·斯蒂芬森》的论文集中,而这本论文集恰好大体呈现了密苏里学派在 20 世纪 70 年代前后从事新闻传播研究的整体风貌。斯蒂芬森去世之后,承其遗志的学术组织、机构、网站等相继创立,定期会议相继召开,它们都在持续推动 Q 方法研究的正规化与常态化发展。

其次,作为首位从游戏角度系统研究传播问题的学者,斯蒂芬森开创了一种崭新的科学人本主义传播研究范式。斯蒂芬森的传播思想与社会学芝加哥学派的皮尔斯、库利、米德、布鲁默、理斯曼等人的社会学思想紧密交织。他与戈夫曼的"拟剧论"进行了深入的对话,并且早于凯瑞实现了"回到芝加哥"的传播研究"文化转向"。斯蒂芬森与芝加哥学派的成员的主要区别在于,他还是一位经历过 20 世纪初期"物理学革命"的核物理学家,因此他对科学革命之于人类的价值具有深切的感悟,注重区分科学说明和人文理解的差异,但是又反对在科学世界与人文世界之间划出一条不可逾越的鸿沟。斯蒂芬森认为,Q 方法代表并且有力地推进了韦伯的理解社会学传统。像韦伯一样,斯蒂芬森也以自己的方式走向了一条科学说明与人文理解的互补、整合之路，开启了一种崭新的科学人本主义传播范式。

最后，传播游戏理论对我们从事当代数字网络文化研究具有很强的启示意义。面对网络游戏、粉丝文化、网红直播、偶像养成网综、抖音短视频等互联网新生代媒介文化现象，人们一直试图追问大众对其欲罢不能的深层原因。一批研究者已经开始尝试以"传播游戏"作为理论视角解读上述现象。实际上，相较于长期以来强调功能化和实体化的传播研究倾向，游戏理论是一种超越。一旦回到斯蒂芬森的原初理论语境，我们就会发现"游戏"本身具有一种"隐喻"意义：丰富多彩的网络文化展现出独特的游戏化图景，游戏已然成为人们理解事物的一套思维观念体系；游戏即一套价值观，游戏化已经成为正在兴起的媒介化时代的主导逻辑与发展趋势；媒介的游戏化发展也必将对我们重新理解传播学的内涵产生深刻的影响。

原作

William Stephenson, *The Study of Behavior：Q-technique and Its Methodology*, Chicago, IL：University of Chicago Press, 1953.

William Stephenson, "The Ludenic Theory of Newsreading," *Journalism & Mass Communication Quarterly*, 1964, 41(3)：367-374.

William Stephenson, *The Play Theory of Mass Communication*, Chicago, IL：University of Chicago Press, 1967.

相关思想史或评传

宗益祥：《游戏人、Q方法与传播学：威廉·斯蒂芬森的传播游戏理论研究》，北京：中国政法大学出版社2017年版。

Steven R. Brown and Donald J. Brenner (eds.), *Science, Psychology, and Communication：Essays Honoring William Stephenson*, New York, NY：Teachers College Press, 1972.

（宗益祥　陈洁雯）

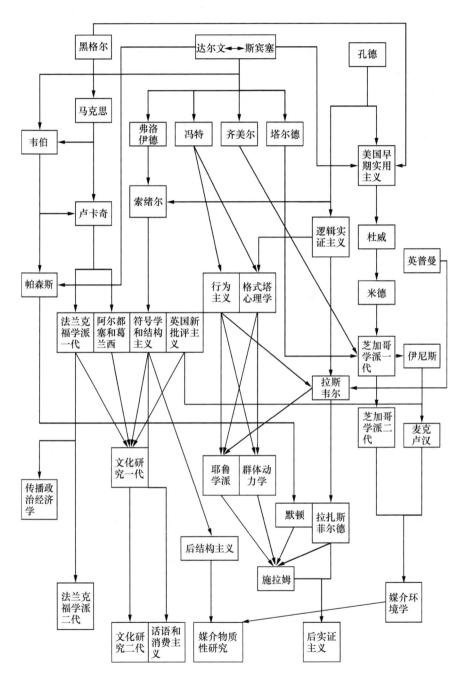

传播学谱系图

第一版后记

受导师黄旦开设读书会的影响，2008年下半年，应一批小"学霸"的强烈要求，我在南京大学浦口校区给新闻传播学院2006级本科生开设了一个学术沙龙。由于本人一向没有文学细胞，便胡乱给它起了个名字叫作"读书会"。现在想来，当时还是应当起个小清新的名字。

好在同学们好像也没有在意这个"老土"的名字，而是十分踊跃地前来参加这个沙龙。由于沙龙是开放的，因此当时社会学系等其他院系和2007级的少数学生也参与其中，活动举行时参与的人常常可以坐满一个小教室。往往在一个人发表完自己的读书心得后，所有在座的同学都会卷入相关讨论。我记得，在第一届读书会时，由于许多人想表达自己的看法，想提出各种刁钻的问题，因此每一次讨论都没完没了。偶尔有位路过的学者抱着学术热情在读书会义务做个演讲，大家就像过节一样开心。当时这个沙龙的骨干分子就包括本书编委会的成员李耘耕、解佳、张晓星、吴越、戎青等。他们的成绩优异，阅读面很广，对社会科学研究很有兴趣，因此把沙龙搞得红红火火。我常常私下戏称他们为南京大学新闻传播学院本科生的黄金一代。

时间总是过得那么快。今天，跟着我读研的吴越、戎青已经在世界五百强企业工作，去哲学系深造的李耘耕以及去社会学系深造的解佳也已赴香港中文大学和英国格拉斯哥大学攻读博士学位，张晓星在加拿大开始了他的博士生涯。沙龙的其他2006级成员有的在英美国家攻读博硕士学位，还有的在国内名校如北京大学、清华大学、中国人民大学、复旦大学、香港中文大学等继续他们的学业。据不完全统计，在三届已经毕业的读书会成员中，有五十多位前往国内外名校深造。他们中不少人就这么一直与做学问结了缘。

两年前，就在他们多数人即将离开读书会时，我很不免俗地突然觉得应当留下点什么做个纪念，表明他们"到此一游"，而且当时也确实受到导读中提及的那种创作动机的影响和戴元光老师的启发。于是，我把他们召集来讨论编写这本学术史手册。我的目的是，通过展示读书会的集体阅读成果，为所有对传播学有兴趣的读书人提供一份指南。我们都认为，这不仅是在做一件有学术价值和教学意义的事，而且是对每个人这么多年学术追求的阶段性小结。虽然大家都很忙，但东西写得相当尽心。于是，便有了这本手册。当然，这本手册非常粗糙，需要不断打磨，需要各种批评意见，但每一位作者的努力是跃然纸面的。

在本书的写作过程中，新的读书会成员不断涌入。铁打的营盘，流水的兵，读书会就这么发展壮大起来。目前读书会已经发展成为三个沙龙：鼓楼校区读书会、仙林校区读书会和浦口校区读书会，每周都有各自的活动，也各有特点。天文系、物理系等理科同学的加入，更是让这个沙龙妙趣横生。由于这三个读书会所在地分布在长江两岸，靠近新街口、马群和泰山新村三个地点，我经常把一周的行程称为"两岸三地，新马泰七日游"。柴菊、唐利、何瑛、黄佩映就这样在读书会中脱颖而出，加入了本书的写作。她们对传播思想史感兴趣，而且肯钻研，这使得我们的团队更加壮大。

吴越和李耘耕作为本书的副主编，为本书付出了辛苦的劳动。前者在催稿和组织各场关于本书的讨论中发挥了关键的作用，还不厌其烦地一边白天在单位上班一边晚上在家校正体例；后者承担了最难写作的部分词条和导读的初稿。本书所有作者，都在相应的词条后署名，以表示他们文责自负，此处不复赘述。

特别感谢南京大学教务处，当听说有读书会这么一个组织后，他们从"985"教改经费中拨了相当可观的一笔经费支持我们，使读书会得以发展壮大，并且可以去策划出版我们的作品。这本书也是对他们大力支持的一个小小回报。特别感谢做客读书会的各校各学科的各位老师和各位博士：陈仲丹、胡大平、张亮、耿柳娜、王咏、蓝江、潘忠党、肖小穗、郭建斌、柯泽、刘海龙、韦路、胡菡菡、付小燕、蒋俏蕾、袁光锋、张宁、邹军、于德山、卞冬磊、张健挺、李辉、贾敏、胡冯彬、宗益祥、吴志远、张波、王瑞……这里的省略号代表着无限的延伸和无尽的感激。

特别感谢北京大学出版社社会科学编辑室。编辑周丽锦对这个选题非常支持，并付出了辛勤的劳动。

做学问是快乐的，像举办读书会这样做学问是更快乐的，这种快乐是好多人根本无法体会的。有人认为，我带着孩子们做书呆子不合潮流，浪费时间。然而在我看来，高校教师第一位的任务可能不是搞课题而是育人，学生才是我最重要的作品和最重要的成就。所以我应当感谢读书会的同学们，是他们让我的人生充满了快乐和成就感。

胡翼青
于南京大学鼓楼校区
2014 年 12 月

第二版后记

《西方传播学术史手册》问世已经整整七年了。有好几次,有准备考研的同学在我讲座之后,拿着此书的复印本来找我签名,确实让我大吃一惊。编写这本书本来只是为了表达南大新传读书会对传播研究边界的理解,并希望它作为一本工具书引导对传播研究有兴趣的研究者去拥抱原著。然而,最后它变成了一本畅销书,被用作考研辅导资料和快速补充传播学知识的工具。我本人也不能确定此书是不是能对考研和确立传播学知识体系产生实际的用处,但突然有了一种责任感,觉得需要不断地将这些年的新知注入其中。与此同时,也有必要把上一版的某些遗憾做一点修补,于是便有了这一次的修订。

新知的大量涌现大概是近些年来传播研究最重要的特征了。新媒体技术的突飞猛进极大地改变了媒介对于这个社会的组织方式,使传播研究者被迫以各种方式重新审视自己的研究领域和研究对象。无论是施蒂格·夏瓦用媒介化的概念来形容传播过程之外的媒介对社会的组织方式,还是约翰·杜海姆·彼得斯从社会基础设施的角度来理解媒介,都说明一种新的认识论正在登上历史舞台。与七年前相比,物质性的研究视角和媒介理论范式的觉醒成为当下传播研究鲜明的特征。新范式的崛起,使许多与传播研究原本扯不上关系的学者纷纷以自己的方式影响着传播研究的发展走势。其中不仅有在七年前传播学科已有耳闻但还没有充分关注的学者,如布鲁诺·拉图尔、詹姆斯·吉布森、贝尔纳·斯蒂格勒、弗里德里希·基特勒、雷吉斯·德布雷、克劳斯·布鲁恩·延森、尼克·库尔德利和施蒂格·夏瓦等,也有早已引起其他学科关注但传播学科并未将其研究与本学科关联在一起的学者,如斯拉沃热·齐泽克和保罗·维利里奥等。仅仅七年的时间,本书的知识体系已经跟不上学科的发展,这也从一个方面说明传播研究在这段时间发生了多么大的变化。经过反复推敲,我们决定将理论已经基本定型的媒介技术学者拉图尔、吉布森、斯蒂格勒、基特勒、德布雷、齐泽克和维利里奥一起加入第二版,而延森、库尔德利、夏瓦、齐林斯基等人,我们认为其理论还有很大的成长性和不确定性,因此决定本次修订暂不收入。

说到第一版的遗憾,主要在于对语言学和符号学领域的诸多重要学者介绍得不够充分,因而第二版必须加以补充。在第二版中,我们增加了费尔迪南·德·索绪尔、查尔斯·S.皮尔斯、阿尔吉达斯·朱利安·格雷马斯和安伯托·艾柯等符号学学者。在多位学者的强烈建议下,我们将第一版中没有详细介绍的刘易斯·芒福德和威廉·斯蒂芬森这两位开宗立派的经典学者也纳入了本次增补的范围。另外,对于彼得斯等第一版中已经出现的学者,由于他们或仍然在生产新知,或被学界以另一种方式重新解读,因此第二版对相关内容进行了增删。

增加新知也好,小修小补也罢,这在很大程度上回应了第一版的理念,即传播研究是一个需要不断开放边界、不断重新发现的学术领域。新的尝试不仅包括内容,而且包括技术。我们使用二维码将内容空间与课堂空间联结在了一起。各位读者扫描正文前的二维码,一定会有惊喜。

当然,七年间发生改变的不仅是知识和技术,也有人。"铁打的营盘,流水的兵",一转眼除了我本人,本书第一版的编者多已离开南京大学,其中不少人已经成为学界新锐,在全国各地开始了他们的学术之旅。我与他们的交往方式已经不再是一起读书一起分享,而是做他们的证婚人,或是手忙脚乱地抱一抱他们的孩子……好在读书会的"后浪"正在成长,他们构成了这一次修订的主力军。感谢已经入职陕西师范大学的杨馨,她在修改博士论文的同时,为这次修订的组织工作付出了大量的心血。感谢为这次修订工作撰写和修改文章的陈洁雯、谌知翼、孔舒越、林鑫、李璟、马新瑶、滕金达、姚文苑、张金凯、张婧妍、赵婷婷、宗益祥等各位作者。他们当中有的是南京大学新闻传播学院的年轻教师，有的是在读博硕士生，都是读书会当前的骨干成员。特别感谢林鑫认真校订了本书涉及的每一本参考文献。

  一转眼，南大新传读书会已经办了整整十四年。四年前，读书会的新老成员从世界各地齐聚南京，为读书会庆祝十周年生日。在那一刻，我突然感到我的生命已经与读书会交织在一起，永远不能分开了。

胡翼青
于南京大学仙林校区
2022 年 10 月